普通高等教育会计信息化系列教材

财务与会计数据处理
——以 Excel 为工具
(第 2 版)

丛书主编　欧阳电平
主　　编　陈潇怡
副主编　李　超　夏　雨

清华大学出版社
北　京

内 容 简 介

本书以财务与会计业务基础知识为铺垫，以业务流程和业务场景为主线，讲解了运用 Excel 进行财务与会计业务的数据处理过程。全书共分十章。第一章介绍了 Excel 应用基础，按照 Excel 是什么、有哪些功能、能够帮助管理者做什么、如何做的思路阐述了什么是 Excel 模型，如何利用 Excel 工具建模、输入数据、处理数据、获取结果。这一章是读者应用 Excel 的入门知识，介绍了工作簿、工作表、单元格、公式、函数等基础概念及其使用，同时介绍了 Excel 数据表分析、图表分析方法，使读者对应用 Excel 的全过程有一个全面的了解。第二章到第五章介绍了 Excel 在会计数据处理中的应用，主要包括 Excel 在会计账务处理、工资核算、固定资产核算、成本核算中的应用。第六章到第九章介绍了 Excel 在财务管理中的应用，主要包括 Excel 在筹资管理、投资管理、收入和利润分配管理、财务报表分析中的应用。这八章以业务知识和业务流程为主线，介绍如何应用 Excel 中的工具进行业务数据处理。第十章介绍了 Excel 的深入应用，包括：从文本文件、Access 数据库、网站等获取外部数据，数据可视化，宏与 VBA，Excel 与商务智能等内容。

本书可用作高等院校财会专业和经济管理类专业的教材或教学参考书，也可用作从事财务、会计、审计和经济管理工作人员的培训用书和自学教材。

本书封面贴有清华大学出版社防伪标签，无标签者不得销售。
版权所有，侵权必究。举报：010-62782989，beiqinquan@tup.tsinghua.edu.cn。

图书在版编目(CIP)数据

财务与会计数据处理：以 Excel 为工具 / 陈潇怡主编. —2 版. —北京：清华大学出版社，2024.4
普通高等教育会计信息化系列教材 / 欧阳电平丛书主编
ISBN 978-7-302-65808-5

Ⅰ.①财… Ⅱ.①陈… Ⅲ.①表处理软件—应用—会计—高等学校—教材 ②表处理软件—应用—财务管理—高等学校—教材 Ⅳ.①F232②F275-39

中国国家版本馆 CIP 数据核字(2024)第 056476 号

责任编辑：刘金喜
封面设计：范惠英
版式设计：艹博文化
责任校对：成凤进
责任印制：刘海龙

出版发行：清华大学出版社
    网　　址：https://www.tup.com.cn，https://www.wqxuetang.com
    地　　址：北京清华大学学研大厦 A 座 邮　编：100084
    社 总 机：010-83470000 邮　购：010-62786544
    投稿与读者服务：010-62776969，c-service@tup.tsinghua.edu.cn
    质 量 反 馈：010-62772015，zhiliang@tup.tsinghua.edu.cn
印 装 者：小森印刷霸州有限公司
经　　销：全国新华书店
开　　本：185mm×260mm 印　张：20.75 字　数：518 千字
版　　次：2017 年 10 月第 1 版 2024 年 6 月第 2 版 印　次：2024 年 6 月第 1 次印刷
定　　价：68.00 元

产品编号：105110-01

丛 书 序

经济全球化和大数据、云计算、移动互联、人工智能等新一轮信息技术的飞速发展，加速了我国企业信息化进程，会计环境也随之发生了重大变革。依托于信息技术创新的财务管理模式(如财务共享服务)，以及管理会计信息化的深入推进，不仅提高了会计工作效率，更加提升了会计管理、控制和决策的能力。我国财政部发布的《关于全面推进管理会计体系建设的指导意见》(财会2014〔27〕号)文件中也明确指出"加快会计职能从重核算到重管理决策的拓展"，我国会计信息化事业进入一个新的发展阶段。

信息化事业的发展对财会人员或经管类专业学生的知识结构和能力提出了更高的要求，他们如果不掌握一定的信息技术知识，不具备较熟练的计算机应用能力和必要的分析、解决问题的能力，以及自我学习的能力，将很难适应未来专业工作的需要。如何培养适应时代发展的财会专业人才及企业信息化人才？作为一名在中国会计信息化领域从事教学和研究工作近30年的老教师，我一直在思考这个问题。会计信息化需要的是具有多学科交叉的复合型知识结构的人才。我国高校要培养这样的人才，首先要解决专业教育理念的转变、培养目标的正确定位、会计信息化师资等问题；在此基础上要制定适应信息化发展的人才培养方案，以及编写适应时代发展的合适的教材。为此，我们经过充分的调研和精心准备，推出了这套会计信息化系列丛书。

本丛书具有以下特点。

(1) 学历教育、职业教育、岗位对接一体化。本丛书的读者对象主要为我国普通高校财会专业及经管类专业的本科生、大专生，以及在职的财会人员。对于学历教育，要求将基本概念、基本原理和知识架构论述清楚；对于职业教育，要求将业务流程和数据之间的传递关系阐述清楚；对于岗位对接，则要求将岗位职责和岗位操作流程表达清楚。本丛书的编写自始至终都贯穿这个原则，使理论学习与实践有机地结合起来，使课程教学与岗位学习有机地结合起来。

(2) 本丛书内容不仅注重信息化实践操作能力的培养，也注重构建相关学科信息化的完整理论体系。我们根据长期从事信息化教学的经验体会到：任何应用软件仅仅是从事专业工作的工具，只有对业务工作熟悉了才能使用好工具。因此，本丛书重点是对业务流程、业务场景阐述清楚，要有基础理论铺垫，不仅要使读者知其然，还要使读者知其所以然。为便于教学，本丛书都配有软件的操作实训(如金蝶 K/3 系统的操作)，但又防止写成软件的操作手册，这样才能让读者做到触类旁通。

(3) 创新性。本丛书内容丰富，由浅入深，能满足各个层次的会计信息化教学和读者群的要求。其中，《会计综合实训——从手工到电算化》在教学手段信息化方面进行了改革创新，依托互联网，充分利用"云存储""二维码"等信息技术，由"纸质教材+配套账册+数字化资源库"构建课程的一体化教学资源，可以通过手机等多种终端形式应用；《企业经营决策模拟实训——以财务决策为中心》《管理会计信息化》是目前市面上少有的教材，我们的编写思路和结构是创新性的。本丛书基本覆盖了目前高校财会专业及经管类专业开设的会计信息化相关的课程教学，同时又充分考虑了企业开展会计信息化培训的不同需求，按照从易到难的原则设计每本书的知识体系。每本书除了讲授相关课程的信息化理论和实务外，还提供了相应的案例、丰富的习题、上机实训题等，以便于教学使用。

(4) 充分利用团队的力量，力保丛书的质量。本丛书由欧阳电平负责策划、担任丛书主编和主审，确定每本书的大纲、编写的思路和原则，并进行修改。其他作者大部分是来自湖北省会计学会会计信息化专业委员会的高校教师和在会计信息化领域有着丰富实践经验的专家，以及在湖北高校多年从事会计信息化教学的教师，他们都具有多年信息化方面的教学和实践经验。另外，湖北省会计学会会计信息化专业委员会除有高校委员外，还有浪潮集团湖北分公司等企业委员，他们丰富的实战经验和案例等资源为本丛书提供了大量素材。我们利用会计信息化专业委员会这个平台组织丛书编写团队，充分调研和讨论大纲，相互交叉审阅书稿，力保丛书质量。

在本丛书的编写过程中，我们参考和吸收了国内外很多专家学者的相关研究成果并引用了大量的实例，在此一并表示感谢。尽管我们对本丛书进行了多次的调研和讨论，力求做到推陈出新，希望能够做到尽可能完美，但仍然难免存在疏漏和不当之处，恳请读者多提宝贵意见。

欧阳电平
2023 年夏于珞珈山

第 2 版前言

本书自 2017 年 10 月第 1 版出版以来，受到广大高校教师和读者的青睐，已经多次重印，成为众多高校"财务与会计数据处理——以 Excel 为工具"课程的首选教材。

Excel 是财务、会计、审计等管理人员不可或缺的数据处理工具，自从推出以来更新了很多版本，功能越来越强大。但是我们认为，无论多么强大的软件工具，最主要的是能为业务所用，为工作所用。若想用 Excel 进行财务与会计业务的数据处理，应先熟悉业务处理的理论基础知识、业务流程和业务场景，初学者可从 Excel 基本的、常用的功能入门，掌握了 Excel 的应用之后，再深入学习应用其他更强大的功能。所以本书第 2 版还是以课堂教学广泛应用的 Excel 2010 版为建模环境和工具。这些年来我国经济、社会快速发展，会计准则、政策也随之发生了变革，尤其是我国的税法也在不断完善，会计业务事项的处理也随着发生改变。因此，本书第 2 版重点针对财务与会计业务事项处理的改变进行了修订和完善，保留了第 1 版的章节结构和编写特色。

为便于教学，本书提供 PPT 教学课件和案例源文件，可通过扫描下方二维码下载。

教学资源下载

由于作者水平有限，书中难免存在不足之处，恳请广大读者批评指正。
服务邮箱：476371891@qq.com。

作 者
2024 年 3 月

第 1 版前言

Excel 电子表格处理软件以其灵活、方便、友好的操作界面，丰富的各类函数等电子表格数据处理功能深受办公人员的青睐，在财务、会计、审计等管理工作中有着广泛的应用，是财务、会计、审计人员不可或缺的数据处理工具。高等院校的财会专业与经管类专业也将 Excel 应用作为基础课之一。将《财务与会计数据处理——以 Excel 为工具》作为会计信息化系列丛书的基础教材，体现了 Excel 作为会计信息化的一种工具和手段的重要性。

Excel 的版本经过了多次更新，目前课堂教学用得较多的是 Excel 2003、Excel 2007、Excel 2010 和 Excel 2013 版本。本书以 Excel 2010 版作为建模环境和工具。

本书共分十章。第一章介绍了 Excel 应用基础，按照 Excel 是什么、有哪些功能、能够帮助管理者做什么、如何做的思路阐述了什么是 Excel 模型、如何利用 Excel 工具建模、输入数据、处理数据、获取结果。这一章是读者应用 Excel 的入门知识，介绍了工作簿、工作表、单元格、公式、函数等基础概念及其使用，同时介绍了 Excel 数据表分析、图表分析方法，使读者对应用 Excel 的全过程有一个全面的了解。第二章到第五章介绍了 Excel 在会计数据处理中的应用，主要包括 Excel 在会计账务处理、工资核算、固定资产核算、成本核算与管理中的应用。第六章到第九章介绍了 Excel 在财务管理中的应用，主要包括 Excel 在筹资管理、投资管理、收入和利润分配管理、财务报表分析中的应用。这八章都是以业务知识和业务流程为主线，介绍如何应用 Excel 中的工具进行业务数据处理。第十章介绍了 Excel 的深入应用，包括：从文本文件、Access 数据库、网站等获取外部数据，数据可视化，宏与 VBA，Excel 与商务智能等内容。

本书的主要特点如下。

(1) 以业务处理的基本原理、基本概念为引导和铺垫。若想利用 Excel 对相关业务进行数据处理，应先掌握业务的基础理论知识，这样才能理解为什么要这样建模，做到理论联系实际。因此本书开头就用一个简单的案例介绍了 Excel 建模的基本思路、依据和过程，使读者理解应用 Excel 的重点是业务基础；第二章到第九章介绍的会计和财务管理的基础理论知识也是运用 Excel 完成相关业务必备的。

(2) 以业务流程和业务场景为主线介绍如何运用 Excel 进行数据处理。本书写作的指导思想是：Excel 仅仅是一种电子表格的数据处理工具，重点在于财会人员如何利用工具更好地完成会计业务和财务管理业务的数据处理，而不是软件操作本身；因此，以业务场景和业务流程为主线，讲解运用 Excel 工具完成相关会计和财务管理业务的建模和处理过程具备更有效的指导作用，便于理解和应用。

(3) 突出重点与兼顾系统性相结合。本书力求系统介绍 Excel 在会计和财务管理中的应用，但在业务选取上不追求面面俱到，而是突出重点。首先，在章节内容的选择上我们突出了经常性的会计和财务管理业务；鉴于会计的业务处理和财务管理的处理有差异性，尤其是会计业务处理的系统性和缜密性，我们重点讲解了相关会计业务的核算方法和核算流程；而财务管理以常用方法为主力求突出且描述清晰，便于读者能够快速掌握利用 Excel 完成各种会计和财务管理业务的技能，同时又不至于陷入 Excel 繁杂多样的功能之中。

(4) 从过程控制的角度介绍了会计账务业务处理的方法和技巧。由于 Excel 是一个通用的电子数据表处理工具，不适用于对会计账务业务处理进行过程控制，所以本书利用 Excel 提供的数据处理方法和技巧，介绍了基于计算机的会计账务业务处理过程及其控制，以提高读者应用 Excel 处理会计业务数据的技能。

(5) 便于学习和上机实践。本书图文并茂，采用实际操作界面替代繁杂的文字叙述，便于读者学习、模仿、理解。同时每章以财务和会计工作为主线来结合会计、财务管理的业务案例讲解 Excel 的应用，并在每章附有关键名词、思考题、技能训练和应用实训题，便于读者巩固所学知识。

本书提供案例源文件和 PPT 教学课件，可通过 http://www.tupwk.com.cn/downpage 免费下载。

本书由丛书主编欧阳电平教授策划，确定编写思路和原则，组织讨论总体框架及详细的大纲，最后对全书统一审核、修改、定稿。陈潇怡担任本书主编，负责拟定章节详细大纲，组织编写与审阅稿件。本书第一～第三章和第十章由陈潇怡编写；第四～第七章由李超编写；第八、第九章及附录由夏雨编写。

本书是由欧阳电平教授担任丛书主编的会计信息化系列教材之一，在此对丛书其他编者在本书编写中所提出的宝贵意见表示感谢。另外，本书的编写还参考和吸收了国内不少学者的相关研究成果，在此一并致谢。由于我们水平有限，不妥和疏漏之处敬请各位专家和读者指正。

作　者

2017 年 6 月于武汉

目　录

第一章　Excel 应用基础 ············· 1
第一节　Excel基础知识 ············· 1
一、Excel是什么 ····················· 1
二、运用Excel进行业务处理的过程 ····· 2
三、Excel主窗口界面 ················· 4
四、Excel工作簿 ····················· 6
五、Excel工作表 ····················· 9
六、Excel单元格和区域 ·············· 11
第二节　Excel公式 ················ 15
一、公式的含义与组成 ··············· 15
二、公式的输入、编辑与删除 ········· 15
三、公式的复制与填充 ··············· 15
四、单元格引用与名称 ··············· 16
五、公式中的运算符 ················· 18
六、Excel的数据类型 ················ 19
七、公式使用中的常见错误 ··········· 21
第三节　Excel函数 ················ 21
一、函数的含义与组成 ··············· 21
二、函数的分类 ····················· 22
三、函数的输入和编辑 ··············· 23
第四节　Excel数据处理与分析工具 ··· 26
一、数据的有效性 ··················· 26
二、数据的排序 ····················· 28
三、数据筛选 ······················· 29
四、数据分类汇总 ··················· 32
五、数据透视表 ····················· 33
第五节　Excel图表处理 ············ 35
一、图表的类型 ····················· 35
二、图表的组成 ····················· 37
三、创建图表 ······················· 39
本章小结 ·························· 41
关键名词 ·························· 41
思考题 ···························· 41
本章实训 ·························· 41

第二章　Excel 与会计账务处理 ······ 43
第一节　会计账务处理概述 ········· 43
一、会计核算方法 ··················· 44
二、会计账务处理系统的目标与任务 ··· 46
三、账务处理业务流程与Excel建模 ···· 47
四、会计账务处理主要使用的Excel
　　函数 ························ 49
第二节　会计账务初始数据的建立 ···· 50
一、创建会计科目表 ················· 50
二、输入会计科目期初余额 ··········· 55
三、对会计科目期初余额工作表设置
　　保护 ························ 56
第三节　记账凭证的处理 ··········· 56
一、通用记账凭证 ··················· 57
二、记账凭证存储表 ················· 58
三、输入审核记账凭证 ··············· 60
四、记账凭证的查询与输出 ··········· 63
第四节　会计账簿数据处理 ········· 65
一、科目汇总表的处理 ··············· 66
二、日记账的处理 ··················· 69
三、总账的处理 ····················· 72

第五节 报表编制 …………………… 75
  一、资产负债表的编制 ……………… 76
  二、利润表的编制 …………………… 78
  三、现金流量表 ……………………… 79
本章小结 ………………………………… 80
关键名词 ………………………………… 81
思考题 …………………………………… 81
本章实训 ………………………………… 81

第三章 Excel与工资核算 …………… 84
第一节 工资核算系统概述 …………… 84
  一、工资核算系统的目标、任务
    与计算方法 ……………………… 84
  二、工资核算业务流程与Excel建模 … 85
第二节 工资核算初始数据的建立 …… 87
  一、建立职工工资结算明细表 ……… 87
  二、输入工资结算明细表基础数据 … 89
第三节 工资计算与发放 ……………… 91
  一、加班费的计算 …………………… 91
  二、"缺勤扣款"的计算 ……………… 92
  三、"三险一金"项目的计算 ………… 93
  四、"应发合计"项目的计算 ………… 94
  五、"个人所得税"项目的计算 ……… 94
  六、计算扣款合计和实发工资 ……… 96
  七、职工工资条设置与打印 ………… 97
第四节 工资分类汇总与查询 ………… 98
  一、按部门分类汇总与查询 ………… 98
  二、工资数据的查询 ………………… 102
本章小结 ………………………………… 103
关键名词 ………………………………… 103
思考题 …………………………………… 103
本章实训 ………………………………… 104

第四章 Excel与固定资产核算 ……… 106
第一节 固定资产核算概述 …………… 106
  一、固定资产的分类 ………………… 106
  二、固定资产核算系统的目标与
    任务 ……………………………… 107
  三、固定资产核算业务流程及Excel
    建模 ……………………………… 107

第二节 固定资产核算初始数据的
    建立 ……………………………… 109
  一、建立固定资产基础信息表 ……… 109
  二、设置固定资产卡片模板 ………… 109
  三、输入固定资产卡片信息 ………… 111
  四、编制固定资产清单 ……………… 112
  五、固定资产增减变动处理 ………… 112
第三节 固定资产折旧核算处理 ……… 113
  一、固定资产折旧 …………………… 113
  二、计提折旧方法及Excel折旧函数
    模型 ……………………………… 113
第四节 固定资产的查询与分类
    汇总 ……………………………… 119
  一、查询新增的固定资产 …………… 119
  二、固定资产折旧的分类汇总 ……… 120
本章小结 ………………………………… 122
关键名词 ………………………………… 122
思考题 …………………………………… 122
本章实训 ………………………………… 122

第五章 Excel与成本管理 …………… 124
第一节 成本管理概述 ………………… 124
  一、成本的相关概念与分类 ………… 124
  二、成本核算的方法 ………………… 126
第二节 Excel与产品成本核算
    模型 ……………………………… 126
  一、品种法模型 ……………………… 126
  二、分步法模型 ……………………… 134
  三、分批法模型 ……………………… 138
第三节 Excel与产品成本分析
    模型 ……………………………… 142
  一、全部产品成本分析模型 ………… 142
  二、可比产品成本分析模型 ………… 143
  三、产品单位成本分析模型 ………… 145
第四节 运用Excel制作成本费用
    汇总表 …………………………… 147
  一、汇总同一工作簿的成本数据 …… 147
  二、汇总不同工作簿的成本数据 …… 149
本章小结 ………………………………… 150

关键名词 ………………………………… 151
思考题 …………………………………… 151
本章实训 ………………………………… 151

第六章　Excel与筹资管理 ………… 154
第一节　筹资管理及资金需求量预测分析 ………………………… 154
一、筹资的相关概念与分类 ……… 154
二、资金需求量的预测分析 ……… 156
第二节　Excel与资金时间价值分析模型 …………………………… 160
一、资金时间价值概念与计算公式 … 160
二、资金时间价值函数及模型 …… 162
第三节　Excel与筹资管理分析模型 …………………………… 166
一、资本成本分析模型 …………… 166
二、杠杆分析模型 ………………… 174
三、资本结构模型 ………………… 179
本章小结 ………………………………… 182
关键名词 ………………………………… 183
思考题 …………………………………… 183
本章实训 ………………………………… 183

第七章　Excel与投资管理 ………… 185
第一节　投资管理概述 …………… 185
一、投资的相关概念与分类 ……… 185
二、项目投资决策评价指标 ……… 186
第二节　Excel与投资风险管理模型 …………………………… 188
一、投资风险分析方法 …………… 188
二、投资风险分析与Excel模型 … 190
第三节　Excel与投资决策分析模型 …………………………… 193
一、投资回收期法分析模型 ……… 193
二、净现值法模型 ………………… 196
三、现值指数法模型 ……………… 199
四、内含报酬率法模型 …………… 202
五、固定资产更新决策模型 ……… 208
本章小结 ………………………………… 213
关键名词 ………………………………… 213

思考题 …………………………………… 213
本章实训 ………………………………… 213

第八章　Excel与收入和利润分配管理 ………………………………… 215
第一节　收入和利润分配管理概述 ……………………………… 215
一、收入管理概述 ………………… 215
二、利润分配管理概述 …………… 216
第二节　Excel与收入管理的主要分析模型 …………………… 219
一、基于Excel的销售预测分析模型 … 219
二、基于Excel的产品价格定价模型 … 225
第三节　Excel与利润分配政策分析模型 ……………………… 231
一、剩余股利分析模型 …………… 231
二、固定股利分析模型 …………… 232
三、稳定增长股利分析模型 ……… 233
四、固定股利支付率分析模型 …… 235
五、低正常股利加额外股利分析模型 …………………………… 236
本章小结 ………………………………… 237
关键名词 ………………………………… 237
思考题 …………………………………… 237
本章实训 ………………………………… 237

第九章　Excel与财务报表分析 …… 239
第一节　财务报表分析概述 ……… 239
一、财务报表分析的主体及分析目的 …………………………… 239
二、财务报表分析的主要内容和主要方法 ……………………… 240
第二节　基于Excel的财务报表的结构与趋势分析 …………… 241
一、结构分析模型 ………………… 241
二、趋势分析模型 ………………… 248
第三节　基于Excel的财务比率分析 ……………………………… 256
一、企业偿债能力分析模型 ……… 256
二、企业营运能力分析模型 ……… 258

三、企业盈利能力分析模型……260
四、企业发展能力分析模型……261
第四节 基于Excel的上市公司财务
　　　　能力分析……262
一、每股收益分析模型……262
二、市盈率分析模型……263
三、市净率分析模型……264
第五节 基于Excel的企业综合绩效
　　　　评价分析……265
一、沃尔综合评分分析模型……265
二、杜邦财务分析体系模型……267
本章小结……268
关键名词……269
思考题……269
本章实训……269

第十章 Excel 应用进阶……272
第一节 Excel与外部数据获取……272
一、从文本文件中获取数据……272
二、从Access数据库中获取数据……275

三、从网站中获取数据……276
四、从Microsoft Query获取数据……277
第二节 Excel与数据可视化……277
一、动态图……278
二、迷你图……281
第三节 宏与VBA……282
一、宏的录制和使用……283
二、VBA编程基础……285
第四节 Excel与商务智能……289
一、商务智能(BI)……289
二、Excel工具——Power Pivot……291
本章小结……293
关键名词……293
思考题……294

参考文献……295

附录 综合案例……296
综合案例一 投资分析……296
综合案例二 全面预算……309

第一章

Excel应用基础

📖 学习目标：

通过本章的学习，读者要知悉 Excel 是什么、有哪些功能、能帮助管理者做什么、如何做；掌握应用 Excel 处理业务(数据)的过程及建模的概念；熟悉 Excel 的操作方法；掌握 Excel 公式和函数的概念及使用；掌握应用 Excel 进行简单的数据处理(排序、分类汇总等)和数据分析的方法；掌握应用 Excel 对数据进行图形分析的方法。

第一节　Excel基础知识

一、Excel是什么

Excel 是微软公司(Microsoft Corporation)开发的用于数据表处理和图表处理的应用软件，也是一种办公用的工具软件，是 Microsoft Office 的套件之一。Excel 自推出以来，至今已发布了 Excel 2003、Excel 2007、Excel 2010、Excel 2013、Excel 2016 等多个版本，本书以 Excel 2010 为基础来介绍相关的内容。

Excel 以其强大的电子表格数据处理功能、方便友好的操作界面，受到广大用户的普遍欢迎。其不仅提供了日常工作所需的表格处理功能，还提供了丰富的函数、卓越的图表、数据分析、辅助决策和通过 Web 实现协作和信息共享等功能。Excel 在财务、会计等管理工作中的应用主要有两种方式：数据表方式和图表方式。数据表方式主要以表格的形式通过设计数据模型、采集数据、对模型求解形成数据报告、分析评价等过程完成业务处理；图表方式是以图形、图表形式把数据表示出来。这两种方式相互结合就可以在完成数据处理、分析的同时以直观、清晰的形式把处理的结果表示出来。

Excel 为各行各业的管理者提高工作效率、提高数据处理和数据管理能力，以及应用信息的能力提供了技术支持。Excel 是当前财务、会计、审计等管理人员应掌握的必不可少的工具之一。与大型财务软件系统相比，Excel 更适合小型、灵活的数据处理和办公环境，尤其是中小企业的财务管理和会计审计数据处理。

二、运用Excel进行业务处理的过程

(一) 运用Excel进行业务处理的步骤

运用 Excel 进行业务(或业务数据)处理要按照一定的步骤进行,具体如下。

(1) 明确要处理的业务和达到的目标,即首先要明确运用 Excel 最终要解决业务处理中的哪些问题,以及实现的目标要求。

(2) 依据业务相关的理论确定解决该问题应该采用的方法(计算公式或模型),以及该方法如何在 Excel 中实现,即明确模型的具体形式。

(3) 利用 Excel 工具建立已经确定的业务处理模型是应用能否成功的关键,一般要建立的模型包括原始数据、业务处理的数学公式、模型的约束条件等部分。其中,原始数据是指需要进行分析和处理的数据,可以是用户手工输入的数据,也可以是利用数据获取方法从外部数据库获得的数据,这些数据可以存放在同一个工作簿的同一个工作表内,也可以存放在同一个工作簿的不同工作表内,还可以存放在不同工作簿的工作表中。数学公式是用数学语言表示的对问题进行定量分析的公式,模型中必须用 Excel 的工具把数学公式表示出来。模型的约束条件是指保证数学公式在业务中有效的一些前提要求。

(4) 利用 Excel 工具自动完成模型求解。因为通过数学公式已经建立了数据之间的动态链接,所以只要原始数据发生改变,系统就可以自动或在用户的控制下按公式进行计算,并更新计算结果。

(5) 把模型的计算结果用适当的形式表示出来,对计算结果进行分析、评价,给出业务处理结果和建议,并将业务处理的结果和建议发布出来。

(二) 运用Excel进行业务处理举例

【例 1-1】 某公司准备发行面值为 500 万元的 5 年期债券,票面利率为 9%,按年付息,到期一次还本,发行费用率为 4%,公司的所得税税率为 25%。分别计算平价、溢价(发行价格为 600 万元)发行该债券的资本成本。

根据处理步骤,首先要弄清业务处理的问题和目标,以及该业务本身的计算公式或计量模型。

该业务属于企业长期债券筹资决策内容,筹资的资本成本是考虑的重要因素。根据债券筹资相关理论,发行债券的成本主要指债券利息和筹资费用。按照一次还本、分期付息的方式,长期债券资本成本(不考虑资金的时间价值)的计算公式为

$$K_b = \frac{I_b(1-T)}{B(1-F_b)}$$

式中:K_b—债券资本成本;I_b—债券票面利息;T—所得税税率;B—债券筹资总额;F_b—债券筹资费用率。

以上长期债券资本成本的计算公式比较简单,可以利用在 Excel 单元格中输入计算公式的方式建立 Excel 模型,如图 1-1 所示。

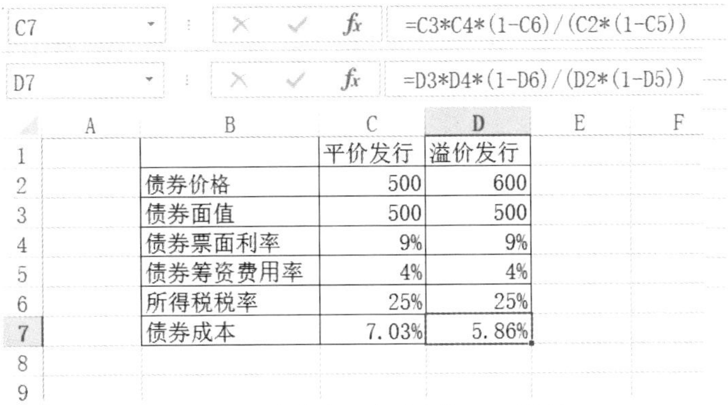

	A	B	C	D	E	F
1			平价发行	溢价发行		
2		债券价格	500	600		
3		债券面值	500	500		
4		债券票面利率	9%	9%		
5		债券筹资费用率	4%	4%		
6		所得税税率	25%	25%		
7		债券成本	7.03%	5.86%		

C7 单元格公式：=C3*C4*(1−C6)/(C2*(1−C5))
D7 单元格公式：=D3*D4*(1−D6)/(D2*(1−D5))

图1-1 长期债券资本成本的Excel模型

运用Excel工具建立以上债券筹资业务处理模型的步骤如下。

(1) 建立Excel工作表，并在表中输入债券筹资的相关数据，如图1-1所示，分别在单元格C2、C3、C4、C5、C6中输入债券价格、债券面值、债券票面利率、债券筹资费用率和所得税税率(即模型的原始数据)。

(2) 在计算债券成本数据的单元格中输入公式，可直接在C7单元格中输入公式"=C3*C4*(1−C6)/(C2*(1−C5))"，也可在编辑栏中输入公式，如在D7单元格的编辑栏中输入"=D3*D4*(1−D6)/(D2*(1−D5))"，如图1-1所示，即可计算出该项债券筹资的平价、溢价发行的资本成本分别为7.03%和5.86%。

Excel作为一种电子表格数据处理工具，还提供了非常丰富的函数(如统计函数、财务函数等)，将一些常规业务的数学公式、数据处理模型进行了预先定义，可以帮助管理者简化业务建模和数据处理过程。

【例1-2】某女士2016年年末存入银行5万元，年利率为3.75%，假设年利率保持不变，每年年末将利息转存本金(复利计算)，第5年年末该女士可以从银行取回多少钱？

复利计算公式如下：

$$V_f = V_p(1+I)^n$$

式中：V_f—n年后的终值；V_p—现值或期初数；I—利率，一般为年利率；n—时间周期数，一般为年数。

对【例1-2】用在Excel单元格中输入计算公式的方式建立Excel模型(C5单元格)，以及用Excel函数调用方式建立Excel模型(C6单元格)[1]，如图1-2所示，两种方式计算的结果一致。

---

1. FV是一个财务函数，用于根据固定利率计算投资的未来值。
语法：FV(rate, nper, pmt, [pv], [type])。参数含义如下：rate，必需，各期利率；nper，必需，年金的付款总期数；pmt，必需，各期所应支付的金额，在整个年金期间保持不变，通常pmt包括本金和利息，但不包括其他费用或税款，如果省略pmt，则必须包括pv参数；pv，可选，现值或一系列未来付款的当前值的累积和，如果省略pv，则假定其值为0，并且必须包括pmt参数；type，可选，数字0或1，用以指定各期的付款时间是在期初还是期末，如果省略type，则假定其值为0。
关于函数的详细介绍可参见本章函数一节。

	A	B	C	D
1				
2	本金		50000	
3	存款时间		5	年
4	存款利率		3.75%	
5	到期本利和(使用公式计算)		¥60,104.99	
6	到期本利和(使用函数计算)		¥60,104.99	
7				

C5 =C2*(1+C4)^C3
C6 =FV(C4,C3,,-C2)

图1-2 用计算公式或函数建模

通过以上应用 Excel 处理长期债券筹资业务及计算本利和业务的过程可以看出：建立 Excel 业务处理模型，是在弄清业务目标、求解问题、计算模型、处理步骤的基础上，利用 Excel 工具将业务计算模型中的常量、自变量和因变量，以及约束条件(如果有)在 Excel 工作表中用单元格之间的数据钩稽关系和运算公式表达清楚。由于不同业务的求解问题、处理过程和复杂度、难易度不同，一张 Excel 工作表、一个计算公式不足以表达一个复杂的业务模型，这样就需要多张 Excel 工作表和多个运算公式、多个步骤才能完成建模。显然，要利用 Excel 工具建立业务处理模型，前提是管理者对业务本身要解决的问题、处理方法、计算模型、处理流程等很清楚，这样才能更好地利用 Excel 完成业务建模和操作处理。另外，为方便使用，Excel 提供了丰富的各类函数，帮助用户完成建模，这些都有待后续进行深入的学习。

三、Excel主窗口界面

在了解了 Excel 建模的基本思路后，接下来对 Excel 的基本操作界面和功能做一个总体的介绍。Excel 2010 的主窗口界面如图 1-3 所示。

图1-3 Excel 2010的主窗口界面

（一）快速访问工具栏

该工具栏位于界面的左上角，包含一组用户使用频率较高的工具，如"保存""撤销"和"恢复"。用户可单击"快速访问工具栏"右侧的倒三角按钮，在展开的列表中选择其中显示或隐藏的工具按钮。快速访问工具栏右侧是标题栏，显示工作簿的名字，工作簿是用户使用 Excel 进行操作的主要对象和载体。

（二）功能区

功能区又称功能选项卡区域，位于标题栏的下方，是一个由若干个选项卡组成的区域。Excel 2010 将用于处理数据的所有命令组织在不同的选项卡中，单击不同的选项卡标签，可切换功能区中显示的工具命令。在每个选项卡中，命令又被分类放置在不同的组中。组的右下角通常都会有一个对话框启动器按钮，用于打开与该组命令相关的对话框，以便用户对要进行的操作做出进一步的设置。

（三）编辑栏

编辑栏位于功能区下方，主要用于输入和修改活动单元格中的数据或公式。当在工作表的某个单元格中输入数据时，编辑栏会同步显示输入的内容。

（四）工作表编辑区

工作表编辑区用于显示或编辑工作表中的数据。此区域由单元格或若干个单元格构成的区域组成。

（五）工作表标签

窗口左下角是工作簿所包含的工作表名的标签，默认名称为 Sheet1、Sheet2、Sheet3…单击不同的工作表标签可在工作表间进行切换。

（六）名称框

名称框显示单元格或单元格区域的名称，标明目前活动单元格的地址，默认情况下由活动单元格的列标和行号构成。也可以通过名称管理器对活动区域的名称进行修改，方便数据的识别和管理。

（七）单元格

单元格是 Excel 工作簿的最小组成单位，所有的数据都存储在单元格中。工作表编辑区中每个长方形的小格就是一个单元格，每个单元格都可用其所在的行号和列标进行标识，如 A1 单元格表示位于第 A 列第 1 行的单元格。

Excel 工作簿就像是我们日常生活中的账本，而账本中的每一页账表就是工作表，账表中的一格就是单元格。一个工作簿由若干工作表组成，一个工作表又由若干单元格组成。工作簿、工作表和单元格的相关概念和操作是学习 Excel 首先要熟悉的内容。

四、Excel工作簿

在 Excel 中用来储存并处理数据的文件叫做工作簿，其文件名后缀与版本和类型有关。Excel 2010 默认的文件名后缀为.xlsx。每个工作簿可以拥有许多的工作表。工作簿、工作表是 Excel 的主要操作对象。下面介绍对工作簿的创建、保存、恢复等基本操作。

(一) 创建工作簿

首次应用 Excel 进行业务处理时，必须新建一个工作簿并命名，然后在工作簿中设计需要的工作表。编辑或应用某个已经存在的工作表时，必须先打开相应的工作簿。

创建工作簿有以下两种方式。

1. 自动创建

当启动 Excel 时，系统会默认创建一个 Excel 工作簿，自动命名为 Book1-Microsoft Excel。

2. 手工创建

用户也可以通过单击 Office 按钮，打开按钮菜单；选择其中的"新建"命令，打开"新建工作簿"对话框，如图 1-4 所示；在该对话框的"模板"列表中选择是否选用模板及选用哪种模板。例如，可以选择"空白文档和最近使用的文档""已安装的模板""我的模板""根据现有内容新建"，以及 Microsoft Office Online 栏下的系列模板，再单击该对话框右下角的"创建"按钮，则按某模板创建一个新的工作簿。

如果选择"空工作簿"新建工作簿，就是采用默认的模板创建一个空的工作簿(或是直接采用默认选项)，该工作簿默认包含了 3 张工作表，即 Sheet1、Sheet2、Sheet3，这时就可以在新的工作簿中进行工作了。

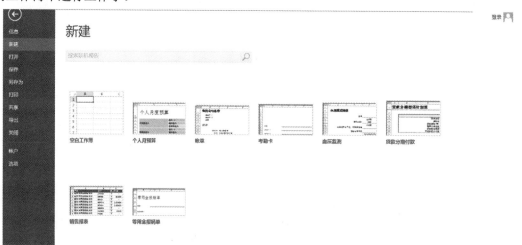

图1-4 "新建工作簿"对话框

(二) 保存工作簿

对新建或已有的工作簿进行编辑设置后，需要及时保存，否则所做的工作和数据不能保存下来。保存工作簿的方法有如下几种。

1. 手工操作保存工作簿

可以通过以下几种操作方法保存工作簿。

(1) 在功能区中依次单击"文件"→"保存"或"另存为"按钮。

(2) 单击"快速启动工具栏"上的"保存"按钮。

(3) 在键盘上按 Ctrl+S 组合键。

(4) 在键盘上按 Shift+F12 组合键。

此外，在退出 Excel 时系统会自动弹出警告信息，提示用户是否要保存，单击"保存"按钮就可以保存此工作簿。

工作簿有多种类型。当保存一个新的工作簿时，可以在"另存为"对话框的"保存类型"下拉列表中选择所需保存的 Excel 文件类型，如图 1-5 所示。在 Excel 2010 中，.xlsx 为普通 Excel 工作簿；.xlsm 为启用宏的工作簿(当工作簿中包含宏代码时，选择这种类型)；.xlsb 为二进制工作簿；.xls 为 Excel 97-2003 工作簿。无论工作簿中是否包含宏代码都可以保存为这种 Excel 2003 兼容的文件格式。

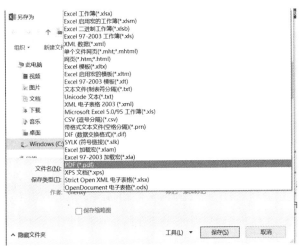

图1-5 Excel工作簿可保存的文件类型

2. 自动保存工作簿

由于电源系统不稳定、Excel 程序本身故障、用户操作不当等原因，Excel 程序可能会在用户保存文档之前就意外关闭，使用自动保存功能可以减少这些意外情况所造成的损失，尤其对于财务和会计等关键信息的保存有非常重要的作用。

Excel 2010 版本中，自动保存功能得到进一步增强，不仅会自动生成备份文档，而且会根据间隔时间需求生成多种文件版本。当 Excel 因程序意外崩溃而退出或用户没有保存文档就关闭时，工作簿就可以选择其中的某一个版本进行恢复。

设置自动保存的方法如下。

(1) 单击 Excel 菜单栏中的"文件"选项卡，选择"Excel 选项"对话框中的"保存"选项卡，如图 1-6 所示。

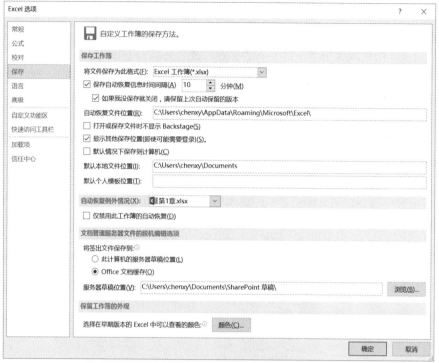

图1-6　Excel自动保存设置

(2) 选中"保存工作簿"中的"保存自动恢复信息时间间隔"复选框(默认为勾选,即所谓的自动保存),在右侧的微调框内设置自动保存的时间间隔,默认为10分钟。

(3) 单击右下角的"确认"按钮,保存设置并退出"Excel选项"对话框。

设置开启了自动保存功能之后,在工作簿文档的修改编辑过程中Excel会根据保存间隔时间的设置自动生成备份副本。在Excel功能区中单击"文件"→"信息"选项,就可以查看到这些通过自动保存生成的副本信息,如图1-7所示。

图1-7　自动保存文件信息查询

(三) 恢复工作簿文件

恢复工作簿文档的方式，根据 Excel 程序关闭的情况不同分为以下两种。

第一种情况是用户手动关闭 Excel 程序之前没有保存文档。这种情况下通常是由于误操作造成的，要恢复之前所编辑的状态，可以在重新打开目标工作簿文档后，在功能区上单击"文件"→"信息"选项，右侧会显示此工作簿最近一次自动保存的文档副本。单击此文件版本即可打开副本文件，并在编辑栏上显示提示信息，单击"还原"按钮即可将工作簿文档恢复到此版本。

第二种是发生断电、程序崩溃等情况而意外退出。在 Excel 工作窗口非正常关闭的情况下，重新启动 Excel 时会自动出现文档恢复任务窗口。在该任务窗口中，用户可以选择打开 Excel 自动保存文件版本或打开原始文件版本及用户最后一次手动保存时的文件状态。

虽然自动保存功能有很大的改进，但并不能完全代替用户的手动保存操作。在使用 Excel 进行财务数据管理的过程中，养成良好的保存和备份习惯才是避免重大损失的有效途径。

五、Excel 工作表

工作表是数据输入、处理及制作图表的基本操作界面，每个工作簿中包含多个工作表，最多不超过 255 个。在 Excel 2010 中工作表的最大行号为 1 048 576，最大列号为 16 384。一般来说，用户对工作表的基本操作包括插入新工作表、重命名工作表、删除工作表、移动和复制工作表等。下面对这些基本操作进行介绍。

(一) 插入新工作表

工作表的创建通常分为两种情况：一种是随着工作簿的创建而创建；另一种是从现有工作簿中创建新的工作表。

用户在使用过程中，如果工作簿比较复杂，内容比较多，可能默认的工作表还不够用，这时就需要向工作簿中插入新的工作表。在 Excel 中，插入一个新工作表的方法如下：右击工作表标签，打开快捷菜单；选择"插入"命令，打开"插入"对话框；在"常用"选项卡中选择"工作表"，然后单击"确定"按钮即可插入一个新的工作表。或者按 Shift+F11 组合键，可直接添加一个新的工作表。

(二) 重命名工作表

工作表的名称是按照"Sheet+序号"的方式自动命名的，这种命名方式不能体现工作表的内容，也不便于查找。这时可以根据需要将工作表重命名。

其操作方法是：右击要更改名称的工作表标签，在弹出的快捷菜单中选择"重命名"命令，或者直接双击工作表标签，此时工作表的名称呈高亮状态，在其中直接输入新的名称，然后按 Enter 键即可完成工作表的重命名。

(三) 删除工作表

当不再需要一个工作表时，可将其删除。

其操作方法为：右击要删除的工作表的标签，在打开的快捷菜单中选择"删除"命令，工作表即被删除。如果要一次删除多个工作表，可以按住 Shift 键并单击最后一个工作表标签，这个标签和活动工作表标签之间的所有工作表都将被删除。

(四) 移动和复制工作表

有时候需要把工作簿中的工作表重新调整顺序，此时只要单击要移动的工作表标签，并按住鼠标左键，使其出现一个向下的箭头，然后直接将工作表拖动到相应的位置即可。

复制工作表与移动工作表的操作相似。单击需要复制的工作表标签之后，按住 Ctrl 键，在要复制的工作表标签上按住鼠标左键并拖动，就可以复制工作表到指定位置，之后松开鼠标键即可。如果希望将工作表复制到另外一个工作簿内，则要求两个工作簿同时打开。或者在工作表标签上右击，在打开的快捷菜单中选择"移动或复制工作表"命令即可。

下面举例说明工作簿和工作表的建立。

【例1-3】假设 A 公司要运用 Excel 进行工资核算，其工资结算明细表项目如表1-1所示。建立"工资核算"工作簿和工资结算工作表。

表1-1　A公司工资结算明细表

员工编号	姓名	性别	部门	级别	基本工资	岗位工资	加班费	应发合计	三险	住房公积金	所得税	缺勤扣款	扣款合计	实发合计
0001	张三	女	厂部	管理1级	8000	3000	0	11 000	1133	1320	394.94	47.62	2895.56	8104.44
0002	李四	男	厂部	管理3级	7500	2000	0	9500	978.5	1140	113.77	89.29	2321.56	7178.44
0003	王五	女	财务部	管理1级	7500	3000	0	10 500	1081.5	1260	360.85	0	2702.35	7797.65
0004	赵麻	女	财务部	管理2级	7500	2500	0	10 000	1030	1200	128.1	0	2358.1	7641.9
0005	李帅	男	财务部	管理5级	5500	1000	0	6500	669.5	780	46.52	0	1496.02	5003.98
0006	张五	女	采购部	管理4级	5500	1500	0	7000	721	840	58.17	0	1619.17	5380.83
0007	李路	女	采购部	管理2级	5000	2500	0	7500	772	900	69.83	0	1741.83	5758.17
0008	赵启	男	销售部	管理2级	4500	2500	0	7000	721	840	58.17	0	1619.17	5380.83
0009	王思	女	销售部	生产1级	4500	2500	0	7000	721	840	58.17	0	1619.17	5380.83
0010	李聪	女	生产一车	生产4级	4500	1000	0	5500	566.5	660	0	0	1226.5	4273.5
0011	陈尔	男	生产一车	生产1级	4500	2500	0	7000	721	840	58.17	0	1619.17	5380.83
0012	赵磊	女	生产二车	生产3级	4500	1500	0	6000	618	720	0	2250	3588	2412
0013	韩美	女	供电车间	生产2级	4500	2000	0	6500	669.5	780	45.17	26.79	1521.46	4978.54
0014	张武	男	修理车间	生产1级	4500	2500	0	7000	721	840	58.17	0	1619.17	5380.83
0015	韩书	女	采购部	管理4级	5500	1500	0	7000	721	840	58.17	0	1619.17	5380.83
0016	许局	女	采购部	管理2级	5000	2500	0	7500	772.5	900	69.83	0	1742.33	5757.67
0017	徐峰	男	销售部	管理4级	5500	1500	0	7000	721	840	58.17	0	1619.17	5380.83
0018	王霸	女	销售部	管理2级	5000	2500	0	7500	772.5	900	69.83	0	1742.33	5757.67

操作步骤如下。

(1) 新建 Excel 工作簿,并为工作簿命名"工资核算"。

(2) 将工作簿中的工作表标签 Sheet1 重新命名为"A 公司工资结算明细表"。

(3) 选择 B1 至 P1 单元格,单击"开始"选项卡"对齐方式"组中的"合并后居中"按钮;输入表头"A 公司工资结算明细表"。

(4) 选中 B2 至 P18 单元格区域,单击"开始"选项卡"字体"组中的"下框线"按钮,给表格加上表格线并可以按表格设计需求,使用下拉菜单调整表格线条粗细和线形。

(5) 在 B2 至 P2 单元格中手工输入表头项目名称,并在"开始"选项卡的"对齐方式"和"字体"组中调整对齐方式和字体等。

(6) 使用 Ctrl+S 快捷键保存创建好的工作簿"工资核算.xlsx",如图 1-8 所示。

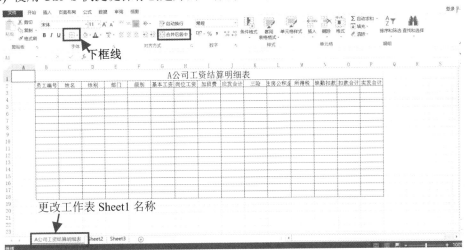

图1-8　新建工资核算工作簿和A公司工资结算明细表

六、Excel单元格和区域

Excel 单元格和区域是工作表最基础的构成元素和操作对象。行和列相互交叉所形成的一个个的格子称为单元格;而同一工作表中若干个相邻单元格连接成的矩形称为区域。单元格是工作表最基础的组成元素。用户可以在单元格内输入和编辑数据,单元格中可以保存的数据包括数字、文本和公式等内容。除此以外,用户还可以为单元格添加批注及设置多种格式。

(一) 单元格或区域的选择

若要对单元格或区域进行操作,就必须先选中单元格。在 Excel 中可以选择单个单元格,也可以一次选择多个单元格(即区域)。如果要选择单个单元格,只要单击该单元格即可。如果要连续选择多个单元格,除可以拖动鼠标选择外,还可以先选中第一个单元格,然后按住 Shift 键选择最后一个单元格,这样中间区域的单元格就都被选中了。如果要选择多个不连续的单元格,可以按住 Ctrl 键依次单击这几个单元格即可。

在任一工作表中,选中任意单元格,在键盘上按 Ctrl+↓ 组合键,就可以迅速定位到选定单元格所在列上向下连续非空的最后一行,若单元格所在列下方均为空,则定位到当前列的

1048576 行。为了方便工作表内容的复制，还可以通过单击工作表编辑区左上角的行号 1 和列标 A 交叉点的符号 (向右下的三角形)来快速选中整个工作表编辑区。

(二) 在单元格或区域中输入数据

1. 输入文本(字符型)数据

向单元格输入的数据可以是文本(字符型)或数值型。文本可以是汉字、英文字母，也可以是文本性质的数字，每个单元格最多可以输入 32 767 个字符。双击单元格即可在单元格中输入数据；或者在编辑栏中输入相应的内容，再单击左侧的 按钮完成输入。在默认情况下，输入的文本内容会与单元格的左侧对齐。

以【例 1-3】为例，在 B3 单元格中输入 0001，Excel 会把输入默认为数值格式而显示为 1。为了在单元格中输入文本性质的数字，可在数字前输入一个半角单引号，Excel 就将该数字作为文本处理，同时单元格左上角出现绿色三角标识。

向选中区域内输入数据的方法与向单元格中输入数据的方法相同，如图 1-9 所示。选中区域反显，而区域内正在输入数据的单元格正常显示，对区域内单元格完成输入后，单击 Enter 键，活动单元格自动跳转到同列的下一行。当选中区域内的一列完成输入后，单击 Enter 键，活动单元格跳转到选中区域下一列的首行。当区域内最后一个单元格完成输入后，再次单击 Enter 键，活动单元格位置跳转到选中区域的首行首列。

图1-9　向区域内输入数据

2. 输入数值型数据

Excel 中的数值型数据是指可用于计算的数据，常见的有整数、小数、逻辑值等。与文本数据相区别，默认情况下输入的数值会自动右对齐。如果输入的数字超过 11 位，将自动变成科学记数法形式，如果单元格的宽度不足以容纳输入的数字，将以"####"表示，如图 1-10 所示。当出现"####"时，将光标移至列标上方，直至变为⇩时，选中需要调整宽度的列，再将光标移至列标之间，直至变为⬌双箭头时，双击，则 Excel 会自动依据单元格内容调整单元格宽度。

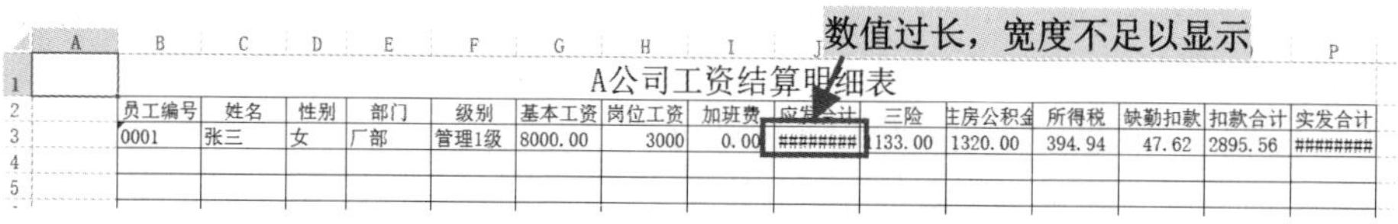

图1-10　快速调整单元格列宽

3. 填充相同的数据

继续以【例1-3】为例，在"A 公司工资结算明细表"中，选中输入起始数据的单元格，输入数据，然后把光标放在该单元格的右下角，这时光标会变成"+"标记。再向下或向右拖动鼠标，这样所经过的单元格就以等差数列方式填充单元格中的内容。例如，从 B3 到 B20 单元格都输入数据，先在 B3 单元格中输入 0001，然后将光标放置在单元格右下角，当光标变成"+"后向下拖动鼠标至 B20 单元格，如图 1-11 所示。如果同时按住 Ctrl 键下拉，则在经过的单元格中填入相同的数据，效果如图 1-12 所示。

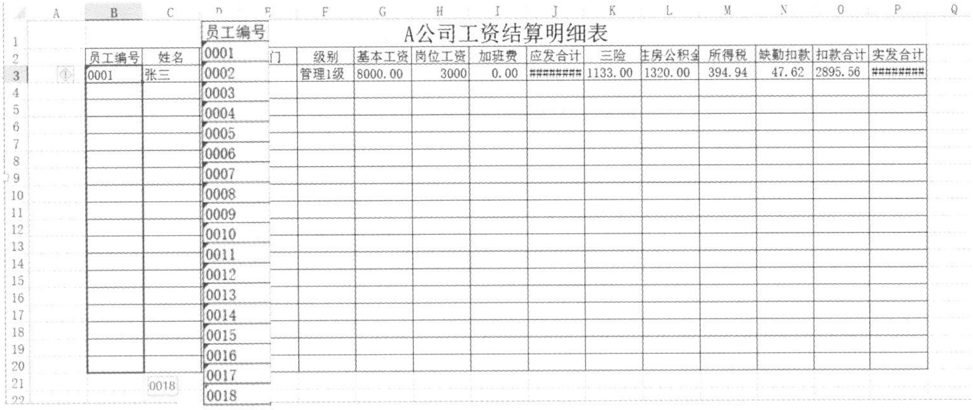

图1-11　直接下拉填充效果

图1-12　按住Ctrl键下拉填充效果

4. 填充等差数列

若想使用自动填充功能输入等差数列的数据，除上例中按住 Ctrl 键下拉填充外，还可用以下步骤进行填充。

(1) 在输入起始数据时，至少输入前两个数据。例如，在 A1 和 A2 单元格中分别输入 1 和 3。

(2) 选中这两个单元格，并将光标移到单元格的右下角，当光标变成"+"标记时，按住鼠标左键向下拖动，填充所选区域后松开鼠标即可，效果如图 1-13 所示。

当然，还可以使用自动填充按钮的对话框来对单元格进行快速填充；或者使用"数据"选项卡"数据工具"组中的"快速填充"按钮进行填充。

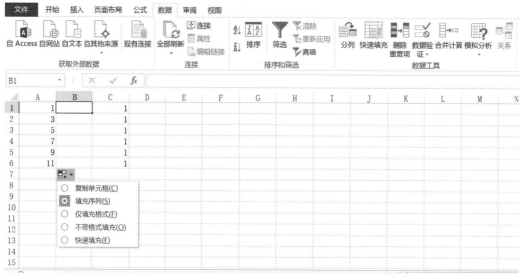

图1-13 数据的快速填充

(三) 单元格或区域的插入与删除

有时需要在工作表中插入或删除单元格或多个单元格(区域)。首先选中某个单元格,然后打开功能区中的"开始"选项卡,在"单元格"组中单击"插入"→"插入单元格"命令,如图1-14所示,打开"插入"对话框;选中"活动单元格下移"单选按钮,单击"确定"按钮,即可在这几个单元格的上方各插入一个单元格。或者选中单元格后右击,在弹出的快捷菜单中选择"插入"命令,同样会弹出"插入"对话框。当要一次插入多个单元格(即区域)时,所选择的单元格数目和即将要插入的单元格数目要一致。

删除单元格时,选择要删除的单元格区域并右击,在弹出的快捷菜单中选择"删除"命令,在弹出的"删除"对话框中选择要删除的方式,单击"确定"按钮即可完成。

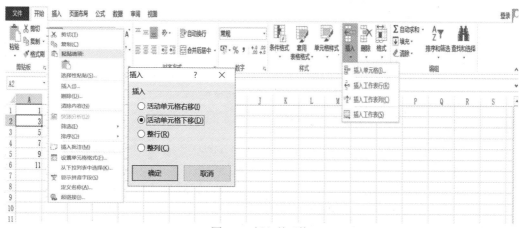

图1-14 插入单元格

第二节　Excel公式

一、公式的含义与组成

Excel 的公式是以"="号为引导，通过运算符按照一定的顺序组合进行数据运算处理的等式。简单的公式有加减乘除等计算，复杂的公式则可能会包含函数及各种引用等内容。

使用公式是为了有目的地计算结果，或者依据计算结果改变其所作用单元格的条件格式、设置规划模型等。若想要熟练地使用公式，就要对 Excel 中公式的基本结构进行了解。

Excel 公式的组成要素有等号、运算符号、常量、单元格引用、函数和名称等。以等号开头输入 Excel 单元格中的以下内容，都可看作公式：

- "=5+2"是包含常量运算的公式；
- "=A3*$B$5"是包含单元格引用的公式；
- "=(语文成绩+数学成绩)÷2"是包含名称的公式；
- "=SUM(D:D)"是包含函数的公式。

二、公式的输入、编辑与删除

单元格的数据类型被事先设置为"文本"，当以"="号作为开始在单元格中输入时，Excel 将自动变为输入公式状态，以"+""−"号作为开始输入时，系统会自动在其前面加上等号变为输入公式状态。

在输入公式状态下，选中其他单元格区域时，被选区域将作为引用自动输入公式中。按下 Enter 键或 Ctrl+Shift+Enter 组合键，可以结束普通公式和数组公式 $f(x)$ 输入或编辑状态。

如果需要对已有公式进行修改，可以通过以下 3 种方式进入单元格编辑状态。

第一种方式，选中公式所在单元格，并按下 F2 键。

第二种方式，双击公式所在单元格(可能光标位置不会处于公式起始位置)。

第三种方式，选中公式所在单元格，单击列标上方的编辑栏。

选中公式所在单元格，按 Delete 键即可清除单元格中的全部内容，或者进入单元格编辑状态后，将光标放置在某个位置并使用 Delete 键或 Backspace 键删除光标后面或前面的公式部分内容。当需要删除多单元格数组公式时，必须选中其所在的全部单元格后再按 Delete 键。

三、公式的复制与填充

当需要使用相同的计算方法时，可以像一般单元格内容一样，通过"复制"(快捷键：Ctrl+C)和"粘贴"(快捷键：Ctrl+V)的方法进行操作，而不必逐个单元格编辑公式。此外，可以根据表格的具体情况使用不同的操作方法复制与填充公式来提高效率。

包含单元格引用的公式进行复制与填充时，由于单元格引用方式的不同，公式的运算内容和返回结果可能会发生很大变化。因此，在了解公式复制与填充的操作方法后，还需要对单元格引用的方式有充分的理解和认识，才能利用 Excel 工具更好地为财务会计数据处理服务。

四、单元格引用与名称

单元格是工作表的最小组成元素，以左上角第一个单元格为原点，向下、向右分别为行、列坐标的正方向，由此构成单元格在工作表上所处位置的坐标集合。在公式中使用坐标方式表示单元格在工作表中的"地址"实现对存储于单元格中的数据的调用，这种方法称为单元格引用。

(一) 单元格引用

在公式中的引用具有以下关系：如果单元格 A1 包含公式 B1，那么 B1 就是 A1 的引用单元格，A1 就是 B1 的从属单元格。从属单元格与引用单元格之间的位置关系称为单元格引用的相对性，可分为 3 种不同的引用方式，即相对引用、绝对引用和混合引用。

1. 相对引用

当复制公式到其他单元格时，Excel 保持从属单元格与引用单元格的相对位置不变，称为相对引用。例如，使用 A1 引用样式时，在 B2 单元格输入公式"=A1"。

当向右复制公式时，将依次变为："=B1""=C1""=D1"等，当向下复制公式时，将依次变为"=A2""=A3""=A4"，始终保持引用公式所在单元格的左侧 1 列、上方 1 行的位置。

2. 绝对引用

当复制公式到其他单元格时，Excel 保持公式所引用的单元格绝对位置不变，称为绝对引用。例如，在 A1 引用样式中，若在 B2 单元格中输入公式"=$A$6"，则无论公式向右还是向下复制，都始终保持为"=$A$6"不变，固定在 A 列第 6 行。

当选中公式中的单元格地址时，单击功能键 F4，则地址可以自动在绝对引用和相对引用间切换。

【例1-4】如图 1-15 所示，对 A 列与 B 列求和。在 C3 单元格中输入计算公式"=$A$3+$B$3"，在 D3 单元格中输入计算公式"=$A$3+B3"，在 E3 单元格中输入计算公式"=A3+B3"；把 C3 至 E3 单元格的公式内容向下复制到同列其他单元格中，计算结果如图 1-15 所示。

	A	B	C	D	E
1	A列	B列	结果		
2			=$A$3+$B$3	=$A$3+B3	=A3+B3
3	1	2	3	3	3
4	2	5	3	6	7
5	3	8	3	9	11
6	4	11	3	12	15
7	5	14	3	15	19
8	6	17	3	18	23
9	7	20	3	21	27
10	8	23	3	24	31
11	9	26	3	27	35
12	10	29	3	30	39

图1-15 绝对引用、相对引用计算结果比较

3. 混合引用

当复制公式到其他单元格时，Excel 仅保持所引用单元格的行或列方向之一的绝对位置不

变，而另一方向位置发生变化，这种引用方式称为混合引用，可分为行绝对列相对引用和行相对列绝对引用。例如，在 A1 引用样式中，若在 C3 单元格中输入公式"=$A5"，则公式向右复制时始终保持为"=$A5"不变，向下复制时行号将发生变化，即行相对列绝对引用。

4. 其他工作表区域的引用

若希望在公式中引用其他工作表的单元格区域，则可在公式编辑状态下，通过单击相应的工作表标签，然后选取相应的单元格区域。跨表引用的表示方式为："工作表名+感叹号+引用区域"(使用的符号均为英文状态下的半角符号)，如公式"=科目编码与名称!$B$3:$C$84"为引用"科目编码与名称"工作表中 B3 到 C84 区域的内容。

5. 其他工作簿中的工作表区域的引用

当引用的单元格与公式所在单元格不在同一工作簿中时，其表示方式为："[工作簿名称]工作表!单元格引用"。当被引用单元格所在工作簿关闭时，公式中将在工作簿名称前自动加上文件的路径。当路径或工作簿名称、工作表名称之一包含空格或相关特殊符号时，感叹号之前部分需要使用一对半角单引号包含。

(二) 名称的使用

在 Excel 中，名称是一种较为特殊的公式，多数由用户自行定义，也有部分名称可以随创建列表、设置打印区域等操作自动产生。作为一种特殊的公式，名称也是以"="号开始，可以由常量数据、常量数组、单元格引用、函数与公式等元素组成，并且每个名称都具有一个唯一的标识，可以方便在其他名称或公式中调用。

与一般的公式所不同的是，普通公式存在于单元格中，名称保存在工作簿中，并在程序运行时存在于 Excel 的内存中，且通过其唯一标识(即名称的命名)进行调用。

合理地使用名称，可以方便编写公式，有增强公式的可读性、方便于公式的统一修改、可代替需重复使用公式以简化公式、可代替单元格区域存储常量数据等优点。

例如，将存放在 B3:B12 单元格区域的"商品价格"数据定义为"价格"，使用"=AVERAGE(价格)"和"=AVERAGE (B3:B12)"两个公式都可以求平均价格，但显然前者比后者更易于理解其意图。

再例如，在工资表中有多个公式都使用 1200 作为基本工资以乘以不同奖金系数进行计算，当基本工资额改变时，要逐个修改相关公式将较为烦琐。如果定义一个"基本工资"的名称并带入公式中，则只需修改基本工资名称代表的内容即可。

1. 新建名称

Excel 主要提供以下两种方式来新建名称：一种是通过选中区域，以直接命名的方法新建名称；另一种是通过打开"新建名称"对话框，来实现对名称的新建。Excel 又提供了以下三种打开新建名称对话框的方法：①单击"公式"选项卡中的"定义名称"按钮；②单击"公式"选项卡中的"名称管理器"按钮，在"名称管理器"对话框中单击"新建"按钮；③使用 Ctrl+F3 快捷键打开"名称管理器"对话框，单击"新建"按钮，如图 1-16 所示。

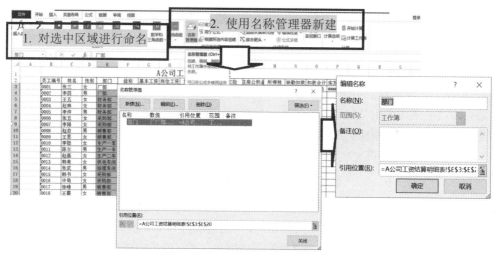

图1-16　使用名称管理器新建名称

【例1-5】如图1-17所示，使用名称管理器命名数据区域A列和B列，在E列填入公式"=A列+B列"对A、B列进行求和，结果与图1-15中公式"=A3+B3"一致，便于理解。

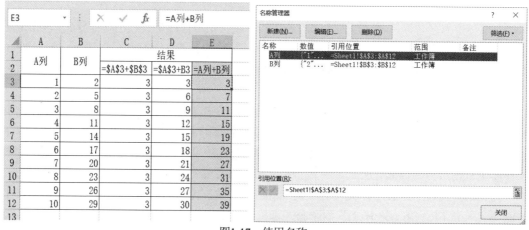

图1-17　使用名称

2. 修改与删除名称

名称修改与删除的方法与新建名称方法类似，单击"公式"选项卡中的"名称管理器"按钮，在"名称管理器"对话框中选中需要编辑或删除的名称，再单击对话框中的"编辑"或"删除"按钮即可。

五、公式中的运算符

公式中需要使用运算符号，Excel的运算符号主要包括四种：算术运算符、比较运算符、文本运算符和引用运算符。

- 算术运算符：主要用于加、减、乘、除、百分比及乘幂等常规的算术运算。
- 比较运算符：用于比较数据的大小，包括对文本或数值的比较，返回值为true或false。

- 文本运算符：主要用于将文本字符或字符串进行连接和合并。
- 引用运算符：这是Excel特有的运算符，主要用于在工作表中进行单元格的引用。

通常情况下，Excel按照从左向右的顺序进行公式运算，当公式中使用多个运算符时，Excel将根据各个运算符的优先级进行运算，对于同一级次的运算符，则按从左向右的顺序进行运算。具体的优先顺序如表1-2所示。

表1-2 公式中运算符与优先级列表

类别	运算符	运算功能	优先级
引用	:	区域运算符，用于引用单元格区域	1
引用	,	联合运算符，将多个引用合并	2
引用	空格	交叉运算符，用于引用两个单元格区域的重叠部分	3
算术	()	括号	4
算术	-	负号	5
算术	%	百分号	6
算术	^	乘方	7
算术	*和/	乘、除	8
算术	+和-	加、减	9
文本	&	文本连接，将两个文本连接起来合并成一个文本	10
逻辑	=、<、>、<=、>=、<>	等于、小于、大于、小于等于、大于等于、不等于	11

数学计算式中使用小括号()、中括号[]和大括号{}以改变运算的优先级别，在Excel中均使用小括号代替，而且括号的优先级将高于上表中所有运算符。如果在公式中使用多组括号进行嵌套，其计算顺序是由最内层的括号逐级向外进行运算。在公式中使用的括号必须成对出现，虽然Excel在结束公式编辑时会做出判断自动补充、修正，但修正结果并不一定是用户所期望的。

六、Excel的数据类型

在介绍Excel公式后，还需要对Excel的数据类型做一个简单的了解。在单元格中可以输入和保存的数据包括4种基本类型：数值、日期和时间、文本和公式。除此以外，还有逻辑值、错误值等一些特殊的数值类型。

(一) 数值

数值是指所有代表数量的数字形式，如企业的产值和利润、商品的价格、员工的工资等。数值可以是正数，也可以是负数，但是都可用于进行数值计算，如加、减、求和、求平均值等。除普通的数字外，还有一些带有特殊符号的数字也被Excel理解为数值，如百分号(%)、货币符号(如¥)、千分位间隔符(,)及科学计数符号(E)等。

在自然界中，数字的大小是无穷无尽的，但是在Excel中，由于软件系统自身的限制，对于所使用的数值也存在着一些规范和限制。

Excel 可以表示和存储的数字最大可精确到 15 位有效数字。对于超过 15 位的整数数字，Excel 会自动将 15 位以后的数字变为零，例如，123 456 789 123 456 789(18 位)会自动变为 123 456 789 123 456 000。对于大于 15 位有效数字的小数，则会将超出的部分截去。因此，对于超出 15 位有效数字的数值，Excel 无法进行精确的计算或处理，如无法比较两个相差无几的 20 位数字的大小、无法用数值形式存储 18 位的身份证号码等。用户可以通过使用文本形式来保存位数过多的数字，来处理和避免上面这些情况。例如，在单元格中输入 18 位身份证号码的首位之前加上单引号"'"，或者先将单元格设置为文本类型后，再输入身份证号码。

对于一些很大或很小的数值，Excel 会自动以科学记数法来表示(用户也可以通过设置将所有数值以科学记数法表示)。例如，123 456 789 123 456 会按照系统默认保留小数位数(不同系统保留的小数位数可能不同)以科学记数法表示为 1.23457E+14，即为 1.23457×10^{14} 之意，其中代表 10 的乘方大写字母"E"不可以省略。

财务会计数据处理时经常会遇到较大金额的数据，同时对数据的精度也有要求，因此需要特别留意 Excel 处理数值类型数据的精度。

(二) 日期和时间

在 Excel 中，日期和时间是以一种特殊的数值形式存储的，这种数值形式被称为"序列值"。在 Windows 系统上所使用的 Excel 版本中，日期系统默认为"1900 年日期系统"，即以 1900 年 1 月 1 日作为序列值的基准日，当日的序列值计为 1，这之后的日期均以距基准日的天数作为其序列值。例如，1900 年 1 月 15 日的序列值为 15，2007 年 5 月 1 日的序列值为 39 203。在 Excel 中可表示的最后一个日期是 9999 年 12 月 31 日，当日的序列值为 2 958 465。

由于日期存储为数值的形式，因此它继承着数值的所有运算功能，如日期数据可以参与加、减等数值运算。日期运算的实质就是序列值的数值运算。例如，要计算两个日期相距的天数，可以直接在单元格中输入两个日期，再用减法运算的公式来求得。

日期系统的序列值是一个整数数值，一天的数值单位就是 1，那么 1 小时就可以表示为 1/24 天、1 分钟就可以表示为 $1/(24 \times 60)$ 天，等等，一天中的每一个时刻都可以由小数形式的序列值来表示。例如，正午 12:00:00 的序列值为 0.5(一天的一半)，12:01:00 的序列值近似为 0.500 694。

如果输入的时间值超过 24 小时，则 Excel 会自动以天为单位进行整数进位处理。例如 26:13:12，转换为序列值为 1.092 5，即为 1+0.092 5(1 天+2 小时 13 分 12 秒)。Excel 2010 中允许输入的最大时间为 9999:59:59.9999。

(三) 文本

文本是字符型数据，通常是指一些非数值型的文字、符号等，如企业的部门名称、会计科目名称、个人的姓名等。除此以外，许多不代表数量的、不需要进行数值计算的数字也可以保存为文本形式，如电话号码、身份证号码、股票代码等。所以，文本并没有严格意义上的概念。事实上，Excel 将许多不能理解为数值(包括日期时间)和公式的数据都视为文本。文本不能用于数值计算，但可以比较大小。在 Excel 2010 中，单元格中最大可显示 2041 个字符，而在编辑栏中最多可以显示 32 767 个字符。

(四) 逻辑值

逻辑值是比较特殊的一类参数，它只有 true(真或 1)和 false(假或 0)两种类型。

例如，在公式"=IF(A3=0,"0",A2/A3)"中，"A3=0"就是一个可以返回 true (真)或 false(假)两种结果的参数。当"A3=0"为 true 时，在公式中返回结果为"0"，否则返回"A2/A3"的计算结果。

需要注意的是，true 不是 1，false 也不是 0，其不是数值而是逻辑值。只不过有些时候可以把它"当成"1 和 0 来用。但是，逻辑值和数值有着本质的不同。

七、公式使用中的常见错误

在使用公式计算的过程中，常常会出现一些无法显示正确值的情况，依据错误情况的不同，Excel 返回的错误信息也不相同。表 1-3 所示为 Excel 函数与公式使用中常见的错误值及其说明。

表1-3　Excel函数与公式使用中常见的错误值及其说明

常见错误值	说明
#####	输入单元格的数值太长，在单元格中显示不下，可以通过调整单元格大小来修正
#VALUE!	使用了错误的参数和运算对象类型
#DIV/0!	公式被 0 除时
#NAME?	公式中产生不能识别的文本而产生的错误值
#N/A	函数或公式中没有可用的数值而产生的错误值
#REF!	单元格引用无效
#NUM!	公式或函数中的某个数字有问题
#NULL!	试图为两个并不相交的区域指定交叉点时产生的错误值

第三节　Excel函数

一、函数的含义与组成

为了方便用户使用，Excel 提供了大量的函数。Excel 函数是由 Excel 内部预先定义并按照特定的顺序、结构来执行计算、分析等数据处理任务的功能模块。Excel 函数的概念与数学中函数的概念类似，它是一些预定义的公式，这些公式使用一些称为参数的特定数值按特定的顺序或结构进行计算，因此，Excel 函数也常被人们称为"特殊公式"。与公式一样，Excel 函数的最终返回结果为值。以下为一个 Excel 函数的基本语法结构：

函数名(参数 1,参数 2,参数 3…参数 N)

函数只有唯一的函数名且不区分大小写，函数名表达函数的含义，由一个字符串来表示。

每个函数都有特定的功能和用途。

函数名后面是用圆括号括起来的参数，多个参数之间要用半角的逗号分隔，函数参数具有固定的位置。函数的参数可分为可选参数与必选参数。在 Excel 函数语法中，可选参数一般用一对方括号"[]"包含起来。当函数有多个可选参数时，可从右向左依次省略参数。例如，OFFSET 函数语法为：OFFSET(reference, rows, cols, [height], [width])，其中 height、width 参数都为可选参数，如果 OFFSET 函数仅使用 4 个参数，则第 4 个参数会识别为 height 而不是 width 参数。

函数的参数可以由数值、日期和文本等元素组成，也可以使用常量、数组、单元格引用或使用其他函数。当使用函数作为另一个函数的参数时，称为函数的嵌套。

在使用函数时，通常由表示公式开始的"="号、函数名称、左括号、以半角逗号相间隔的参数和右括号构成。例如，求一列数 B3 到 B10 所有数据的总和，可以使用函数：=SUM(B3:B10)。另外，有的函数可以仅使用其部分参数，如 SUM 函数可支持 255 个参数(Excel 2003 版为 30 个)，其中第 1 个参数为必选参数，不能省略，而第 2 至第 255 个参数都可以省略。也有一些函数没有参数或可不需要参数，例如，Now 函数、RAND 函数、PI 函数等没有参数；ROW 函数、COLUMN 函数如果参数省略则返回公式所在的单元格行号、列标数。

二、函数的分类

在数据处理过程中，某些简单的计算可以通过自行设计公式来完成，但如果要对多个单元格进行复杂操作，则需要使用 Excel 函数，以使数据的处理过程高效、简单，降低出错的概率。另外，类似 RAND 函数产生大于等于 0 小于 1 的随机值的功能也是自编公式无法完成的。在 Excel 函数中，依据来源的不同，函数可分为以下 4 个种类。

(一) 自定义函数

自定义函数是指使用 VBA 代码编制的实现特定功能，并存放于"模块"中的函数。

(二) 宏表函数

该类函数需要通过定义名称或在宏表中使用，其中多数函数功能已逐步被内置函数和 VBA 功能所替代。自 Excel 2007 版开始，需将包含有自定义函数或宏表函数的文件保存为"启用宏的工作簿(.xlsm)"或"二进制工作簿(.xlsb)"，并在首次打开文件后单击"宏已被禁用"安全警告对话框中的"启用内容"按钮。

(三) 扩展函数

扩展函数必须通过加载后才能正常使用。例如，EUROCONVERT 函数必须在单击"开发工具"→"加载项"命令，在"加载宏"对话框中选中"欧元工具"复选框后，才能正常使用，否则将返回#NAME?错误。

(四) 内置函数

内置函数是只要启动了 Excel 就可以使用的函数。单击功能区"公式"选项卡中的"插入函数"按钮，就可弹出"插入函数"对话框，如图 1-18 所示。根据函数的功能和应用领域分类，内置函数可分为以下 12 个类别。
- 文本函数
- 信息函数
- 逻辑函数
- 查找与引用函数
- 日期与时间函数
- 统计函数
- 数学与三角函数
- 数据库函数
- 财务函数
- 工程函数
- 多维数据集函数
- 兼容性函数

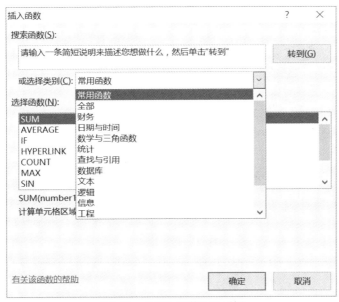

图1-18 "插入函数"对话框

其中，兼容性函数是在 Excel 2010 版中提供的比 2003 版等早期版本具有更高精确度，或者名称能更好地反映其用法等新的替代函数而仍保留的函数。虽然这些函数仍可向后兼容，但用户应该考虑从现在开始使用新函数，因为 Excel 的将来版本中可能不再可用。

内置函数是用户经常使用的函数，如果这些函数还不能满足用户的特殊需要，用户可以自定义函数。

三、函数的输入和编辑

如果对要使用的函数非常熟悉，可以在单元格中直接输入函数公式，然后单击编辑栏中的"="按钮，系统将根据输入的函数公式自动进行计算，并把计算结果显示到该单元格中。除直接输入函数公式外,还可以使用 Excel 提供的"插入函数"工具完成函数的输入和使用。

(一) 使用"自动求和"按钮插入函数

相信很多财务人员接触 Excel 函数都是从"自动求和"功能开始的。在功能区"公式"选项卡中有一个显示Σ字样的"自动求和"按钮("开始"选项卡的"编辑"组中也有此按钮),其中包括求和、平均值、计数、最大值、最小值和其他函数 6 个备选项,默认情况下单击该按钮或按 Alt+=组合键将插入"求和"函数。

(1) 单击"其他函数"按钮时,将打开"插入函数"对话框。

(2) 单击其他 5 个按钮时,Excel 将智能地根据所选取单元格区域和数据情况,自动选择公式统计的单元格范围,以实现快捷输入。

(3) 当将要计算的表格区域处于筛选状态时,单击该按钮将应用 SUBTOTAL 函数的相关功能,以便在筛选状态下进行求和、求均值、计算、取最小值等统计计算。

(二) 使用函数库插入已知类别的函数

在"公式"选项卡的"函数库"中提供了文本、日期与时间、查找与引用、数学与三角函数、其他函数等多个下拉按钮,在"其他函数"下拉按钮中提供了统计、工程、多维数据集、信息、兼容性函数等扩展菜单。

(三) 使用"插入函数"向导搜索函数

如果用户对函数所归属的类别不太熟悉,还可以使用"插入函数"向导选择或搜索所需函数。"插入函数"对话框效果如图 1-19 所示。以下 4 种方法均可以打开此对话框。

- 单击"公式"选项卡中的"插入函数"按钮。
- 在"公式"选项卡的"函数库"组各个下拉按钮的扩展菜单中,选择"插入函数"命令;或者单击"自动求和"下拉按钮,在扩展菜单中选择"其他函数"命令。
- 单击"编辑栏"左侧的"插入函数"按钮。
- 按 Shift+F3 组合键。

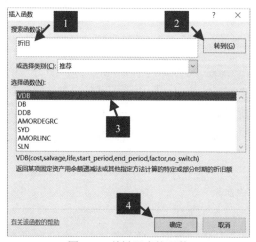

图 1-19 关键词查找函数

在图 1-19 的"搜索函数"编辑框中输入"折旧",单击"转到"按钮,对话框中将显示"推荐"的函数列表,选择具体函数(如 VDB 函数)后,单击"确定"按钮,即可插入该函数并切换到"函数参数"对话框,如图 1-20 所示。

图1-20　"函数参数"对话框

(四) 使用"公式记忆式键入"手工输入函数

自 Excel 2007 版开始新增了一项"公式记忆式键入"功能,可以在用户输入公式时出现备选的函数和已定义的名称列表,帮助用户自动完成函数公式的输入。如果知道所需函数的全部或开头部分字母的正确拼写方法,则可直接在单元格或编辑栏中手工输入函数。

在公式编辑模式下,按 Alt+↓ 组合键可以切换是否启用"公式记忆式键入"功能,也可以选择"文件"→"选项"选项卡,在"Excel 选项"对话框的"公式"选项卡中选中"使用公式"区域的"公式记忆式键入"复选框,然后单击"确定"按钮关闭对话框。当用户在编辑或输入公式时,就会自动显示以输入的字符开头的函数或已定义名称、"表"名称及"表"的相关字段名下拉列表。

例如,在单元格中输入"=SU"后,Excel 将自动显示所有以"SU"开头的函数、名称或"表"的扩展下拉菜单。通过在扩展下拉菜单中移动上、下方向键或光标选择不同的函数,其右侧将显示此函数功能简介,双击鼠标或按 Tab 键可将此函数添加到当前的编辑位置,既提高了输入效率,又确保了输入函数名称的准确性。

随着进一步输入,扩展下拉菜单将逐步缩小范围,如图 1-21 所示。

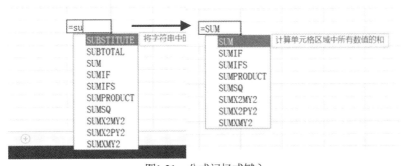

图1-21　公式记忆式键入

(五）灵活使用"函数屏幕提示"工具

选择"文件"→"选项"选项卡，在"Excel选项"对话框"高级"选项卡的"显示"区域中，选中"显示函数屏幕提示"复选框，如图1-22所示。

若要在单元格或编辑栏中编辑公式，当输入函数名称及紧跟其后的左括号时，在编辑位置附近会自动出现悬浮的"函数屏幕提示"工具条，帮助用户了解函数语法中的参数名称、可选参数或必选参数等，如图1-22所示。

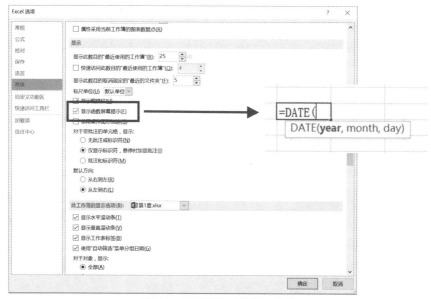

图1-22 启用函数屏幕提示功能

提示信息中包含了当前输入的函数名称及完成此函数所需要的参数，如图1-22所示，输入的DATE函数包括了3个参数，分别为"year""month"和"day"，当前光标所在位置的参数(如图中所显示的"year"参数)以加粗字体显示。如果公式中已经填入了函数参数，则单击"函数屏幕提示"工具条中某个参数名称时，将选中该参数的所在部分(包括使用嵌套函数作为参数的情况)，并以黑色背景突显。

单击"函数屏幕提示"工具条中的函数名称，将打开"Excel帮助"窗口，可快速获取该函数的帮助信息。

函数是一种特殊的公式，函数中常见的错误和参数的数据类型等相关问题可参见本章的公式一节。

第四节 Excel数据处理与分析工具

一、数据的有效性

数据有效性工具通常用来限制单元格中输入数据的类型和范围，防止用户输入无效数据，保证输入数据的正确性是数据处理与分析的前提条件。

(一) 数据有效性的设置与使用

若要对某个单元格或单元格区域设置数据有效性，可以按以下步骤进行操作。

(1) 选中要设置数据有效性的单元格或单元格区域，如图 1-23 所示的"性别"列。

(2) 单击功能区中"数据"选项卡的"数据工具"组中的"数据有效性"按钮，打开"数据有效性"对话框，如图 1-23 所示。

(3) 在"设置"选项卡的"验证条件"组的"允许"下拉列表中选择"序列"，在"来源"文本框中输入"男,女"，表示允许选择区域中输入文本"男"或"女"，用半角逗号分隔。

(4) 单击"确定"按钮后，有效性设置完成，效果如图 1-23 右侧所示。

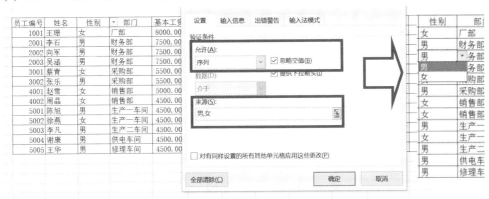

图1-23　设置数据有效性

在"数据有效性"对话框中，用户可以进行数据有效性的其他相关设置。

(二) 数据有效性的基本规则

在"数据有效性"对话框的"设置"选项卡中，内置了 8 种数据有效性允许的条件，可以对数据录入进行有效的管理和控制。这 8 种数据有效性允许的条件为任何值、整数、小数、序列、日期、时间、文本长度和自定义，如图 1-24 所示。

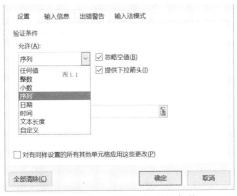

图1-24　数据有效性允许的条件

其中，"任何值"为默认选项，即允许在单元格中输入任何数据而不受限制。其他条件则

27

只允许输入相应数据类型的值。较难以理解的是"序列""文本长度"和"自定义"这3种条件。

"序列"条件要求在单元格区域中必须输入某一特定序列中的一个内容项。序列的内容可以是单元格引用、公式，也可以手动输入。

"文本长度"条件主要用于限制输入数据的字符个数。例如，要求输入某会计一级科目编码必须为4位。

"自定义"条件主要是指通过函数与公式来实现较为复杂的条件。

需要注意的是，数据有效性可以限制错误数据录入，但不能阻止错误数据被复制粘贴。对于错误数据的检查，可以采用条件格式的方法将错误数据查找出来。

二、数据的排序

在日常的数据处理工作中，经常需要对大量的数据按某种要求进行排序，如按应发工资数额从小到大排序。我们可以利用 Excel 提供的排序工具进行处理。排序是对数据的顺序进行重新排列，其中决定数据顺序关系的数据列被称为关键字。在 Excel 中，可以按字母、数字或日期等顺序来进行数据排序。排序关键字是 Excel 对数据进行排序的依据，在排序之后，主要关键字所在的数据列是有顺序的，而其余数据列不一定有序。

(一) 排序的规则

排序的方式有升序和降序两种。按升序排序时，Excel 按如下次序排序：数字→字母→逻辑值→错误值→空格。按降序排序时，除空格总是在最后面外，其他的排序次序与升序相反。

各种类型数据排序规则如下。

(1) 数值按数值大小顺序。
(2) 字母按字母先后顺序。
(3) 日期按日期的先后顺序。
(4) 汉字按汉语拼音的顺序或按笔画顺序。
(5) 逻辑值升序时，false 排在 true 前面，降序时则相反。
(6) 空格总是排在最后。

(二) 排序的操作步骤

【例 1-6】以图 1-25 所示的"A 公司工资结算明细表"为例，按"实发合计"的降序对表格进行排序。

对数据进行排序的具体步骤如下。

(1) 依次打开"工资核算"工作簿和"A 公司工资结算明细表"，单击数据区域中的任意一个单元格。

(2) 选择"数据"→"排序"命令，即可弹出"排序"对话框，如图 1-25 所示，从"主要关键字"下拉列表中选择关键字，这里选择"实发合计"。

(3) 选择"排序依据"为"数值"、"次序"为"降序"后，单击"确定"按钮，即可完成排序，如图1-25所示，"实发合计"数据按降序排列。如果要按升序排列，只需在"排序"对话框的"次序"下拉列表中选择"升序"即可。

当只选择对数据清单按一个关键字进行排序时，可以直接单击工具栏中的"升序"按钮或"降序"按钮。

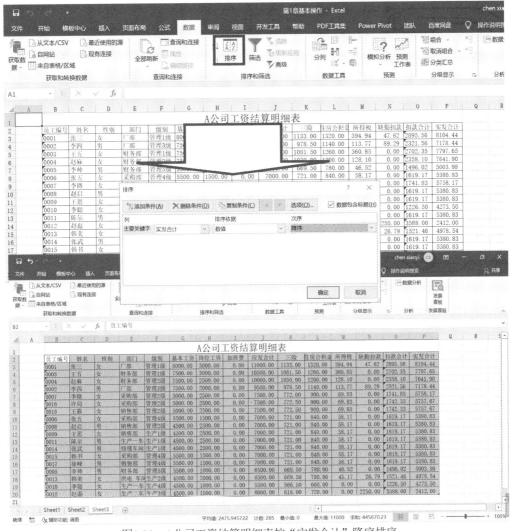

图1-25　A公司工资结算明细表按"实发合计"降序排序

当数据表中作为关键字的数据列中存在重复数据时，就需要使数据能够在具有相同关键字的记录中再次按另一个关键字进行排序，这就是多字段排序。进行多字段排序时，只需要在"排序"对话框中添加新的关键字即可。在"排序"对话框中单击"添加条件"按钮，这时出现"次要关键字"下拉列表，根据需要依次进行选择，单击"确定"按钮，完成多字段排序。

三、数据筛选

财务数据往往是复杂繁多的，工作人员常常需要从海量的数据中找出一些符合条件的数据，这时就需要利用 Excel 提供的筛选功能来实现。

筛选功能可以把数据表或数据库中所有不满足条件的数据隐藏起来，只显示满足条件的数据记录。常用的数据筛选方法有自动筛选和高级筛选两种。

(一) 自动筛选

利用自动筛选功能可以通过简单的操作快速检索数据表或数据库，筛选出所需要的数据。下面以图 1-25 中"A 公司工资结算明细表"为例介绍筛选的步骤。

(1) 单击数据清单中任一非空单元格，单击"数据"选项卡的"排序和筛选"组中的"筛选"按钮，即可在数据清单的列项右侧自动添加一个下拉列表标志，如图 1-26 所示。

(2) 单击需要筛选的下拉列表，Excel 将显示出可用的筛选条件，从中选择需要的条件，如单击"部门"右侧的下拉列表。

(3) 在"文本筛选"列表框中选中"财务部"复选框，单击"确定"按钮，即可显示出只有"财务部"员工的工资数据，如图 1-26 所示。

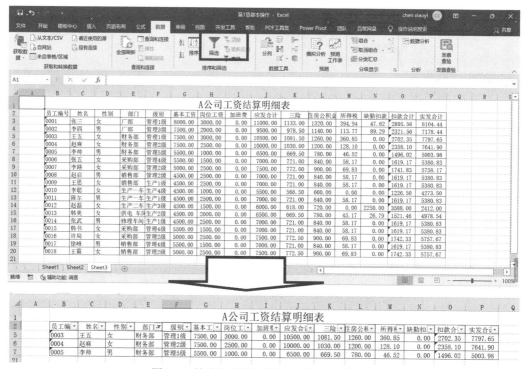

图1-26 筛选出"财务部"员工的工资明细表

还可通过自动筛选进行数值比较，选出工资金额符合条件的员工记录。值得注意的是，Excel 的筛选只是把原始数据表中不符合条件的数据行隐藏起来了，并没有修改原表中的任何数据，要把筛选后的数据表恢复成原样，只需再次单击 Excel 中"数据"选项卡中的"筛选"按钮即可。

(二) 高级筛选

高级筛选一般用于条件较复杂的筛选操作，其筛选结果可显示在源数据表中，不符合条件的记录被隐藏起来，也可以在新的位置显示筛选结果，不符合条件的记录同时保留在数据表中而不会被隐藏起来，这样就更加便于进行数据的比较。高级筛选的操作步骤如下。

(1) 选择如图1-27所示的"A公司工资结算明细表"，在其空白处建立各数据列的筛选条件，如"基本工资>6000，并且实发合计>7000"的员工，在空白单元格处输入条件。

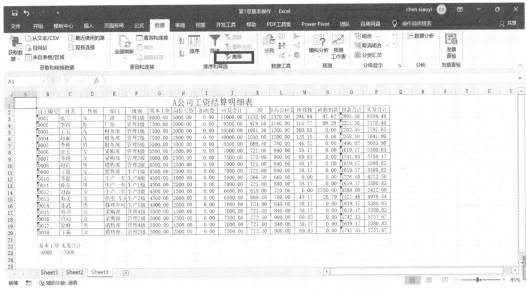

图1-27 输入筛选条件(基本工资>6000，并且实发合计>7000)

(2) 在"数据"选项卡的"排序和筛选"组中单击"高级"按钮。在打开的"高级筛选"对话框中有3个区域，分别是列表区、条件区、复制到区域(结果显示区域)，在其中确定原始数据区、筛选条件区、筛选数据保存区，如图1-28上图所示。

(3) 单击"确定"按钮，显示数据表的筛选结果，如图1-28下图所示。

图1-28 高级筛选条件设置及筛选结果

如果在"高级筛选"对话框中选中"将筛选结果复制到其他位置"单选按钮,并在"复制到"文本框中指定筛选结果的显示区域,那么筛选结果将在指定区域中显示出来,原始数据表不变。再次选择"筛选"命令,将会取消筛选,重新显示出原始的全部数据。

四、数据分类汇总

在对数据进行分析时,常常需要将相同类型的数据统计出来,这就是数据的分类与汇总。分类汇总是一种在数据表中快捷地汇总数据的方法,通过分级显示和分类汇总,可以从大量的数据中提取有用的信息。

使用 Excel 工具对数据进行分类汇总时,必须确定以下内容:首先,要分类汇总的数据区域必须是一个数据表或数据库,且数据表各列必须有列标题;其次,必须在数据表中对要进行分类汇总的列进行排序,这个排序的列标就是分类关键字,在进行分类汇总时,只能指定排序后的列标为汇总关键字。具体操作步骤如下。

(1) 打开要进行分类汇总的工作表,如"A 公司工资结算明细表",单击表内任意非空单元格后选择"数据"选项卡,单击"分级显示"组中的"分类汇总"按钮,即可弹出"分类汇总"对话框,如图 1-29 所示。

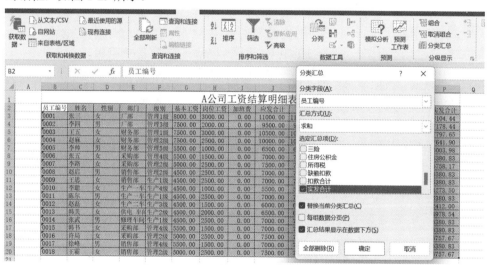

图1-29 在"分类汇总"对话框中设置条件

(2) 从"分类字段"下拉列表中选择要进行分类的字段,该下拉列表中汇集了数据表中的所有列标,分类字段必须是已经排序的字段。如果选择没有排序的列标作为分类字段,最后的分类结果将不准确。

(3) 在"汇总方式"下拉列表中列出了可以选择的汇总方式和所需汇总的列表。

(4) 选择汇总数据的保存方式有 3 种:①替换当前分类汇总,选择该种方式时,新的汇总将取代旧的分类汇总;②每组数据分页,选择该种方式时,各种不同的分类数据将被分页保存;③汇总结果显示在数据下方,选择该方式时,原数据的下方将显示汇总计算的结果。

(5) 单击"确定"按钮,完成汇总。

进行自动分类汇总后,如果不再需要分类汇总的结果,可在"分类汇总"对话框中单击"全部删除"按钮,即可撤销分类汇总。

五、数据透视表

数据透视表是用来从 Excel 数据列表、关系数据库文件或 OLAP(online analytical processing,联机分析处理)多维数据集的特殊字段中总结信息的分析工具。它是一种交互式报表,可以快速分类汇总、比较大量的数据,并可以随时选择其中的页、行和列中的不同元素,以达到快速查看源数据的不同统计结果,同时还可以随意显示和打印出用户所感兴趣区域的明细数据。

数据透视表有机地综合了数据排序、筛选、分类汇总等数据分析的优点,可方便地调整分类汇总的方式,灵活地以多种不同方式展示数据的特征。一张数据透视表仅靠鼠标移动字段位置,即可变换出各种类型的报表。同时,数据透视表也是解决函数公式速度瓶颈的手段之一。因此,该工具是最常用、功能最全的 Excel 数据分析工具之一。

数据透视表是一种对大量数据快速汇总和建立交叉列表的交互式动态表格,能帮助用户分析、组织数据。例如,计算平均数或标准差、建立列联表、计算百分比、建立新的数据子集等。建好数据透视表后,可以对数据透视表重新安排,以便从不同的角度查看数据。数据透视表的名字来源于它具有"透视"表格的能力,从大量看似无关的数据中寻找背后的联系,从而将纷繁复杂的大量数据转化为有价值的信息,以供研究和决策所用。总之,合理运用数据透视表进行计算与分析,能使许多复杂的问题简单化并能极大地提高工作效率。

【例 1-7】表 1-4 为各城市程序员专业类型和薪资待遇的列表,请对各城市不同专业类型的薪资待遇分类汇总并进行比较分析,用数据透视表来完成。假设表 1-4 的工作表已经建立,数据已经输入。

表1-4 各城市程序员专业类型与薪资待遇

城市	专业类型	薪资待遇
深圳	平面设计	7200
深圳	UI 设计师	8600
深圳	Java 程序员	9000
深圳	Android 程序员	10 800
深圳	PHP 程序员	10 800
广州	平面设计	7100
广州	UI 设计师	7000
广州	Java 程序员	7400
广州	Android 程序员	9200
广州	PHP 程序员	8600
北京	平面设计	8200
北京	UI 设计师	7800
北京	Java 程序员	12 600
北京	Android 程序员	15 000

(续表)

城市	专业类型	薪资待遇
北京	PHP 程序员	10 200
南宁	平面设计	3700
南宁	UI 设计师	5300
南宁	Java 程序员	5900
南宁	Android 程序员	7300
南宁	PHP 程序员	5500
柳州	平面设计	3900
柳州	UI 设计师	3500
柳州	Java 程序员	4200
柳州	Android 程序员	4500
柳州	PHP 程序员	4000
北海	平面设计	2800
北海	UI 设计师	2700
北海	Android 程序员	
北海	Java 程序员	3500
北海	PHP 程序员	3500

(一) 数据透视表的创建步骤

(1) 打开"各城市程序员专业类型与薪资待遇"工作表，单击数据列表区域中任意一个单元格，在"插入"选项卡中单击"数据透视表"图标，弹出"创建数据透视图"对话框，如图1-30左图所示。

(2) 保持"创建数据透视图"对话框内默认的选项不变，单击"确定"按钮后即可创建一张空的数据透视表。

(3) 在"数据透视表字段"窗格中按照需要分别选中"行""列"和"值"所需的字段，并按住鼠标左键将其拖至表格所需位置即可，如图1-30右图所示。

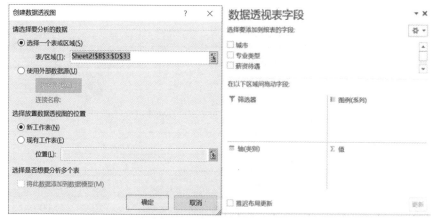

图1-30 数据透视表的创建

(二) 数据透视表的区域

从结构上看，数据透视表至少包含 3 个部分，如图 1-31 所示。

(1) 行区域：此标志区域中按钮将作为数据透视表的行字段。
(2) 列区域：此标志区域中按钮将作为数据透视表的列字段。
(3) 数值区域：此标志区域中按钮将作为数据透视表显示汇总的数据。

图1-31　数据透视表区域

第五节　Excel图表处理

一、图表的类型

Excel 提供了数据表分析和图表分析两种分析方式。数据表分析方式中数据处理的结果是用数据的形式呈现，这种形式虽然精确，但很难有直观和全面的效果。图表分析方式可以把数据在各类图表上描述出来，使用户可以直观、形象地看到数据的变化规律、发展趋势、变化周期、变化速度和变化幅度等。Excel 提供了丰富的图表类型，以方便用户创建各种需要的图表，使图表形式成为数据表格的一个很好的补充。

Excel 2010 共提供了 11 种标准的图表类型，而每种类型还有多种不同的具体形式——子图表类型可以选择。另外，用户还可以自定义图表类型。下面介绍几种常用的图表类型。

(一) 柱形图

柱形图也称直方图，是 Excel 默认的图表类型，也是我们经常使用的一种图表类型。柱形图可以描述不同时期数据的变化或描述各分类项之间的差异。一般把分类项在水平轴上标出，而把数据的大小在垂直轴上标出，这样可以强调数据是随分类项(如时间)而变化的，如图 1-32 所示。

(二) 条形图

条形图使用水平的横条或立体的水平横条的长度来表示数据值的大小。条形图强调各个数据项之间的差别情况。一般分类项在垂直轴上标出，而数据的大小在水平轴上标出。这样可以突出数据的比较，而淡化时间的变化。例如，某公司在不同地区的销售情况，分类轴上标出地区名称，而销售额为数值，在水平轴上标出，如图 1-33 所示。

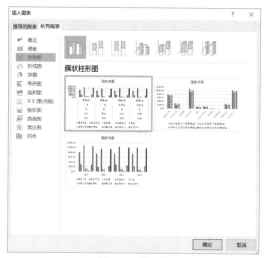

图1-32　柱形图　　　　　　　　　图1-33　条形图

(三) 折线图

折线图以等间隔显示数据的变化趋势，是用直线段将各数据点连接起来而组成的图形。一般分类轴(X轴)用来代表时间的变化并间隔相同，而数值轴(Y轴)代表各时刻数据的大小，如图1-34所示。

(四) 饼图

饼图是把一个圆面划分为若干扇形面，每个扇面代表一项数据值，一般只显示一组数据系列，用于表示数据系列中的每项占该数据系列的总和的比例值，如可以描述企业利润总额中主营业务利润的比重、应收账款中处于不同阶段的数额构成等，如图1-35所示。

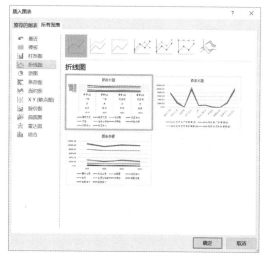 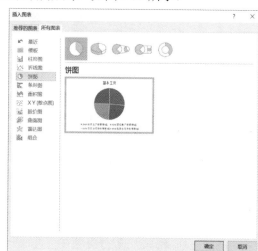

图1-34　折线图　　　　　　　　　图1-35　饼图

二、图表的组成

认识图表的各个组成部分，对于正确选择图表元素和设置图表对象格式来说是非常重要的。Excel 图表由图表区、绘图区、标题、数据系列、图例和网格线等基本组成部分构成，如图 1-36 所示。此外，图表还可以包括数据表模拟运算表和三维背景等在特定图表中显示的元素。

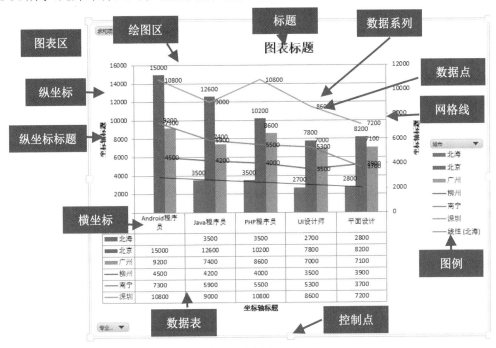

图1-36 图表的组成

（一）图表区

图表区是指图表的全部范围，Excel 默认的图表区是由白色填充区域和 50%灰色细实线边框组成的。选中图表区时，将显示图表对象边框，用于调整图表大小的 8 个控制点。图表区具有以下功能。

(1) 通过设置图表区的填充、边框颜色、边框样式、阴影、发光和柔化边缘、三维格式等项目改变图表的外观。

(2) 改变图表区的大小，即调整图表的大小及长宽比例。

(3) 设置图表的位置是否随单元格变化，以及选择是否打印图表。

(4) 选中图表区后，可以设置图表中文字的字体、大小和颜色。

（二）绘图区

绘图区是指图表区内的图形表示的区域，即以两个坐标轴为边的长方形区域。选中绘图区时将显示绘图区边框，用于调整绘图区大小的 8 个控制点。绘图区具有以下功能。

(1) 通过设置绘图区的填充、边框颜色、边框样式、阴影、发光和柔化边缘、三维格式等项目改变绘图区的外观。

(2) 通过拖放控制点，可以改变绘图区的大小，以适合图表的整体效果。

(三) 标题

标题包括图表标题和坐标轴标题。图表标题是显示在绘图区上方的类文本框，坐标轴标题是显示在坐标轴外侧的类文本框。图表标题只有 1 个，而坐标轴标题最多允许 4 个。Excel 默认的标题是无边框的黑色文字。

图表标题的作用是对图表主要内容的说明。坐标轴标题的作用是对对应坐标轴的内容进行标示。

(四) 数据系列和数据点

数据系列是由数据点构成的，每个数据点对应于工作表中的某个单元格内的数据，数据系列对应于工作表中一行或一列数据。数据系列在绘图区中表现为彩色的点、线、面等图形。数据系列具有以下功能。

(1) 通过设置数据系列的填充、边框颜色、边框样式、阴影、发光和柔化边缘、三维格式等项目改变一个数据系列的外观。

(2) 单独修改某个数据点的格式。

(3) 当一个图表含有两个或两个以上的数据系列时，可以指定数据系列绘制在主坐标轴或次坐标轴。若有一个数据系列绘制在次坐标轴上，则图表中将显示次纵坐标轴。

(4) 设置不同数据系列之间的重叠比例。

(5) 设置同一数据系列不同数据点的间隔大小。

(6) 为各个数据点添加数据标签。

(7) 添加趋势线、误差线、涨/跌柱线、垂直线和高低点连线等。

(8) 调整不同数据系列的排列次序。

(五) 坐标轴

坐标轴按位置不同可分为主坐标轴和次坐标轴两类。Excel 默认显示的是绘图区左边的主要纵坐标轴和下边的主要横坐标轴。坐标轴按引用数据不同可分为数值轴、分类轴、时间轴和序列轴 4 种。坐标轴具有以下功能。

(1) 通过设置坐标轴的填充、线条颜色、线型、阴影、发光和柔化边缘、三维格式等项目改变一个坐标轴和坐标轴标签的外观。

(2) 设置刻度值、刻度线和交叉点等。

(3) 设置逆序刻度或对数刻度。

(4) 调整坐标轴标签的对齐方式。

(5) 设置坐标轴标签的数字格式和单位。

(六) 图例

图例由图例项和图例项标示组成，在默认设置中，包含图例的无边框矩形区域显示在绘图区右侧。图例具有以下功能。

(1) 对数据系列的主要内容进行说明。

(2) 设置图例显示在图表区中的位置。

(3) 通过设置图例的填充、边框颜色、边框样式、阴影、发光和柔化边缘等项目改变图例的外观。

(4) 单独对某个图例项进行格式设置。

(七) 数据表(模拟运算表)

数据表显示图表中所有数据系列的源数据，对于设置了显示数据表的图表，数据表将固定显示在绘图区的下方。如果图表中已经显示了数据表，则一般不再同时显示图例。数据表具有以下功能。

(1) 数据表是显示数据系列源数据的列表。

(2) 数据表可以在一定程度上取代图例和主要横坐标。

(3) 通过设置数据表的填充、边框颜色、边框样式、阴影、发光和柔化边缘、三维格式等项目改变数据表的外观。

4. 设置显示数据表的边框和图例项标示。

三、创建图表

Excel 中可以建立嵌入式图表和图表工作表两种图表。嵌入式图表是把图表直接绘制在原始数据所在的工作表中，而图表工作表是把图表绘制在一个独立的工作表中。无论哪种图表，其与原始数据表格中的数据是紧密相关的，原始数据的变化都可以立即反映到图表上。

数据是图表的基础，若要创建图表，首先需在工作表中为图表准备数据。

(一) 建立嵌入式图表

【例 1-8】图 1-37 所示是某公司按部门汇总的工资数据表，请按部门绘制基本工资、岗位工资和实发合计的折线图。

	A	B	C	D	E	F	G	H	I	J	K
9	部门	基本工资	岗位工资	加班费	应发合计	三险	住房公积金	所得税	缺勤扣款	扣款合计	实发合计
10	厂部 汇总	8000.00	3000	47.62	11047.62	1133.00	1320.00	399.70	47.62	2900.32	8147.30
11	财务部 汇总	22500.00	7500	401.79	30401.79	3090.00	3600.00	614.77	89.29	7394.06	23007.73
12	采购部 汇总	11000.00	2500	294.64	13794.64	1390.50	1620.00	113.52	0.00	3124.02	10670.62
13	销售部 汇总	9500.00	5000	595.24	15095.24	1493.50	1740.00	145.85	0.00	3379.35	11715.89
14	生产一车间 汇总	9000.00	3500	0.00	12500.00	1287.50	1500.00	58.17	0.00	2845.67	9654.33
15	生产二车间 汇总	4500.00	2500	0.00	7000.00	721.00	840.00	58.17	0.00	1619.17	5380.83
16	供电车间 汇总	4500.00	1500	107.14	6107.14	618.00	720.00	0.00	0.00	1338.00	4769.14
17	修理车间 汇总	4500.00	2000	26.79	6526.79	669.50	780.00	46.52	26.79	1522.80	5003.99
18											

图1-37 按部门汇总的工资数据表

操作步骤如下。

(1) 打开"部门汇总工资数据表"，选中目标数据区域，单击"插入"选项卡"图表"组中的相应图表类型(折线图)按钮，创建所选图表类型的图表。

(2) 选中图表，单击"设计"选项卡中的"选择数据"按钮，打开"选择数据源"对话框，再单击对话框右侧"水平(分类)轴标签"下的"编辑"按钮，打开"轴坐标"对话框，选择轴标签区域为单元格，最后单击"确定"按钮关闭对话框，为横坐标设置文字标签，如图 1-38

所示。

(3) 选中图表，单击"设计"选项卡中的"图表布局"下拉按钮，在下拉列表中单击"布局"图标按钮，即可将新的布局应用到所选的图表中。

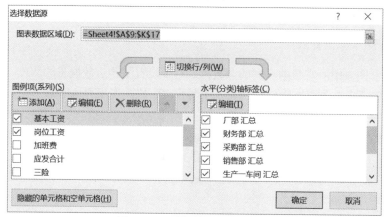

图1-38　"选择数据源"对话框

(二) 将图表绘制在一张独立的工作表中

图表工作表法是将图表绘制在一张独立的工作表中，操作过程如下。

选中图表，单击"设计"选项卡中的"图表样式"下拉按钮，可打开图表样式库，单击"样式"图标按钮，将图标样式应用到所选的图表中。

一般情况下，图表是以对象方式嵌入工作表中的，移动图表有以下3种操作方法。

(1) 使用鼠标拖放可以在工作表中移动图表。

(2) 使用"剪切"和"粘贴"命令可以在不同工作表之间移动图表。

(3) 将图表移到图表工作表中，先选中图表，单击"设计"选项卡中的"移动图表"按钮，打开"移动图表"对话框，选择"新工作表"选项按钮，单击"确定"按钮关闭对话框。新建名为"Chart1"的图表工作表，并将图表移到Chart1中，如图1-39所示。

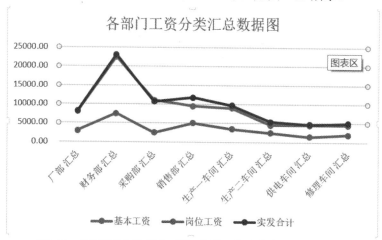

图1-39　按部门绘制的基本工资、岗位工资和实发合计的折线图

本章小结

本章是读者了解 Excel 的基础，按照 Excel 是什么、有哪些功能、能帮助管理者做什么、如何做的思路进行介绍。本章第一节重点讲述了应用 Excel 处理业务(或业务数据)的过程与建模的概念，以及 Excel 的工作簿、工作表、单元格等几个主要的概念和使用方法。第二节和第三节重点讲述了 Excel 公式和函数的概念、结构和使用方法，这是后续章节在应用 Excel 进行数据处理和建模过程中经常使用的。第四节介绍了应用 Excel 的数据处理和分析工具进行简单的排序、数据筛选、分类汇总和使用数据透视表进行数据分析的方法。第五节介绍了 Excel 图表的类型和图表的组成，以及对数据进行图形分析的方法。Excel 提供了数据表分析和图表分析两种分析方式，图表方式以直观、易理解的形式成为数据表分析的一个很好的补充。

关键名词

工作簿　工作表　单元格　单元格地址　名称管理器　绝对引用　相对引用　公式　Excel 数据类型　函数　内置函数　自定义函数　数据透视表

思考题

1. 什么是 Excel 建模？建模主要解决的问题是什么？
2. Excel 的函数和公式有何区别与联系？
3. Excel 的内置函数有哪些类型？
4. 什么是单元格的绝对引用？什么是单元格的相对引用？它们有何区别？
5. Excel 有哪些数据类型？当运算错误时会返回哪些错误值？
6. 什么是 Excel 数据表分析？什么是 Excel 图表分析？它们之间有何联系？

本章实训

【技能实训】
1. 用 Excel 建立一个学生成绩表，并使用本章所学的数据填充方法，对学生序号进行排序。
2. 请用本章所学的数据透视表的相关知识，依据图 1-40 左边所示的数据，生成图 1-40 右边所示的数据透视表。

城市	专业类型	薪资待遇
深圳	平面设计	7200
深圳	UI设计师	8600
深圳	Java程序员	9000
深圳	Android程序员	10800
深圳	PHP程序员	10800
广州	平面设计	7100
广州	UI设计师	7000
广州	Java程序员	7400
广州	Android程序员	9200
广州	PHP程序员	8600
北京	平面设计	8200
北京	UI设计师	7800
北京	Java程序员	12600
北京	Android程序员	15000
北京	PHP程序员	10200
南宁	平面设计	3700
南宁	UI设计师	5300
南宁	Java程序员	5900
南宁	Android程序员	7300
南宁	PHP程序员	5500
柳州	平面设计	3900
柳州	UI设计师	3500
柳州	Java程序员	4200
柳州	Android程序员	4500
柳州	PHP程序员	4000
北海	平面设计	2800
北海	UI设计师	2700
北海	Java程序员	3500
北海	Android程序员	
北海	PHP程序员	3500

求和项:薪资待遇	城市					
专业类型	北海	北京	广州	柳州	南宁	深圳	总计
Android程序员		15000	9200	4500	7300	10800	46800
Java程序员	3500	12600	7400	4200	5900	9000	42600
PHP程序员	3500	10200	8600	4000	5500	10800	42600
UI设计师	2700	7800	7000	3500	5300	8600	34900
平面设计	2800	8200	7100	3900	3700	7200	32900
总计	12500	53800	39300	20100	27700	46400	199800

图1-40 数据透视表

【应用实训】

对商品进销存的统计是 Excel 财务与会计数据处理应用的一部分。请依据本章所学知识完成以下实训。

1. 请用 Excel 建立一个如图 1-41 所示的"进销存统计表"。

	A	B	C	D	E	F	G	H	I
1	商品代码	期初数量	期初金额	采购数量	采购金额	销售数量	销售金额	库存数量	库存金额
2	0001	1	4500						
3	0002	2	3600						
4	0003	3	3000						
5	0004	4	3000						
6	0005	5	3500						
7	0006	6	25000						
8	0007	7	3200						
9	0008	8	3700						
10	0009	9	1800						
11	本月合计	45	51300						

图1-41 进销存统计表

2. 依据本章所学的 Excel 数据类型的相关知识,为各个字段设置合适的数据类型。

3. 依据本章所学的有效性设置的相关知识,对"商品代码"的输入长度进行限制,对"采购数量"的数值进行限制(正整数)。

4. 使用所学到的函数和公式知识给相应的列添加公式。

5. 在进销存统计表中录入数量金额,并依据此表做出横坐标为商品代码的平均价格趋势图。

第二章

Excel与会计账务处理

📖 学习目标：

通过本章的学习，其一，理解会计账务处理的基本原理、对会计账务处理过程进行内部控制的重要性，以及会计账务处理系统的目标和任务；其二，掌握会计核算方法、账务处理流程，以及记账凭证、会计账簿、财务会计报表的概念、作用、编制的过程；其三，掌握会计账务系统初始设置的任务和作用，重点掌握会计科目编码、会计科目名称及会计科目表、科目余额表的作用和内容；其四，掌握日常会计核算处理的流程，能够运用会计原理编制记账凭证、查阅会计账簿、编制财务会计报表；其五，了解应用 Excel 进行会计账务处理业务的建模过程，掌握运用 Excel 的工具建立会计科目表、科目余额表、记账凭证存储表、科目汇总表、总分类账表、日记账表、资产负债表、利润表的操作方法；其六，掌握 Excel 函数的使用，重点掌握 SUNIF、IF、VLOOPKUP 函数在会计账务处理中的应用。

第一节 会计账务处理概述

会计账务处理是指会计人员依据各国(或地区)的会计准则和会计政策，通过运用复式簿记原理和方法对单位经济业务数据进行采集、加工、处理，在此基础上编制财务报表来完成对企业生产经营活动的记录和报告。作为会计账务处理理论基础的复式簿记原理，揭示了一个企业纷繁复杂、千变万化的经济活动及其资金运动的规律，把一个企业的资金运动(价值运动)按其运动的表现形式分为静态三要素——资产、负债、所有者权益，以及动态三要素——收入、费用、利润；并且根据资金运动的规律，从理论上找到了这些要素在经济活动过程中如何保持它们的静态与动态相结合的平衡式；根据这个原理编制的财务报表能较客观地反映企业的财务状况和经营成果。它还提供了一套科学完整的会计核算方法，对企业的资金运动进行有序的分类、汇总、记录，并通过提供会计信息反映企业财务状况和经营成果，以达到实施会计监督、提高企业经济效益的目的。

由于会计信息涉及政府、投资者、债权人等多方利益，要求会计账务处理提供的会计信息正确、真实、可靠，因此在会计账务处理过程中必须遵守会计法规、会计准则、政策、制度等规范、设置严密的内部控制和安全保密措施。这些措施是会计信息系统正常运行、提供正确、真实、可靠的会计信息的保障体系。Excel 是一个通用的电子数据表格处理软件，它能帮助会计人员完成会计账务处理中的核算工作，但不能像其他财务软件系统或 ERP 系统那样有内部控制和安全保障功能，企事业单位一般应用财务软件系统进行会计账务处理。然而，掌握了应用 Excel 进行会计账务处理，对小微企业的会计核算、审计工作等将有很大的帮助。

一、会计核算方法

会计核算方法用来解决如何清晰地记录每一笔经济业务，以及清晰地反映每一笔经济业务引起的资产、权益的增减变化，主要包括设置会计科目与账户、复式记账与借贷记账、填制与审核凭证、登记账簿、成本计算、财产清查、编制会计报表等。

(一) 设置会计科目与账户

设置会计科目与账户是复式簿记系统中对经济业务的数据进行分类记录的手段，是进行会计核算工作的基础。会计科目是按照经济管理的要求，对会计要素进一步分类的项目名称。账户是根据会计科目开设的，具有一定的结构，可以对所发生的经济业务进行连续、系统、分类反映的一种工具，每个账户都有一个名称，即会计科目名称。会计核算的内容很多，一个单位要对经济业务进行全面、系统的分类核算，需要建立会计科目与账户体系。基本要求如下。

(1) 要根据我国现行的会计准则和制度规定设置会计科目与账户体系。我国财政部统一规定了总账(一级)会计科目的编码和名称，在会计准则允许的范围内，企事业单位可以增减相应的科目。

(2) 会计科目和账户体系内部的钩稽关系要完整。其一是总账科目的设置要完整，即账户体系中的总账科目应该存在相互关联、互相依存的内在平衡关系，这种平衡关系集中体现在根据总账科目余额编制的资产负债表上。其二是上、下级会计科目之间必须满足统驭与被统驭的逻辑关系。下级明细科目的设置是对总账(或上级)科目所反映的会计要素的进一步细化，因此明细账户体系必然也存在相互关联、互相依存的内在平衡关系，这种平衡关系集中体现在总账(或上级)科目的余额发生额与其下一级明细科目的余额发生额的合计等量关系上。

(3) 要满足各种财务报表所要揭示信息的需要。设置的会计科目与账户要与财务报表的项目相吻合，即报表反映的内容基本应包含在所设置的会计账户体系内。

(4) 要满足单位内部财务管理的需要。设置会计账户要结合本单位的具体情况，设置明细账户的名称要恰如其分，内容要一致；明细科目划分得越细，越能得到更加详细的会计核算资料。

(二) 复式记账与借贷记账法

1. 复式记账

复式记账是指对单位发生的每一项经济业务，同时在两个或两个以上相互对应的账户中以相等的金额进行登记的一种记账方法。通过账户的对应关系，可以了解经济业务的来龙去脉，而且能够通过试算平衡原理来检验账户记录的正确性。

2. 借贷记账法

通常把以"借"和"贷"作为记账符号的复式记账方法简称为借贷记账法。借贷记账法要求对一项经济业务至少要在一个账户借方登记的同时，必须在另一个账户的贷方登记，而且金额相等。记账规则为：有借必有贷，借贷必相等。

(三) 填制与审核凭证

会计凭证是指记录经济业务、明确经济责任的书面证明，也是记账的依据。填制与审核会计凭证是会计人员的基础性工作，也是对单位经济业务进行监督的重要环节。只有通过审核的会计凭证才能作为记账的依据。

会计凭证分为原始凭证和记账凭证两种。原始凭证是指在经济业务发生时取得或填制的，表明经济业务已经发生或已经完成，作为原始依据的最初书面凭证，具有法律效力。审核原始凭证是保证会计记录的真实和正确、充分发挥会计监督职能的重要环节。审核的内容主要包括真实性(合法、合规、合理)、完整性、正确性，原始凭证必须有经办人签字。原始凭证的类型很多，格式大小不一，很不规范，直接依据原始凭证记账容易发生差错。

记账凭证是会计人员根据审核后的原始凭证，按复式记账法和设置的会计科目填制的，用来确定经济业务应借、应贷会计科目分录的会计凭证，是登记账簿的书面依据，是对经济业务的原始数据进行最初加工后的载体。记账凭证在登记账簿前要通过审核，审核内容包括：记账凭证附有多少张原始凭证；记账凭证的内容是否与原始凭证的经济内容一致；应借、应贷的会计科目、金额、对应关系是否正确；是否符合会计制度的规范；相关项目是否填写齐全；相关人员是否签字或盖章；等等。记账凭证又可分为付款凭证、收款凭证、转账凭证或通用记账凭证等格式。

(四) 登记账簿

会计账簿是以会计凭证为依据，全面、系统、连续、综合地反映经济业务的簿籍，由具有专门格式的账页组成。登记账簿是指运用复式记账法，将会计凭证所记录的经济业务数据记入有关账簿的相应账户中。账簿按其用途可以分为总分类账、日记账、三栏式明细账、多栏式明细账、数量金额式明细账等。这些账簿结构不同、功能各异，有的提供总括的指标，有的提供明细指标，有的提供实物的价值和数量两种指标，等等。

(五) 成本计算

成本计算是指企业在生产经营过程中，按照一定对象归集和分配所发生的各种费用，以确定该对象的总成本和单位成本的一种专门方法。成本计算方法有品种法、分批法、分步法等。

(六) 财产清查

财产清查是指通过盘点实物，核对往来款项，以查明财产实有数，保证会计记录正确可靠、保证账实相符的一种专门方法。

(七) 编制会计报表

会计报表一般分为财务会计报表(也称对外会计报表)和管理会计报表(也称对内会计报表)。

财务会计报表是根据日常核算资料，以一定的表格形式，定期综合反映企业财务状况和经营成果的书面文件，是会计核算工作的最终成果。财务会计报表的结构、内容和具体项目，编制的方法、原则，报送时间和报送的部门都有具体的会计准则规范。目前向外报送的财务会计报表主要有资产负债表、利润表和现金流量表。

二、会计账务处理系统的目标与任务

（一）会计账务处理系统的目标

会计账务处理系统是会计信息系统的一个核心子系统，是一个运用复式簿记原理和会计核算方法对单位经济业务数据进行采集、加工、处理，输出财务会计信息的信息系统。会计账务处理系统的总目标是及时、正确、连续、系统、全面、可靠地记录经济交易或会计事项数据；按照会计法规、会计准则、会计制度的要求，及时、准确地完成会计核算，提供财务会计信息，以便于信息使用者进行会计监督、控制和决策。具体目标分解如下。

(1) 及时、正确、全面地采集和输入会计数据，保证进入系统的会计数据的正确、安全和可靠。

(2) 保证输入的会计事项合规合法，对会计凭证进行正确、有效的审核、入账。

(3) 高效、正确地完成相关会计账户之间的对账、结账等数据处理工作，保证会计数据的一致性和钩稽关系的正确性，如"资产＝负债+所有者权益""总账科目余额发生额必须等于其下属明细科目余额发生额之和"等。

(4) 及时、准确、可靠地输出各种记账凭证、账簿、财务报表信息，满足信息使用者的信息需求。

（二）会计账务处理系统的任务

为实现会计账务系统的目标，其应完成的主要任务可按以下 3 个不同期间进行表述。

1. 初建阶段（企业初创或年初）

(1) 建立会计科目和账户体系。根据企事业单位的经济活动特点和管理需求，建立单位的会计科目和账户体系，即设置总账科目和明细科目，保证科目之间的对应关系和钩稽关系的正确性，满足财务报表编制和管理者对会计信息的需求。

(2) 输入会计账户的初始余额，保证会计核算的连续性、一致性和初始余额的正确性。

(3) 建立内部控制制度（如岗位分离与牵制）、会计制度（如费用报销），确定采用的会计政策、会计核算方法等。

2. 日常账务业务处理

日常账务业务处理的任务是完成对经济交易或会计事项的确认、计量和记录。其主要包括：编制与审核凭证、凭证入账、凭证汇总、凭证信息查询；出纳收付款；现金日清结算；为保证登记账簿的正确性，总账与明细账平行登记；等等。

3. 期末账务处理

(1) 对账结账。对账结账是指对本期会计记录的核对、结转和数据传递处理等工作，主要包括期末会计账户之间的结转(如成本费用等)、期末调汇、对账(账账相符、账证相符、账实相符)、期末结账(余额结转)等。

(2) 编制财务报表，提供会计账簿和报表信息。编制总账科目余额表，试算调整，按财务报表编制规则编制财务报表，提供财务会计信息(报表信息与账户信息)。

(3) 本期会计数据的保存及下期会计工作准备。按会计分期原则，每个会计期末(一般是月末)要将本期会计凭证进行归档保存，为下期会计核算做好准备(如凭证重新编号)。

三、账务处理业务流程与Excel建模

(一) 账务处理业务流程

通过以上对会计核算方法及账务处理系统目标和任务的分析，会计账务处理流程可以分为以下 3 个业务处理阶段。

1. 初始设置

初始设置是指在年初或企业初创时(或从手工会计系统转入计算机会计系统时)，为单位的会计账务处理做好准备。初始设置主要包括：设置总账科目(账户)和明细科目(账户)；登记会计账户初始余额(金额、数量)；等等。初始设置完成后，在一个会计年度内不能改变，只能按规范增添明细科目。

2. 会计期中

会计期中是指一个新的会计期的会计记录开始，大量的工作包括：通过审核、汇总原始凭证，识别所需记录的会计事项(确认与计量)，填制、审核记账凭证；出纳收付款，登日记账，现金账的日清处理，银行账的核对；登明细账，根据选定的会计核算形式登总账(主要有 5 种形式，其差别主要体现在登记总账的方法不同，其中科目汇总表核算形式最为常见)。

3. 会计期末

会计期末一般是指月末，指一个会计期的会计记录完成，期末主要工作包括：对收入、费用等过渡性账户编制结账分录并过账；对递延到期的、估计的、应计的会计事项编制期末调整分录并过账；结算各总账科目、明细科目的期末合计、累计、余额；总账与明细账、日记账核对；编制工作底稿，试算调整，编制财务报表；为下一个会计期间的核算业务做准备，如将会计账户上期余额结转到本期期初，记账凭证重新开始编号；等等。

当会计初始设置完成后，在一个会计年度内，会计账务处理就在会计期中和会计期末周而复始地循环。图 2-1 所示描述了科目汇总表核算形式的账务处理业务流程。

从图 2-1 中可以看出，记账凭证和会计账簿都起到了分类记录、存储经济业务数据的作用。记账凭证是以每笔经济业务为对象进行分类记录和存储的，当期所有记账凭证保存了当期经济业务的流量数据；会计账簿是按会计科目进行分类记录、存储和汇总的，分别按每个会计科目保存了期初存量、本期流量、期末存量数据，如果某个单位的经济业务量很大，则登记总账时先按总账科目汇总再登账；财务会计报表是对会计账簿数据的进一步归类、汇总计算和浓缩。账务处理业务流程图表明，无论是会计账簿还是财务会计报表，它们分类记录的经济业务数据源是一致的，即当期的记账凭证(或会计分录)。

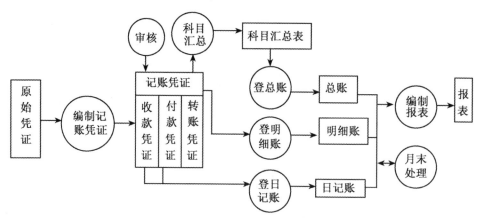

图2-1 科目汇总表核算形式的账务处理业务流程

(二) 运用Excel进行会计账务处理的建模思路与过程

以上会计账务处理分析思路是运用Excel建立会计账务处理模型的基础。由于会计账务处理系统建模涉及的表很多，表与表之间的数据钩稽关系也较复杂，尤其是记账凭证的输入，涉及的控制和校验的条件较多，所以应用Excel处理需要编写程序，而这不是本章的主要内容。本章主要根据会计账务处理业务流程介绍Excel建模的思路和过程，不同的应用系统对这些表及表的项目设计会有不同，也会使得所建的模型和过程不同，建模时要保证账务处理工作簿中所有工作表中相关项目数据的一致性和正确性。

(1) 建立"账务处理"工作簿，在此工作簿下建立会计账务处理基础工作表。一般来说，主要的工作表有会计科目表、科目余额表、记账凭证表、记账凭证存储表、科目汇总表、现金日记账、银行存款日记账、总分类账(或总账科目发生额余额表)、三栏式明细账、数量金额式明细账、多栏式明细账、资产负债表、利润表、现金流量表等。

(2) 建立"账务处理"工作簿中各账表之间的数据钩稽关系，在各数据栏设置取数公式。首先要建立会计科目表与科目余额表的相关项目(科目编码、科目名称)之间的钩稽关系，即科目余额表的科目编码、科目名称栏目要设置取数公式，数据取自会计科目表。

(3) 设置科目余额表期初余额的试算平衡模型(借方余额之和等于贷方余额之和)。

(4) 设计记账凭证表(或记账凭证存储表)的格式及有效性控制的项目。例如，科目编码、科目名称必须取自会计科目表，"借贷相等"效验，记账凭证的制单和审核不能为同一人，等等。

(5) 设置科目余额表、科目汇总表、记账凭证存储表与各类会计账表之间的数据钩稽关系。会计账簿的期初余额(存量)取自科目余额表的"期初余额"，流量数据取自记账凭证存储表的相关科目的会计分录，期末余额=期初余额+借方合计-贷方合计(计算公式与科目性质相关)，等等。

(6) 根据财务会计报表的编制规则，设置资产负债表、利润表、现金流量表的取数公式和计算公式。

后续将通过建立简单的会计账务处理模型介绍建模及数据处理的过程。

四、会计账务处理主要使用的Excel函数

(一) SUMIF函数

函数的结构：SUMIF(range, criteria, [sum_range])。

函数的功能：可以使用 SUMIF 函数对范围(range)中符合指定条件的值求和。

函数的参数说明：

- range必选项。根据条件进行计算的单元格的区域。每个区域中的单元格必须是数字或名称、数组或包含数字的引用。空值和文本值将被忽略。所选区域可以包含标准Excel格式的日期。
- criteria必选项。用于确定对哪些单元格求和的条件，其形式可以为数字、表达式、单元格引用、文本或函数。例如，条件可以表示为 32、">32"、B5、"32"、"苹果"或TODAY()。

注意：
任何文本条件或任何含有逻辑或数学符号的条件都必须使用双引号括起来。如果条件为数字，则无须使用双引号。

- sum_range可选项。如果求和单元格不在range参数中指定的范围，则由此参数指定实际求和的单元格。如果省略sum_range参数，Excel会对在range参数中指定的单元格(即应用条件的单元格)求和。

在 criteria 参数中可以使用通配符(包括问号"?"和星号"*")。问号匹配任意单个字符；星号匹配任意一串字符。如果要查找实际的问号或星号，请在该字符前键入波形符"~"。

(二) IF函数

函数的结构：IF(criteria, A1, A2)。

函数的功能：函数对条件表达式(criteria)进行计算和逻辑比较，如果条件表达式(criteria)的比较结果为真(true)，则返回 A1，否则返回 A2。

函数的参数说明：

- criteria必选项。为函数判断的条件表达式，是用比较运算符连接的公式，criteria比较运算的结果为true或为false。
- A1、A2必选项。为函数返回的结果，如果criteria条件为true，则返回A1；否则返回A2。A1、A2可以为常数、公式和函数。

注意事项：
IF 函数是 Excel 中最常用的函数之一，虽然 Excel 允许 IF 函数最多嵌套64层，但不建议这样做。原因如下：

(1) 要正确地构建多个 IF 语句需要花大量心思，并且要确保其逻辑在直至结尾的每个条件下都能计算正确。如果嵌套 IF 语句不是 100%准确，那么公式计算过程可能花很长时间，结果却不理想。

(2) 多层嵌套的 IF 语句维护起来非常困难，多个 IF 语句需要多个左括号和右括号，易出错，管理的难易程度还取决于公式的复杂性。

(三) VLOOKUP函数

函数的结构：VLOOKUP(lookup_value,table_array,col_index_num,[range_lookup])。

函数的功能：如果需要在表格或区域中按行查找内容，可使用 VLOOKUP 函数，它是一个查找和引用函数。其功能为在包含查阅值的区域查找查阅值并从区域中返回相应列的值。

函数的参数说明：

- lookup_value必选项。要查找的值，也被称为查阅值。
- table_array必选项。查阅值所在的区域。请记住，查阅值应该始终位于所在区域的第一列，这样VLOOKUP才能正常工作。例如，如果查阅值位于单元格C2内，那么所在区域应该以C开头。
- col_index_num必选项。区域中包含返回值的列号。例如，如果指定B2:D11作为区域，那么应该将B列作为第一列，C列作为第二列，以此类推。
- range_lookup可选项。如果需要返回值的近似匹配，可以指定true；如果需要返回值的精确匹配，则指定false。如果没有指定任何内容，默认值将始终为true或近似匹配。

第二节 会计账务初始数据的建立

会计账务初始数据的建立是进行日常会计核算业务的基础，基于计算机的会计系统是在从手工会计系统转换到计算机系统时进行，也称系统初始化或系统上线。会计账务初始数据的建立要保证会计核算的连续性、正确性、一致性。不同行业、企业的会计业务量、核算和管理要求有所不同，会计初始数据的建立也有差别，但建立会计科目和账户体系，输入会计账户的初始余额是共同的，也是最基础的会计初始数据。本节主要介绍创建会计科目表和录入会计账户初始余额。

一、创建会计科目表

(一) 会计科目表的结构

会计科目表用于存储一个会计主体的所有会计科目(账户)的特征。会计科目表的结构是指会计科目表由哪些项目组成，不同的应用系统(或财务软件系统)的设计是不同的，但会计科目编码和科目名称是两个必须都有的项目。其他的项目可以有科目性质、是否最底层明细科目等。

不同的应用系统对会计科目编码的设计也不同，但有两项也是相同的：①会计科目编码是一种层级结构，如 4-2-2 是一种总码长 8 位的 3 级层次结构，第一级为 4 位，第二级和第三级都是 2 位；②科目编码的第一级为总账科目，编码由 4 位数字组成，我国财政部已对其进行了规范，必须遵循。会计科目名称也是会计账户的名称，总账科目的名称及少量的明细科目名称(或二级、三级科目)已由财政部规范，必须遵循。其他明细科目名称要能体现管理的内涵。在设置科目编码时需要注意编码的唯一性、系统性、简洁性和可扩展性等特点。

(二) 建立会计科目表结构与数据钩稽模型

建立会计科目表的方法主要有两种：一种是从财务软件中直接获取会计科目信息；另一种则是通过 Excel 直接输入。企业用到的会计科目较多，绝大部分财务软件都提供了直接获取相关会计科目信息生成 Excel 文件的功能。例如，在金蝶财务软件中的设置会计科目界面，单击"输出"按钮，即可打开"另存为"对话框；在"保存类型"下拉列表中直接选择将文件保存为 Excel 文件类型。下面介绍使用 Excel 工具直接建立会计科目表的方法。

【例 2-1】 假设表 2-1 是某会计主体的会计科目表及期初余额，由于该会计主体的业务量较少，将期初余额并入会计科目表中。请建立会计科目表并输入科目数据。

表2-1 某会计主体的会计科目表及期初余额

科目码	一级科目名	二级科目名	三级科目名	期初余额方向	期初余额
1001	现金			借	5 000
1002	银行存款			借	2 000 000
100201	银行存款	工行存款		借	2 000 000
1131	应收账款			借	300 000
113101	应收账款	新东公司		借	300 000
1141	坏账准备			贷	900
1211	原材料			借	600 000
121101	原材料	甲材料		借	450 000
121102	原材料	乙材料		借	150 000
1221	其他应收款			借	—
1243	库存商品			借	700 000
124301	库存商品	A产品		借	500 000
124302	库存商品	B产品		借	200 000
1301	待摊费用			借	200
1501	固定资产			借	3 000 000
1502	累计折旧			贷	250 000
2101	短期借款			贷	1 000 000
2121	应付账款			贷	554 300
212101	应付账款	新西公司		贷	554 300
2171	应交税费			贷	—
217101	应交税费	增值税		贷	—
21710101	应交税费	增值税	进项税	贷	—
21710105	应交税费	增值税	销项税	贷	—
2211	应付职工薪酬				
4001	实收资本			贷	4 000 000
4002	资本公积			贷	600 000
400201	资本公积	资本溢价		贷	600 000

(续表)

科目码	一级科目名	二级科目名	三级科目名	期初余额方向	期初余额
4101	盈余公积			贷	200 000
410101	盈余公积	法定盈余公积		贷	200 000
4103	本年利润				—
4104	利润分配				—
5001	生产成本				—
500101	生产成本	基本生产成本			—
50010101	生产成本	基本生产成本	A产品		—
50010102	生产成本	基本生产成本	B产品		—
500102	生产成本	辅助生产成本			—
50010201	生产成本	辅助生产成本	A产品		—
50010202	生产成本	辅助生产成本	B产品		—
5101	制造费用				—
510101	制造费用	人工费			—
510102	制造费用	折旧费			—
6001	主营业务收入				—
600101	主营业务收入	A产品			—
600102	主营业务收入	B产品			—
6601	销售费用				—
6602	管理费用				—
660201	管理费用	差旅费			—
660202	管理费用	工资			—
660203	管理费用	折旧费			—
6401	主营业务成本				—
640101	主营业务成本	A产品			—

建立会计科目表步骤如下。

(1) 新建 Excel 工作簿，并将其命名为"账务处理"。将鼠标移到工作表标签 Sheet1 处，右击弹出快捷菜单，选择"重命名"命令，将 Sheet1 命名为"会计科目表"。

(2) 输入并编排会计科目表中的项目信息，如"科目码""一级科目名""二级科目名""三级科目名"等，如图2-2所示。本表设置的"是否底层科目"表示没有下级科目的科目为底层科目，只有最底层科目才能记发生额，即可以编写会计分录。"科目性质"分为资产类、负债类、权益类等六大类。

图2-2 某会计主体的会计科目表结构

(3) 设置期初余额为会计专用显示格式。选中期初余额列(H 列)，右击弹出"设置单元格格式"对话框，如图 2-3 所示，对需要填入期初余额的单元格进行设置：只能输入数值数据，保留 2 位小数。

图2-3 对期初余额栏设置输入格式

(4) 手工输入会计科目表数据：科目码、科目名、科目性质、是否底层科目标志等，如图 2-4 所示。在输入数据的同时还可以建立方便检查的条件和单元格之间的钩稽关系，如步骤(5)和步骤(6)。

(5) 为便于目测和检查，可利用一级科目码码长为四位的特征，对含有一级科目码的行进行改换对应行的填充色的条件设置。操作过程如下：选中需要设置条件格式的区域，单击"开始"选项卡中的"条件格式"下拉菜单，选择"新建规则"命令，弹出"新建格式规则"对话框，设置条件格式，如图 2-4(a)所示。单击"为符合此公式的值设置格式"右下方的按钮，在弹出的输入公式区域中输入"=LEN($A3)=4"，使用 LEN 函数对科目码为四位的行进行条件格式设置(请注意，此处因为需要整行变色，所以采用相对引用行号，可对比输入公式"=LEN($A$3)=4"以比较效果)。最终结果如图 2-4(b)所示。

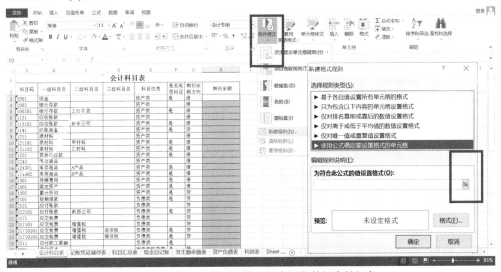

图2-4 设置一级科目码的码长为四位的行为粉红色

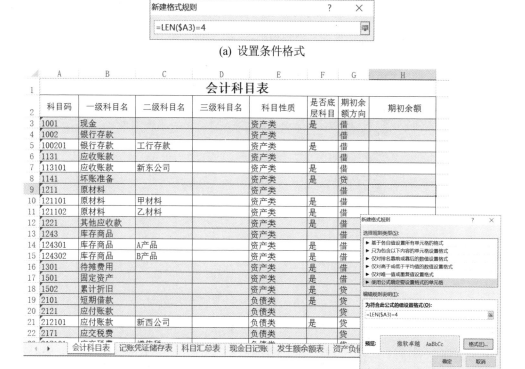

(a) 设置条件格式

科目码	一级科目名	二级科目名	三级科目名	科目性质	是否底层科目	期初余额方向	期初余额
1001	现金			资产类	是	借	
1002	银行存款			资产类		借	
100201	银行存款	工行存款		资产类	是	借	
1131	应收账款			资产类		借	
113101	应收账款	新东公司		资产类	是	借	
1141	坏账准备			资产类	是	贷	
1211	原材料			资产类		借	
121101	原材料	甲材料		资产类	是	借	
121102	原材料	乙材料		资产类	是	借	
1221	其他应收款			资产类	是	借	
1243	库存商品			资产类		借	
124301	库存商品	A产品		资产类	是	借	
124302	库存商品	B产品		资产类	是	借	
1301	待摊费用			资产类	是	借	
1501	固定资产			资产类	是	借	
1502	累计折旧			资产类	是	贷	
2101	短期借款			负债类	是	贷	
2121	应付账款			负债类		贷	
212101	应付账款	新西公司		负债类	是	贷	
2171	应交税费			负债类		贷	

(b) 最终结果

图2-4 设置一级科目码码长为四位的行为粉红色

(6) 设置上下级科目之间期初余额的钩稽模型。按照上级科目余额为下级科目余额之和设置相应单元格的计算公式，如 H4 单元格输入“=H5”、H9 单元格输入“=H10+H11”，如图 2-5 所示。H9 单元格也可以用 SUM 函数表示：“=SUM(H10:H11)”。

科目码	一级科目名	二级科目名	三级科目名	科目性质	是否底层科目	期初余额方向	期初余额
1001	现金			资产类	是	借	
1002	银行存款			资产类		借	-
100201	银行存款	工行存款		资产类	是	借	
1131	应收账款			资产类		借	-
113101	应收账款	新东公司		资产类	是	借	
1141	坏账准备			资产类	是	贷	
1211	原材料			资产类		借	-
121101	原材料	甲材料		资产类	是	借	
121102	原材料	乙材料		资产类	是	借	
1221	其他应收款			资产类	是	借	
1243	库存商品			资产类		借	-
124301	库存商品	A产品		资产类	是	借	
124302	库存商品	B产品		资产类	是	借	
1301	待摊费用			资产类	是	借	
1501	固定资产			资产类	是	借	
1502	累计折旧			资产类	是	贷	
2101	短期借款			负债类	是	贷	
2121	应付账款			负债类		贷	-
212101	应付账款	新西公司		负债类	是	贷	
2171	应交税费			负债类		贷	-

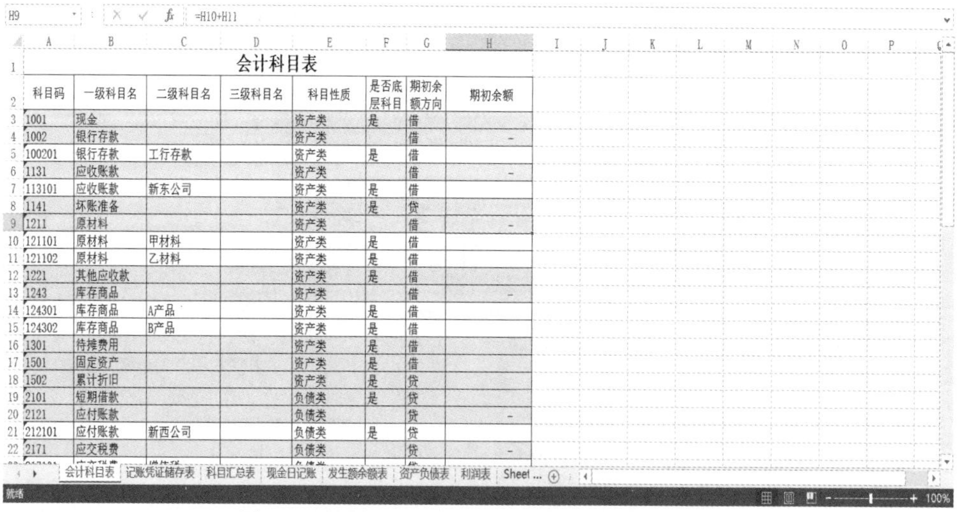

图2-5 设置上下级科目之间期初余额的钩稽模型

二、输入会计科目期初余额

如果是年初转入计算机系统，则会计科目的期初余额就是年初余额；如果不是年初转入，则需要输入年初余额和当期的期初余额。科目余额反映的是科目的存量数据，一般保存在科目余额表中。科目余额表的设计方式有很多种，我们采用如表 2-1 所示的简单方式，即将科目余额表与会计科目表合并成一个表。如果科目余额表(或期初余额表)不与会计科目表合并，则一定要保证两个表中的会计科目码、科目名称的项目和内容的一致性。

(一) 输入科目余额数据

(1) 手工输入最底层科目期初余额数据。输入科目余额数据是从最底层科目开始输入的，非最底层科目余额由其下级科目汇总得出。

(2) 计算非最底层科目余额。因为已经设置好上下级科目之间期初余额的钩稽模型，最底层科目的期初余额输入完成后即可计算得到其上级科目的期初余额。

(二) 对期初余额进行试算平衡检查

完成期初余额输入后，为了确保输入数据的正确性，需要对期初余额进行试算平衡检查。不同的期初余额表结构，汇总计算的方法会有差别，下面以表 2-1 中期初余额表结构为例，其试算平衡操作步骤如下。

1. 期初借方余额、贷方余额分别求和

试算平衡的约束条件是：期初借方余额之和等于期初贷方余额之和。由于无下级科目的总账科目也进行了底层科目标记，所以只需对所有底层标记的科目分别按借方科目和贷方科目进行汇总即可。操作过程如下：在空白单元格 J3 处输入“=SUMIFS(H3:H31,F3:F31,"是",G3:G31,"借")”，得出借方余额；在空白单元格 K3 处输入“=SUMIFS(H3:H31,F3:F31,"是",G3:G31,"贷")”，得出贷方余额。

2. 期初余额试算平衡检查

操作如下：在 L3 单元格中输入“=IF(J3=K3,"期初试算平衡","期初试算不平衡")”，对试算平衡结果进行判断，如图 2-6 所示。

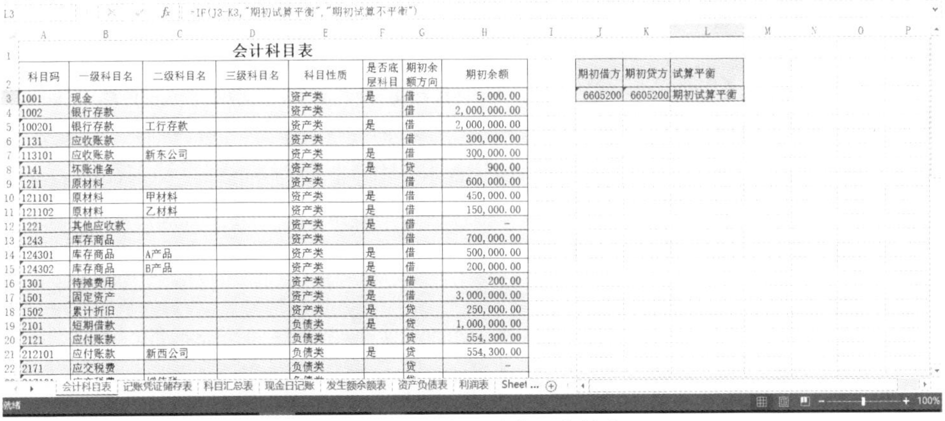

科目码	一级科目名	二级科目名	三级科目名	科目性质	是否底层科目	期初余额方向	期初余额
1001	现金			资产类	是	借	5,000.00
1002	银行存款			资产类		借	2,000,000.00
100201	银行存款	工行存款		资产类	是	借	2,000,000.00
1131	应收账款			资产类		借	300,000.00
113101	应收账款	新东公司		资产类	是	借	300,000.00
1141	坏账准备			资产类	是	贷	900.00
1211	原材料			资产类		借	600,000.00
121101	原材料	甲材料		资产类	是	借	450,000.00
121102	原材料	乙材料		资产类	是	借	150,000.00
1221	其他应收款			资产类	是	借	-
1243	库存商品			资产类		借	700,000.00
124301	库存商品	A产品		资产类	是	借	500,000.00
124302	库存商品	B产品		资产类	是	借	200,000.00
1301	待摊费用			资产类	是	借	200.00
1501	固定资产			资产类	是	借	3,000,000.00
1502	累计折旧			资产类	是	贷	250,000.00
2101	短期借款			负债类	是	贷	1,000,000.00
2121	应付账款			负债类		贷	554,300.00
212101	应付账款	新西公司		负债类	是	贷	554,300.00
2171	应交税费			负债类		贷	-

图2-6　期初余额借贷平衡检查

三、对会计科目期初余额工作表设置保护

由于会计科目表和期初余额表在期初建立,系统进入日常会计核算处理后就不能随意调整和修改,为了防止无意或有意修改科目数据,在会计科目表和期初余额表建成后不再修改,应将相关单元格进行保护。具体的方法为:选择"审阅"选项卡,单击"更改"组中的"保护工作表"按钮,弹出"保护工作表"对话框,输入密码并设置允许对此工作表进行的操作,如图 2-7 所示,以保证会计科目及期初数据不被篡改。

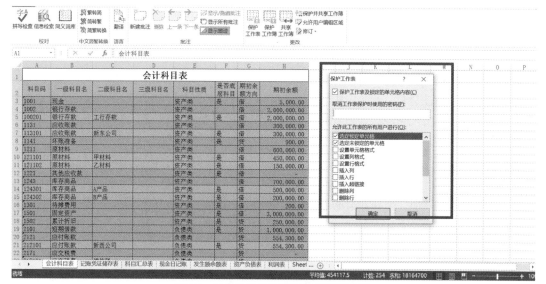

图2-7 对会计科目表期初数据设置保护

第三节 记账凭证的处理

建立的会计科目表是编制记账凭证应借、应贷会计分录的依据,即编制应借、应贷分录的会计科目一定是会计科目表中已设置的科目。因此,必须在初始设置完成后,才能进入日常会计账务处理。编制记账凭证是最基础的日常会计业务,是财会人员运用会计知识对经济业务原始数据进行的最初始的加工,记账凭证是加工后的载体。记账凭证的编制和数据录入的正确性是防止会计数据"垃圾进"的入口,因此,对记账凭证的编制和数据输入、审核、记账有一系列的内控措施。Excel 是一个通用的电子表格处理软件,不便于做过程控制,如果要在 Excel 工作环境下实现这些内控措施,则需要使用 VBA 和宏编制一系列的程序和宏命令。下面仅以"通用记账凭证"为例,简单介绍使用 Excel 编制记账凭证格式,利用"记账凭证存储表"输入、审核、保存、查询记账凭证分录的方法和过程。

一、通用记账凭证

(一) 通用记账凭证的格式

手工会计中记账凭证可以分为收款凭证、付款凭证、转账凭证、通用记账凭证等多种类型与格式。图2-8是通用记账凭证示意图。记账凭证包含了很多的项目和内容,如凭证编号、制证日期、附单张数、摘要、应借科目、应贷科目、借方金额、贷方金额、制单人、审核人等。

记 账 凭 证
2021 年 3 月 6 日

第 0006 号　　　　　　　　　　　　　　　　　　　　　　　　　　　附单　2　张

摘要	会计科目		借方金额									贷方金额								
	总账科目	明细科目	千	百	十	万	千	百	十	元	角	分	千	百	十	万	千	百	十	元	角	分
提现金发工资	现金					5	0	0	0	0	0	0										
	银行存款	工商行A账号														5	0	0	0	0	0	0
合 计						5	0	0	0	0	0	0				5	0	0	0	0	0	0

会计主管: 唐华　　　　　出纳: 陈肖　　　　　审核: 唐华　　　　　制单: 欧兰

图2-8　通用记账凭证示意图

(二) 设置通用记账凭证表格式

图 2-8 所示的通用记账凭证表格式便于习惯手工操作的会计人员填制,可以新建一张这样的通用记账凭证表输入记账凭证,操作步骤如下。

(1) 打开 Excel 工作簿"账务处理";双击 Sheet2 工作表标签,重命名工作表为"通用记账凭证"。

(2) 单击工作表左上角的按钮,选择整张工作表,如图 2-9 所示。

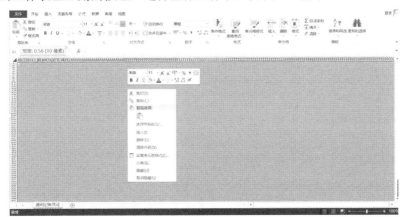

图2-9　创建通用记账凭证

(3) 按住 A 列与 B 列之间的间隔线，并向左移动，当所见宽度显示为"0.56(10 像素)"时，停止移动。放开鼠标后可以看到所有列的宽度都被调整为 10 像素。再按住第 1 行与第 2 行间的间隔线，并向上移动，设置行高为 10 像素。

(4) 设定好单元格大小后，选取部分单元格后右击，从弹出的快捷菜单中选择"设置单元格格式"命令，在弹出的"设置单元格格式"对话框中按照"通用记账凭证"格式对框线进行设置。

(5) 依次单击"开始"选项卡中的"格式调整""合并单元格"及"字号调整"等按钮，在对应位置输入相应内容并对格式做出调整。最终得到如图 2-10 所示的通用记账凭证表格式。

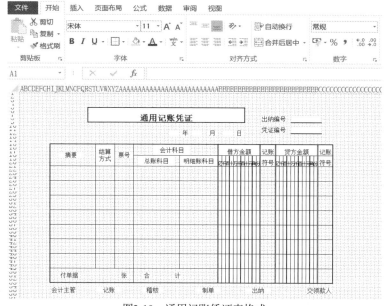

图2-10　通用记账凭证表格式

（三）设置通用记账凭证表中数据的钩稽模型或控制模型

图 2-10 所示的通用记账凭证表中的数据项目需要建立钩稽模型或控制模型，如：借方金额的合计数要等于贷方金额的合计数；会计科目名必须取自会计科目表；凭证编号必须连续并且唯一；等等。一张通用记账凭证表只能输入并保存一笔经济业务的会计数据。如果要用图 2-10 所示的通用记账凭证表输入数据，还需进一步对表的格式进行加工，以便在单元格录入数据，同时每输入一张记账凭证都要转存数据并清空这张表，或者按这张表的模板再建一张新表，这种方案太复杂。本章采用下面的记账凭证存储表方案。

二、记账凭证存储表

（一）记账凭证存储表的结构与作用

记账凭证存储(或储存)表也可称为会计分录存储表，是一种标准的二维表结构，用于输入、保存一个会计期或一个会计年度的所有记账凭证的会计分录，即会计主体所有会计科目的流量数据。记账凭证存储表有多种设计方案，这些方案有一点是共同的，即至少要包含记账凭证上的所有项目和内容。记账凭证存储表结构如表2-2所示。

表2-2 记账凭证存储表结构

凭证号	制证日期	摘要	科目编码	科目名称	借方金额	贷方金额	附单张数	制单人	审核人	出纳	结算单号

(二) 设置记账凭证存储表结构与控制模型

设置记账凭证存储表结构与控制模型的操作步骤如下。

(1) 打开 Excel "账务处理"工作簿；双击 Sheet3 工作表标签，重命名工作表为"记账凭证存储表"。

(2) 根据表 2-2，设置"记账凭证存储表"的表名和各列的名称，如图 2-11 所示。

图2-11 记账凭证存储表结构

(3) 为了满足会计控制的需求，可以对记账凭证存储表的数据项目建立控制模板。例如，会计控制要求制单人与审核人不能为同一人。首先我们可以使用数据验证工具，对制单和审核人员进行规定。操作步骤如下：分别选中"制单人"和"审核人"列，单击"数据"选项卡中的"数据验证"按钮，在打开的"数据验证"对话框中设置验证条件，在"来源"文本框中输入可以进行制单和审核的人员名单，并以半角逗号进行分隔，如图 2-12 所示，单击"确定"按钮，即可生成可选人员的下拉列表。按相同的方法可设置出纳人员。然后，检查制单人与审核人是否为同一人(注：因为没有具体数据，在此设置模型是无法直观地看到效果的，因此本例的模型设置，将结合后续案例一边录入一边设置。当计算关系和约束条件确定后，可把这些关系和条件存为模板，替换输入数据即可)。

图2-12 设置制单人员和审核人员

(4) 设置借方金额与贷方金额的钩稽模型。编制记账凭证的一条最基本的原则是"借贷必相等",设置方法可以使用 SUMIF 函数,可参照检查期初试算平衡的方法结合条件格式的设置来进行;另外,表中的数据钩稽或控制模型,如会计科目编码和科目名称都必须取自会计科目表,也都可以利用相关函数设置。由于表中没有输入数据,在此看不到建模的结果,可采用在输入数据后或边输入边建模的方法完成,本节采用输入记账凭证数据后检查。

三、输入审核记账凭证

(一) 输入记账凭证

【例2-2】某公司 2021 年 1 月发生的经济业务如下(年初余额可参考表 2-1)。

(1) 2 日,收到中投公司增加的投资款 500 000 元,存入工行账户。

(2) 2 日,从银行提取现金 10 000 元备用。

(3) 2 日,王红出差预借差旅费 4000 元。

(4) 3 日,购入甲材料一批 150 吨,单价为 1000 元,增值税专用发票注明材料价款为 150 000 元,增值税为 19 500 元,款项均已通过工行支付,材料入库。

(5) 8 日,销售 A 产品 1000 件,每件售价 300 元,销项税率为 13%,每件成本为 200 元,采用交款提货销售方式,已将提货单和发票账单交给购货单位,并收到购货方的转账支票且存入银行。

(6) 10 日,王红出差归来,报销差旅费 3800 元,余款退回。

(7) 15 日,为生产 A 产品从仓库领用甲材料 50 吨,计划成本为 50 000 元。

(8) 18 日,为生产 B 产品从仓库领用乙材料 2500 公斤,计划成本为 30 000 元。

(9) 22 日,结算本月应付职工工资 86 000 元,其中生产工人工资 40 000 元,车间管理人员工资 10 000 元,行政管理人员工资 36 000 元(按工时在 A、B 产品间分配,比率为 3∶1)。

(10) 27 日,用银行存款支付广告费 30 000 元。

(11) 28 日,企业按规定计提固定资产折旧 100 000 元,其中应计入制造费用 80 000 元,计入管理费用 20 000 元。

(12) 31 日,计算并结转本期产品成本,产品全部完工入库(月初没有在产品),制造费用以 3∶1 的比率在 A、B 产品间分配。

(13) 31 日,将本月收入、费用类账户结转到"本年利润"账户。

(14) 将"本年利润"转入"未分配利润"。

编制以上业务的记账凭证,输入记账凭证存储表中。

在此省略编制记账凭证的过程,输入的操作过程如下。

(1) 打开记账凭证存储表,手工逐笔输入每张记账凭证的会计分录数据:凭证号、制证日期、摘要、科目编码等信息。

(2) 为保证每张记账凭证会计分录的会计科目名取自会计科目表,使用 VLOOKUP 函数,依据输入的科目编码信息,在会计科目表中查找相应的科目名称,以保持会计科目名称的一致性。由于一级科目为四位编码,因此在对一级科目进行匹配时,使用文本函数 LEN 对科目编码位数进行判断,在 E3 单元格中填入公式:"=IF(LEN(D3)=4,VLOOKUP(D3,会计科目表!$A$2:$H$53,2,0),IF(LEN(D3)=6,VLOOKUP(D3,会计科目表!$A$2:$H$53,2,0)&"- "&VLOOKUP(D3,会计科目表!$A$2:$H$53,3,0),VLOOKUP(D3,会计科目表!$A$2:$H$53,2,0)& "-"&VLOOKUP(D3,会计科目表!$A$2:$H$53,3,0)&"

-"&VLOOKUP(D3,会计科目表! $A$2:$H$53,4,0)))”。

(3) 依据借贷发生金额，输入借方金额或贷方金额。

(4) 输入“附单张数”“制单人”信息。

(5) 如果某笔业务有出纳收付款，则由出纳员输入“出纳”和“结算单据号”信息。

直到将所有业务的记账凭证信息输入完成，如图 2-13 所示。

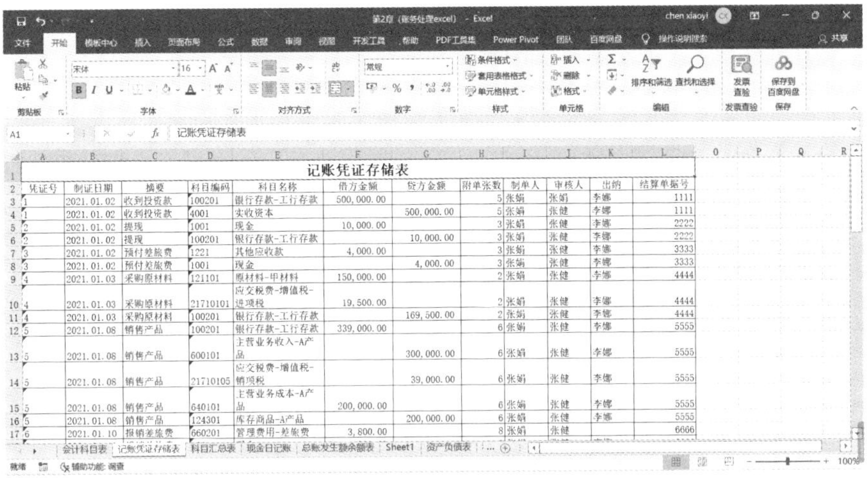

记账凭证存储表

凭证号	制证日期	摘要	科目编码	科目名称	借方金额	贷方金额	附单张数	制单人	审核人	出纳	结算单据号
1	2021.01.02	收到投资款	100201	银行存款-工行存款	500,000.00		5	张娟	张娟	李娜	1111
1	2021.01.02	收到投资款	4001	实收资本		500,000.00	5	张娟	张健	李娜	1111
2	2021.01.02	提现	1001	现金	10,000.00		3	张娟	张健	李娜	2222
2	2021.01.02	提现	100201	银行存款-工行存款		10,000.00	3	张娟	张健	李娜	2222
3	2021.01.02	预付差旅费	1221	其他应收款	4,000.00		3	张娟	张健	李娜	3333
3	2021.01.02	预付差旅费	1001	现金		4,000.00	3	张娟	张健	李娜	3333
4	2021.01.03	采购原材料	121101	原材料-甲材料	150,000.00		2	张娟	张健	李娜	4444
4	2021.01.03	采购原材料	21710101	应交税费-增值税-进项税	19,500.00		2	张娟	张健	李娜	4444
4	2021.01.03	采购原材料	100201	银行存款-工行存款		169,500.00	2	张娟	张健	李娜	4444
5	2021.01.08	销售产品	100201	银行存款-工行存款	339,000.00		6	张娟	张健	李娜	5555
5	2021.01.08	销售产品	600101	主营业务收入-A产品		300,000.00	6	张娟	张健	李娜	5555
5	2021.01.08	销售产品	21710105	应交税费-增值税-销项税		39,000.00	6	张娟	张健	李娜	5555
5	2021.01.08	销售产品	640101	主营业务成本-A产品	200,000.00		6	张娟	张健	李娜	5555
5	2021.01.08	销售产品	124301	库存商品-A产品		200,000.00	6	张娟	张健	李娜	5555
6	2021.01.10	报销差旅费	660201	管理费用-差旅费	3,800.00		8	张娟	张健		6666

图2-13 输入的记账凭证分录

(二) 审核记账凭证

记账凭证必须审核通过后才能登账。计算机环境下，一般采用目测的方法，即审核人打开记账凭证存储表，调出需要审核的记账凭证，审核通过后由审核人签字。另外，会计内控要求：制单人与审核人不能为同一人。本章采用提示控制：如果制单人与审核人为同一人则进行提示。操作步骤如下。

(1) 添加一列(M 列)进行辅助判断，设置列名称为“制单审核判断”(增加辅助判断列，也是使用 Excel 进行判断的常用技巧)，如图 2-14 所示。

(2) 在 M3 单元格中填入制单人和审核人不能为同一人的判断公式：“=IF(I3=J3,"制单审核不能为同一人","")”，并将此公式复制到同列后续单元格中，如图 2-14 所示。

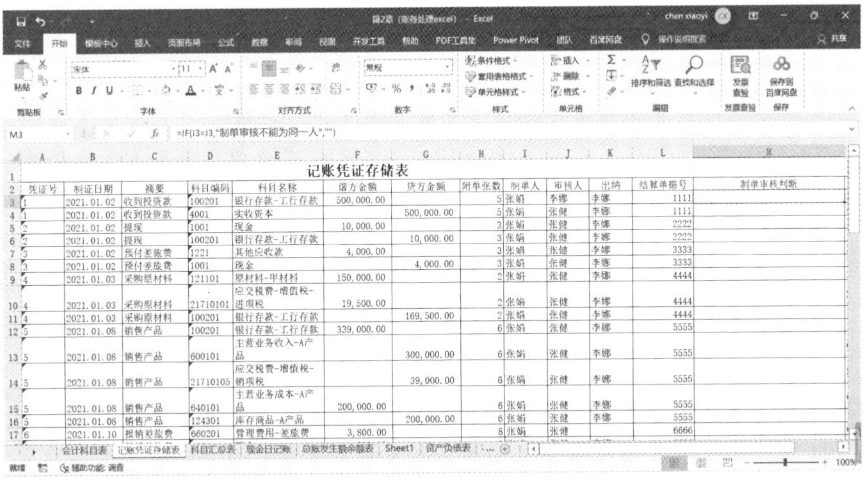

记账凭证存储表

凭证号	制证日期	摘要	科目编码	科目名称	借方金额	贷方金额	附单张数	制单人	审核人	出纳	结算单据号	制单审核判断
1	2021.01.02	收到投资款	100201	银行存款-工行存款	500,000.00		5	张娟	李娜	李娜	1111	
1	2021.01.02	收到投资款	4001	实收资本		500,000.00	5	张娟	张健	李娜	1111	
2	2021.01.02	提现	1001	现金	10,000.00		3	张娟	张健	李娜	2222	
2	2021.01.02	提现	100201	银行存款-工行存款		10,000.00	3	张娟	张健	李娜	2222	
3	2021.01.02	预付差旅费	1221	其他应收款	4,000.00		3	张娟	张健	李娜	3333	
3	2021.01.02	预付差旅费	1001	现金		4,000.00	3	张娟	张健	李娜	3333	
4	2021.01.03	采购原材料	121101	原材料-甲材料	150,000.00		2	张娟	张健	李娜	4444	
4	2021.01.03	采购原材料	21710101	应交税费-增值税-进项税	19,500.00		2	张娟	张健	李娜	4444	
4	2021.01.03	采购原材料	100201	银行存款-工行存款		169,500.00	2	张娟	张健	李娜	4444	
5	2021.01.08	销售产品	100201	银行存款-工行存款	339,000.00		6	张娟	张健	李娜	5555	
5	2021.01.08	销售产品	600101	主营业务收入-A产品		300,000.00	6	张娟	张健	李娜	5555	
5	2021.01.08	销售产品	21710105	应交税费-增值税-销项税		39,000.00	6	张娟	张健	李娜	5555	
5	2021.01.08	销售产品	640101	主营业务成本-A产品	200,000.00		6	张娟	张健	李娜	5555	
5	2021.01.08	销售产品	124301	库存商品-A产品		200,000.00	6	张娟	张健	李娜	5555	
6	2021.01.10	报销差旅费	660201	管理费用-差旅费	3,800.00		8	张娟	张健		6666	

图2-14 检查制单人与审核人是否为同一人

(3) 选中 A3 至 M53 单元格区域(所有有凭证录入的行),打开"条件格式规则管理器"对话框设置条件格式,在"编辑格式规则"对话框中将公式设为"=$M3="制单审核不能为同一人"",如图 2-15(a)所示,当制单人和审核人为同一人的行出现时,该行填充色为红色进行报错,如图 2-15(b)所示。

(a) 设置条件格式

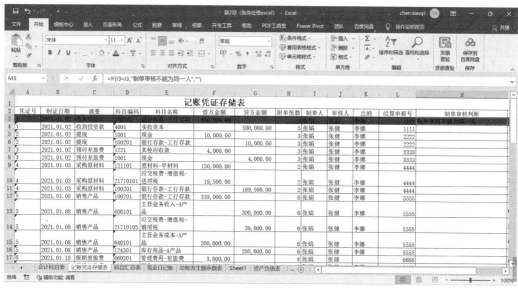

(b) 制单人与审核人为同一人

图2-15 显示填充色为红色进行报错

(4) 当判断模型建立完毕后,为了显示美观,可以将辅助列(M列)隐藏。隐藏的方法有多种,最简单的方法是选中 M 列,将文字颜色改为白色。但为了确保判断公式不受误操作影响,更为稳妥的方法是隐藏该列。操作步骤如下:选中 M 列,右击,在弹出的快捷菜单中选择"隐藏"命令,如图2-16(a)所示,对 M 列进行隐藏,效果如图2-16(b)所示。不需要隐藏该列或需要对该列进行修改时,选中该列,右击,在弹出的快捷菜单中选择"取消隐藏"命令即可。

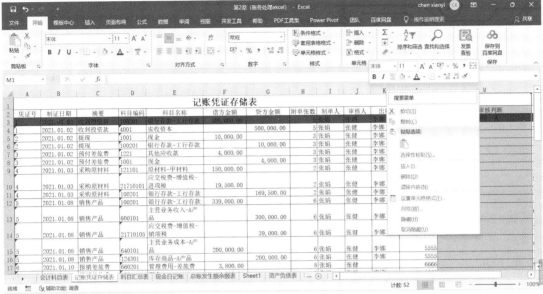

(a) 选中要隐藏的M列

(b) 隐藏M列

图2-16 隐藏辅助列

四、记账凭证的查询与输出

记账凭证的查询与输出是指对"记账凭证存储表"的凭证信息按查询条件进行筛选并在屏幕上显示。凭证查询的方法有很多种,在 Excel 中最基本也最简单的方法就是插入"冻结线"

和利用"筛选功能"查询凭证。

(一) 插入"冻结线"查询凭证

"记账凭证存储表"的凭证数量较多，业务量较大的单位，可能有成百上千条会计分录，当向下滚动屏幕时，每一列的字段标识及标题行均被隐藏起来，不便于查阅记账凭证信息。为此可以单击"视图"选项卡"窗口"组中的"拆分"按钮，出现拆分线，然后将拆分线调整到所需位置，再单击"冻结窗格"按钮，单击下拉菜单中的"冻结拆分窗格"按钮即可，如图2-17所示。

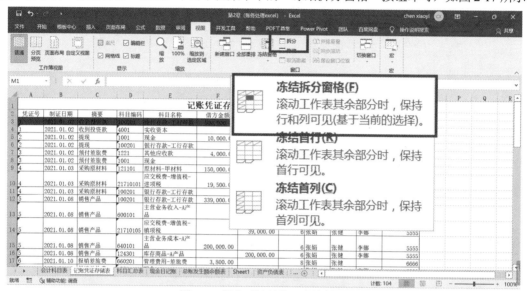

图2-17 插入"冻结线"查询凭证

(二) 利用"筛选功能"查询凭证

利用"筛选功能"查询凭证是常用的方法，可以按记账凭证的凭证号、制证日期、借方金额、贷方金额等项目设置查询条件进行查询。查询操作步骤如下：打开"记账凭证存储表"工作表，单击"数据"选项卡"排序和筛选"组中的"筛选"按钮，或者利用 Ctrl+Shift+L 组合键，各列数据标题栏出现下拉按钮，即可进入筛选状态，如图2-18所示。单击"制证日期"下拉按钮即可按制证日期查询凭证；单击"凭证号"下拉按钮可设置查询需要的凭证；单击"借方金额"或"贷方金额"下拉按钮可选择符合金额信息的凭证。若退出筛选状态，只需重新单击"筛选"按钮，或者再次使用 Ctrl+Shift+L 组合键即可。

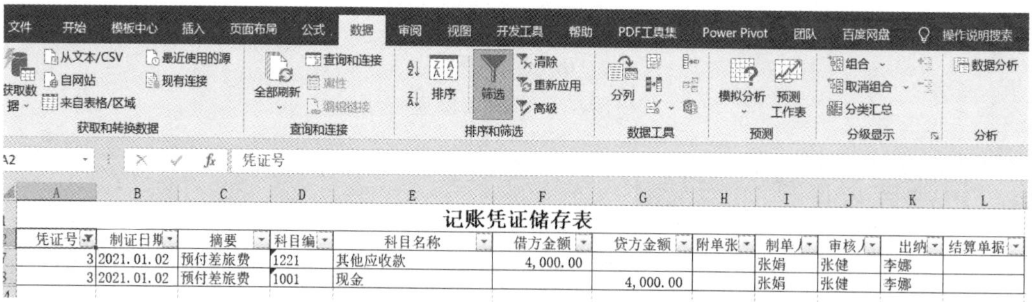

图2-18 利用"筛选功能"查询凭证

第四节 会计账簿数据处理

会计账簿是以会计凭证为依据，全面、系统、连续、综合地反映经济业务的簿籍，由具有专门格式的账页组成。按其用途可以分为总分类账、日记账、三栏式明细账、多栏式明细账、数量金额式明细账等。表 2-3、表 2-4、表 2-5 分别表示应收账款总分类账、现金日记账、甲材料的数量金额式明细账的账页结构。

表2-3 应收账款

第 页

制证日期	凭证号	摘要	借方金额	贷方金额	借或贷	余额
		期初余额			×	××××
		……该期流量数据				
		本期合计	××××	××××		
		期末余额			×	××××

表2-4 现金日记账

第 页

制证日期	凭证号	摘要	对方科目	借方金额	贷方金额	借或贷	余额
		期初余额				借	××××
		……该期流量数据					
		本期合计		××××	××××		
		期末余额				×	××××

表2-5 甲材料的数量金额式明细账

原材料—甲材料

制证日期	凭证号	摘要	收入			发出			结存		
			数量	单价	金额	数量	单价	金额	数量	单价	金额

通过进一步分析会计账簿的结构还可以看出：会计账簿中的信息是由期初余额数据(期初存量)、记账凭证的会计分录数据(流量数据)，以及对这两类数据通过按相应账户的期末余额计算公式计算的结果组成。期末余额(期末存量)计算方法如下：

资产类账户期末余额=期初余额+本期借方合计－本期贷方合计

负债、权益类账户期末余额=期初余额+本期贷方合计－本期借方合计

期末余额计算公式表明：有了会计账户的期初余额数据和本期记账凭证数据，以及掌握了账户的期末余额计算公式，就有了本期会计账簿数据。

以上分析是 Excel 工作环境下的会计账簿数据处理建模的依据，在建模过程中涉及“会计科目表”“科目余额表”“记账凭证存储表”“科目汇总表”。

会计账簿数据处理包括科目汇总表、日记账和总账的处理。在会计账簿数据处理中，根据不同的账务处理程序，数据的处理方式略有不同，主要介绍如下。

一、科目汇总表的处理

科目汇总表是对当期“记账凭证存储表”中的会计分录按总账科目分类的汇总，分别计算借方金额合计和贷方金额合计。科目汇总表的创建有多种方案，如用数据透视表的方法，本章用 Excel 的函数完成创建。本例设计科目汇总表结构如表 2-6 所示。

表2-6　科目汇总表结构

科目编码	科目名称	本期发生额借方	本期发生额贷方

(一) 创建科目汇总表

创建科目汇总表的操作过程如下。

(1) 打开工作簿“账务处理”，创建一个新的工作表，重命名为“科目汇总表”，设置“科目汇总表”项目。

(2) 设置“科目汇总表”的科目编码与科目名称的取数公式并取数。“科目汇总表”中科目编码的录入可以直接手工录入，也可以采用函数在会计科目表中取数的方式录入(在会计科目表中取数的方式有很多，最直观的方法是增加一列，通过 LEN 函数判断本行会计编码长度是否为四位的方法进行，与制单审核判断增加列的方法类似，此处不再赘述)。在确定科目编码后，科目名称可通过取数公式“=VLOOKUP(A3,会计科目表!$A$2:$H$53,2,0)”从会计科目表取数。

(3) 设置资产小计等各类小计与合计行，如图 2-19 所示。

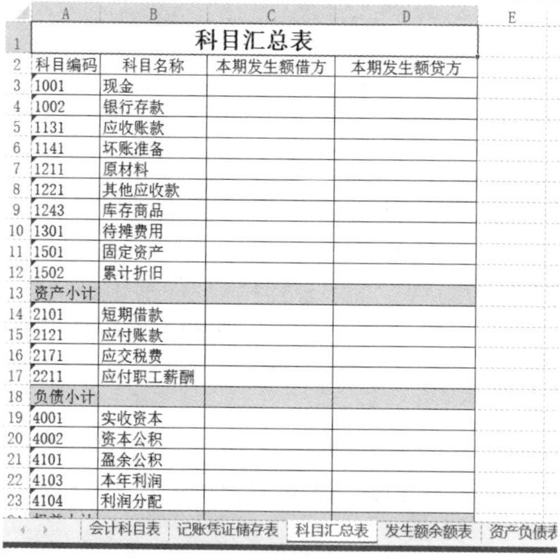

科目汇总表

科目编码	科目名称	本期发生额借方	本期发生额贷方
1001	现金		
1002	银行存款		
1131	应收账款		
1141	坏账准备		
1211	原材料		
1221	其他应收款		
1243	库存商品		
1301	待摊费用		
1501	固定资产		
1502	累计折旧		
资产小计			
2101	短期借款		
2121	应付账款		
2171	应交税费		
2211	应付职工薪酬		
负债小计			
4001	实收资本		
4002	资本公积		
4101	盈余公积		
4103	本年利润		
4104	利润分配		

图2-19　设置科目汇总表结构

(二) 建立科目汇总的计算模型

科目汇总表需要对记账凭证存储表中的本期"借方金额"和"贷方金额"按照一级科目进行合计。计算和生成科目汇总表的方法有很多种，这里使用前面介绍过的 SUMIF 函数。因为 SUMIF 函数自身特点，当需要对科目编码中非一级科目(如 100201)的记录行按一级科目(如截取前四位 1002)进行汇总时，会出现问题，因此这里采取最简便的方法，在记账凭证存储表中添加一列(N 列)，然后在该列中使用 LEFT 函数，仅仅截取科目编码中的前四位"LEFT(D3,4)"，如图 2-20 所示(注：通过增加行或列来方便计算的方法在 Excel 进行数据处理分析时会经常使用，为了显示美观，可以在计算完毕后选中这些数据，右击，在弹出的快捷菜单中选择"隐藏"命令即可对这些数据进行隐藏)。

	A	B	C	D	E	F	G	H	I	J	K	L	N
1						记账凭证存储表							
2	凭证号	制证日期	摘要	科目编码	科目名称	借方金额	贷方金额	附单张数	制单人	审核人	出纳	结算单据号	一级科目
3	1	2021.01.02	收到投资款	100201	银行存款-工行存款	500,000.00		5	张娟	张健	李娜	1111	1002
4	1	2021.01.02	收到投资款	4001	实收资本		500,000.00	5	张娟	张健	李娜	1111	4001
5	2	2021.01.02	提现	1001	现金	10,000.00		3	张娟	张健	李娜	2222	1001
6	2	2021.01.02	提现	100201	银行存款-工行存款		10,000.00	3	张娟	张健	李娜	2222	1002
7	3	2021.01.02	预付差旅费	1221	其他应收款	4,000.00		3	张娟	张健	李娜	3333	1221
8	3	2021.01.02	预付差旅费	1001	现金		4,000.00	3	张娟	张健	李娜	3333	1001
9	4	2021.01.03	采购原材料	121101	原材料-甲材料	150,000.00		2	张娟	张健	李娜	4444	1211
10	4	2021.01.03	采购原材料	21710101	应交税费-增值税-进项税	19,500.00		2	张娟	张健	李娜	4444	2171
11	4	2021.01.03	采购原材料	100201	银行存款-工行存款		169,500.00	2	张娟	张健	李娜	4444	1002
12	5	2021.01.08	销售产品	100201	银行存款-工行存款	339,000.00		6	张娟	张健	李娜	5555	1002
13	5	2021.01.08	销售产品	600101	主营业务收入-A产品		300,000.00	6	张娟	张健	李娜	5555	6001
14	5	2021.01.08	销售产品	21710105	应交税费-增值税-销项税		39,000.00	6	张娟	张健	李娜	5555	2171
15	5	2021.01.08	销售产品	640101	主营业务成本-A产品	200,000.00		6	张娟	张健	李娜	5555	6401
16	5	2021.01.08	销售产品	124301	库存商品-A产品		200,000.00	6	张娟	张健	李娜	5555	1243
17	6	2021.01.10	报销差旅费	660201	管理费用-差旅费	3,800.00		8	张娟	张健	李娜	6666	6602
18	6	2021.01.10	报销差旅费	1001	现金		200.00	8	张娟	张健	李娜	6666	1001
19	6	2021.01.10	报销差旅费	1221	其他应收款		4,000.00	8	张娟	张健	李娜	6666	1221
20	7	2021.01.15	领用材料	50010101	生产成本-基本生产成本-A产品	50,000.00		1	张娟	张健			5001
21	7	2021.01.15	领用材料	121101	原材料-甲材料		50,000.00	1	张娟	张健			1211
22	8	2021.01.18	领用材料	50010102	生产成本-基本生产成本-B产品	30,000.00		5	张娟	张健			5001
23	8	2021.01.18	领用材料	121102	原材料-乙材料		30,000.00	5	张娟	张健			1211

图 2-20 按一级科目汇总计算的模型(在记账凭证存储表中增加一级科目列)

(三) 计算借方发生额合计与贷方发生额合计

在记账凭证存储表中添加了一级科目编码列后，使用 SUMIF 函数就能快速按相同的一级科目对借贷方发生额进行汇总。在本期发生额借方 C3 单元格中输入公式 "=SUMIF(记账凭证存储表!\$N\$3:\$N\$53,A3,记账凭证存储表!\$F\$3:\$F\$53)"；在本期发生额贷方 D3 单元格中输入公式 "=SUMIF(记账凭证存储表!\$N\$3:\$N\$53,A3,记账凭证存储表!\$G\$3:\$G\$53)"，然后将公式复制到此后的所有非小计单元格，如图 2-21 所示。

(四) 建立各类小计项目的模型并计算

对各类项目的小计可使用 SUM 函数，也可以直接使用公式计算：
在"资产小计"C13 单元格中输入"=SUM(C3:C12)"；D13 单元格中输入"=SUM(D3:D12)"。
在"负债小计"C18 单元格中输入"=SUM(C14:C17)"；D18 单元格中输入"=SUM(D14:D17)"。
在"权益小计"C24 单元格中输入"=SUM(C19:C23)"；D24 单元格中输入"=SUM(D19:D23)"。
在"成本小计"C27 单元格中输入"=SUM(C25:C26)"；D27 单元格中输入"=SUM(D25:D26)"。

在“损益小计”C32单元格中输入“=SUM(C28:C31)”；D32单元格中输入“=SUM(D28:D31)”。

在“合计”C33单元格中输入“=SUM(C13+C18+C24+C27+C32)”；D33单元格中输入“=SUM(D13+D18+D24+D27+D32)”。如图2-22所示。

科目编码	科目名称	本期发生额借方	本期发生额贷方
1001	现金	10,200.00	4,000.00
1002	银行存款	839,000.00	209,500.00
1131	应收账款	-	-
1141	坏账准备	-	-
1211	原材料	150,000.00	80,000.00
1221	其他应收款	4,000.00	4,000.00
1243	库存商品	210,000.00	200,000.00
1301	待摊费用	-	-
1501	固定资产	-	-
1502	累计折旧	-	100,000.00
资产小计		1,213,200.00	597,500.00
2101	短期借款	-	-
2121	应付账款	-	-
2171	应交税费	19,500.00	39,000.00
2211	应付职工薪酬	-	86,000.00
负债小计		19,500.00	125,000.00
4001	实收资本	-	500,000.00
4002	资本公积	-	-
4101	盈余公积	-	-

图2-21　一级科目借方发生额合计与贷方发生额合计

C33　=SUM(C13+C18+C24+C27+C32)

1001	现金	10,200.00	4,000.00
1002	银行存款	839,000.00	209,500.00
1131	应收账款	-	-
1141	坏账准备	-	-
1211	原材料	150,000.00	80,000.00
1221	其他应收款	4,000.00	4,000.00
1243	库存商品	210,000.00	200,000.00
1301	待摊费用	-	-
1501	固定资产	-	-
1502	累计折旧	-	100,000.00
资产小计		1,213,200.00	597,500.00
2101	短期借款	-	-
2121	应付账款	-	-
2171	应交税费	19,500.00	39,000.00
2211	应付职工薪酬	-	86,000.00
负债小计		19,500.00	125,000.00
4001	实收资本	-	500,000.00
4002	资本公积	-	-
4101	盈余公积	-	-
4103	本年利润	300,000.00	300,000.00
4104	利润分配	-	10,200.00
权益小计		300,000.00	810,200.00
5001	生产成本	210,000.00	210,000.00
5101	制造费用	90,000.00	90,000.00
成本小计		300,000.00	300,000.00
6001	主营业务收入	500,000.00	300,000.00
6601	销售费用	30,000.00	30,000.00
6602	管理费用	59,800.00	59,800.00
6401	主营业务成本	-	200,000.00
损益小计		589,800.00	589,800.00
合计		2,422,500.00	2,422,500.00

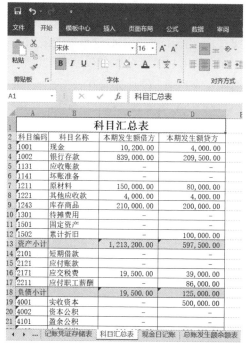

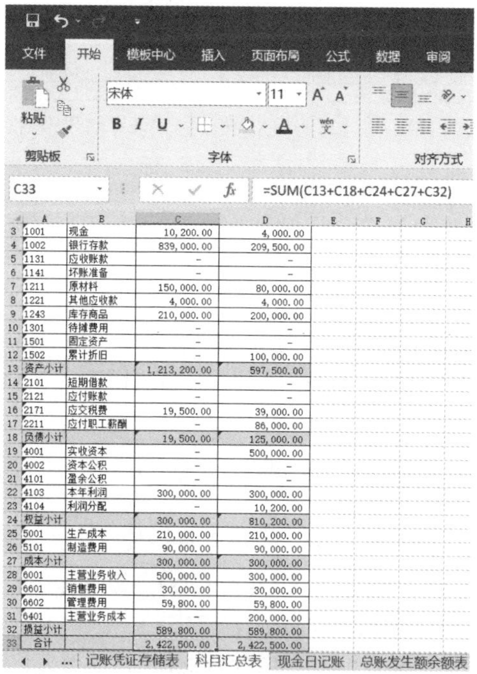

图2-22　各类小计与合计项目的计算结果

二、日记账的处理

日记账是根据经济业务每天发生的先后顺序,逐日逐笔连续登记的账簿。常用的日记账有银行存款日记账和现金日记账。下面以现金日记账为例进行介绍。

(一) 创建现金日记账模型并取数

(1) 打开工作簿"账务处理",创建一张新表,重命名为"现金日记账";设置"现金日记账"的表名与项目名。

(2) 设置现金日记账的期初余额方向、期初余额取数公式,数据取自会计科目表中的期初余额方向和期初余额,在 G3 单元格中输入公式"=IF(会计科目表!H3>=0,"借","贷")",H3 单元格中输入公式"=ABS(会计科目表!H3)",如图 2-23 所示。

G3			fx	=IF(会计科目表!H3>=0,"借","贷")				
	A	B	C	D	E	F	G	H
1	现金日记账							
2	凭证号	制证日期	摘要	对方科目	借方金额	贷方金额	余额方向	余额
3				期初余额			借	5,000.00
4								
5								
6								
7				本月合计				
8				期末余额				

图2-23 取现金日记账期初余额数据

(3) 设置现金日记账的本期会计分录(流量)取数公式并取数,数据取自记账凭证存储表中本期所有现金分录,操作步骤如下。

① 打开"记账凭证存储表",采用筛选的方法将科目名称为"现金"的会计分录筛选出来。按 Ctrl+Shift+L 组合键,"记账凭证存储表"工作表的列标题处出现下拉按钮,单击"科目名称"下拉按钮,选择"现金"选项,再单击"确定"按钮,即可筛选出现金科目的相关数据,如图 2-24 所示。最后,回到"记账凭证存储表"工作表中,取消筛选按钮,即可恢复到原来状态。

	A	B	C	D	E	F	G	H	I	J	K	L
1	记账凭证存储表											
2	凭证号	制证日期	摘要	科目编	科目名称	借方金额	贷方金额	附单张	制单人	审核人	出纳	结算单据
5	2	2021.01.02	提现	1001	现金	10,000.00		3	张娟	张健	李娜	2222
8	3	2021.01.02	预付差旅费	1001	现金		4,000.00	3	张娟	张健	李娜	3333
18	6	2021.01.10	报销差旅费	1001	现金		200.00	8	张娟	张健	李娜	6666

图2-24 筛选出的现金日记账会计分录

② 选中已经筛选好的需要复制到新表的分类汇总表数据,按 Ctrl+G 组合键,弹出"定位"对话框,单击"定位条件"按钮;弹出"定位条件"对话框,选中"可见单元格"单选按钮,单击"确定"按钮,如图 2-25 所示。

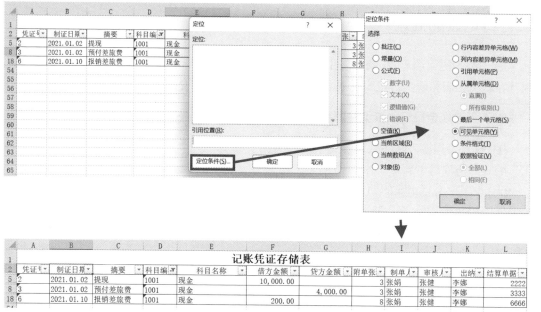

图2-25 设置定位条件为可见单元格

③ 按现金日记账格式，使用 Ctrl+C 组合键复制所需可见分类汇总单元格内容。

④ 在建立的现金日记账工作表对应区域，按照现金日记账会计分录插入相适应的行，再在 A4 单元格处右击，在弹出的快捷菜单中选择第三个按钮图标，对复制单元格的值进行选择性粘贴，如图 2-26 所示。

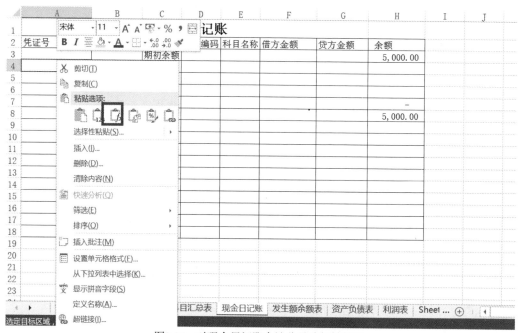

图2-26 对现金日记账会计分录选择性粘贴

(4) 设置本期(月)借方发生额合计和贷方发生额合计的计算模型。借方发生额合计：在 E7 单元格中输入公式“=SUM(E4:E6)”；贷方发生额合计：在 F7 单元格中输入公式“=SUM(F4:F6)”，如图 2-27 所示。

E7　=SUM(E4:E6)

	A	B	C	D	E	F	G	H
1	现金日记账							
2	凭证号	制证日期	摘要	对方科目	借方金额	贷方金额	余额方向	余额
3			期初余额				借	5,000.00
4								
5								
6								
7			本月合计		-	-		
8			期末余额					
9								

图2-27　设置本月借方合计、贷方合计模型

(5) 设置期末余额的计算模型：在 G8 单元格中输入判断余额方向的公式“=IF((H3+E7-F7)>=0,"借","贷")”，在 H8 单元格中输入公式：“=ABS(会计科目表!H3)”，如图 2-28 所示。对方科目内容的填充有多种方法，最简便的方法是依据凭证号进行关联填充。

H3　=ABS(会计科目表!H3)

	A	B	C	D	E	F	G	H
1	现金日记账							
2	凭证号	制证日期	摘要	对方科目	借方金额	贷方金额	余额方向	余额
3			期初余额				借	5,000.00
4	2	2021.01.02	提现	100201	10,000.00			
5	3	2021.01.02	预付差旅费	1221		4,000.00		
6	6	2021.01.10	报销差旅费	1221	200.00			
7			本月合计		10,200.00	4,000.00		
8			期末余额				借	11,200.00
9								

图2-28　设置期末余额的计算模型

(二) 计算并输出现金日记账

按照设定的计算公式和建立的来源数据，Excel 自动计算出本期发生额和期末余额，结果如图 2-29 所示。

H3　=ABS(会计科目表!H3)

	A	B	C	D	E	F	G	H
1	现金日记账							
2	凭证号	制证日期	摘要	对方科目	借方金额	贷方金额	余额方向	余额
3			期初余额				借	5,000.00
4	2	2021.01.02	提现	100201	10,000.00			
5	3	2021.01.02	预付差旅费	1221		4,000.00		
6	6	2021.01.10	报销差旅费	1221	200.00			
7			本月合计		10,200.00	4,000.00		
8			期末余额				借	11,200.00
9								

图2-29　现金日记账结果

银行存款日记账的处理方法类似于现金日记账,只需要将筛选科目修改为"银行存款"相关科目即可。

三、总账的处理

(一) 设置总账的结构

手工会计中为了减少登记总账的工作量,采取了多种方法登总账,从而形成了不同的账务处理程序和总分类账结构。本例的总分类账为"总账科目发生额及余额表"形式。"总账科目发生额及余额表"是编制资产负债表和利润表等会计报表的基础,需要合理设计表格项目,保证数据准确可靠。

一般"总账科目发生额及余额表"项目主要包括科目编码、科目名称、期初余额方向、期初余额、本期借方发生额、本期贷方发生额、期末余额方向、期末余额等。

(二) 设置总账科目发生额及余额表模型并取数计算

设置总账科目发生额及余额表模型并取数计算的操作过程如下。

(1) 打开"账务处理"工作簿,新建工作表,命名为"总账发生额余额表"。

(2) 设置表栏目:科目编码、科目名称、期初余额方向、期初余额、本期借方发生额、本期贷方发生额、期末余额方向、期末余额,如图 2-30 所示。

图2-30 总账科目发生额及余额表结构

(3) 从会计科目表中取"科目编码""科目名称""期初余额方向""期初余额"的值。操作步骤如下。

① 打开"会计科目表",在表中增加一列,判断所在行的科目码位数,判断公式为"=LEN(A3)"。

② 打开数据筛选功能,选择科目码位数为 4 的行。

③ 参照"现金日记账"中复制可见单元格的方法,按照所需将科目码、一级科目名称、期初余额方向和期初余额的内容复制到"总账发生额&余额表"中,如图 2-31 所示。

(4) 设置"本期借方发生额""本期贷方发生额"的取数公式并取数。使用 VLOOKUP 函数从科目汇总表中取数,在本期借方发生额 E3 单元格中输入公式"=VLOOKUP(A3,科目汇总表!$A$3:$D$33,3,0)";在本期贷方发生额 F3 单元格中输入公式"=VLOOKUP(A3,科目汇总表!$A$3:$D$33,4,0)";并将公式复制到同列后续单元格中,如图 2-32 所示。

第二章　Excel 与会计账务处理

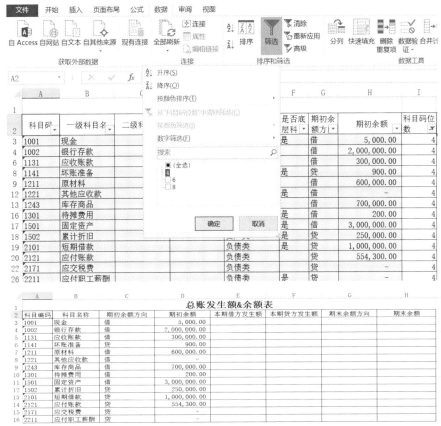

图2-31　从会计科目表中取数

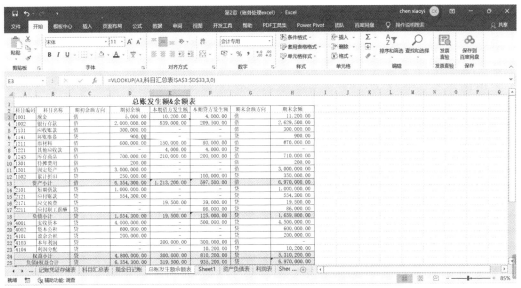

图2-32　从科目汇总表中取数

(5) 设置“期末借方余额”“期末贷方余额”的计算公式。设置公式时需注意期初余额方向，如果是借方余额，计算公式为“期初借方余额+本期借方发生额-本期贷方发生额”；如果是贷方余额，则公式应为“期初贷方余额+本期贷方发生额-本期借方发生额”。由于期末余额列仅显示余额值，因此在使用 IF 函数判断余额方向的同时，使用 ABS 函数对计算结果取绝对值，在 H3 单元格中输入公式“=IF(C3="借",ABS(D3+E3−F3),ABS(D3+F3−E3))”。而当期末余额为正时，期末余额方向与期初余额方向相同，为负时则方向相反，因此在 G3 单元格中输入公式“=IF(IF(C3="借",(D3+E3−F3),(D3+F3−E3))>0,C3,IF(C3="借","贷","借"))”以显示期末余额方向。最终结果如图 2-33 所示。

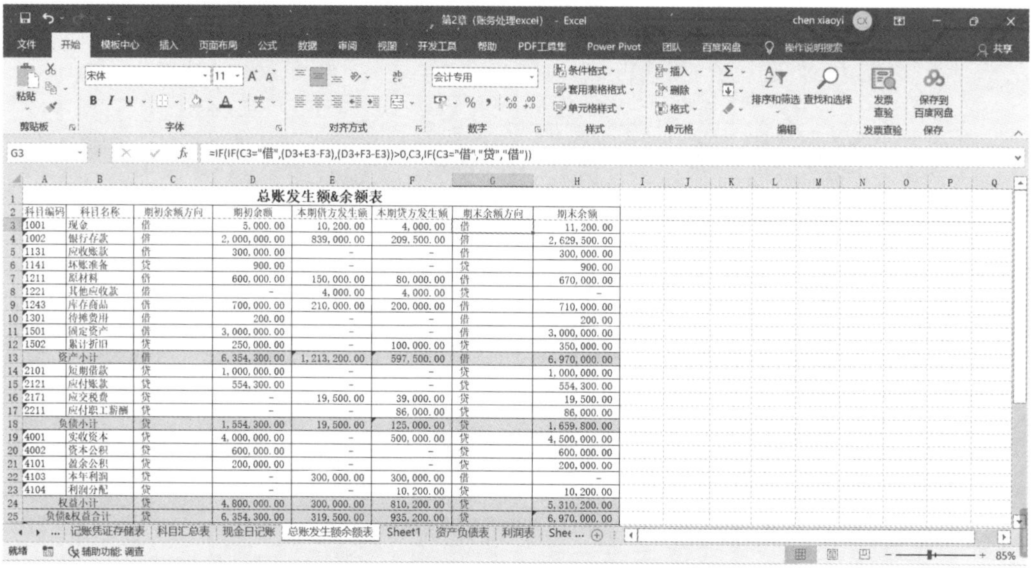
G3 =IF(IF(C3="借",(D3+E3-F3),(D3+F3-E3))>0,C3,IF(C3="借","贷","借"))

总账发生额&余额表

科目编码	科目名称	期初余额方向	期初余额	本期借方发生额	本期贷方发生额	期末余额方向	期末余额
1001	现金	借	5,000.00	10,200.00	4,000.00	借	11,200.00
1002	银行存款	借	2,000,000.00	839,000.00	209,500.00	借	2,629,500.00
1131	应收账款	借	300,000.00	-	-	借	300,000.00
1141	坏账准备	贷	900.00	-	-	贷	900.00
1211	原材料	借	600,000.00	150,000.00	80,000.00	借	670,000.00
1221	其他应收款	借	-	4,000.00	4,000.00	贷	-
1243	库存商品	借	700,000.00	210,000.00	200,000.00	借	710,000.00
1301	待摊费用	借	200.00	-	-	借	200.00
1501	固定资产	借	3,000,000.00	-	-	借	3,000,000.00
1502	累计折旧	贷	250,000.00	-	100,000.00	贷	350,000.00
资产小计		借	6,354,300.00	1,213,200.00	597,500.00	借	6,970,000.00
2101	短期借款	贷	1,000,000.00	-	-	贷	1,000,000.00
2121	应付账款	贷	554,300.00	-	-	贷	554,300.00
2171	应交税费	贷	-	19,500.00	39,000.00	贷	19,500.00
2211	应付职工薪酬	贷	-	-	86,000.00	贷	86,000.00
负债小计		贷	1,554,300.00	19,500.00	125,000.00	贷	1,659,800.00
4001	实收资本	贷	4,000,000.00	-	500,000.00	贷	4,500,000.00
4002	资本公积	贷	600,000.00	-	-	贷	600,000.00
4101	盈余公积	贷	200,000.00	-	-	贷	200,000.00
4103	本年利润	贷	-	300,000.00	300,000.00	借	-
4104	利润分配	贷	-	-	10,200.00	贷	10,200.00
权益小计		贷	4,800,000.00	300,000.00	810,200.00	贷	5,310,200.00
负债&权益合计		贷	6,354,300.00	319,500.00	935,200.00	贷	6,970,000.00

图2-33　设置期末余额计算模型并计算

(6) 插入小计行并设置计算公式。在汇总余额时需要注意余额方向，资产类科目余额方向为借，资产类科目小计公式为“借方余额-贷方余额”，因此在 D13 单元格中输入公式“=SUMIF(C3:C12,"借",D3:D12)−SUMIF(C3:C12,"贷",D3:D12)”；负债和权益类科目余额方向为贷，小计公式为“贷方余额-借方余额”，因此在 D18 和 D24 单元格中分别输入公式“=SUMIF(C14:C17,"贷",D14:D17)−SUMIF(C14:C17,"借",D14:D17)”和“=SUMIF(C19:C23,"贷",D19:D23)−SUMIF(C19:C23,"借",D19:D23)”。本期借方发生额和本期贷方发生额汇总不需要进行方向判断，因此使用 SUM 函数进行计算即可，在 E13、F13、E18、F18、E24 和 F24 单元格中分别输入公式“=SUM(E3:E12)”“=SUM(F3:F12)”“=SUM(E14:E17)”“=SUM(F14:F17)”“=SUM(E19:E23)”和“=SUM(F19:F23)”即可。成本与损益类小计的计算方法类似，一般情况下期初没有余额。

期末余额的计算方法则依据期初余额的借贷方向来进行计算的，借方余额小计为：“期初借方余额+本期借方发生额-本期贷方发生额”，而贷方余额小计为：“期初贷方余额+本期贷方发生额-本期借方发生额”。因此，在H13 单元格中输入公式：“=IF(C13="借", ABS(D13+E13−F13), ABS(D13+F13−E13))”，其后的小计单元格计算方法类似，如图 2-34 所示。

第二章 Excel 与会计账务处理

图2-34 设置资产、负债、权益等类别的小计模型并计算

(7) 在表下方插入"合计"行并设置计算公式。将最后一行设置为合计栏，根据会计平衡原理：期初借方=期初贷方、本期发生借方=本期发生贷方、期末借方=期末贷方，如图2-35所示。

图2-35 总账科目发生额及余额表结果

第五节 报表编制

会计报表是综合反映企业经营成果、财务状况及现金流量信息的书面文件，它是会计核算的最终成果，也是会计核算工作的总结。会计报表可向投资者、债权人、政府等会计报表的使用者提供有价值的经济决策信息。本节仅介绍利用 Excel 编制资产负债表、利润表和现金流量表。

一、资产负债表的编制

资产负债表是财务会计报表中的主要报表,它表明企业某一特定日期所拥有或控制的经济资源、所承担的义务和所有者对企业净资产的要求权,如表2-7所示。

表2-7 资产负债表

会企01表

编制单位:　　　　　　　　　　　　　　　__年__月__日　　　　　　　　　　　　　　　单位:元

资产	期末余额	年初余额	负债和所有者权益(或股东权益)	期末余额	年初余额
流动资产:			**流动负债:**		
货币资金			短期借款		
交易性金融资产			交易性金融负债		
应收票据			应付票据		
应收账款			应付账款		
预付款项			预收款项		
应收利息			应付职工薪酬		
应收股利			应交税费		
其他应收款			应付利息		
存货			应付股利		
一年内到期的非流动资产			其他应付款		
其他流动资产			一年内到期的非流动负债		
流动资产合计			其他流动负债		
非流动资产:			流动负债合计		
可供出售金融资产			**非流动负债:**		
持有至到期投资			长期借款		
长期应收款			应付债券		
长期股权投资			长期应付款		
投资性房地产			专项应付款		
固定资产			预计负债		
在建工程			递延所得税负债		
工程物资			其他非流动负债		
固定资产清理			非流动负债合计		
生产性生物资产			负债合计		
油气资产			**所有者权益(或股东权益):**		
无形资产			实收资本(或股本)		
开发支出			资本公积		

(续表)

资产	期末余额	年初余额	负债和所有者权益(或股东权益)	期末余额	年初余额
商誉			减：库存股		
长期待摊费用			盈余公积		
递延所得税资产			未分配利润		
其他非流动资产			所有者权益(或股东权益)合计		
非流动资产合计					
资产总计			负债和所有者权益(或股东权益)总计		

(一) 设置资产负债表的结构

表 2-7 所示的资产负债表是一种账户式结构表，它根据"资产=负债+所有者权益"的规则，将表格分为左、右两方，左方反映资产，右方反映负债和所有者权益，按其构成项目并依据流动性由强到弱分类，要求左右两方总额相等。

设置资产负债表结构的操作并不复杂。打开"账务处理"工作簿，新建一张工作表，重命名为"资产负债表"；使用第一章中介绍的 Excel 基础知识(边框设置、单元格合并、文字对齐方式的调整和字体大小设置等)即可完成表结构的设置。为了使创建的资产负债表在 Excel 中看上去更美观，还可在"视图"选项卡中取消选中"网格线"复选框，不显示网格线。"资产""负债和所有者权益"两列的数据可以手工输入。

(二) 设置资产负债表的计算模型

资产负债表各科目的内容是根据各账户的余额加减计算后填列的。资产负债表本期期初余额即为上期期末余额，可以直接从上期资产负债表中取得，如果是年初余额则可从科目余额表中取得；期末余额一部分根据"总账科目发生额及余额表"填列，另一部分需根据相关账户余额分析、计算后填列。本例的资产负债表的数据主要取自"总账科目发生额及余额表"，计算公式也较简单，以下简单介绍建模的过程。

(1) 设置资产类项目的期末余额和年初余额的取数和计算公式，可以从总账科目发生额与余额表中取数计算。

(2) 设置"流动资产合计""非流动资产合计""资产总计"项目的计算模型。

(3) 设置负债和所有者权益类项目的期末余额和年初余额的取数和计算公式，可以从总账科目发生额与余额表中取数计算，如果出现借方余额(如"未分配利润"项目出现借方余额表示未弥补亏损)，则以负号列示。

(4) 设置"流动负债合计""非流动负债合计""所有者权益合计""负债和所有者权益总计"等项目的计算模型。

(5) 设置"资产总计"等于"负债和所有者权益总计"的校验模型。

(三) 计算并生成资产负债表

根据资产负债表各项目数据来源方式，既可采用数据链接直接引用方式引用"总账科目发生额及余额表"工作表的相关数据，也可采用 SUMIF 和 VLOOKUP 函数间接调用"记账凭证存储表"工作表和"总账科目发生额及余额表"工作表等相关数据进行资产负债表的编制。

采用数据链接直接引用方式引用"总账科目发生额及余额表"工作表的相关数据，资产负债表的内容的计算填列方法如下。

(1) 填列货币资金项目年初数和期末数，切换到"资产负债表"工作表，选中 C4 单元格，输入公式"=总账发生额余额表!D3+总账发生额余额表!D4"。选中 B4 单元格，输入公式"=总账发生额余额表!H3+总账发生额余额表!H4"。参照上述方法将合计数之外的项目填制完成。

(2) 合计、小计项目可利用 SUM 函数或直接用单元格加减方式计算得到，在此不再赘述。完成资产负债表的取数和计算公式设置，计算并输出资产负债表，如图 2-36 所示。

图2-36 资产负债表模型及计算结果

二、利润表的编制

利润表把一定时期的营业收入和同一会计期间的营业费用进行配比，以计算出企业一定时期的净利润。通过利润表反映的收入和费用情况，能够了解企业生产经营的收入情况及费用耗费情况，体现企业一定时期的生产经营成果。

目前，比较普遍使用的利润表格式有多步式和单步式两种。单步式利润表是通过将所有收入扣除所有费用后二次计算净利润而编制的利润表；多步式利润表是通过计算营业利润、利润总额等多个步骤，最后计算净利润而编制的利润表。我国会计实务多采用多步式利润表格式，以下介绍多步式利润表的编制。

(一) 设置利润表结构

(1) 打开"账务处理"工作簿，创建一张新表并重命名为"利润表"，设置利润表的表名和列名。
(2) 手工输入表中"项目"及"行数"下的数据，如图 2-37 所示。

(二) 建立利润表的计算模型并计算

采用数据链接直接引用方式引用"总账科目发生额及余额表"工作表的相关数据。填列主营业务收入本月数，切换到"利润表"工作表，选中 C3 单元格，输入公式"=总账发生额余额表!F34"。"本年累计"应该等于当期"本月数"加上上期的"本年累计"。因为本表为 2021 年 1 月的数据，所以本表中的"本年累计"应等于"本月数"。选中 D3 单元格，输入公式"=C3"。以后各期的取数和计算模型参照上述方法将合计数之外的项目填制完成。

合计、小计项目可利用 SUM 函数或直接用单元格加减方式计算得到，如净利润等于利润总额减去所得税，选定 C19 单元格填写净利润的本月数，输入公式"=C17-C18"。选定 D19 单元格填写净利润的本年累计数，输入公式"=C19"。使用同样的方法填制相关合计、小计模型并计算利润表数据，如图 2-37 所示。

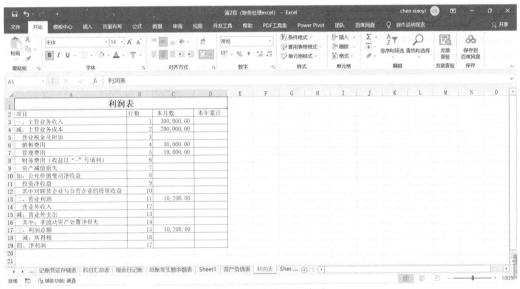

图2-37 利润表模型及结果

三、现金流量表

现金流量表是反映企业一定会计期间现金和现金等价物流入和流出的报表。现金流量表能说明企业一定期间现金流入和流出的原因、企业的偿债能力和支付股利的能力及分析企业未来获取现金的能力。现金流量表应当按照经营活动、投资活动和筹资活动的现金流量分类分项列示。现金流量表编制的大体步骤和前两种报表一样，分为：①设置现金流量表的格式，如图 2-38 所示；②建立现金流量表计算模型；③计算并填列现金流量表的内容。在此不再赘述。

现金流量表

会企03表

编制单位：　　　　　　　　年度

项　　目	行次	金额
一、经营活动产生的现金流量：		
销售商品、提供劳务收到的现金	1	
收到的税费返还	2	
收到的其他与经营活动有关的现金	3	
现金流入小计	4	
购买商品、接受劳务支付的现金	5	
支付给职工以及为职工支付的现金	6	
支付的各项税费	7	
支付的其它与经营活动有关的现金	8	
现金流出小计	9	
经营活动产生的现金流量净额	10	
二、投资活动产生的现金流量：		
收回投资所收到的现金	11	
取得投资收益所收到的现金	12	
处置固定资产、无形资产和其他长期资产所收回的	13	
处置子公司及其他营业单位收到的现金净额	14	
收到的其他与投资活动有关的现金	15	
现金流入小计	16	
购建固定资产、无形资产和其他长期资产所支付的	17	
投资所支付的现金	18	
取得子公司及其他营业单位支付的现金净额	19	
支付的其他与投资活动有关的现金	20	
现金流出小计	21	
投资活动产生的现金流量净额	22	
三、筹资活动产生的现金流量：		
吸收投资所收到的现金	23	
借款所收到的现金	24	
收到的其他与筹资活动有关的现金	25	
现金流入小计	26	
偿还债务所支付的现金	27	
分配股利、利润或偿付利息所支付的现金	28	
支付的其他与筹资活动有关的现金	29	
现金流出小计	30	
筹资活动产生的现金流量净额	31	
四、汇率变动对现金的影响额	32	
五、现金及现金等价物净增加额	33	

制表人：　　　　　会计主管：　　　　　单位负责

图2-38　现金流量表结构

本章小结

会计账务处理系统是会计信息系统的一个核心子系统，对账务处理过程的控制要求严格，也需要读者具备一定的会计基础知识。因此，本章第一节从会计实务的角度，较详细地介绍了会计核算方法，记账凭证、会计账簿、财务会计报表的基本概念，会计账务处理系统的目标和任务，会计账务处理业务流程，在此基础上介绍了利用 Excel 工具建立会计账务处理模型的思路和过程，以及建模过程中用到的 VLOOKUP、SUMIF、IF 主要函数等。本章第二节到第五节按照会计账务业务处理的过程，分别介绍了会计账务初始数据的建立、记账凭证的数据处理、会计账簿的数据处理、财务会计报表的数据处理；重点介绍了利用 Excel 工具建立会计科目及期初余额表的模型、记账凭证存储表的模型，以及输入会计科目及期初余额数据、记账凭证数据；会计账簿的数据处理重点介绍了利用 Excel 工具生成科目汇总表、现金日记账、总账科目发生额及余额表；最后介绍了会计报表编制的数据处理方法。由于 Excel 是一个通用的电子数据表处理工具，不适用于对会计账务业务的数据处理进行过程控制，因此本章还是从过程控制的角度介绍了账务数据处理的方法和技巧，这也是一种新的尝试；同时，通过本章的学习可以掌握会计电算化工作的一般会计业务流程，提高应用 Excel 处理会计业务数据的技能。

关键名词

会计核算方法　会计账务处理系统　会计科目　会计科目表　记账凭证
记账凭证存储表　会计账簿　财务会计报表　科目汇总表　总账科目发生额及余额表

思考题

1. 什么是会计账务处理？它的理论基础是什么？
2. 建立会计科目与账户体系有哪些基本要求？
3. 会计账务处理业务流程一般分为几个阶段？会计账务业务处理是如何循环的？
4. 会计科目编码的特征主要有哪些？
5. VLOOKUP、SUMIF 函数的主要功能和作用是什么？
6. 如何利用 Excel 的"筛选功能"查询记账凭证？
7. 应用 Excel 进行会计账务业务处理有哪些缺陷？

本章实训

【技能实训】
1. 利用"记账凭证存储表"工作表信息，采用分类汇总的方法设置各科目的明细账。
2. 利用"会计科目表"中的期初余额及"记账凭证存储表"中的数据，使用筛选的方法，完成"银行存款日记账"的设置。
3. 利用书中介绍的方法，完成"资产负债表""利润表"中取数和计算公式的设置。

【应用实训】

(一) 实验目的

熟悉会计的日常业务，掌握记账凭证存储表(即会计分录存储表)的建模；掌握输入记账凭证、审核记账凭证及查询记账凭证的操作过程并能熟练地运用。

(二) 实验内容

1. 设置记账凭证存储表的结构。
2. 输入记账凭证。
3. 审核记账凭证。

4. 利用书中介绍的方法查询记账凭证。

(三) 实验案例资料

2021年1月,某公司发生的经济业务及所编制的会计分录如下(年初余额可参考表2-1)。

1. 3日,收到投资方增加的投资款800 000元,存入银行。
　　借:银行存款——工行存款　　　　　　　　　800 000
　　　贷:实收资本　　　　　　　　　　　　　　　　　800 000
2. 4日,从银行提取现金5000元备用。
　　借:现金　　　　　　　　　　　　　　　　　　5000
　　　贷:银行存款——工行存款　　　　　　　　　　　5000
3. 5日,王红出差预借差旅费3000元。
　　借:其他应收款　　　　　　　　　　　　　　3000
　　　贷:现金　　　　　　　　　　　　　　　　　　　3000
4. 6日,购入甲材料一批150吨,单价为1000元,增值税专用发票注明材料价款为150 000元,增值税为19 500元,款项均已通过工行支付,材料入库。
　　借:原材料——甲材料　　　　　　　　　　　150 000
　　　　应交税金——应交增值税——进项税　　　19 500
　　　贷:银行存款——工行存款　　　　　　　　　　169 500
5. 8日,销售A产品1000件,每件售价300元,销项税39 000元,每件成本200元,采用交款提货的销售方式,已将提货单和发票账单交给购货单位,收到购货方的转账支票并存入银行。
　　借:银行存款——工行存款　　　　　　　　　339 000
　　　贷:主营业务收入——A产品　　　　　　　　　300 000
　　　　　应交税金——应交增值税——销项税　　　　39 000
　　借:主营业务成本——A产品　　　　　　　　200 000
　　　贷:库存商品——A产品　　　　　　　　　　　200 000
6. 12日,王红出差归来,报销差旅费2800元,余款退回。
　　借:管理费用——差旅费　　　　　　　　　　2800
　　　　现金　　　　　　　　　　　　　　　　　200
　　　贷:其他应收款　　　　　　　　　　　　　　　3000
7. 15日,为生产A产品从仓库领用甲材料50吨,计划成本为50 000元。
　　借:生产成本——基本生产成本——A产品　　50 000
　　　贷:原材料——甲材料　　　　　　　　　　　　50 000
8. 18日,为生产B产品从仓库领用乙材料2500公斤,计划成本为30 000元。
　　借:生产成本——基本生产成本——B产品　　30 000
　　　贷:原材料——乙材料　　　　　　　　　　　　30 000
9. 22日,结算本月应付职工工资86 000元,生产工人工资40 000元,车间管理人员工资10 000元,行政管理人员工资36 000元(按工时在A、B产品间分配,比率为3∶1)。

借：生产成本——基本生产成本——A产品		30 000
——基本生产成本——B产品		10 000
制造费用——工资		10 000
管理费用——工资		36 000
贷：应付工资		86 000

10. 23日，用银行存款支付广告费10 000元。

借：营业费用　　　　　　　　　　　　　　　　10 000
　　贷：银行存款——工行存款　　　　　　　　　　　10 000

11. 28日，企业按规定计提固定资产折旧100 000元，其中应计入制造费用80 000元，计入管理费用20 000元。

借：制造费用——折旧　　　　　　　　　　　　　80 000
　　管理费用——折旧　　　　　　　　　　　　　20 000
　　贷：累计折旧　　　　　　　　　　　　　　　　100 000

12. 31日，计算并结转本期产品成本，产品全部完工入库(月初没有在产品)，制造费用以3：1的比率在A、B产品间分配)。

借：生产成本——辅助生产成本——A产品　　　　67 500
　　　　　　——辅助生产成本——B产品　　　　22 500
　　贷：制造费用——工资　　　　　　　　　　　10 000
　　　　　　　　——折旧　　　　　　　　　　　80 000
借：库存商品——A产品　　　　　　　　　　　　147 500
　　　　　　——B产品　　　　　　　　　　　　62 500
　　贷：生产成本——基本生产成本——A产品　　 80 000
　　　　　　　　　　　　　　——B产品　　　　 40 000
　　　　　　——辅助生产成本——A产品　　　　67 500
　　　　　　　　　　　　　　——B产品　　　　22 500

13. 31日，将本月收入、费用类账户结转到"本年利润"账户。

借：主营业务收入——A产品　　　　　　　　　　300 000
　　贷：本年利润　　　　　　　　　　　　　　　　300 000
借：本年利润　　　　　　　　　　　　　　　　　268 800
　　贷：主营业务成本——A产品　　　　　　　　　200 000
　　　　营业费用　　　　　　　　　　　　　　　　10 000
　　　　管理费用——差旅费　　　　　　　　　　　 2800
　　　　　　　　——工资　　　　　　　　　　　　36 000
　　　　　　　　——折旧　　　　　　　　　　　　20 000

14. 将"本年利润"转入"未分配利润"。

借：本年利润　　　　　　　　　　　　　　　　　31 200
　　贷：利润分配——未分配利润　　　　　　　　　31 200

第三章

Excel与工资核算

> **学习目标：**
>
> 通过本章的学习，了解工资核算系统的目标、任务、工资项目的构成及工资计算方法；掌握工资核算的业务流程；掌握运用 Excel 工具建立工资核算模型的步骤；能够运用 Excel 工具正确完成工资结算，编制工资结算明细表，完成工资分类汇总，灵活输出企业需要的工资管理信息。

第一节 工资核算系统概述

工资是企业按劳动制度的规定支付给职工的劳动报酬，也是企业成本费用的重要组成部分。按时、正确地核算与发放工资对于处理企业与职工之间的经济关系具有重要意义。

工资发放有一定的时间限制，手工进行工资核算会占用财务人员大量的精力和时间，在应用 Excel 进行工资核算和管理后，这一问题就变得简单、方便。

一、工资核算系统的目标、任务与计算方法

（一）工资核算系统的目标

工资核算系统的目标是及时、准确地计算职工薪酬，正确反映和监督企业与职工的工资结算情况，正确计算成本和损益，全面提供企业工资费用信息，为企业的人力资源管理制定有效的激励政策提供信息支持，为企业管理信息系统和决策支持系统提供有效的数据支持。

（二）工资核算系统的任务

工资核算系统的主要任务包括工资结算与工资分配两个方面。工资结算是根据工资制度和职工劳动数量与质量，计算并发放应该支付给职工的工资，即应付工资、代扣款项和实发工资的计算；工资分配是指按部门、人员类别进行工资汇总，并按工资的用途对工资费用进行分配，即对工资和计提的有关费用进行总分类和明细分类核算，为成本核算与管理信息需求提供依

据。具体任务如下。

(1) 工资结算。根据人力资源部提供的职工工资基本信息和各部门提供的职工劳动数据和考勤情况，及时、准确地计算职工的工资，编制工资结算单。

(2) 工资的汇总和分配。根据职工的工作部门和工作性质，汇总与分配工资费用并生成相应的记账凭证。

(3) 满足管理人员的信息需求。根据管理的需要提供有关的工资统计分析数据。

(4) 处理人员工资变动信息。及时处理职工调入、调出、内部调动及工资调整数据。

(三) 工资项目的构成与计算方法

企业的工资计算有计时工资和计件工资等方法。不同单位的工资构成项目和工资计算方法可能不一致。以计时工资为例，组成应付工资总额的具体项目一般包括基本工资、奖金、岗位津贴、补贴、加班工资及特殊情况下支付的工资；另外，有一些应扣或代扣项目，如养老保险、医疗保险、失业保险(下文简称三险)、住房公积金、病事假扣款、旷工扣款和个人所得税等，在计算每位职工实发工资之前应在工资总额中扣除这部分款项，即有如下计算关系：

应发工资=基本工资+岗位津贴+加班工资+固定补贴+变动津贴+奖金

扣款合计=各种保险费+住房公积金+个人所得税+病假扣款+事假扣款+其他扣款

实发工资=应发工资-扣款合计

二、工资核算业务流程与Excel建模

(一) 工资核算业务处理流程

在工资结算阶段，会计人员要对人力资源部下达的职工工资变动资料、各部门的考勤记录、代扣代缴款项等资料进行汇总处理，计算出每一位职工的应发工资和实发工资。在计算的基础上编制工资结算单和工资结算汇总表。根据工资结算单开出支票向银行提取现金发放工资，或者把实发工资转入职工的银行工资卡上并进行账务处理。工资结算主要涉及现金、银行存款、应付职工薪酬、其他应付款、其他应收款等会计账户。

在工资分配阶段，会计人员要根据工资结算单按部门、人员类别编制分类汇总表，根据工资用途进行分配。具体分配方法是：直接构成产品成本的车间工人工资，借记"生产成本"科目；车间管理人员工资及辅助生产部门职工的工资，借记"制造费用"科目；厂部行政管理人员的工资，借记"管理费用"科目；专职销售人员的工资，借记"销售费用"科目等；贷记"应付职工薪酬"科目。

工资核算业务处理流程如图3-1所示。

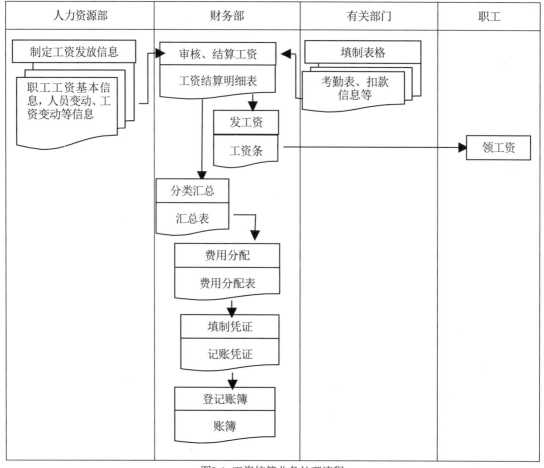

图3-1 工资核算业务处理流程

(二) 运用Excel进行工资核算的建模步骤

根据以上工资核算业务分析可知：人力资源部提供的职工工资基本信息(职工编号、姓名、部门、工资项目的构成等)，人员变动、工资项目变动及代扣款项信息，各部门提供的考勤及考勤扣款等信息是工资结算的基础。有了这些基础数据，再根据每个企业制定的劳动制度(如病事假扣款、加班工资等)，以及相关项目的计算公式(如个人所得税)，就可以进行工资结算。这些也是运用 Excel 进行工资核算的原始数据和建模的基础。运用 Excel 工具建立工资核算模型的步骤如下。

(1) 建立"工资核算"工作簿，在此工作簿下建立工资核算基础数据工作表，主要有职工工资结算明细表(包括职工基本信息、固定工资项目、固定代交款代扣款项目等)、部门级别岗位工资对应表、个人所得税级距税率表、加班记录表、考勤记录表等。

(2) 利用Excel工具建立职工工资结算明细表中有关项目的计算模型，主要有三险(或五险)、住房公积金、个人所得税、加班费、缺勤扣款等，这些项目的计算模型与各单位的工资政策、国家的个人所得税政策相关，有些项目的建模涉及多张表格，要弄清需求。

(3) 部门级别岗位工资对应表可以保证输入和调整"岗位工资"时的正确性、一致性和录入速度，要利用 Excel 工具建立工资结算明细表与部门级别岗位工资对应表中"岗位工资"项目的对应关系。

(4) 职工工资结算明细表中的"应发合计""扣款合计""实发工资"项目计算公式的数据都来源于本表,最后可设置这三个项目的计算模型。

由于各企事业单位的工资项目构成及奖惩制度有所不同,建立的 Excel 工资结算模型亦有所不同。例如,有些固定代扣款项目,如三险(或五险)、住房公积金是随着工龄或职称不同进行计算的,但建模的方法和过程基本是一致的。建模时要保证工资核算工作簿的所有工作表中相关项目数据的一致性和正确性。

工资结算的 Excel 建模完成后,就可以在职工工资结算明细表及部门级别岗位工资对应表中输入基础数据(原始数据)。

基础信息表建立后,会计人员每月仅需输入少量的变动工资项目的数据,如加班费、考勤扣款,就可快速计算职工应发工资和实发工资,编制工资结算明细表。对工资结算明细表数据按职工所属部门和工作性质进行分类汇总,就可编制工资分类汇总表及工资费用分配明细表、个人所得税申报表等。根据各汇总报表可编制记账凭证并进行账务处理。

第二节 工资核算初始数据的建立

工资核算初始数据的建立是进行工资核算业务的基础。工资核算的初始数据主要来自人力资源部,即给哪些人发工资、发多少、工资单由哪些项目组成、奖励政策、考勤扣款政策、三险(或五险)的代扣政策、公积金代扣政策等。每个单位的工资项目的组成、各类政策会有所不同,但有些基本项目是一致的。本节主要介绍运用 Excel 建立职工工资结算明细表、部门级别岗位工资对应表,以及表中相关项目的计算模型;建模完成后输入职工工资结算明细表中的固定信息,为日常工资的计算和发放做好准备。

一、建立职工工资结算明细表

职工工资结算明细表应包含工资结算的所有项目。每个单位的工资结算项目会有不同,但一般可以分为固定项目和变动项目。固定项目指职工编号、姓名、部门、级别、基本工资、岗位工资等相对稳定的项目;变动项目指奖金、加班费、考勤扣款等每月需要计算的项目,而三险、公积金等代扣款项一般是随着基本工资的变化而变动的,每个月按一个固定比例代扣。建立工资结算明细表包括表的格式设置和基本工资项目的设置与建模。

【例3-1】假设 A 公司的工资结算明细表项目如表 3-1 所示,建立其核算模型。工资结算明细表中的数据可参考第一章表 1-1。

其中:

应发合计=基本工资+岗位工资+加班费
扣款合计=三险+住房公积金+所得税+缺勤扣款
实发合计=应发合计−扣款合计

表3-1　A公司工资结算明细表

员工编号	姓名	性别	部门	级别	基本工资	岗位工资	加班费	应发合计	三险	住房公积金	缺勤扣款	所得税	扣款合计	实发合计

（一）建立工资结算明细表及其项目

1. 新建工作簿与工作表

新建 Excel 工作簿并将工作簿命名为"工资核算"，然后将工作簿中的工作表标签 Sheet1 重命名为"A 公司工资结算明细表"。

2. 设置A公司工资结算明细表基本格式和明细项目

输入标题及各个明细项目，并将输入内容、格式调整至需要格式。

选中第一行 B1 单元格至 P1 单元格区域，使用工具栏菜单，在"开始"选项卡中单击"合并后居中"按钮，然后输入表名称"A 公司工资结算明细表"。

选择需要输入工资结算明细表表头及工资结算明细表数据的区域，通过"开始"选项卡中的"添加框线"按钮，按照需要添加框线。

在第二行 B2 单元格至 P2 单元格中填入明细表各列项目名，如图 3-2 所示。

图3-2　A公司工资结算明细表结构

（二）对相应单元格输入内容进行数据有效性控制

为了输入方便并防止出错，可对"性别""部门""级别"列做有效性控制。例如，选中 D 列，选择"数据"→"数据验证"(低版本为"数据有效性")命令，弹出"数据验证"对话框；在"设置"选项卡"允许"下拉列表中选择"序列"选项，在"来源"文本框中输入性别"男，女"，如图 3-3 所示。同理可设置"部门"和"级别"列的数据有效性控制。这其实是给每列限制了可选数据的下拉菜单。

图3-3　数据有效性控制(性别)

(三) 建立部门级别岗位工资对应表

一般情况下，单位的"岗位工资"是有政策规范的，为保证职工所属部门级别的"岗位工资"项目输入和调整的正确性、一致性和输入速度，可以建立一个"部门级别岗位工资对应表"，再建立起工资结算明细表中岗位工资与这个表的岗位工资的钩稽关系。假设 A 公司规定，"岗位工资"是根据员工所在部门和级别来规范的，如图3-4 所示，则建表操作过程如下。

(1) 打开"工资核算"工作簿，将工作簿中的工作表标签 Sheet2 重命名为"A 公司部门级别岗位工资对应表"。

(2) 设置表名和表的格式。

(3) 输入数据。

	A	B	C	D
1				
2		级别	岗位工资	
3		管理1级	3000	
4		管理2级	2500	
5		管理3级	2000	
6		管理4级	1500	
7		管理5级	1000	
8		生产1级	2500	
9		生产2级	2000	
10		生产3级	1500	
11		生产4级	1000	
12		生产5级	500	

图3-4　A公司部门级别岗位工资对应表

(四) 建立工资结算计算模型

从表 3-1 所示工资结算明细表的结构可以看出：加班费、个人所得税、缺勤扣款每个月需要根据相关政策以及职工的实际加班时间和考勤记录计算，这几个项目的计算模型涉及与其他表的相关单元格建立钩稽关系，将在本章第三节工资计算与发放中进行介绍；其他项目的计算模型都可以在本表的单元格取数计算。需要设置计算模型的项目如下。

(1) 应发合计(J)=基本工资(G)+岗位工资(H)+加班费(I)，计算模型为 J "=G+H+I"。

(2) 三险(K)=(基本工资+岗位工资)*(8%+2%+3‰)，计算模型为 K "=(G+H)*(0.08+0.02+0.003)"（假设 A 公司三险的计算比例为 8%、2%、3‰）。

(3) 住房公积金(L)=(基本工资+岗位工资)*12%，计算模型为 L "=(G+H)*0.12"（假设 A 公司住房公积金的计算比例为 12%）。

(4) 扣款合计(O)=三险(K)+住房公积金(L)+所得税(M)+缺勤扣款(N)，计算模型为 O "=K+L+M+N"。

(5) 实发合计(P)=应发合计(J)-扣款合计(O)，计算模型为 P "=J-O"。

二、输入工资结算明细表基础数据

工资结算明细表中的基础数据是指每次发工资基本不变的项目，包括员工编号、姓名、性别、部门、级别、基本工资、岗位工资及三险、住房公积金等。这些基础数据可以从与人力资源部共享的数据文件中获取,在此主要介绍通过 Excel 手工输入。

(一) 输入编号

打开"A 公司工资结算明细表",在 B3 单元格中输入英文状态下的"'"(表示单元格输入内容为文本状态),然后输入编号 1001,按 Enter 键确认。

B 列填充的方式有多种:可将鼠标移至 B4 单元格右下方,当箭头为"+"状态时,向下拖动鼠标,生成其他员工的连续编号;也可以选中需要填充的单元格后,在工具菜单的"数据"选项卡中单击"快速填充"按钮,直接填充后续单元格。

(二) 输入姓名、性别、部门、级别和基本工资

在 C3 单元格中直接输入姓名"王珊",在 D3 单元格的下拉选项中选择"女",在 E3 单元格的下拉选项中选择"厂部",在 F3 单元格的下拉选项中选择"管理 1 级",在 G3 单元格中输入王珊的基本工资 8000。按照以上步骤将所有职工的数据输入完成。

(三) 输入岗位工资

输入岗位工资有几种方法:一是手工输入每位职工的数据,以这种方法输入的工作量较大,还容易出错;二是录入嵌套的 IF 函数,在"A 公司工资结算明细表"中选中管理部门员工的 H 列单元格,输入"=IF(F3="管理 1 级",3000,IF(F3="管理 2 级",2500,IF(F3="管理 3 级",2000,IF(F3="管理 4 级",1500,1000))))",并将 H3 单元格公式复制到其他管理部门员工岗位工资所属单元格,对于生产级别的岗位工资也可以采用类似方法录入,当使用 IF 函数嵌套层数过多及类别较多时,容易产生混乱;三是使用 VLOOKUP 函数来完成岗位工资的录入,选中 H3 单元格,录入公式"=VLOOKUP(F3,A 公司部门岗位工资对应表!$B$3:$C$12,2,0)",并将 H3 单元格公式复制到其他单元格中。注意,此处为防止复制公式过程中 VLOOKUP 函数查找对象的移动,使用的是单元格的绝对引用。这种方法需要先建立一张"部门级别岗位工资对应表",能够保证输入的快速和正确,也便于统一调整岗位工资。本章采用的是第三种方法。

至此,A 公司工资结算明细表基础数据输入完成,如图 3-5 所示。

员工编号	姓名	性别	部门	级别	基本工资	岗位工资
1001	王珊	女	厂部	管理1级	8000.00	3000
2001	李石	男	财务部	管理3级	7500.00	2000
2002	向军	男	财务部	管理1级	7500.00	3000
2003	吴涵	男	财务部	管理2级	7500.00	2500
3001	蔡青	女	采购部	管理5级	5500.00	1000
3002	张乐	男	采购部	管理4级	5500.00	1500
4001	赵雪	女	销售部	管理1级	5500.00	3000
4002	周晶	女	销售部	管理2级	4500.00	2500
5001	陈旭	男	生产一车间	生产1级	4500.00	2500
5002	徐燕	女	生产一车间	生产4级	4500.00	1000
5003	李凡	男	生产二车间	生产2级	4500.00	2500
5004	谢康	男	供电车间	生产3级	4500.00	1500
5005	王华	男	修理车间	生产2级	4500.00	2000

图3-5　A公司工资结算明细表基础数据

第三节 工资计算与发放

工资结算明细表的基础数据输入完成后,日常的工资计算与发放主要是根据工资计算方法计算应发工资、扣款合计与实发工资。如果人力资源部对工资项目有调整,需要根据调整后的数据进行计算。下面以计时工资为例,介绍 A 公司的工资计算与发放。

一、加班费的计算

(一)建立加班费的计算模型

【例 3-2】依据 A 公司的规定,按照员工加班时间总小时数与该员工小时工资计算发放加班费,计算公式为:"小时工资=基本工资÷(21×8),加班费=小时工资×加班时间"。假设 A 公司加班记录表如图 3-6 所示,并且该表已建立(各公司加班费的计算方法不同,实际工作中请按照具体情况进行调整)。

	A	B	C	D	E	F	G	H
1		A公司加班记录表						
2		员工编号	姓名	日期	开始时间	结束时间	当日加班时长	
3		1001	王珊	1	17:00	18:00	1	
4		2001	李石	1	17:00	19:00	2	
5		2001	李石	2	17:00	20:00	3	
6		2001	李石	3	17:00	21:00	4	
7		3001	蔡青	3	17:00	22:00	5	
8		3002	张乐	1	17:00	21:00	4	
9		4001	赵雪	2	17:00	21:00	4	
10		4001	赵雪	5	17:00	21:00	4	
11		4001	赵雪	7	17:00	21:00	4	
12		4001	赵雪	8	17:00	21:00	4	
13		4001	赵雪	9	17:00	21:00	4	
14		5004	谢康	6	17:00	21:00	4	
15		5005	王华	6	17:00	18:00	1	
16								

图3-6　A公司加班记录表

(二)建模操作过程

(1) 计算每位员工每天的加班时间。打开"A 公司加班记录表",在 G3 单元格中输入公式"=HOUR(F3-E3)",并将此公式复制到其他单元格以统计各员工每天的加班时间。

(2) 计算每位员工总的加班时间。在"A 公司工资结算明细表"的 I3 单元格中输入公式"=SUMIF(A 公司加班记录表!\$B\$3:\$B\$15,B3,A 公司加班记录表!\$G\$3:\$G\$15)",统计出各员工每月总的加班时长。

(3) 根据每位员工的基本工资计算出每小时的加班费。在 I3 单元格中继续输入公式"G3/(21*8)",计算出各员工每小时的加班费;最后求积得出该员工当月的加班费,如图 3-7 所示。

其中加班时间和最后加班费的计算,既可以在加班记录表中计算得出,也可以通过加班记录表汇总加班时间后,再到工资结算明细表中计算得出,本章采用的是后一种方法。

A公司工资结算明细表

员工编号	姓名	性别	部门	级别	基本工资	岗位工资	加班费	应发合计	三险	住房公积金	所得税	缺勤扣款	扣款合计	实发合计
1001	王珊	女	厂部	管理1级	8000.00	3000	47.62							
2001	李石	男	财务部	管理3级	7500.00	2000	401.79							
2002	向军	男	财务部	管理1级	7500.00	3000	0.00							
2003	吴涵	男	财务部	管理2级	7500.00	2500	0.00							
3001	蔡青	女	采购部	管理5级	5500.00	1000	163.69							
3002	张乐	男	采购部	管理4级	5500.00	1500	130.95							
4001	赵雪	女	销售部	管理2级	5000.00	2500	595.24							
4002	周晶	女	销售部	管理2级	4500.00	2500	0.00							
5001	陈旭	男	生产一车间	生产1级	4500.00	2500	0.00							
5002	徐燕	女	生产一车间	生产4级	4500.00	1000	0.00							
5003	李凡	男	生产二车间	生产1级	4500.00	2500	0.00							
5004	谢康	男	供电车间	生产3级	4500.00	1500	107.14							
5005	王华	男	修理车间	生产2级	4500.00	2000	26.79							

I3 单元格公式：`=(SUMIF(A公司加班记录表!$B$3:$B$15,B3,A公司加班记录表!$G$3:$G$15))*(G3/(21*8))`

图3-7 A公司"加班费"的计算模型与结果

二、"缺勤扣款"的计算

(一) 缺勤扣款的计算模型

【例3-3】依据A公司的规定，缺勤扣款主要分为病假扣款和事假扣款两种。

A公司的病假扣款按照病假天数计算，当月病假天数合计10天以内不扣发基本工资，超过10天扣罚当月基本工资的一半。"病假记录表"中病假扣款计算方法如图3-8所示。

A公司的事假扣款按照缺勤小时数计算，一天工作时间为8小时，迟到不足1小时的按照1小时计算，每小时扣款标准以基本工资除以当月实际天数得出日工资额，再以日工资额除以8小时计算出每小时扣款标准。因此"事假扣款"的计算方法与"加班费"的计算方法类似，此处不再赘述。图3-9所示是A公司的事假记录表。

病假记录表

人员编号	人员姓名	天数	病假扣款
1001	王珊	0	0.00
2001	李石	0	0.00
2002	向军	0	0.00
2003	吴涵	3	0.00
3001	蔡青	0	0.00
3002	张乐	0	0.00
4001	赵雪	2	0.00
4002	周晶	0	0.00
5001	陈旭	0	0.00
5002	徐燕	0	0.00
5003	李凡	0	0.00
5004	谢康	15	2250.00
5005	王华	0	0.00

图3-8 A公司病假记录表

事假记录表

员工编号	姓名	日期	开始时间	结束时间	当日请假时长
1001	王珊	1	8:00	9:00	1
2001	李石	1	8:00	9:00	1
2001	李石	6	8:00	9:00	1
5005	王华	6	8:00	9:00	1

图3-9 A公司事假记录表

(二) 建模操作过程

(1) 计算病假扣款。打开"病假记录表",选中 E3 单元格并输入"病假扣款"公式:=病假记录表!E3:E15。

(2) 计算事假扣款。打开"A 公司工资结算明细表",选中 N3 单元格并输入"事假扣款"公式:=SUMIF(事假记录表!$B$3:$F$6,A 公司工资结算明细表!B3,事假记录表!$G$3:$G$6))*(G3/(21*8))。

(3) 在计算出事假和病假扣款后,在"A 公司工资结算明细表"中的 N3"缺勤扣款"列中填入事假扣款与病假扣款之和,计算模型如图 3-10 中 N3 的输入公式。

图3-10 A公司"缺勤扣款"的计算模型与结果

三、"三险一金"项目的计算

A 公司按照相关规定需要给员工按比例支付三险一金。假设支付比例如下:养老保险为(基本工资+岗位工资)的 8%,医疗保险为(基本工资+岗位工资)的 2%,再按照(基本工资+岗位工资)的 3‰缴纳失业保险,住房公积金为(基本工资+岗位工资)的 12%。则简化后"三险"的计算公式为:(基本工资+岗位工资)*(8%+2%+3‰)。住房公积金的计算公式为:(基本工资+岗位工资)*12%。据此,在 K3 单元格中输入公式"=(G3+H3)*(0.08+0.02+0.003)";在 L3 单元格中输入公式"=(G3+H3)*0.12",并将公式复制到同列后续单元格中。计算结果如图 3-11 所示。

图3-11 A公司"三险一金"的计算模型与结果

四、"应发合计"项目的计算

"应发合计"为"基本工资""岗位工资"和"加班费"的合计数。在"A公司工资结算明细表"的J3单元格中按照计算关系填入公式"=G3+H3+I3"。计算结果如图3-12所示。

员工编号	姓名	性别	部门	级别	基本工资	岗位工资	加班费	应发合计	三险	住房公积	所得税	缺勤扣	扣款合	实发合
1001	王珊	女	厂部	管理1级	8000.00	3000	47.62	11047.62	1133.00	1320.00		47.62		
2001	李石	男	财务部	管理1级	7500.00	2000	401.79	9901.79	978.50	1140.00		89.29		
2002	向军	男	财务部	管理1级	7500.00	3000	0.00	10500.00	1081.50	1260.00		0.00		
2003	吴涵	男	财务部	管理2级	7000.00	3000	0.00	10030.00	1030.00	1200.00		0.00		
3001	蔡青	女	采购部	管理5级	5500.00	1000	163.69	6663.69	669.50	780.00		0.00		
3002	张乐	男	采购部	管理4级	5500.00	1500	130.95	7130.95	721.00	840.00		0.00		
4001	赵壹	女	销售部	管理2级	5000.00	2500	595.24	8095.24	772.50	900.00		0.00		
4002	周晶	女	销售部	管理2级	4500.00	2500	0.00	7000.00	721.00	840.00		0.00		
5001	陈旭	男	生产一车间	生产1级	4500.00	2500	0.00	7000.00	721.00	840.00		0.00		
5002	徐燕	女	生产一车间	生产4级	4500.00	1000	0.00	5500.00	566.50	660.00		0.00		
5003	李凡	男	生产二车间	生产1级	4500.00	2500	0.00	7000.00	721.00	840.00		0.00		
5004	谢康	男	供电车间	生产3级	4500.00	1500	107.14	6107.14	618.00	720.00		2250.00		
5005	王华	男	修理车间	生产2级	4500.00	2000	26.79	6526.79	669.50	780.00		26.79		

图3-12 A公司"应发合计"的计算模型与结果

五、"个人所得税"项目的计算

依照《中华人民共和国个人所得税法》(以下简称《个人所得税法》)规定,个人所得应缴纳个人所得税。扣缴义务人向个人支付应税款项时,应预扣预缴税款,比如公司为员工的每月工资所得应预扣预缴个税。预扣预缴与按年计征并不冲突,年终并入"综合所得"计算应纳税额,税款多退少补。综合所得=工资、薪金+劳务报酬+稿酬+特许权使用费,这四项所得有各自的预扣预缴计算方法。

表3-2所示为按月换算后的综合所得税率表。以应预扣预缴工资、薪金项目为例,月应预扣预缴纳税所得额=月度收入-5000元(免征额)-专项扣除(三险一金等)-专项附加扣除-依法确定的其他扣除。

表3-2 月度综合所得税率表[1]

级数	应纳税所得额	税率(%)	速算扣除数
1	不超过3000元的	3	0
2	超过3000元至12 000元的部分	10	210
3	超过12 000元至25 000元的部分	20	1410
4	超过25 000元至35 000元的部分	25	2660
5	超过35 000元至55 000元的部分	30	4410
6	超过55 000元至80 000元的部分	35	7160
7	超过80 000元的部分	45	15 160

【例3-4】依据A公司的规定,员工要依照《个人所得税法》规定预扣预缴个人所得税。个人所得税每月应预扣预缴纳税所得额的计算公式(专项附加扣除及依法确定的其他扣除此处

---

1. 此处为计算示例,"个人所得税级距税率"方案的数值可按现行法律法规调整。

未考虑,实例中按实际情况扣除)如下:

月应预扣预缴纳税所得额=应发合计-5000元(免征额)-三险一金-公积金-缺勤扣款

(一)建立个人所得税级距税率表

打开"工资核算"工作簿,新建一张工作表,重命名为"个人所得税级距税率表",输入表名,设置表中项目,如图3-13所示。

级数	应纳税所得额	税率(%)	速算扣除数
0	0	0	0
1	3000	0.03	0
2	12000	0.1	210
3	25000	0.2	1410
4	35000	0.25	2660
5	55000	0.3	4410
6	80000	0.35	7160
7	80001	0.45	15160

图3-13 个人所得税级距税率表

(二)建立个人所得税计算模型

(1) 查找各员工适应的个人所得税税率和速算扣除额。计算方法有多种,本章运用VLOOKUP函数进行计算。打开"A公司工资结算明细表",可以使用VLOOKUP函数的模糊查找功能,使用公式"=VLOOKUP(J3-K3-L3-N3-5000,个人所得税级距税率表!$B$2:$D$9,2,1)"计算出各员工适用的个人所得税税率;使用"=VLOOKUP(J3-K3-L3-N3-5000,个人所得税级距税率表!$B$2:$D$9,3,1)"计算出各员工的速算扣除数。

(2) 计算出各员工应缴的个人所得税。在M3单元格中输入公式"=IF(J3-K3-L3-N3-5000<=0,0,(J3-K3-L3-N3-5000)*VLOOKUP(J3-K3-L3-N3-5000,个人所得税!$B$2:$D$9,2,1)-VLOOKUP(J3-K3-L3-N3-5000,个人所得税!$B$2:$D$9,3,1))",如图3-14所示。

图3-14 A公司"个人所得税"的计算模型与结果

六、计算扣款合计和实发工资

(1) 计算扣款合计。在"A 公司工资结算明细表"的 O3 单元格中输入公式"=K3+L3+M3+N3",并将公式复制到同列的其他单元格中。

(2) 计算实发工资。在"A 公司工资结算明细表"的 P3 单元格中输入公式"=J3-O3",并将公式复制到同列的其他单元格中。至此,得到完整的 A 公司工资结算明细表,如图 3-15 所示。

图3-15　A公司工资结算结果

(3) 按照工资明细表示惯例,选中所有工资数据相关列,将单元格格式改为数值类型,保留小数点后两位,如图 3-16 所示。

图3-16　工资结算结果保留两位小数

七、职工工资条设置与打印

工资结算明细表制作完成后，可以以此表为依据制作发放给各员工的工资条。工资条格式的设置可以按照各公司需求自行调整，其主要操作步骤如下。

(一) 建立"工资条"并设置相关项目

打开"工资核算"工作簿，在工资结算明细表后面插入一张工作表，将其重命名为"工资条"，并将工资结算明细表中的项目复制到"工资条"工作表中。插入一个"月份"列，输入标题后，选中此列并在 A3 单元格中输入函数"=NOW()"，如图 3-17 所示。

图3-17　设置的工资条结构

(二) 建立"工资条"与"A公司工资结算明细表"相关项目的钩稽关系

在 B3 单元格中输入员工编号，并在 C3 单元格中输入公式"=VLOOKUP(工资条!$B$3,A公司工资明细表!$B$2:$P$15,COLUMN()-1)"，按 Enter 键。把公式依次复制到单元格 C3~P3 中，结果如图 3-18 所示。

图3-18　A公司某员工的工资条

(三) 制作全部员工的工资条

复制第 2 行和第 3 行后，在第 5 行和第 6 行进行粘贴，调整员工编号与公式中 VLOOKUP 引用参数中的查找值参数，并向右拖拽，结果如图 3-19 所示。制作好全部员工工资条后，此工作表可以作为模板进行保存，随着关联工作表内容的变化和时间变化而自动更新。

A	B	C	D	E	F	G	H	I	J	K	L	M	N	O	P
						工资条									
月份	员工编号	姓名	性别	部门	级别	基本工资	岗位工资	加班费	应发合计	三险	住房公积金	所得税	缺勤扣款	扣款合计	实发合计
2021年5月	1001	王珊	女	厂部	管理1级	8000	3000	47.61905	11047.619	1133	1320	106.41	47.61905	2607.029	8440.59
月份	员工编号	姓名	性别	部门	级别	基本工资	岗位工资	加班费	应发合计	三险	住房公积金	所得税	缺勤扣款	扣款合计	实发合计
2021年5月	2001	李石	男	财务部	管理3级	7500	2000	401.7857	9901.78571	978.5	1140	80.82	89.28571	2288.606	7613.18
月份	员工编号	姓名	性别	部门	级别	基本工资	岗位工资	加班费	应发合计	三险	住房公积金	所得税	缺勤扣款	扣款合计	实发合计
2021年5月	2002	向军	男	财务部	管理1级	7500	3000	0	10500	1081.5	1260	94.755	0	2436.255	8063.745
月份	员工编号	姓名	性别	部门	级别	基本工资	岗位工资	加班费	应发合计	三险	住房公积金	所得税	缺勤扣款	扣款合计	实发合计
2021年5月	2003	吴涵	男	财务部	管理2级	7500	2500	0	10000	1030	1200	83.1	0	2313.1	7686.9

图3-19　A公司所有员工的工资条

(四) 打印工资条

工资条制作完成后，就可以将其打印出来，发放给每位员工，在领工资时员工需要核实并签字。在打印工资条前，可以利用 Excel 的"打印"功能查看"打印预览"，并使用右下角的调节按钮和打印设置选项调整工资条的打印比例，如图 3-20 所示。

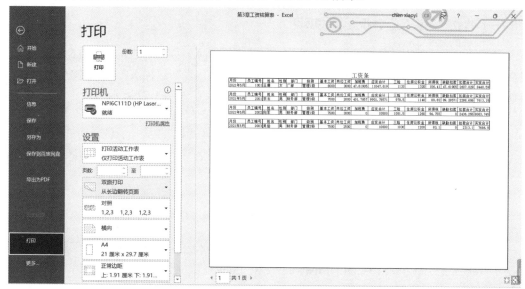

图3-20　打印预览工资条

第四节　工资分类汇总与查询

对工资结算明细表中的数据按部门、人员类别编制分类汇总表，可为编制工资费用转账凭证提供原始凭据。根据工资的用途：生产第一线工人的工资记入"生产成本"；车间管理人员及辅助生产部门职工的工资记入"制造费用"；厂部行政管理人员的工资记入"管理费用"；专职销售人员的工资记入"销售费用"科目；等等。工资查询是根据管理的需要提供各类工资信息。

一、按部门分类汇总与查询

按部门分类汇总可以用 Excel 的函数，也可以使用 Excel 的"分类汇总"功能来完成。

"分类汇总"功能是对数据清单上的数据进行分析的一种方法，它可以在数据清单上插入分类汇总行，然后按照选择的方式对数据进行汇总。同时，在插入分类汇总时，Excel 还会自动在数据清单底部插入一个总计行。如果不建立新的表格保留结果，仅起到查询作用。

(一) 按部门分类汇总与查询的操作步骤

(1) 打开"工资核算"工作簿，在"A 公司工资结算明细表"中选择需要进行分类汇总的单元格区域 A2:P15，在"数据"选项卡的"分级显示"组中单击"分类汇总"按钮，弹出"分类汇总"对话框。

(2) 在该对话框的"分类字段"下拉列表中选择"部门"选项，在"汇总方式"下拉列表中选择"求和"选项，在"选定汇总项"列表框中选中要汇总的项目，单击"确定"按钮，分类汇总结果如图 3-21 所示。

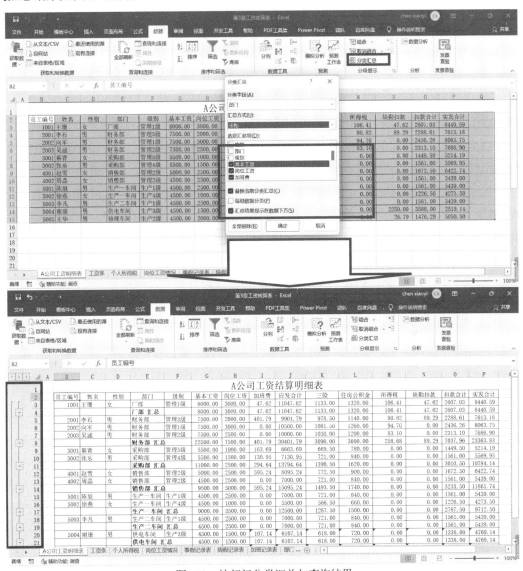

图3-21　按部门分类汇总与查询结果

(3) 分类汇总的数据清单中，可以隐藏明细数据，以便更加清晰地显示汇总信息。单击分类汇总结果(图 3-21)左侧的"加减按钮"和"123"数字层次按钮，可以隐藏或显示不同层次分类汇总的明细数据，结果如图 3-22 所示。

	员工编号	姓名	性别	部门	级别	基本工资	岗位工资	加班费	应发合计	三险	住房公积金	所得税	缺勤扣款	扣款合计	实发合计
				厂部 汇总		8000.00	3000.00	47.62	11047.62	1133.00	1320.00	106.41	47.62	2607.03	8440.59
				财务部 汇总		22500.00	7500.00	401.79	30401.79	3090.00	3600.00	258.68	89.29	7037.96	23363.83
				采购部 汇总		11000.00	2500.00	294.64	13794.64	1390.50	1620.00	0.00	0.00	3010.50	10784.14
				销售部 汇总		9500.00	5000.00	595.24	15095.24	1493.50	1740.00	0.00	0.00	3233.50	11861.74
				生产一车间 汇总		9000.00	3500.00	0.00	12500.00	1287.50	1500.00	0.00	0.00	2787.50	9712.50
				生产二车间 汇总		4500.00	2500.00	0.00	7000.00	721.00	840.00	0.00	0.00	1561.00	5439.00
				供电车间 汇总		4500.00	1500.00	107.14	6107.14	618.00	720.00	0.00	0.00	1338.00	4769.14
				修理车间 汇总		4500.00	2000.00	26.79	6526.79	669.50	780.00	0.00	26.79	1476.29	5050.50
				总计		73500.00	27500.00	1473.21	102473.21	10403.00	12120.00	365.09	163.69	23051.78	79421.44

图3-22 按部门分类汇总与查询结果(隐藏明细)

(二) 计算各部门的平均值、乘积、最大/最小值

使用同样的方法，也可以计算各部门的平均值、乘积、最大/最小值。但要同时显示各部门的工资汇总数据，又要显示各部门工资数据的平均值，就必须在现有分类汇总的基础上再添加一个嵌套的分类汇总。在现有分类汇总的基础上再次应用分类汇总功能。单击"数据"选项卡的"分级显示"组中的"分类汇总"按钮，在弹出的"分类汇总"对话框中，选择"平均值"选项，取消选中"替换当前分类汇总"复选框，即可同时得到各部门分类汇总的平均值与合计值。

若取消分类汇总，可单击"数据"选项卡的"分级显示"组中的"分类汇总"按钮，在弹出的"分类汇总"对话框中单击"全部删除"按钮，这样分类汇总就被取消了。

(三) 保存分类汇总结果

有时由于工资核算需要在另一张表中保存分类汇总结果数据，保存的方法也十分简单，操作步骤如下。

(1) 选中已经筛选好的需要复制到新表的分类汇总表数据，按 Ctrl+G 组合键，弹出"定位"对话框。

(2) 单击"定位条件"按钮，弹出"定位条件"对话框，选中"可见单元格"单选按钮，单击"确定"按钮。

(3) 按 Ctrl+C 组合键复制可见分类汇总单元格。

(4) 建立新的工作表，重命名为"部门分类汇总表"，按 Ctrl+V 组合键将需要的分类汇总结果粘贴到新表中，如图 3-23 所示。

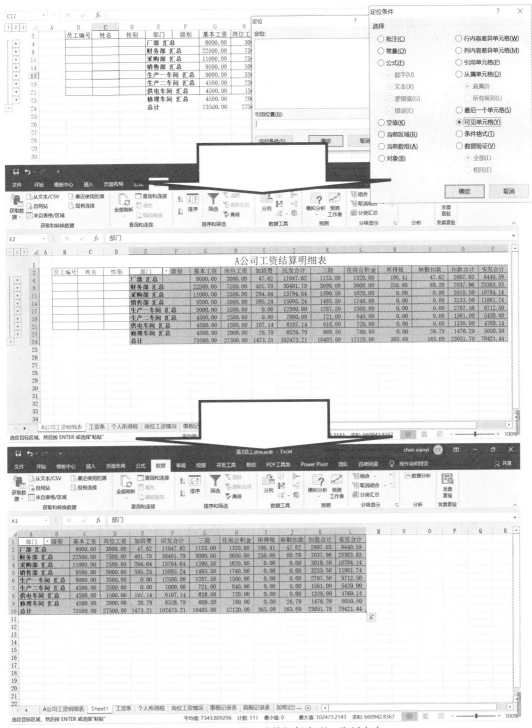

图3-23 将部门分类汇总数据保存到一张新表中

二、工资数据的查询

(一) 查询员工工资信息

对某位员工的工资情况进行查询是对"工资结算明细表"的常用操作之一,可以利用 Excel 的筛选功能进行查询。在"数据"选项卡的"排序和筛选"组中单击"筛选"按钮,打开筛选状态。然后单击需要查询的"员工编号"或"姓名"列右边的箭头,在显示的下拉菜单中选择需要查询的员工,如图 3-24 所示。

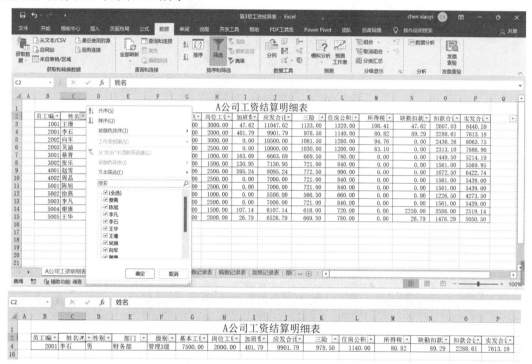

图3-24 查询某位员工工资信息

(二) 查询部门工资信息

该查询是以部门为依据进行的查询,如查询财务部所有员工的工资情况。单击"部门"列的下拉按钮,进行条件选择,查询结果如图 3-25 所示。

图3-25 查询某个部门工资信息

(三) 查询实发工资大于5000元的员工

按照同样的方法还可以对其他各列按条件进行筛选查询。以实发工资为例,查询实发工资大于 5000 元的员工工资明细。单击"实发合计"列的下拉按钮,在下拉菜单中选择"数字筛选"→"大于"命令,弹出"自定义自动筛选方式"对话框,在"实发合计"文本框中输入5000,单击"确定"按钮,即可筛选出符合条件的数据,如图3-26所示。

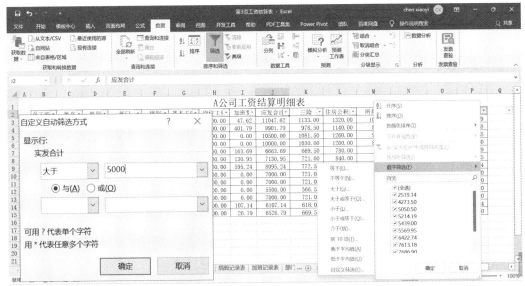

图3-26 查询实发工资大于5000元的员工

本章小结

工资是企业按劳动制度的规定支付给职工的劳动报酬,也是企业成本费用的重要组成部分。工资发放有一定的时间限制,应用 Excel 进行工资核算和管理可以极大地提高财会人员的工作效率。本章第一节介绍了工资核算系统的目标、任务与工资核算方法,以计时工资为例介绍了工资核算业务流程及其 Excel 建模;第二节以工资结算明细表模型为基础,介绍了工资核算基础数据的建立过程;第三节仍然以工资结算明细表模型为基础,介绍了工资核算变动项目的建模和计算过程;第四节介绍了用 Excel 工具进行工资分类汇总与查询的方法。

关键名词

工资结算 工资分配 计时工资 工资结算明细表 工资条 实发工资 分类汇总

思考题

1. 工资结算有哪些方法?工资结算明细表是哪种结算方法使用的基础数据表,包含哪些主要项目?哪些是结算时每月要计算的项目?

2. 如何利用 Excel 的"分类汇总"功能对工资结算数据按部门分类汇总,并将结果保存到一张新表中?

3. 简述个人所得税的计算方法及其建模过程。

本章实训

【技能实训】

1. 实验一

利用已学过的 Excel 知识，制作如表 3-3 所示格式的工资发放通知单，并在相应单元格内输入对应的计算公式。

表3-3　工资发放通知单

工资月份	
员工编号	姓名
部门	职务
基本工资	个人所得税
全勤奖金	养老金
交通补贴	医疗保险
通讯补贴	失业保险
其他	住房公积金
应发工资	应扣金额
实发工资	

2. 实验二

利用已学过的 VLOOKUP 函数的查找功能，参照表 3-4 所示的身高尺码对照表，完成表 3-5 所示的人员身高尺码表中的尺码列的填写。

表3-4　身高尺码对照表

155	S
165	M
175	L
185	XL

表3-5　人员身高尺码表

姓名	身高	尺码
张晓茜	158	
汪常保	169	
李卫国	170	
苏蒙蒙	185	

【应用实训】

1. 实验一

实验目的：利用 Excel 完成员工工资表中工资项目的设置，如表 3-6 所示。

表3-6 员工工资项目

职工编码	姓名	职称	实际工时
001	张小飞	一般技工	168
002	郭浩然	一般技工	180
003	李小萌	一般技工	150
004	吴菲	高级技工	168
005	陈赓	高级技工	134
006	聂晓晓	实习生	180
007	王潇潇	实习生	123
008	詹瑞	实习生	120

实验资料：某车间2021年4月员工的基本工资资料如表3-7所示。

表3-7 员工的基本工资资料

职称	基本工资	加班时薪	基本工时(小时/月)
实习生	2000	12	150
一般技工	3000	18	130
高级技工	4000	24	120

实验要求：

(1) 完成工资结算明细表及工资项目设置。

(2) 利用VLOOKUP函数和给出的资料建立加班费计算表，如表3-8所示。

表3-8 加班费计算表

职工编码	姓名	职称	实际工时	基本工时	超时工时	加班费
001	张小飞	一般技工				
002	郭浩然	一般技工				
003	李小萌	一般技工				
004	吴菲	高级技工				
005	陈赓	高级技工				
006	聂晓晓	实习生				
007	王潇潇	实习生				
008	詹瑞	实习生				

2. 实验二

实验目的：利用实验一中的员工工资表项目，计算三险一金及个人所得税。

实验资料：参见实验一。

实验要求：

(1) 利用公式计算三险一金。

(2) 利用分类汇总功能计算不同职称的三险一金平均值。

(3) 利用所学方法计算个人所得税。

第四章

Excel与固定资产核算

> **学习目标:**
>
> 通过本章的学习,学员应了解固定资产的概念和核算的内容;掌握固定资产卡片的应用;理解折旧的概念并掌握计算固定资产折旧的方法,能够熟练运用 SLN、SYD、DDB 等 Excel 函数计算固定资产的折旧额;同时能通过固定资产增减变动清单进行增减变动核算并建立 Excel 模型;掌握运用 Excel 查询固定资产信息并提取各种固定资产数据进行统计分析。

第一节 固定资产核算概述

固定资产是指企业为生产产品、提供劳务、出租或者经营管理而持有的、使用时间超过 12 个月的、价值达到一定标准的非货币性资产,包括房屋、建筑物、机器、运输工具,以及其他与生产经营活动有关的设备、器具、工具等。下面简单介绍固定资产的特征、分类、核算中需要建立的工作表及各表的功能。

一、固定资产的分类

固定资产种类繁多,规格和用途也各不相同。企业的固定资产根据不同的管理需要和核算要求以及不同的分类标准,可以进行不同的分类。

(一) 按固定资产的所有权分类

固定资产按所有权划分,可分为自有固定资产和租入固定资产。

自有固定资产是指企业具有所有权的固定资产,包括自用固定资产和租出固定资产。租出固定资产是指企业在经营租赁方式下出租给其他单位使用的固定资产。

租入固定资产是指企业不具有所有权,而是根据租赁合同向其他单位租入的固定资产。由于租入固定资产属于经营租赁的性质,承租方不需要计提折旧。

(二) 按固定资产的经济用途分类

固定资产按经济用途划分，可分为生产经营用固定资产和非生产经营用固定资产。

生产经营用固定资产是指参与生产经营过程或直接为生产经营服务的资产，如生产经营使用的房屋、建筑物、机器设备、动力设备、传导设备、生产工具、运输设备等。

非生产经营用固定资产是指不直接参加或服务于生产经营过程的各种固定资产，如用于非生产经营用的房屋、职工食堂等。

二、固定资产核算系统的目标与任务

(一) 固定资产核算系统的目标

固定资产核算系统的目标：从价值管理的角度记录、反映、监督企业固定资产的使用效果、效率；及时、准确地提供企业固定资产增减变动信息及各部门的固定资产信息，以便企业管理、使用好资产，明晰各部门责任，便于进行绩效考核；正确、合理地计提固定资产折旧，以便准确计算产品成本和费用，为再生产准备资金。

(二) 固定资产核算系统的主要任务

(1) 固定资产核算的首要任务是客观、及时反映单位固定资产实有数额和增减变动数据，记录、反映和监督单位固定资产的增加、减少、调出、使用及清理等情况，主要体现为对固定资产增减变动的核算，即确认、计量、记录和报告。

(2) 根据有关政策规定，正确计提固定资产折旧额，以便正确计算产品成本，并保证企业再生产对固定资产资金的需要。

(3) 及时提供固定资产总分类核算和明细分类核算的信息；及时提供固定资产计提折旧的总分类信息和明细信息；及时提供固定资产管理所需的信息。

三、固定资产核算业务流程及Excel建模

(一) 固定资产核算业务流程

固定资产核算主要包括固定资产增减变动核算和计提折旧核算，业务流程如图 4-1 所示。

从图 4-1 可以看出：固定资产购置回单位后，首先由资产管理部门建档建卡，填制好固定资产卡片后(至少一式三份)，管理部门和使用部门各保存一份，财务会计部门保存一份。财务会计部门审核固定资产卡片，并登记固定资产卡片明细账和固定资产总账。当固定资产需要进行报废、调拨等处理时，由使用部门填制相关单据，交由资产管理部门审核批准更新卡片，再将"报废单""调拨单"等传递给财务会计部门进行变动核算处理。

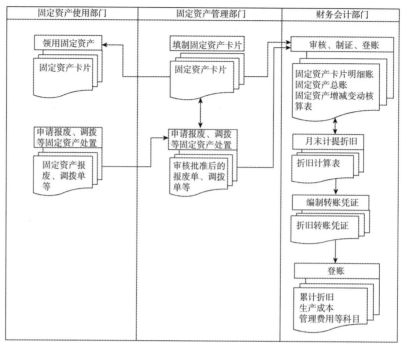

图4-1 固定资产核算业务流程图

每到月末,财务会计要依据固定资产卡片信息计提折旧,编制折旧计算表,为编制折旧转账凭证提供原始凭单;根据折旧计算表编制转账凭证,并登记"累计折旧""生产成本""管理费用"等相关账簿。

(二) 固定资产核算业务的Excel建模

基于上述固定资产核算业务流程图,我们在Excel中首先需要创建一个工作簿,命名为"固定资产核算",在该工作簿中包含以下几个工作表的建模。

(1) 基础信息:为方便内容的输入及公式的引用,设置基础信息表,表中包含相关会计科目、固定资产类别、使用部门、使用状况、折旧方法、增加方式、减少原因等项目。

(2) 固定资产卡片:用于登记固定资产的各个项目,包括计提的固定资产折旧信息。即固定资产从进入企业开始到退出企业的整个生命周期所发生的全部情况,都要在卡片上予以记载。固定资产卡片包括正面与反面,上面记载的栏目有类别、编号、名称、规格、型号、建造单位、年月、投产日期、原始价值、预计使用年限、折旧率、存放地点、使用单位、大修理日期和金额,以及停用、出售、转移、报废清理等内容。

(3) 固定资产清单:将固定资产卡片上的相关信息汇总在固定资产清单上,便于固定资产的查询。由于固定资产清单汇总了企业内固定资产的所有信息,所以用Excel设置固定资产清单时需要用函数在对应的单元格中输入相应的函数公式。

(4) 固定资产的统计分析表:指将固定资产的折旧费用分配到相应的科目中。利用Excel的排序、筛选和数据透视功能对相关固定资产折旧分类汇总,以便于公司对固定资产的相关信息进行真实、准确的把握。

第二节　固定资产核算初始数据的建立

一、建立固定资产基础信息表

为了提高数据的输入效率，通常在设置固定资产卡片之前将常用的基础信息放置在一张工作表中，以方便对每组数据的引用。

具体操作步骤如下。

(1) 新建工作簿，命名为"固定资产核算"，在该工作簿中建立工作表并命名为"基础信息表"。

(2) 在上述工作表中输入相关基础信息，模板如图4-2所示。

增加方式	类别名称	使用部门	使用状况	折旧方法	折旧费用科目
购入	房屋建筑	行政部	正常使用	平均年限法	制造费用
在建工程转入	机器设备	财务部	未使用	双倍余额递减法	管理费用
接受投入	办公设备	制造部	融资租入	年数总和法	销售费用
盘盈	运输设备	销售部	经营性租出	工作量法	其他业务成本
自建			不需用		
			已提足折旧		
			报废		

图4-2　基础信息表

二、设置固定资产卡片模板

固定资产卡片是按照固定资产项目开设，用以对固定资产明细进行核算的账簿。"固定资产卡片"通常一式三份，分别由会计部门、使用部门和财产管理部门登记保管，并按固定资产类别顺序排列。在每类下，再按使用单位分组排列。遇到内部调动，应随时登记有关卡片并相应转移它的存放位置，以便及时了解固定资产的存在和变动情况。会计部门保管的卡片，还应定期与财产保管部门和使用部门保管的卡片进行核对。

进行固定资产核算之前，必须先建立固定资产卡片的格式，以便输入固定资产信息。固定资产卡片分为正反两面，具体操作步骤如下。

1) 在"固定资产核算"工作簿中，建立工作表并命名为"固定资产卡片正面模板"。

2) 在上述工作表中输入卡片相关项目，如卡片编号、固定资产名称等，如图4-3所示。

卡片编号				日期	
固定资产编号		固定资产名称		类别	
使用部门		使用状况		计量单位	
增加方式		规格型号		数量	
开始使用日期		原值		本月折旧	
使用年限		净残值率		累计折旧	
已计提月数	1408	预计净残值	0.00	账面净值	0.00
尚可计提月数	-1408	折旧方法		折旧费用科目	

图4-3　固定资产卡片正面模板

(1) 设置 B4、B5 单元格的格式为文本格式，设置 F4、B8 单元格的格式为日期格式"年—月—日"，设置 D10、F8、F9 和 F10 单元格的格式为数值格式并保留两位小数。

在固定资产卡片的部分单元格中输入的数据内容比较固定。例如，"增加方式"可以选择"购入""在建工程转入""接受投入""盘盈""自建"；"折旧方法"可以选择"平均年限法""工作量法""年数总和法""双倍余额递减法"。为了提高数据输入的准确性和效率，可以通过对这些单元格设置数据有效性序列来实现。具体的方法和步骤如下。

① 选中 B6 单元格，选择"数据"选项卡，在"数据工具"组中单击"数据有效性"按钮，在下拉菜单中选择"数据有效性"命令。

② 在打开的"数据有效性"对话框中，选择"设置"选项卡，在"允许"下拉列表中选择"序列"选项，在"来源"文本框中输入"='基础信息表'!$C$4:$C$7"，如图 4-4 所示。

③ 选择"输入信息"选项卡，在"输入信息"列表框中输入"输入使用部门"文本，如图 4-5 所示，单击"确定"按钮，完成数据有效性的设置。

图4-4 "设置"选项卡

图4-5 "输入信息"选项卡

④ 当单击需要输入使用部门信息的单元格时，就会出现有部门名称的下拉按钮，单击下拉按钮，从下拉列表中直接选取相应的使用部门即可。

⑤ 按照同样的方法完成"增加方式""类别""使用状况""折旧方法"和"折旧费用科目"的数据有效性设置。

(2) 计算"已计提月数"。在 B10 单元格中输入公式"=(YEAR(TODAY())-YEAR(F4))*12+MONTH(TODAY())-MONTH(F4)-1"，计算已计提月数。

注意：

"(YEAR(TODAY())-YEAR(F4))*12"表示"求今天系统日期的年与固定资产增加日期的年之差换算为月的值"；"MONTH(TODAY())-MONTH(F4)"表示"求今天系统日期的月与固定资产增加日期的月之差的值"；"-1"表示当月增加的固定资产当月不提折旧，从下月提取折旧。

(3) 计算净残值。单击 D10 单元格，输入公式"=D8*D9"即可。

(4) 固定资产卡片上折旧额的相关计算及其公式将在第三节阐述。

注意：

"已计提月数""尚可计提月数"根据实际操作的时间而显示不同计算结果。这是因为"日期"和"使用年限"无值，一旦输入数据就会显示计算结果。同样，"预计净残值""账面净值"显示结果为 0，也是因为相关单元格无数据。

3) 在"固定资产核算"工作簿中，建立工作表并命名为"固定资产卡片反面模板"，如图 4-6 所示。

	A	B	C	D	E	F	G	H	I	J	K	L	M	N
1	使用或恢复使用					主体及附属设备及其变更登记								
2	使用			恢复使用		主体及附属设备				主体及附属配备变更登记				
3	日期	凭证	原因	日期	凭证	名称及摘要	单位	数量	日期	凭证	名称及摘要	单位	增加数量	减少数量
4														
5	大修理记录													
6	完工日期	凭证	摘要	大修理费用										
7														

图4-6　固定资产卡片反面模板

三、输入固定资产卡片信息

由于固定资产卡片信息来源于固定资产的原始信息资料，所以需要根据原始资料输入固定资产卡片信息。

在"固定资产核算"工作簿中，建立工作表并命名为"固定资产原始资料"，如图 4-7 所示。

我们以图 4-7 中的"电脑"为例，根据相关原始资料编制固定资产卡片信息。在"固定资产核算"工作簿中，打开"固定资产卡片正面模板"，手工输入相关数据，操作结果如图 4-8 所示。

	A	B	C	D	E	F	G	H	I	J	K
1	固定资产原始资料										
2	固定资产名称	固定资产编号	类别	使用部门	使用状况	增加方式	增加日期	开始使用日期	使用年限	原值	净残值率
3	厂房	1010101	房屋建筑	制造部	正常使用	自建	2022-4-1	2022-5-8	30	8500000	5%
4	仓库	1010101	房屋建筑	制造部	正常使用	自建	2022-5-20	2022-6-8	30	1200000	5%
5	货车	1020101	运输设备	销售部	正常使用	购入	2022-5-31	2022-12-1	5	300000	5%
6	电脑	1030101	办公设备	财务部	正常使用	购入	2022-6-8	2022-8-8	5	22500	5%
7	办公椅	1040109	办公设备	行政部	正常使用	购入	2022-6-30	2022-7-2	5	6000	5%
8	打印机	1030203	办公设备	财务部	正常使用	购入	2022-6-30	2022-7-10	5	50000	5%
9	办公家具	1040206	办公设备	销售部	正常使用	购入	2022-6-30	2022-7-30	5	8000	5%
10	保险柜	1040302	办公设备	销售部	正常使用	购入	2022-6-30	2022-8-1	5	1800	5%
11	笔记本电脑	1030111	办公设备	行政部	正常使用	购入	2022-9-20	2022-10-20	5	15000	5%

图4-7　固定资产原始资料

	A	B	C	D	E	F
1	固定资产卡片					
2						
3						
4	卡片编号	1001			日期	2022-06-08
5	固定资产编号	1030101	固定资产名称	电脑	类别	办公设备
6	使用部门	财务部	使用状况	正常使用	计量单位	台
7	增加方式	购入	规格型号		数量	5
8	开始使用日期	2022-08-08	原值	22500.00	本月折旧	356.25
9	使用年限	5	净残值率	5%	累计折旧	4275.00
10	已计提月数	11	预计净残值	1125.00	账面净值	18225.00
11	尚可计提月数	49	折旧方法	平均年限法	折旧费用科目	管理费用

图4-8　输入的固定资产卡片信息

四、编制固定资产清单

固定资产清单汇总了每项固定资产的所有信息,它包括了卡片编号、资产编号、资产名称、类别、增加方式、使用部门、费用科目、使用状况等资料信息,是固定资产管理系统的核心数据资料。下面仍以"电脑"为例,在建立了固定资产卡片之后,编制固定资产清单,如图4-9所示。

图4-9 固定资产清单

具体操作步骤如下。

(1) 在"固定资产核算"工作簿中,建立工作表并命名为"固定资产清单"。

(2) 选择 A3 单元格,输入公式"=固定资产卡片正面模板!B4";选择 B3 单元格,输入公式"=固定资产卡片正面模板!B5";选择 C3 单元格,输入公式"=固定资产卡片正面模板!D5";选择 D3 单元格,输入公式"=固定资产卡片正面模板!F5";选择 E3 单元格,输入公式"=固定资产卡片正面模板!B6";选择 F3 单元格,输入公式"=固定资产卡片正面模板!B7";选择 G3 单元格,输入公式"=固定资产卡片正面模板!F4";选择 H3 单元格,输入公式"=固定资产卡片正面模板!D6";选择 I3 单元格,输入公式"=固定资产卡片正面模板!B10";选择 J3 单元格,输入公式"=固定资产卡片正面模板!D8";选择 K3 单元格,输入公式"=固定资产卡片正面模板!D9";选择 L3 单元格,输入公式"=固定资产卡片正面模板!F8";选择 M3 单元格,输入公式"=固定资产卡片正面模板!F9";选择 N3 单元格,输入公式"=固定资产卡片正面模板!F10"。

建立固定资产清单与新增固定资产卡片钩稽关系之后,保存固定资产清单,若以后有增加的固定资产,按该方法依次登记。

五、固定资产增减变动处理

(一) 固定资产的增加

当有新增的固定资产时,公司需要建立固定资产卡片。具体操作与输入固定资产卡片信息一致,这里不再赘述。

(二) 固定资产的减少

固定资产减少的处理并不是在固定资产卡片或者固定资产清单中将固定资产的记录直接删除,因为这样会造成无账可查。对于因为投资转出、报废、出售、对外捐赠、盘亏以及无偿调出等各种原因减少的固定资产,一方面把该项资产的卡片拿出来单独放置,另一方面创建一个新的工作表,用来记录因为各种原因减少的固定资产。

具体操作步骤如下。

(1) 在"固定资产核算"工作簿中,建立工作表并命名为"固定资产减少表"。

(2) 输入固定资产减少表的表头项目并为其设置相应的格式,如图 4-10 所示。

	A	B	C	D	E	F	G	H	I	J
1					固定资产减少表					
2	卡片编号	固定资产编号	固定资产名称	启用日期	原值	年限	累计折旧	净值	减少日期	减少原因
3										

图4-10 固定资产减少表格式

第三节 固定资产折旧核算处理

固定资产折旧核算的数据来源于固定资产卡片、固定资产清单等资料,本节根据不同的折旧方法针对相关折旧项目建立 Excel 模型。

一、固定资产折旧

固定资产折旧是指在固定资产的使用寿命内,按确定的方法对应计折旧额进行的系统分摊。一般情况下,企业应按月计提折旧。当月增加的固定资产,当月不提折旧,从下月起计提折旧;当月减少的固定资产,当月仍然计提折旧,从下月起停止计提折旧。

影响固定资产折旧的主要因素如下。

(一) 计提固定资产折旧的基数

计提固定资产折旧的基数是指固定资产的原值,一般为固定资产的原始成本。固定资产应计提的折旧总额等于原值减去预计净残值。

(二) 固定资产的预计净残值

固定资产的预计净残值是指预期在固定资产使用寿命终了时,企业从该固定资产的处置中获得的残值收入扣除预计清理费用后的净额。固定资产的净残值是固定资产使用期满时的回收额,在计提折旧时,应从固定资产原价中扣除。

(三) 固定资产的预计使用寿命

固定资产的预计使用寿命是指企业预计使用固定资产的年限或者该固定资产所能生产产品或提供劳务的数量。固定资产预计使用寿命的长短直接影响各期应计提的折旧额。

(四) 固定资产减值准备

固定资产减值准备是指固定资产已计提的固定资产减值准备累计金额。

二、计提折旧方法及Excel折旧函数模型

企业应根据固定资产所含经济利益的预期实现方式选择折旧方法,可供选择的折旧方法主要有平均年限法、工作量法、年数总和法和双倍余额递减法等。其中,平均年限法和工作量法

为直线法，年数总和法和双倍余额递减法属于加速折旧的方法。由于折旧方法应用较多，Excel提供了专用的折旧函数以帮助建模。

(一) 平均年限法及其Excel函数模型

1. 平均年限法

平均年限法是一种较简单且常用的方法，是将固定资产的可折旧金额均衡地分摊于固定资产使用年限内的一种方法，即以固定资产的原值减去预计净残值后的余额除以预计使用年限，求得每年的折旧额。采用这种方法计算出的每期折旧额相等。相关计算公式为

$$年折旧额=\frac{固定资产原值-预计净残值}{预计使用年限}$$

$$月折旧额=年折旧额/12$$

或者

$$年折旧率=\frac{1-预计净残值率}{预计使用年限}\times100\%$$

$$月折旧率=年折旧率/12$$

$$月折旧额=固定资产原值\times月折旧率$$

2. 平均年限法函数

函数的结构：SLN(cost,salvage,life)。

函数的参数说明：

- cost——固定资产原值；
- salvage——固定资产预计净残值；
- life——折旧期限。

3. Excel平均年限法模型

【例4-1】根据图4-7中的固定资产原始资料可知，该公司的办公椅原值为6000元，预计使用年限为5年，预计净残值率为5%。假设按平均年限法计算月折旧额，以固定资产卡片正面模板为例，说明固定资产折旧额的计算，包括年折旧额、本月折旧额、累计折旧额等。

具体操作步骤如下。

(1) 本月折旧额的计算。

本月折旧额并不是在任何情况下都等于月折旧额的，因为当月增加的固定资产当月不计提折旧，已提足折旧的固定资产不再计提折旧。所以，在计算月折旧额时，应利用 IF 函数判断计算。

单击 F8 单元格，输入公式 "=IF(OR(B10<0,B10>=B9*12),0,SLN(D8,D10,B9*12))"。其中，"OR(B10<0,B10>=B9*12)" 判断该资产是否为本月新增固定资产或已经提足折旧的固定资产。如果是，本月折旧额为0，否则本月折旧额等于月折旧额。

(2) 累计折旧和账面净值的计算。

① 单击 F9 单元格，输入公式 "=IF(B10>=B9*12,B9*12*F8,(B10+1)*F8)"，计算出累计折

旧额(含本月折旧额在内)。

② 单击 F10 单元格,输入公式"=D8-F9",计算出账面净值,最终计算的折旧结果如图 4-11 所示。

	A	B	C	D	E	F
1			固定资产卡片			
2						
3						
4	卡片编号	1003			日期	2022-06-30
5	固定资产编号	1040109	固定资产名称	办公椅	类别	办公设备
6	使用部门	行政部	使用状况	正常使用	计量单位	个
7	增加方式	购入	规格型号		数量	30
8	开始使用日期	2022-07-02	原值	6000.00	本月折旧	95.00
9	使用年限	5	净残值率	5%	累计折旧	1140.00
10	已计提月数	11	预计净残值	300.00	账面净值	4860.00
11	尚可计提月数	49	折旧方法	年限平均法	折旧费用科目	管理费用

图4-11 固定资产卡片(平均年限法)计算结果表

(二) 工作量法及其Excel函数模型

1. 工作量法

工作量法是根据实际工作量计提折旧额的一种方法,主要根据企业的经营活动情况或设备的使用状况来计提折旧。它的理论依据在于资产价值的降低是资产使用状况的函数。这里的工作量可以用多种方法表示,可以是行驶里程数、工作小时数或产量数等。相关计算公式如下:

$$\text{单位工作量折旧额} = \frac{\text{固定资产原值} - \text{预计净残值}}{\text{预计总工作量}}$$

$$= \frac{\text{固定资产原值} \times (1 - \text{预计净残值率})}{\text{预计总工作量}}$$

某项固定资产月折旧额=该项固定资产当月工作量×单位工作量折旧额

2. Excel工作量法模型

【例4-2】根据图4-7中的固定资产原始资料可知,该公司有货车一辆,原值为300 000 元,预计净残值率为5%,预计总行驶里程为300 000 千米,当月行驶里程为4000 千米。假设按工作量法计算月折旧额,以固定资产卡片为模型,说明固定资产折旧额的计算,包括年折旧额、本月折旧额、累计折旧额等。

具体操作步骤如下。

(1) 本月折旧额的计算。

在 F8 单元格中输入公式"=SLN(D8,D10,B9)*B11",即本月折旧额=单位工作量折旧额×本月工作量。

(2) 累计折旧和账面净值的计算。

① 单击 F9 单元格,输入公式"=SLN(D8,D10,B9)*(B10+B11)",计算出累计折旧额(含本月折旧额在内)。

② 单击 F10 单元格,输入公式"=D8-F9",计算出账面净值,最终固定资产卡片如图4-12所示。

	A	B	C	D	E	F
1			固定资产卡片			
2						
3						
4	卡片编号	1004			日期	2022-05-31
5	固定资产编号	1020101	固定资产名称	货车	类别	运输设备
6	使用部门	销售部	使用状况	正常使用	计量单位	辆
7	增加方式	购入	规格型号		数量	1
8	开始使用日期	2022-12-01	原值	300 000.00	本月折旧	3800.00
9	总工作量	300000	净残值率	5%	累计折旧	32300.00
10	已完成工作量	30000	预计净残值	15000.00	账面净值	267700.00
11	本月工作量	4000	折旧方法	工作量法	折旧费用科目	销售费用

图4-12 固定资产卡片(工作量法)计算结果表

(三) 年数总和法及其Excel函数模型

1. 年数总和法

年数总和法是指将固定资产的原值减去预计净残值后的余额乘以一个逐年递减的分数，求得每年的折旧额。逐年递减分数的分子代表固定资产尚可使用的年数，分母代表预计使用年数的逐年数字的综合，假设使用年限为 n 年，则分母为 $1+2+3+4+\cdots+n=n(n+1)/2$。

折旧的计算公式为

$$年折旧率 = \frac{尚可使用年限}{预计使用寿命的年数总和} \times 100\%$$

$$月折旧率 = 年折旧率/12$$

$$月折旧额 = (固定资产原值 - 预计净残值) \times 月折旧率$$

2. 年数总和法函数

函数的结构：SYD(cost, salvage, life, per)。

函数的参数说明：

- cost——固定资产原值；
- salvage——固定资产预计净残值；
- life——折旧期限；
- per——进行折旧计算的期次，它必须与折旧期限life使用相同的单位。

3. Excel年数总和法模型

【例4-3】根据图4-7中的固定资产原始资料可知，该公司有打印机一台，原值为50 000元，预计净残值率为5%，预计可用5年。假设用年数总和法计算每年折旧额，以固定资产卡片为模型，说明固定资产折旧额的计算，包括年折旧额、本月折旧额、累计折旧额等。

具体操作步骤如下。

(1) 年折旧额的计算：建立年数总和法下固定资产卡片的样式，以所给资料为依据，输入卡片信息；在 D11 单元格中选择"年数总和法"。

计算第一年的折旧额。

① 选择 B14 单元格，单击"插入函数"按钮，弹出"插入函数"对话框。

② 在"插入函数"对话框的"或选择类别"下拉列表中选择"财务"，在"选择函数"列表框中选择函数 SYD，单击"确定"按钮，打开 SYD"函数参数"对话框。

③ 在"函数参数"对话框中输入相关参数，单击"确定"按钮，计算出第一年折旧额。

④ 单击 B14 单元格，拖动鼠标复制公式至 B18 单元格，计算出以后各年的折旧额。

(2) 月折旧额和本月折旧额的计算。

① 计算月折旧额。在 C14 单元格中输入公式"=B14/12"，计算出第一年的月折旧额，拖动鼠标复制公式至 C18 单元格，计算出其他各年的月折旧额。

② 计算本月折旧额。单击 F8 单元格，输入公式"=IF(OR(B10<0,B10>=B9*12),0,IF(B10<=12,C14,IF(B10<=24,C15,IF(B10<=36,C16,IF(B10<=48,C17,C18)))))"，计算出本月折旧额。由于计提折旧时间的不同，本月折旧额在不同的时间段都不相同，在这里利用 IF 函数进行逻辑判断计算。

(3) 累计折旧和账面净值的计算。

① 计算累计折旧额。单击 F9 单元格，输入公式"=IF(B10<0,F8,IF(B10<=12,B10*C14+F8,IF(B10<=24,D14+(B10-12)*C15+F8,IF(B10<=36,D15+(B10-24)*C16+F8,IF(B10<=48,D16+(B10-36)*C17+F8,D17+(B10-48)*C18+F8)))))"，计算出累计折旧额(含本月折旧额在内)。

② 计算账面净值。单击 F10 单元格，输入公式"=D8-F9"，计算出账面净值，结果如图 4-13 所示。

	A	B	C	D	E	F
1			固定资产卡片			
2						
3						
4	卡片编号	1005			日期	2022-06-30
5	固定资产编号	1030203	固定资产名称	打印机	类别	办公设备
6	使用部门	财务部	使用状况	正常使用	计量单位	台
7	增加方式	购入	规格型号		数量	1
8	开始使用日期	2022-07-10	原值	50000.00	本月折旧	1319.44
9	使用年限	5	净残值率	5%	累计折旧	15833.33
10	已计提月数	11	预计净残值	2500.00	账面净值	34166.67
11	尚可计提月数	49	折旧方法	年数总和法	折旧费用科目	管理费用
12	年份	年折旧额	月折旧额	累计折旧	年末账面净值	
13	0				50000.00	
14	1	15833.33	1319.44	15833.33	34166.67	
15	2	12666.67	1055.56	28500.00	21500.00	
16	3	9500.00	791.67	38000.00	12000.00	
17	4	6333.33	527.78	44333.33	5666.67	
18	5	3166.67	263.89	47500.00	2500.00	

图4-13　固定资产卡片(年数总和法)计算结果表

(四) 双倍余额递减法及其Excel函数模型

1. 双倍余额递减法

双倍余额递减法是加速折旧方法中的一种，是在不考虑固定资产残值的情况下，根据每年年初固定资产账面净值和双倍直线法折旧率计算固定资产折旧的一种方法。相关计算公式如下：

$$年折旧率 = \frac{2}{预计使用年限} \times 100\%$$

月折旧率=年折旧率/12

月折旧额=固定资产期初账面净值×月折旧率

固定资产期初账面净值=固定资产原值-累计折旧-固定资产减值准备

采用双倍余额递减法计提折旧的固定资产，应当在固定资产折旧年限到期前两年内，将固定资产账面净值扣除预计净残值后的余额平均摊销。

2. 双倍余额递减法函数

函数的结构：DDB(cost, salvage, life, period, factor)。

函数的参数说明：

- cost——固定资产原值；
- salvage——固定资产预计净残值；
- life——折旧期限；
- period——进行折旧计算的期次，它必须与折旧期限life使用相同的单位；
- factor——余额递减速率，若省略，采用系统默认值2(双倍余额递减法)。

需要说明的是，按照双倍余额递减法计算折旧的要求，固定资产使用的最后两年应采用直线法，所以最后两年的折旧计算不能使用 DDB()函数。

3. Excel双倍余额递减法模型

【例4-4】根据图 4-7 中的固定资产原始资料可知，该公司的笔记本电脑原值为 15 000 元，预计净残值率为 5%，预计使用年限为 5 年。假设按双倍余额递减法计算每年折旧额，以固定资产卡片为模型，说明固定资产折旧额的计算，包括年折旧额、本月折旧额、累计折旧额等。

具体操作步骤如下。

(1) 年折旧额的计算：建立双倍余额递减法下固定资产卡片的样式，以所给资料为依据，输入卡片相关信息；在 D11 单元格中选择"双倍余额递减法"。

① 选择 B14 单元格，选择"公式"选项卡，单击"插入函数"按钮，弹出"插入函数"对话框。

② 在"插入函数"对话框的"或选择类别"下拉列表中选择"财务"，在"选择函数"列表框中选择函数 DDB，单击"确定"按钮，打开 DDB"函数参数"对话框。

③ 在"函数参数"对话框中输入相应参数，单击"确定"按钮，计算出第一年的折旧额。

④ 单击 B14 单元格，拖动鼠标复制公式至 B16 单元格，分别计算第二年和第三年的折旧额。

⑤ 第四年和第五年折旧额的计算改为采用平均年限法，输入计算公式"=($E$16-$D$10)/2"。

(2) 本月折旧额的计算。

单击 F8 单元格，输入公式"=IF(OR(B10<0,B10>=B9*12),0,IF(B10<=12,C14,IF(B10<=24,C15,IF(B10<=36,C16,IF(B10<=48,C17,C18)))))"，利用 IF 函数判断确定本月折旧额。

(3) 累计折旧和账面净值的计算。

① 单击 F9 单元格，输入公式"=IF(B10<0,F8,IF(B10<=12,B10*C14+F8,IF(B10<= 24,D14+

(B10-12)*C15+F8,IF(B10<=36,D15+(B10-24)*C16+F8,IF(B10<=48,D16+(B10-36)*C17+F8,D17+(B10-48)*C18+F8))))",计算出累计折旧额(含本月折旧额在内)。

② 单击 F10 单元格，输入公式"=D8-F9"，计算出账面净值，结果如图 4-14 所示。

	A	B	C	D	E	F
1			固定资产卡片			
2						
3						
4	卡片编号	1006			日期	2022-09-20
5	固定资产编号	1030111	固定资产名称	笔记本电脑	类别	办公设备
6	使用部门	行政部	使用状况	正常使用	计量单位	台
7	增加方式	购入	规格型号		数量	3
8	开始使用日期	2022-10-20	原值	15 000.00	本月折旧	500.00
9	使用年限	5	净残值率	5%	累计折旧	4500.00
10	已计提月数	8	预计净残值	750.00	账面净值	10500.00
11	尚可计提月数	52	折旧方法	双倍余额递减法	折旧费用科目	管理费用
12	年份	年折旧额	月折旧额	累计折旧	年末账面净值	
13	0				15000.00	
14	1	6000.00	500.00	6000.00	9000.00	
15	2	3600.00	300.00	9600.00	5400.00	
16	3	2160.00	180.00	11760.00	3240.00	
17	4	1245.00	103.75	13005.00	1995.00	
18	5	1245.00	103.75	14250.00	750.00	

图4-14　固定资产卡片(双倍余额递减法)计算结果表

第四节　固定资产的查询与分类汇总

利用 Excel 的排序、筛选、分类汇总和数据透视功能可以实现对资产信息的及时查询和统计分析工作，为固定资产管理人员提供相关信息。按照折旧费用科目分类汇总之后，填列固定资产折旧分配表，以完成相关的会计记账工作。

一、查询新增的固定资产

固定资产的查询主要利用了 Excel 的筛选功能，即从列表中查找和分析具有特定条件的记录，如查询新增的固定资产、查询某部门使用的资产等。

根据图 4-7 中的固定资产原始资料，假定该公司的固定资产清单如图 4-15 所示。

	A	B	C	D	E	F	G	H	I	J	K	L	M	N	O
1							固定资产清单								
2	卡片编号	固定资产编号	固定资产名称	类别	使用部门	增加方式	增加日期	使用状况	已计提月数	原值	净残值率	折旧费用科目	本月折旧	累计折旧	账面净值
3	1008	1010101	厂房	房屋建筑	制造部	自建	2022-4-1	正常使用	13	8500000	5%	制造费用	22430.56	314027.78	8185972.22
4	1009	1010111	仓库	房屋建筑	制造部	自建	2022-5-20	正常使用	12	1200000	5%	管理费用	3166.67	41166.67	1158833.33
5	1004	1020101	货车	运输设备	销售部	购入	2022-5-31	正常使用	12	300000	5%	销售费用	3800.00	32300.00	267700.00
6	1003	1040109	办公椅	办公设备	行政部	购入	2022-6-30	正常使用	11	6000	5%	管理费用	15.83	190.00	5810.00
7	1001	1040101	电脑	办公设备	财务部	购入	2022-6-8	正常使用	11	22500	5%	管理费用	59.38	712.50	21787.50
8	1005	1030203	打印机	办公设备	财务部	购入	2022-6-30	正常使用	11	50000	5%	管理费用	131.94	1583.33	48416.67
9	1002	1040206	办公家具	办公设备	行政部	购入	2022-6-30	正常使用	11	8000	5%	管理费用	21.11	253.33	7746.67
10	1007	1040302	保险柜	办公设备	财务部	购入	2022-6-30	正常使用	11	1800	5%	管理费用	4.75	57.00	1743.00
11	1006	1030111	笔记本电脑	办公设备	行政部	购入	2022-9-20	正常使用	8	15000	5%	管理费用	39.58	356.25	14643.75

图4-15　公司固定资产清单

查询新增的固定资产是指给定某一个时间段，通过筛选操作找出在该期间内企业新增固定资产的信息。

【例4-5】查询2022年6月该公司新增的固定资产。

具体操作步骤如下(以"自动筛选"方式为例)。

(1) 选中"固定资产清单"工作表中任意单元格。

(2) 在"数据"选项卡的"排序和筛选"组中单击"筛选"按钮，工作表进入自动筛选状态，各字段名称变成一个具有下拉框的框名。

(3) 单击"增加日期"列的筛选下三角按钮，在下拉列表中选择"2022年""6月"，查询结果如图4-16所示。

卡片编号	固定资产编号	固定资产名称	类别	使用部门	增加方式	增加日期	使用状况	已计提月数	原值	净残值率	折旧费用科目	本月折旧	累计折旧	账面净值
1003	1040109	办公椅	办公设备	行政部	购入	2022-6-30	正常使用	11	6000	5%	管理费用	15.83	190.00	5810.00
1001	1030101	电脑	办公设备	财务部	购入	2022-6-8	正常使用	11	22500	5%	管理费用	59.38	712.50	21787.50
1005	1030203	打印机	办公设备	财务部	购入	2022-6-30	正常使用	11	50000	5%	管理费用	131.94	1583.33	48416.67
1002	1040206	办公家具	办公设备	行政部	购入	2022-6-30	正常使用	11	8000	5%	管理费用	21.11	253.33	7746.67
1007	1040302	保险柜	办公设备	销售部	购入	2022-6-30	正常使用	11	1800	5%	销售费用	4.75	57.00	1743.00

图4-16 新增固定资产查询结果表

(4) 查询结束后，再次单击"筛选"按钮，可以还原工作表。

二、固定资产折旧的分类汇总

在日常的财务工作中，往往需要一份报表，用以提供当月固定资产原值的总额、当月计提折旧的总额及将折旧总额进行分类汇总等。

(一) 利用"分类汇总"命令进行分类汇总

【例4-6】对N公司固定资产清单中的资产按折旧费用科目进行分类汇总。

具体操作步骤如下。

(1) 单击工作表数据区域的任一单元格。

(2) 在"数据"选项卡的"分级显示"组中单击"分类汇总"按钮。

(3) 在弹出的"分类汇总"对话框中，"分类字段"选择"折旧费用科目"，"汇总方式"选择"求和"，在"选定汇总项"下选中"本月折旧"复选框，其他设置保持不变。

(4) 单击"确定"按钮，分类别将固定资产的"本月折旧"进行汇总，结果如图4-17所示。

卡片编号	固定资产编号	固定资产名称	类别	使用部门	增加方式	增加日期	使用状况	已计提月数	原值	净残值率	折旧费用科目	本月折旧	累计折旧	账面净值
1008	1010101	厂房	房屋建筑	制造部	自建	2022-4-1	正常使用	13	8500000	5%	制造费用	22430.56	314027.78	8185972.22
											制造费用 汇总	22430.56		
1009	1010111	仓库	房屋建筑	制造部	自建	2022-5-20	正常使用	12	1200000	5%	管理费用	3166.67	41166.67	1158833.33
1003	1040109	办公椅	办公设备	行政部	购入	2022-6-30	正常使用	11	6000	5%	管理费用	15.83	190.00	5810.00
1001	1030101	电脑	办公设备	财务部	购入	2022-6-8	正常使用	11	22500	5%	管理费用	59.38	712.50	21787.50
1005	1030203	打印机	办公设备	财务部	购入	2022-6-30	正常使用	11	50000	5%	管理费用	131.94	1583.33	48416.67
1002	1040206	办公家具	办公设备	行政部	购入	2022-6-30	正常使用	11	8000	5%	管理费用	21.11	253.33	7746.67
1006	1030111	笔记本电脑	办公设备	行政部	购入	2022-9-20	正常使用	8	15000	5%	管理费用	39.58	356.25	14643.75
											管理费用 汇总	3434.51		
1004	1020101	货车	运输设备	销售部	购入	2022-5-31	正常使用	12	300000	5%	销售费用	3800.00	32300.00	267700.00
1007	1040302	保险柜	办公设备	销售部	购入	2022-6-30	正常使用	11	1800	5%	销售费用	4.75	57.00	1743.00
											销售费用 汇总	3804.75		
											总计	29669.82		

图4-17 固定资产分类汇总结果表

(5) 为了方便查看数据，可将分类汇总后暂时不需要使用的数据隐藏起来，以减少界面占用空间。可单击分类汇总结果左侧的"-"按钮，隐藏相应的明细数据，如图4-18所示。

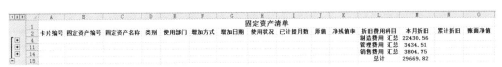

图4-18 隐藏明细数据结果表

(6) 若要显示某类固定资产的分类汇总明细，可以单击图4-18左侧的"+"按钮。

分类汇总之后，根据折旧费用科目所对应的本月折旧数额填列固定资产折旧分配表，以完成相关的会计记账工作。

(二) 利用数据透视表进行分类汇总

【例4-7】对该公司固定资产清单中的资产按使用部门进行分类汇总。

(1) 打开"固定资产分类汇总结果表"，选择A2:O11区域，在"插入"选项卡的"表"选项组中单击"数据透视表"按钮，在下拉菜单中选择"数据透视表"命令。

(2) 在弹出的"创建数据透视表"对话框中选择放置数据表的位置，选中"新工作表"单选按钮，单击"确定"按钮。

(3) 在"固定资产分类汇总结果表"前新建工作表，并在右侧弹出"数据透视表字段列表"任务窗格。

(4) 在"数据透视表字段列表"任务窗格中，拖动"固定资产名称"字段到"行标签"区域，拖动"使用部门"字段到"报表筛选"区域，拖动"原值""本月折旧""累计折旧"和"净值"字段到"数值"区域，如图4-19所示；创建完成的数据透视表如图4-20所示。

图4-19 "数据透视表字段列表"任务窗格

	A	B	C	D	E
1	使用部门	(全部)			
2					
3		数据			
4	固定资产名称	求和项:原值	求和项:本月折旧	求和项:累计折旧	求和项:净值
5	办公家具	8000	21.11111111	211.1111111	7788.888889
6	办公椅	1300	3.430555556	34.30555556	1265.694444
7	保险柜	1800	4.75	47.5	1752.5
8	笔记本	5000	13.19444444	92.36111111	4907.638889
9	仓库	1200000	3166.666667	34833.33333	1165166.667
10	厂房	8500000	22430.55556	269166.6667	8230833.333
11	打印机	50000	131.9444444	1319.444444	48680.55556
12	电脑	4500	11.875	118.75	4381.25
13	货车	300000	3800	32300	267700
14	总计	10070600	29583.52778	338123.4722	9732476.528

图4-20 数据透视表效果图

(5) 单击B1单元格中的下三角按钮，从中可以选择任一部门，如生产部，单击"确定"按钮，则只显示生产部门的数据透视信息，如图4-21所示。

	A	B	C	D	E
1	使用部门	生产部 🔽			
2					
3		数据			
4	固定资产名称 🔽	求和项:原值	求和项:本月折旧	求和项:累计折旧	求和项:净值
5	仓库	1200000	3166.666667	34833.33333	1165166.667
6	厂房	8500000	22430.55556	269166.6667	8230833.333
7	总计	9700000	25597.22222	304000	9396000

图4-21 生产部门数据透视信息表

本章小结

固定资产在企业总资产中占有较大的比重。加强固定资产管理能够提高资产使用效率，保证资产的保值和增值，有利于企业取得良好的经济效益。Excel 提供了计算固定资产折旧的函数公式和相关功能，学习和掌握了这些公式和功能，固定资产的核算将会变得简单易行。

本章首先介绍了固定资产的基本知识，包括固定资产的含义、分类及核算账簿等；然后说明固定资产增减变动的处理，尤其是固定资产卡片和固定资产清单的建立；之后对固定资产的折旧管理进行重点阐述，介绍了平均年限法、工作量法、年数总和法和双倍余额递减法的计算原理，不同折旧方法下卡片的设置样式和折旧函数以及如何在 Excel 中实现各项指标的计算，等等；最后说明如何运用筛选、分类汇总、数据透视等功能对固定资产进行统计分析，为解决工作中遇到的实际问题提供了一般模型。

关键名词

固定资产核算　　　固定资产卡片　　　固定资产折旧　　　平均年限法
双倍余额递减法　　数据透视表　　　　固定资产清单

思考题

1. Excel 折旧计算的函数有哪些？它们各自的功能和作用是什么？
2. 如何运用 Excel 的"分类汇总"功能进行固定资产分类汇总？
3. 如何利用 Excel 函数设置固定资产卡片上计提折旧的月份、月折旧额、累计折旧额？
4. 简述如何使用数据透视表制作固定资产折旧费用分配表。

本章实训

【技能实训】

1. 某公司固定资产原始资料如下。

(1) 固定资产原始数据一览表如图 4-22 所示。

卡片编号	类别编号	固定资产名称	使用部门	增加方式	开始使用日期	使用年限	使用状态	原值	净残值率
				固定资产清单					
001	04	空调	经理办	投资投入	2021-8-1	5	使用中	8000	5%
002	03	数码相机	市场部	购入	2021-9-2	5	使用中	4500	5%
003	03	传真机	经理部	购入	2021-6-15	5	使用中	2200	5%
004	01	厂房	生产部	自建	2021-7-14	30	使用中	3000000	5%
005	02	轿车	经理办	接受捐赠	2021-7-14	5	使用中	80000	5%
006	03	电脑	经理办	购入	2021-11-15	5	使用中	6000	5%
007	04	饮水机	销售部	购入	2021-7-3	5	使用中	1500	5%
008	03	机柜	财务部	购入	2021-11-23	5	使用中	3000	5%
009	03	打印机	销售部	购入	2021-6-29	5	使用中	5000	5%

图4-22 固定资产原始数据一览表

(2) 固定资产的净残值率均为 5%。

(3) 固定资产折旧方法：轿车采用工作量法，电脑采用双倍余额递减法，其余采用平均年限法。

(4) 固定资产核算时间为 2021 年 12 月。

要求：

(1) 在 Excel 中创建各项固定资产的卡片，具体包括设计卡片的样式、确定已提折旧期限、定义折旧计算公式、计算累计折旧及账面净值等。

(2) 由已有的固定资产卡片创建该公司固定资产清单。

(3) 根据固定资产清单进行统计分析，包括查询特定部门的固定资产、查询本月折旧额在 100 元以下的固定资产(以自定义筛选方式、高级筛选方式等进行)、按部门进行分类汇总和数据透视表的操作。

2. 某公司新购入一台设备，原值为 600 000 元，预计使用 10 年，预计净残值为 40 000 元。要求：分别采用直线折旧法、双倍余额递减法和年限总和法，计算各年应提的折旧额。

【应用实训】

2021 年 8 月，A 公司各部门的固定资产信息如下。

制造部拥有一辆汽车，作为运输设备使用工作量法对其进行核算。该汽车于 2018 年 1 月购入并开始使用至今，原值为 750 000 元，预计净残值为 3%，使用年限为 15 年，预计总工作量为 2 000 000 千米，至今累计工作量为 500 000 千米，本月工作量为 4000 千米。

为扩大生产，该公司于 2021 年 3 月添置一条生产线，作为机器设备使用平均年限法对其进行核算。该流水线原值为 780 000 元，预计净残值为 5%，使用年限为 10 年。

财务部购进一台服务器和 10 台电脑作为办公设备，购买日期为 2015 年 12 月，其中服务器原值为 100 000 元，10 台电脑总价为 80 000 元，预计使用年限分别为 15 年、10 年，预计净残值都为 2%，服务器使用双倍余额递减法核算，电脑采用年数总和法核算。

要求：

(1) 基于以上资料，为汽车、流水线、服务器、电脑分别编制固定资产卡片，卡片编号分别为 1001、1002、1003、1004。

(2) 基于以上资料编制 A 公司的固定资产清单。

第五章

Excel与成本管理

📖 学习目标：

通过本章的学习，学员应该在了解成本的分类和成本核算方法的基础上，掌握产品成本核算中品种法、分步法和分批法的计算并能运用 Excel 建立相关产品成本核算模型；学习时需掌握产品成本分析模型与合并计算工具的运用，将其分析结果为企业做出正确的财务决策提供重要的依据。

第一节　成本管理概述

一、成本的相关概念与分类

(一) 产品成本的相关概念

产品成本是指制造业企业在一定时期内为制造一定数量产品所支出的全部费用的总和，根据管理要求，产品成本可以分为单位产品成本和产品总成本。

产品成本管理是企业遵循产品成本形成的客观规律和国家有关产品成本管理法规，以价值形式，运用预测、计划、控制、核算、分析、考核等手段，对产品从研制到生产全过程中所有费用的发生和成本的形成，进行真实和综合的反映以及严格的控制和监督，达到以较小的耗费取得最大利润的财务目标。

成本管理的中心问题是将产品在生产过程中各类成本费用的发生控制在一个预定的目标内。根据产品价值的基本内容，产品生产过程中所发生的生产资料消耗价值和劳动者为必要劳动所创造的价值是产品成本的理论构成。

(二) 产品成本管理要求

1. 正确处理成本与产量和质量之间的关系

在一定范围内，产量的增加可以降低单位产品的固定费用，使成本水平趋向于标准目标，对企业标准能力产量的追求是相对降低产品成本的重要途径。但是，这种产品成本水平的降低是在一个相关的产品范围之内，突破这个范围，固定费用会以近似于倍数的幅度增长。因此，成本是企业产销量扩大决策的重要前提之一。

2. 正确划分各种费用支出的界限，保证成本计算的正确性

企业在具体生产过程中的费用支出并非是在一段时期内，由一定数量产品成本全部承担的，因此，成本管理中应该划清以下几方面的界限：收益支出与资本支出的界限；收益支出与营业外支出的界限；产品制造成本与当期期间费用的界限；本期产品成本与下期产品成本的界限。

3. 加强成本管理的基础工作

(1) 健全有关成本的各项原始记录，保证产品成本计算的正确性；加强定额管理，提高成本计划和成本分析的质量。

(2) 加强计量、验收和物资收发领退的管理，制定厂内计划价格，以加强全面成本管理责任制。

(三) 产品成本的分类

根据企业内部生产经营管理的不同需要，对产品成本进行不同的分类。通常有以下几种分类方法。

1. 按成本计入产品方式分类

(1) 直接成本。直接成本是指能直接计入有关产品的生产费用要素，如原材料和主要材料，直接计入产品成本的生产过程中耗用的动力及燃料，直接从事产品生产的工资及应提取的职工福利费用等。

(2) 间接成本。间接成本是指不能直接计入而按一定标准与方法分摊计入产品成本的费用，如不能直接计入有关产品成本的生产过程中耗用的动力、燃料、原材料及其他材料，不能直接计入有关产品的工资(如计时制的生产工人工资)及应提取的职工福利费用等。

2. 按成本发生的时间分类

(1) 预计成本。在产品生产前预先计算的成本，如表示计划期内应达到的平均成本水平的计划成本，根据各生产要素的标准用量(或消耗定额)和标准价格(或计划价格)计算的单位产品的标准成本或定额成本，根据过去实际成本的分析和对将来成本预测而制定的估计成本等。

(2) 实际成本。根据生产经营过程中实际发生的费用而计算出来的产品真实成本。

3. 按成本与产量增减变化的关系分类

(1) 固定成本。固定成本是在一定的产量范围内基本保持固定不变的那部分费用。

(2) 变动成本。变动成本是随当期产量增减而成正比例上升或下降的那部分成本，如原料及主要材料、计件工资等。

二、成本核算的方法

为了适应企业各类型生产的特点和不同的管理要求，在产品成本核算工作中存在着三种不同的成本核算对象，从而有三种不同的成本核算方法。

(1) 以产品品种为成本核算对象的产品成本核算方法，称为品种法。
(2) 以产品生产步骤为成本核算对象的产品成本核算方法，称为分步法。
(3) 以产品批别为成本核算对象的产品成本核算方法，称为分批法。

上述以不同成本核算对象为主要标志的三种成本核算方法是产品成本核算的基本方法，是计算产品实际成本必不可少的方法。

第二节 Excel与产品成本核算模型

企业的生产经营过程也是资产的消耗过程，因此生产经营成本按其经济性质分为劳动对象、劳动手段和劳动耗费三大类。企业成本核算过程中，在会计账户中应设置"生产成本"一级科目，借方用于归集所发生的各项生产费用，贷方登记结转库存商品的成本。在"生产成本"科目下设置"基本生产成本"和"辅助生产成本"两个二级科目。根据成本要素在二级科目下设置"直接材料""直接人工""动力"和"制造费用"三级科目用于成本核算。在成本计算过程中，涉及成本的归集和分配，计算完工产品成本和月末在产品成本，进而计算产品的销售成本。

在核算中，结合企业自身的生产经营特点，利用 Excel 表进行成本计算和分析，通过表与表之间的链接，使得整个计算过程变得简洁，便于操作。

一、品种法模型

(一) 品种法概述

1. 品种法的特点

产品成本核算的品种法，是以产品品种为成本核算对象，归集生产费用，计算产品成本的一种方法。品种法具有以下两个特点。

(1) 以产品品种作为成本核算对象，设置产品成本明细或成本计算单，归集生产费用；成本核算定期按月进行。

(2) 月末计算产品生产成本时，如果没有在产品或在产品数量很少时，就不需要计算在产品成本，成本明细账和计算单上所登记的全部生产费用，就是该产品的完工产品总成本；如果月末在产品数量较多，则要将成本明细账和计算单上所归集的生产费用，采用适当的方法在完工产品与在产品之间进行分配，从而计算出完工产品和月末在产品成本。

2. 品种法的适用范围

品种法主要适用于大量大批单步骤生产的企业；在大量大批多步骤生产的企业中，如果企业生产规模较小，而且成本管理上又不要求提供各步骤的成本资料时，也可以采用品种法；企业的辅助生产(如供水、供电、供气等)车间也可以采用品种法计算其劳务成本。

(二) 品种法的计算程序

采用品种法计算产品成本时，可按以下几个步骤进行。

1. 开设成本明细账

按产品品种开设产品成本明细账或成本计算单并按成本项目设置专栏。同时，还应开设"辅助生产成本明细账"(按生产车间或品种)和"制造费用明细账"(按生产车间)，账内按成本项目或费用项目设置专栏。

2. 分配各种要素费用

一般来说，需要进行以下要素费用的分配。

(1) 根据货币资金支出业务，按用途分类汇总各种付款凭证，登记各项费用。

(2) 根据领用材料的凭证和退料凭证及有关分配标准，编制材料费用分配表，分配材料费用并登记有关明细账。

(3) 根据各车间、部门工资结算凭证及应付福利费的计提方法，编制工资及福利费用分配表，分配工资及福利费用并登记有关明细账。

(4) 根据各车间、部门计提固定资产折旧的方法，编制折旧费用分配表，分配折旧费用并登记有关明细账。

(5) 根据待摊费用明细账和预提费用明细账记录，编制待摊费用和预提费用分配表，分配待摊费用和预提费用并登记有关明细账。

3. 分配辅助生产费用

根据各种费用分配表和其他有关资料登记的辅助生产成本明细账上归集的生产费用，采用适当的方法(如直接分配法、交互分配法、代数分配法、计划成本分配法等)，编制辅助生产费用分配表，分配辅助生产费用。

4. 分配生产车间制造费用

根据各种费用分配表和其他有关资料登记的基本生产车间制造费用明细账上归集的生产费用，采用一定的方法(如生产工人工时比例分配法、生产工人工资比例分配法、机器工时比例分配法、按年度计划分配率分配法等)在各种产品之间进行分配，编制制造费用分配表，并将分配结果登记在基本生产成本明细账和成本计算单上。

5. 分配计算各种完工产品成本和在产品成本

根据各种费用分配表和其他有关资料登记的基本生产成本明细账和成本计算单上归集的生产费用，月末应采用适当的方法(如不计在产品成本法、在产品按年初数固定计算法、在产品按所耗原材料费用计价法、约当产量比例法、在产品按完工产品成本计算法、在产品按定额成本计价法等)分配计算各种完工产品成本和在产品成本。如果月末没有在产品，则本月发生的生产费用就全都算是完工产品成本。

6. 结转产成品成本

根据各成本计算单中计算出来的本月完工产品成本，汇总编制完工产品成本汇总表，计算出完工产品总成本和单位成本并进行结转。

(三) 运用Excel建立品种法模型

【例5-1】某工业企业设有第一、第二两个基本生产车间，大量生产甲、乙两种产品，一车间生产甲产品，二车间生产乙产品，其工艺过程为多步骤生产流水线加工生产。该企业另设有供水、机修两个辅助生产车间，为基本生产车间及其他各部门提供产品和劳务。该厂采用品种法计算产品成本。

已知该厂基本生产成本下设甲产品和乙产品成本计算单；辅助生产成本下设供水车间和机修车间二级明细账；制造费用总账下按一车间、二车间、供水车间和机修车间分别设置明细账，编制相关资料如图 5-1 所示(有关计算步骤和会计分录忽略)，由于品种法的步骤较多，我们直接从下列图表计算结果中来学习如何用 Excel 建立品种法模型。在进行下列操作前，首先要建立"品种法"工作簿，并在其下分别建立各工作表。

	A	B	C	D	E	F
1			材料费用分配表			
2						单位：元
3	会计科目	明细科目	原料	辅助材料	燃料	合计
4		甲产品	180000	6000		186000
5		乙产品	90000	4000		94000
6	基本生产成本	小计	270000	10000	0	280000
7		供水车间	30000	1000		31000
8		机修车间	25000	2000		27000
9	辅助生产成本	小计	55000	3000	0	58000
10		一车间	1200	1500	200	2900
11		二车间	2500	2500	100	5100
12		供水车间	500	1000		1500
13		机修车间	400	520		920
14	制造费用	小计	4600	5520	300	10420
15	管理费用	修理费	1800	500		2300
16	合计		331400	19020	300	12720

图5-1 材料费用分配表

相关资料和建模过程如下。

1. 设置材料费用分配表公式

如图 5-2 所示，材料费用分配表主要有两类公式：一类是材料合计，此合计栏是产品成本核算的成本项目之一，计算出来便于后面的工作表取数，如 F4=SUM(C4:E4)；另一类是按不同材料汇总合计，目的是便于核查录入数据的正确性，如 C16=C6+C9+C14+C15。

	A	B	C	D	E	F
1			材料费用分配表			
2						单位：元
3	会计科目	明细科目	原料	辅助材料	燃料	合计
4		甲产品	180000	6000		=SUM(C4:E4)
5		乙产品	90000	4000		=SUM(C5:E5)
6	基本生产成本	小计	=C4+C5	=D4+D5	=E4+E5	=SUM(C6:E6)
7		供水车间	30000	1000		=SUM(C7:E7)
8		机修车间	25000	2000		=SUM(C8:E8)
9	辅助生产成本	小计	=C7+C8	=D7+D8	=E7+E8	=SUM(C9:E9)
10		一车间	1200	1500	200	=SUM(C10:E10)
11		二车间	2500	2500	100	=SUM(C11:E11)
12		供水车间	500	1000		=SUM(C12:E12)
13		机修车间	400	520		=SUM(C13:E13)
14	制造费用	小计	=SUM(C10:C13)	=SUM(D10:D13)	=SUM(E10:E13)	=SUM(C14:E14)
15	管理费用	修理费	1800	500		=SUM(C15:E15)
16	合计		=C6+C9+C14+C15	=D6+D9+D14+D15	=E6+E9+E14+E15	=F14+F15

图5-2 设置材料费用分配表公式

2. 设置工资和福利费用分配表公式

除工时数需手工填制之外，本表中有三类公式设置：一是计算分配率；二是计算分配金额；三是求合计数。具体操作如图5-3和图5-4所示。

	A	B	C	D	E	F	G
1			工资及福利费用分配表				
2							单位：元
3	分配对象		分配标准（工时）	工资		福利费	
4	会计科目	明细科目		分配率	分配金额	分配率	分配金额
5		甲产品	65000	0.386	25088.05	0.05403	3511.95
6		乙产品	35000	0.386	13508.95	0.05403	1891.95
7	基本生产成本	小计	100000		38597		5403
8		供水车间			965		120
9		机修车间			1160		178
10	辅助生产成本	小计			2125		298
11		一车间			772		108
12		二车间			386		60
13		供水车间			580		80
14		机修车间			220		30
15	制造费用	小计			1958		278
16	管理费用				2877		403
17	合计				45557		6382

图5-3　工资及福利费用分配表

	A	B	C	D	E	F	G
1			工资及福利费用分配表				
2							单位：元
3	分配对象			工资		福利费	
4	会计科目	明细科目	分配标准（工时）	分配率	分配金额	分配率	分配金额
5		甲产品	65000	=E7/C7	=C5*D5	=G7/C7	=C5*F5
6		乙产品	35000	=E7/C7	=C6*D6	=G7/C7	=C6*F6
7	基本生产成本	小计	=C5+C6		38597		5403
8		供水车间			965		120
9		机修车间			1160		178
10	辅助生产成本	小计			=E8+E9		=G8+G9
11		一车间			772		108
12		二车间			386		60
13		供水车间			580		80
14		机修车间			220		30
15	制造费用	小计			=SUM(E11:E14)		=SUM(G11:G14)
16	管理费用				2877		403
17	合计				=E7+E10+E15+E16		=G7+G10+G15+G16

图5-4　设置工资及福利费用分配表公式

3. 设置折旧费用计算表公式

该表公式简单，折旧额为已知数，只需设置合计数公式，如图5-5和图5-6所示。

	A	B	C
1		折旧费用计算表	
2			单位：元
3	会计科目	明细科目	金额
4		一车间	4500
5		二车间	3500
6		供水车间	2000
7		机修车间	1500
8	制造费用	小计	11500
9	管理费用		5500
10	合计		17000

图5-5　折旧费用计算表

	A	B	C
1		折旧费用计算表	
2			单位：元
3	会计科目	明细科目	金额
4		一车间	4500
5		二车间	3500
6		供水车间	2000
7		机修车间	1500
8	制造费用	小计	=SUM(C4:C7)
9	管理费用		5500
10	合计		=C8+C9

图5-6　设置折旧费用计算表公式

4. 设置其他费用分配表公式

根据其他费用表来编制相关的数据模型，所涉及合计数公式的设置，如图5-7和图5-8所示。

	A	B	C	D	E	F	G	H	I
1			其他费用分配表						
2									单位：元
3	会计科目	明细科目	办公费	劳保费	差旅费	修理费	水电费	其他	合计
4		一车间	350	600		1000	1400	100	3450
5		二车间	300	400		500	800	160	2160
6		供水车间	250	200	100		600	240	1390
7		机修车间	200	400			400	320	1320
8	制造费用	小计	1100	1600	0	1600	3200	820	8320
9	管理费用		1000	500	1500	300	800	200	4300
10	合计		2100	2100	1500	1900	4000	1020	12620

图5-7　其他费用分配表

	A	B	C	D	E	F	G	H	I
1			其他费用分配表						
2									单位：元
3	会计科目	明细科目	办公费	劳保费	差旅费	修理费	水电费	其他	合计
4		一车间	350	600		1000	1400	100	=SUM(C4:H4)
5		二车间	300	400		500	800	160	=SUM(C5:H5)
6		供水车间	250	200	100		600	240	=SUM(C6:H6)
7		机修车间	200	400			400	320	=SUM(C7:H7)
8	制造费用	小计	=SUM(C4:C7)	=SUM(D4:D7)	=SUM(E4:E7)	=SUM(F4:F7)	=SUM(G4:G7)	=SUM(H4:H7)	=SUM(C8:H8)
9	管理费用		1000	500	1500	300	800	200	=SUM(C9:H9)
10	合计		=C8+C9	=D8+D9	=E8+E9	=F8+F9	=G8+G9	=H8+H9	=SUM(C10:H10)

图5-8　设置其他费用分配表公式

5. 设置供水车间和机修车间制造费用明细账公式

从摘要即可看出，这两个表的数据需从材料费用分配表、工资及福利费用分配表、折旧计算表、其他费用分配表4个表中取数，具体操作如图5-9和图5-10所示。

	A	B	C	D	E	F	G	H	I	J
1			制造费用明细账							
2		供水车间								单位：元
3	摘要	材料费用	工资及福利费	水电费	折旧费	修理费	办公费	劳保费	其他	合计
4	材料费用分配表	1500								1500
5	工资及福利费用分配表		660							660
6	折旧计算表				2000					2000
7	其他费用分配表			600		100	250	200	240	1390
8	本期发生额	1500	660	600	2000	100	250	200	240	5550
9	结转辅助生产成本明细账	1500	660	600	2000	100	250	200	240	5550

图5-9　供水车间制造费用明细账

图5-9中部分单元格的公式如下。

(1) 单击B4单元格，输入公式"=材料费用分配表!F12"；单击C5单元格，输入公式"=工资及福利费用分配表!E13+工资及福利费用分配表!G13"；单击D7单元格，输入公式"=其他费用分配表!G6"。

(2) 单击E6单元格，输入公式"=折旧费用计算表!C6"；单击F7单元格，输入公式"=其他费用分配表!F6"；单击G7单元格，输入公式"=其他费用分配表!C6"；单击H7单元格，输入公式"=其他费用分配表!D6"；单击I7单元格，输入公式"=其他费用分配表!H6"；即可得到相关数据。

	A	B	C	D	E	F	G	H	I	J
1			制造费用明细账							
2		机修车间								单位：元
3	摘要	材料费用	工资及福利费	水电费	折旧费	修理费	办公费	劳保费	其他	合计
4	材料费用分配表	920								920
5	工资及福利费用分配表		250							250
6	折旧计算表				1500					1500
7	其他费用分配表			400		0	200	400	320	1320
8	本期发生额	920	250	400	1500	0	200	400	320	3990
9	结转辅助生产成本明细账	920	250	400	1500	0	200	400	320	3990

图5-10　机修车间制造费用明细账

图 5-10 中部分单元格的公式如下。

(1) 单击 B4 单元格，输入公式"=材料费用分配表!F13"；单击 C5 单元格，输入公式"=工资及福利费用分配表!E14+工资及福利费用分配表!G14"；单击 D7 单元格，输入公式"=其他费用分配表!G7"。

(2) 单击 E6 单元格，输入公式"=折旧费用计算表!C7"；单击 F7 单元格，输入公式"=其他费用分配表!F7"；单击 G7 单元格，输入公式"=其他费用分配表!C7"；单击 H7 单元格，输入公式"=其他费用分配表!D7"；单击 I7 单元格，输入公式"=其他费用分配表!H7"；即可得到相关数据。

6. 设置供水车间和机修车间辅助生产成本明细账公式

从摘要即可看出，这两个表的数据需从材料费用分配表、工资及福利费用分配表，以及两个辅助生产车间各自的制造费用明细账取得，具体操作如图 5-11 和图 5-12 所示。

图 5-11 中部分单元格的公式如下。

单击 D4 单元格，输入公式"=材料费用分配表!F7"；单击 E5 单元格，输入公式"=工资及福利费用分配表!E8+工资及福利费用分配表!G8"；单击 F6 单元格，输入公式"=供水车间制造费用明细账!J8"；单击 G7 单元格，输入公式"=SUM(D7:F7)"；即可得到相关数据。

	A	B	C	D	E	F	G
1				辅助生产成本明细账			
2			供水车间				单位：元
3	日期	凭证号码	摘要	直接材料	直接人工	制造费用	合计
4			材料费用分配表	31000			31000
5			工资及福利费分配表		1085		1085
6			转入制造费用			5550	5550
7			本期发生额合计	31000	1085	5550	37635
8	略	略	结转各受益部门	31000	1085	5550	37635

图5-11 供水车间辅助生产成本明细账

	A	B	C	D	E	F	G
1				辅助生产成本明细账			
2			机修车间				单位：元
3	日期	凭证号码	摘要	直接材料	直接人工	制造费用	合计
4			材料费用分配表	27000			27000
5			工资及福利费分配表		1338		1338
6			转入制造费用			3990	3990
7			本期发生额合计	27000	1338	3990	32328
8	略	略	结转各受益部门	27000	1338	3990	32328

图5-12 机修车间辅助生产成本明细账

图 5-12 中部分单元格的公式如下。

单击 D4 单元格，输入公式"=材料费用分配表!F8"；单击 E5 单元格，输入公式"=工资及福利费用分配表!E9+工资及福利费用分配表!G9"；单击 F6 单元格，输入公式"=机修车间制造费用明细账!J8"；单击 G7 单元格，输入公式"=SUM(D7:F7)"；即可得到相关数据。

7. 设置辅助生产费用分配表公式

供水车间和机修车间应分配辅助生产费用分别来自供水车间辅助生产成本明细账和机修车间辅助生产成本明细账，劳务供应量为已知条件。操作会涉及 ROUND 函数，其函数表达式为 ROUND(number, num_digits)，其中 number 为要四舍五入的数字，num_digits 必须为位数，按此位数对 number 参数进行四舍五入。

具体操作如图 5-13 和图 5-14 所示。

	A	B	C	D	E	F	G	H	I	J	K	L	M	N
1						辅助生产费用分配表								
2												单位：元		
3						交互分配				对外分配				
4						辅助生产费用				制造费用				
5	辅助生产车间	应分配费用	劳务供应量	分配率	供水		机修		一车间		二车间		管理费用	
6					数量	金额	数量	金额	数量	金额	数量	金额	数量	金额
7	供水车间	37635	50000	0.7527			1000	752.7						
8	机修车间	32328	40000	0.8082	4000	3232.8								
9	小计	69963				3232.8		752.7						
10	供水车间	40115.1	49000	0.8187					29000	23742.3	15000	12280.5	5000	4093.5
11	机修车间	29847.9	36000	0.8291					20000	16582	10000	8291	6000	4974.6
12	小计	69963								40324.3		20571.5		9068.1
13	合计					3232.8		752.7		40324.3		20571.5		9068.1

图5-13　辅助生产费用分配表

	A	B	C	D	E	F	G	H	I	J	K	L	M	N
1						辅助生产费用分配表								
2												单位：元		
3						交互分配				对外分配				
4						辅助生产费用				制造费用				
5	辅助生产车间	应分配费用	劳务供应量	分配率	供水		机修		一车间		二车间		管理费用	
6					数量	金额	数量	金额	数量	金额	数量	金额	数量	金额
7	供水车间	=供水车间辅助生产成本明细账!G8	50000	=ROUND(B7/C7,4)			1000	=D7*G7						
8	机修车间	=机修车间辅助生产成本明细账!G8	40000	=ROUND(B8/C8,4)	4000	=D8*E8								
9	小计	=B7+B8				=F8		=H7						
10	供水车间	=B7-H7+F8	=C7-G7	=ROUND(B10/C10,4)					29000	=I10*D10	15000	=K10*D10	5000	=M10*D10
11	机修车间	=B8-F8+H7	=C8-E8	=ROUND(B11/C11,4)					20000	=I11*D11	10000	=K11*D11	6000	=M11*D11
12	小计	=B10+B11								=J10+J11		=L10+L11		=N10+N11
13	合计					=F9		=H9		=J12		=L12		=N12

图5-14　设置辅助生产费用分配表公式

8. 设置第一、第二车间制造费用明细账公式

从摘要即可看出，这两个表的数据需从材料费用分配表、工资及福利费用分配表、折旧计算表、其他费用分配表、辅助生产成本分配表取得，具体操作如图5-15和图5-16所示。

	A	B	C	D	E	F	G	H	I	J
1				制造费用明细账						
2				一车间						
3	摘要	材料费用	工资及福利费	水电费	折旧费	办公费	劳保费	修理费	其他	单位：元 合计
4	材料费用分配表	2900								2900
5	工资及福利费用分配表		880							880
6	折旧计算表				4500					4500
7	其他费用分配表			1400		350	600	1000	100	3450
8	辅助生产成本分配表			23742.3				16582		40324.3
9	本期发生额			25142.3						52054.3
10	期末结转制造费用			25142.3						52054.3

图5-15　一车间制造费用明细账

图5-15中部分单元格的公式如下。

(1) 单击B4单元格，输入公式"=材料费用分配表!F10"；单击C5单元格，输入公式"=工资及福利费用分配表!E11+工资及福利费用分配表!G11"；单击D7单元格，输入公式"=其他费用分配表!G4"。

(2) 单击D8单元格，输入公式"=辅助生产费用分配表!J10"；单击E6单元格，输入公式"=折旧费用计算表!C4"；单击单元格F7，输入公式"=其他费用分配表!C4"；单击G7单元格，输入公式"=其他费用分配表!D4"；单击H7单元格，输入公式"=其他费用分配表!F4"；单击单元格H8，输入公式"=辅助生产费用分配表!J11"；单击I7单元格，输入公式"=其他费用分配表!H4"；即可得到相关数据。

	A	B	C	D	E	F	G	H	I	J
1				制造费用明细账						
2				二车间						
3	摘要	材料费用	工资及福利费	水电费	折旧费	办公费	劳保费	修理费	其他	单位：元 合计
4	材料费用分配表	5100								5100
5	工资及福利费用分配表		446							446
6	折旧计算表				3500					3500
7	其他费用分配表			800		300	400	500	160	2160
8	辅助生产成本分配表			12280.5				8291		20571.5
9	本期发生额			13080.5						31777.5
10	期末结转制造费用			13080.5						31777.5

图5-16　二车间制造费用明细账

图 5-16 中部分单元格的公式如下。

(1) 单击 B4 单元格,输入公式 "=材料费用分配表!F11";单击 C5 单元格,输入公式 "=工资及福利费用分配表!E12+工资及福利费用分配表!G12";单击 D7 单元格,输入公式 "=其他费用分配表!G5"。

(2) 单击 D8 单元格,输入公式 "=辅助生产费用分配表!L10";单击单元格 E6,输入公式 "=折旧费用计算表!C5";单击 F7 单元格,输入公式 "=其他费用分配表!C5";单击 G7 单元格,输入公式 "=其他费用分配表!D5";单击 H7 单元格,输入公式 "=其他费用分配表!F5";单击 H8 单元格,输入公式 "=辅助生产费用分配表!L11";单击 I7 单元格,输入公式 "=其他费用分配表!H5";即可得到相关数据。

9. 设置甲、乙产品成本计算单公式

甲、乙产品成本计算单中月初在产品成本数据由上月期末资料结转而来,本例直接输入;本月费用数据分别从材料费用分配表、工资及福利费用分配表、制造费用明细账中转入。另外,本月甲产品全部完工,入库数量为 500 件;乙产品完工 150 件,月末在产品 30 件,在产品原材料已全部投入,工资和费用的发生比较均衡,完工程度为 50%。对于在产品的 30 件需折算为约当产量,即材料 30 件,费用按完工程度的 50% 计算,即 15 件。相关资料与具体操作如图 5-17~图 5-20 所示。

	A	B	C	D	E	F	G
1			产品成本计算单				
2					产成品(件):		500
3		产品名称:甲产品			在产品(件):		0
4	成本项目	月初在产品成本	本月费用	成本费用合计	分配率	产成品成本	月末在产品成本
5	直接材料	5000	186000	191000	382	191000	
6	直接人工	1600	28600	30200	60.4	30200	
7	制造费用	215.5	52054.3	52269.8	104.5396	52269.8	
8	合计	6815.5	266654.3	273469.8	546.9396	273469.8	

图5-17 甲产品成本计算单

	A	B	C	D	E	F	G
1			产品成本计算单				
2					产成品(件):		500
3		产品名称:甲产品			在产品(件):		0
4	成本项目	月初在产品成本	本月费用	成本费用合计	分配率	产成品成本	月末在产品成本
5	直接材料	5000	=材料费用分配表!F4	=B5+C5	=D5/G2	=E5*G2	
6	直接人工	1600	=工资及福利费用分配表!E5+工资及福利费用分配表!G5	=B6+C6	=D6/G2	=E6*G2	
7	制造费用	215.5	=第一车间制造费用明细账!J10	=B7+C7	=D7/G2	=E7*G2	
8	合计	=SUM(B5:B7)	=SUM(C5:C7)	=SUM(C8:C8)	=SUM(E5:E7)	=SUM(F5:F7)	

图5-18 设置甲产品成本计算单公式

	A	B	C	D	E	F	G	H
1			产品成本计算单					
2					产成品(件):		150	
3		产品名称:乙产品			在产品(件):		30	
4	成本项目	月初在产品成本	本月费用	成本费用合计	分配率	产成品成本	月末在产品成本	
5	直接材料	7000	94000	101000	561.11	84166.5	16833	
6	直接人工	400	15400	15800	95.76	14364	1436	
7	制造费用	258.5	31777.5	32036	194.16	29124	2912	
8	合计	7658.5	141177.5	148836	851.03	127654.5	21181	

图5-19 乙产品成本计算单

	A	B	C	D	E	F	G
1			产品成本计算单				
2					产成品(件):		150
3		产品名称:乙产品			在产品(件):		30
4	成本项目	月初在产品成本	本月费用	成本费用合计	分配率	产成品成本	月末在产品成本
5	直接材料	7000	=材料费用分配表!F5	=B5+C5	=ROUND(D5/(G2+G3),2)	=E5*G2	=ROUND(E5*G3,0)
6	直接人工	400	=工资及福利费用分配表!E6+工资及福利费用分配表!G6	=B6+C6	=ROUND(D6/(G2+G3*50%),2)	=E6*G2	=ROUND(E6*G3*50%,0)
7	制造费用	258.5	=第二车间制造费用明细账!J10	=B7+C7	=ROUND(D7/(G2+G3*50%),2)	=E7*G2	=ROUND(E7*G3*50%,0)
8	合计	=SUM(B5:B7)	=SUM(C5:C7)	=SUM(B8:C8)	=SUM(E5:E7)	=SUM(F5:F7)	=SUM(G5:G7)

图5-20 设置乙产品成本计算单公式

10. 设置完工产品成本汇总表公式

此表总成本数据来自产品成本计算单中的产成品成本，单位成本数据来自产品成本计算单中的分配率，具体操作如图 5-21 和图 5-22 所示。

	A	B	C	D	E
1		完工产品成本汇总表			
2					单位：元
3		甲产品（产量：500件）		乙产品（产量：150件）	
4	成本项目	总成本	单位成本	总成本	单位成本
5	直接材料	191000	382	84166.5	561.11
6	直接人工	30200	60.4	14364	95.76
7	制造费用	52269.8	104.5396	29124	194.16
8	合计	273469.8	546.9396	127654.5	851.03

图5-21　完工产品成本汇总表

	A	B	C	D	E
1		完工产品成本汇总表			
2					单位：元
3		甲产品（产量：500件）		乙产品（产量：150件）	
4	成本项目	总成本	单位成本	总成本	单位成本
5	直接材料	=甲产品成本计算单!F5	=甲产品成本计算单!E5	=乙产品成本计算单!F5	=乙产品成本计算单!E5
6	直接人工	=甲产品成本计算单!F6	=甲产品成本计算单!E6	=乙产品成本计算单!F6	=乙产品成本计算单!E6
7	制造费用	=甲产品成本计算单!F7	=甲产品成本计算单!E7	=乙产品成本计算单!F7	=乙产品成本计算单!E7
8	合计	=SUM(B5:B7)	=SUM(C5:C7)	=SUM(D5:D7)	=SUM(E5:E7)

图5-22　设置完工产品成本汇总表公式

二、分步法模型

(一) 分步法概述

1. 分步法及其适用范围

分步法是按照产品的生产步骤归集生产费用计算产品成本的一种方法。分步法主要适用于大量大批多步骤生产。为了加强成本管理，不仅要求按照产品品种归集生产费用计算产品成本，还要求按照产品的生产步骤归集生产费用，计算各个步骤产品成本，以提供反映各种产品及其各生产步骤成本计划执行情况的资料。

2. 分步法的特点

(1) 成本计算对象是各种产品的生产步骤。
(2) 成本计算期是以月为基础的会计报告期。
(3) 生产费用要在完工产品和月末在产品之间进行分配。
(4) 多步骤之间要进行成本结转。

(二) 分步法的计算程序

由于各个企业生产工艺过程的特点和成本管理对各步骤成本资料的要求不同(即是否需要计算半成品成本)，分步法可分为逐步结转分步法和平行结转分步法及半成品成本结转方式。

1. 逐步结转分步法的计算程序

在逐步结转分步法下，各步骤所耗用的上一步骤半成品的成本，要随着半成品实物的转移，从上一步骤的产品成本明细账转入下一步骤相同产品的产品成本明细账中，以便逐步计算各步骤的半成品成本和最后步骤的产成品成本。逐步结转分步法成本计算程序的特点主要表现在以下两个方面。

(1) 各步骤完工转出的半成品成本，应该从各步骤的产品成本明细账中转出；如果半成品完工后，不通过半成品库收发，而为下一步骤直接领用，则半成品成本就在各步骤的产品成本明细账之间直接结转。

(2) 将各步骤归集的生产费用，于月末采用适当的分配方法，在完工半成品(最后步骤为产成品)与正在加工中的在产品之间进行分配，然后通过半成品的逐步结转，在最后步骤的产品成本明细账中，计算出完工产成品成本。

2. 平行结转分步法的计算程序

平行结转分步法的计算程序如下。

(1) 按产品和加工步骤设置成本明细账，各步骤成本明细账分别以成本项目归集本步骤发生的生产费用(但不包括耗用在上一步骤半成品的成本)计算。

(2) 月末将各步骤归集的生产费用在产成品与广义在产品之间进行分配，计算各步骤费用中应计入产成品成本的份额。

(3) 将各步骤费用中应计入产成品成本的份额按成本项目平行结转，汇总计算产成品的总成本及单位成本。

3. 半成品成本结转方式

以逐步结转分步法为例，在该方法下，半成品成本结转方式有两种，即逐步综合结转法和逐步分项结转法。

(1) 逐步综合结转法。

逐步综合结转法是指各生产步骤耗用上一步骤的半成品成本，以其综合成本(不分成本项目)计入下一步骤成本计算单中的"直接材料"项目或是设立"半成品"项目。采用综合结转法结转半成品成本时，可按实际成本结转，也可按计划成本结转。

(2) 逐步分项结转法。

逐步分项结转法是将各生产步骤所耗上一步骤的半成品成本，按其成本项目分别计入各生产步骤产品生产成本计算单相同的成本项目内，以计算按成本项目反映的各步骤产品生产成本的方法。采用这种方法时，如果半成品是通过半成品库收发，其自制半成品明细账还必须按成本项目设专栏登记。分项结转，可以按实际成本结转，也可以按计划成本结转，然后按成本项目分项调整成本差异。由于后一种做法计算的工作量较大，因而一般采用按实际成本分项结转的方法。

(三) 运用Excel建立分步法模型

【例5-2】假定某工厂生产甲产品，需顺序经过两个车间加工完成。第一车间生产甲半成品，交半成品库验收。第二车间从第一车间领用甲半成品进行加工。半成品成本核算采用加权平均法。为了简化计算，各步骤的月末在产品均按定额成本计价。假设成本核算日期为2022年9月。

相关资料均已知并已建立好相关工作簿，具体的操作过程如下。

(1) 新建一张工作表，命名为"第一车间甲半成品生产成本明细表"。在该表中设计甲半成品明细账格式，并根据有关资料登记第一车间甲半成品生产成本明细账，如图5-23所示。

图5-23 第一车间甲半成品生产成本明细账

	A	B	C	D	E	F
1	生产成本明细账					
2	车间：第一车间		2022年9月		产品名称：甲半成品	
3	摘要	产量（件）	直接材料	直接人工	制造费用	合计
4	期初在产品定额成本		35000	2200	18000	55200
5	本月生产费用		86000	6000	50000	142000
6	合计		121000	8200	68000	197200
7	完工半成品成本	200	95000	7400	56000	158400
8	半成品单位成本		475	37	280	792
9	期末在产品定额成本		26000	800	12000	38800

其中，"合计"栏、"完工半产品成本"栏和"半成品单位成本"栏通过设置公式自动生成，如图5-24所示。

	A	B	C	D	E	F
1	生产成本明细账					
2	车间：第一车间				产品名称：甲半成品	
3	摘要	产量（件）	直接材料	直接人工	制造费用	合计
4	期初在产品定额成本		35000	2200	18000	=SUM(C4:E4)
5	本月生产费用		86000	6000	50000	=SUM(C5:E5)
6	合计		=C4+C5	=D4+D5	=E4+E5	=F5+F4
7	完工半成品成本	200	=C6-C9	=D6-D9	=E6-E9	=F6-F9
8	半成品单位成本		=C7/B7	=D7/B7	=E7/B7	=F7/B7
9	期末在产品定额成本		26000	800	12000	=SUM(C9:E9)

图5-24 设置第一车间甲半成品生产成本明细账公式

(2) 新建一张工作表，命名为"自制半成品明细账"。在该表中设计甲自制半成品明细账格式并根据半成品交库单和第二车间领用半成品的领用单，登记甲自制半成品明细账。

需要注意的是，该明细账的设置不同于手工核算方式下综合结转的自制半成品明细账，要求既提供成本项目的分项指标"直接材料""直接人工""制造费用"，又提供综合指标各成本项目的"合计"数，以便在表中为分项结转和综合结转半成品成本提供数据，具体格式如图5-25所示。

	A	B	C	D	E	F
1	自制半成品明细账					
2	车间：第一车间		2022年9月		产品名称：甲半成品	
3	摘要	数量（件）	直接材料	直接人工	制造费用	合计
4	月初余额	100	44800	3700	21500	70000
5	入库	200	95000	7400	56000	158400
6	合计	300	139800	11100	77500	228400
7	单位成本		466	37	258.33	761.33
8	本月发出	200	93200	7400	51666	152266
9	月末余额	100	46600	3700	25834	76134

图5-25 自制半成品明细账

其中，"入库"各栏数据与"第一车间甲半成品生产成本明细账"工作表中"完工半成品成本"各栏数据链接，"合计""单位成本""本月发出"及"月末余额"各栏数据分别用Excel函数和公式计算得出，公式设置如图5-26所示。

	A	B	C	D	E	F
1	自制半成品明细账					
2	车间：第一车间				产品名称：甲半成品	
3	摘要	数量（件）	直接材料	直接人工	制造费用	合计
4	月初余额	100	44800	3700	21500	70000
5	入库	200	=第一车间甲半成品生产成本明细账!C7	=第一车间甲半成品生产成本明细账!D7	=第一车间甲半成品生产成本明细账!E7	=第一车间甲半成品生产成本明细账!F7
6	合计	=B4+B5	=C4+C5	=D4+D5	=E4+E5	=F4+F5
7	单位成本		=ROUND(C6/B6, 2)	=ROUND(D6/B6, 2)	=ROUND(E6/B6, 2)	=ROUND(F6/B6, 2)
8	本月发出	200	=C7*B8	=D7*B8	=E7*B8	=F7*B8
9	月末余额	=B6-B8	=C6-C8	=D6-D8	=E6-E8	=F6-F8

图5-26 设置自制半成品明细账公式

另外，在确定成本项目的单位成本时，为了保证在引用单位成本时按规定的小数位计算，使用了 Excel 内置的四舍五入函数 ROUND() 函数。

(3) 新建一张工作表，命名为"甲产品明细账—综合结转"。在该表中设计第二车间甲产成品生产成本明细账格式，并根据各种生产费用分配表、自制半成品明细账以及第二车间在产品定额成本资料，登记生产成本明细账，如图 5-27 所示。

	A	B	C	D	E	F
1			生产成本明细账			
2	车间：第二车间		2022年9月		产品名称：甲产成品	
3	项目	产量（件）	半成品	直接人工	制造费用	合计
4	期初在产品成本		40500	12000	14000	66500
5	本月生产费用		152266	46000	50000	248266
6	合计		192766	58000	64000	314766
7	完工产品成本	210	159766	47000	49000	255766
8	单位成本		760.79	223.81	233.33	1217.93
9	月末在产品成本		33000	11000	15000	59000

图5-27　甲产品明细账—综合结转

其中，"本月生产费用"栏的"半成品"数据与"自制半成品明细账"工作表中"本月发出"栏的"合计"数据链接。链接和其他公式设置如图 5-28 所示。

	A	B	C	D	E	F
1			生产成本明细账			
2	车间：第二车间		42614		产品名称：甲产成品	
3	项目	产量（件）	半成品	直接人工	制造费用	合计
4	期初在产品成本		40500	12000	14000	66500
5	本月生产费用		=自制半成品明细账!F8	46000	50000	=C5+D5+E5
6	合计		=C4+C5	=D4+D5	=E4+E5	=F4+F5
7	完工产品成本	210	=C6-C9	=D6-D9	=E6-E9	=F6-F9
8	单位成本		=ROUND(C7/B7,2)	=ROUND(D7/B7,2)	=ROUND(E7/B7,2)	=ROUND(F7/B7,2)
9	月末在产品成本		33000	11000	15000	59000

图5-28　设置甲产品明细账—综合结转公式

(4) 新建一张工作表，命名为"甲产品明细账—分项结转"。在该表中设计第二车间甲产成品生产成本明细账格式，并根据各种生产费用分配表、半成品领用单、产成品交库单及第二车间在产品定额成本资料，登记生产成本明细账，如图 5-29 所示。

	A	B	C	D	E	F
1			生产成本明细账			
2	车间：第二车间		2022年9月		产品名称：甲产成品	
3	项目	产量（件）	直接材料	直接人工	制造费用	合计
4	期初在产品成本		24126	13928	28446	66500
5	本月生产费用			46000	50000	96000
6	领用半成品		93200	7400	51666	152266
7	合计		117326	67328	130112	314766
8	完工产品成本	210	97676	56168	101922	255766
9	单位成本		465.12	267.47	485.34	1217.93
10	月末在产品成本		19650	11160	28190	59000

图5-29　甲产品明细账—分项结转

其中，"领用半成品"栏成本项目中的数据分别与"自制半成品明细账"工作表中"本月发出"栏的分项指标"直接材料""直接人工"和"制造费用"数据链接。链接和其他公式设置如图 5-30 所示。

在以上实例中，假定甲产品生产仅有两个步骤，当然如果步骤更多，可按照完全相同的原理设置各步的半成品和生产成本明细账。

	A	B	C	D	E	F
1				生产成本明细账		
2	车间：第二车间				产品名称：甲产成品	
3	项目	产量（件）	直接材料	直接人工	制造费用	合计
4	期初在产品成本		24126	13928	28446	66500
5	本月生产费用		46000	50000		=SUM(C5:E5)
6	领用半成品		=自制半成品明细账!C8	=自制半成品明细账!D8	=自制半成品明细账!E8	=自制半成品明细账!F8
7	合计		=C4+C5+C6	=D4+D5+D6	=E4+E5+E6	=F4+F5+F6
8	完工产品成本	210	=C7-C10	=D7-D10	=E7-E10	=F7-F10
9	单位成本		=ROUND(C8/B8,2)	=ROUND(D8/B8,2)	=ROUND(E8/B8,2)	=ROUND(F8/B8,2)
10	月末在产品成本		19650	11160	28190	59000

图5-30 设置甲产品明细账—分项结转公式

在Excel工作表中，设计好逐步结转分步法的综合结转和分项结转同时进行的各种明细账格式后，可以将其存为模板文件。打开模板文件，就会产生带有公式的空白明细账。在费用分配表等表中输入最初的原始数据时，即可自动生成包括综合结转和分项结转的产品生产成本的各种明细账。

三、分批法模型

（一）分批法概述

1. 分批法的特点

产品成本核算的分批法是按照产品批别归集生产费用、计算产品成本的一种方法。按照产品批别组织生产时，生产计划部门要签发生产通知单下达到车间，并通知会计部门。在生产通知单中应对该批生产任务进行编号，称为产品批号或工作令号。会计部门应根据生产计划部门下达的产品批号，设立产品成本明细账。分批法的主要特点如下。

(1) 成本计算对象是产品批别或工作令号。

(2) 采用分批法时，生产费用应按月汇总，但由于各批产品的生产周期不一致，每批产品的实际成本，必须等到该批产品全部完工后才能计算确定，因而分批法的成本计算是不定期的。

(3) 一般不需要分配在产品成本。

2. 分批法的适用范围

分批法适用于分批生产和单件生产，如精密仪器、专用设备、重型机械和船舶的制造，某些特殊或精密铸件的熔铸，新产品的试制和机器设备的修理，以及辅助生产的工具模具制造，等等。适用于分批法的工厂或车间通常有以下几种。

(1) 根据购买者订单生产的企业。

(2) 产品种类经常变动的小规模制造厂。

(3) 专门进行修理业务的工厂。

(4) 新产品试制车间。

这些企业的一个共同特点为：一批产品通常不重复生产，即使重复生产也是不定期的。采用分批法，产品的批别和批量往往根据需用单位的订单确定，因而按照产品批别计算产品成本，往往也就是按照订单计算产品成本，所以分批法又称订单法。

（二）分批法的计算程序

分批法的计算程序如下。

(1) 按产品批别设置产品基本生产成本明细账、辅助生产成本明细账，账内按成本项目设置专栏；按车间设置制造费用明细账；同时，设置待摊费用、预提费用等明细账。

(2) 根据各生产费用的原始凭证或原始凭证汇总表和其他有关资料，编制各种要素费用分配表，分配各要素费用并登账。对于直接计入费用，应按产品批别列示并直接计入各个批别的产品成本明细表；对于间接计入费用，应按生产地点归集，并按适当的方法分配计入各个批别的产品成本明细账。

(3) 月末根据完工批别产品的完工通知单，将计入已完工的该批产品的明细账所归集的生产费用，按成本项目加以汇总，计算出该批完工产品的总成本和单位成本并转账。如果出现批别产品跨月陆续完工并已销售或提货的情况，应采用适当的方法将生产费用在完工产品和月末在产品之间进行分配，计算出该批已完工产品的总成本和单位成本。

(三) 运用Excel建立分批法模型

【例5-3】某企业设有一个基本生产车间和一个辅助生产车间(机修车间)，基本生产车间生产工艺过程为单步骤生产，产品成本核算采用分批法。

该企业某年 8 月份接受客户一个订单，订单中规定生产甲、乙两种产品，甲产品 50 件，乙产品 100 件。企业决定分两个批次组织生产，甲产品批号为 101#，乙产品批号为 102#。甲产品于 8 月 1 日投产，8 月 20 日全部完工；乙产品于 8 月 6 日投产，月底尚未完工。

1. 成本计算步骤

(1) 编制各要素分配表并登记各产品成本计算单、辅助生产成本明细账、制造费用明细账，如图 5-31～图 5-35 所示。

	A	B	C	D	E	F	G
1				产品成本计算单			
2							批号：101
3	产品名称：	甲产品	投产日期：1/8		批量：50件		完工日期：8月20日
4	日期	凭证号码	摘要	直接材料	直接人工	制造费用	合计
5	略	略	材料费用分配表	180000			180000
6			工资及福利费用分配表		15000		15000
7			制造费用分配表			22400	22400
8			合计	180000	15000	22400	217400
9			结转完工产品成本（50件）	180000	15000	22400	217400

图5-31 甲产品成本计算单

	A	B	C	D	E	F	G
1				产品成本计算单			
2							批号：102
3	产品名称：	乙产品	投产日期：6/8		批量：100件		完工日期：
4	日期	凭证号码	摘要	直接材料	直接人工	制造费用	合计
5	略	略	材料费用分配表	30000			30000
6			工资及福利分配表		20000		20000
7			制造费用分配表			9600	9600
8			合计	30000	20000	9600	59600

图5-32 乙产品成本计算单

	A	B	C	D	E	F	G
1				辅助生产成本明细账			
2							单位：元
3	日期	凭证号码	摘要	直接材料	直接人工	制造费用	合计
4	略	略	材料费用分配表	2200			2200
5			工资及福利费用分配表		8000		8000
6			转入制造费用			4200	4200
7			合计	2200	8000	4200	14400
8			月末生产成本转入各受益部门	2200	8000	4200	14400

图5-33 辅助生产成本明细账

	A	B	C	D	E	F	G	H	I	J	K	L
1							制造费用明细账					
2	机修车间											单位：元
3												
4	日期	凭证号码	摘要	材料	工资	办公费	水电费	修理费	折旧费	劳保费	其他	合计
5	略	略	材料费用分配表	850								850
6			工资及福利费用分配表		350							350
7			折旧计算表						500			500
8			其他支出汇总表			450	520	730		600	200	2500
9			合计	850	350	450	520	730	500	600	200	4200
10			月末转入辅助生产成本	850	350	450	520	730	500	600	200	4200

图5-34 机修车间制造费用明细账

	A	B	C	D	E	F	G	H	I	J	K	L
1							制造费用明细账					
2	基本生产车间											单位：元
3	日期	凭证号码	摘要	材料	工资	办公费	劳保费	水电费	修理费	折旧费	其他	合计
4	略	略	材料费用分配表	12000								12000
5			工资及福利费用分配表		5000							5000
6			折旧计算表							3000		3000
7			其他支出汇总表			400	200	400			500	2000
8			辅助生产分配表						10000			10000
9			合计	12000	5000	400	200	400	10500	3000	500	32000
10			月末转入辅助生产成本	12000	5000	400	200	400	10500	3000	500	32000

图5-35 基本生产车间制造费用明细账

(2) 编制基本生产车间制造费用分配表，并据以登记有关费用明细账，如图5-36所示。

	A	B	C	D	E	F
1				制造费用分配表		
2						单位：元
3	会计科目	明细科目	产品批号	分配标准（工时）	分配率	分配金额
4	基本生产成本	甲产品	101	7000		22400
5	基本生产成本	乙产品	102	3000		9600
6	合计			10000	3.2	32000

图5-36 基本生产车间制造费用分配表

(3) 汇总各批产品成本计算单所归集的费用，并编制完工产品成本汇总表，计算完工产品总成本和单位成本，如图5-37所示。

	A	B	C
1		完工产品成本汇总表	
2	产品名称：甲产品		2022年8月
3		产量（件）：	50
4	成本项目	总成本	单位成本
5	直接材料	150000	3000
6	直接人工	12000	240
7	制造费用	18000	360
8	合计	180000	3600

图5-37 完工产品成本汇总表

2. 运用Excel建模过程

新建一个工作簿并命名为"分批法"，在其下建立相关工作表，建模过程如下。

(1) 设置机修车间制造费用明细账的公式。

各要素分配表的数据为已知条件，本表仅涉及合计数的公式设置，具体操作如图5-38所示。

	A	B	C	D	E	F	G	H	I	J	K	L
1							制造费用明细账					
2	机修车间											单位：元
3												
4	日期	凭证号码	摘要	材料	工资	办公费	水电费	修理费	折旧费	劳保费	其他	合计
5	略	略	材料费用分配表	850								=D5
6			工资及福利费用分配表		350							=E6
7			折旧计算表						500			=I7
8			其他支出汇总表			450	520	730		600	200	=SUM(F8:K8)
9			合计	=D5	=E6	=F8	=G8	=H8	=I7	=J8	=K8	=SUM(L5:L8)
10			月末转入辅助生产成本	=D9	=E9	=F9	=G9	=H9	=I9	=J9	=K9	=L9

图5-38 设置机修车间制造费用明细账的公式

(2) 设置辅助生产成本明细账的公式。

本表直接材料和直接人工的数据为已知条件，制造费用的数据需从机修车间制造费用明细账转入，具体操作如图 5-39 所示。

	A	B	C	D	E	F	G
1				辅助生产成本明细账			
2							单位：元
3	日期	凭证号码	摘要	直接材料	直接人工	制造费用	合计
4	略	略	材料费用分配表	2200			=D4
5			工资及福利费用分配表		8000		=E5
6			转入制造费用			=机修车间制造费用明细账!L10	=F6
7			合计	=D4	=E5	=F6	=SUM(D7:F7)
8			月末生产成本转入各受益部门	=D7	=E7	=F7	=G7

图5-39 设置辅助生产成本明细账的公式

(3) 设置基本生产车间制造费用明细账的公式。

各要素分配表的数据为已知条件，本表仅涉及合计数的公式设置，具体操作如图 5-40 所示。

	A	B	C	D	E	F	G	H	I	J	K	L
1				制造费用明细账								
2	基本生产车间											
3	日期	凭证号码	摘要	材料	工资	办公费	劳保费	水电费	修理费	折旧费	其他	单位：元 合计
4	略	略	材料费用分配表	12000								=D4
5			工资及福利费用分配表		5000							=E5
6			折旧计算表							3000		=J6
7			其他支出汇总表			400	200	400	500		500	=SUM(F7:K7)
8			辅助生产分配表						10000			=I8
9			合计	=D4	=E5	=F7	=G7	=H7	=I7+I8	=J6	=K7	=SUM(L4:L8)
10			月末转入辅助生产成本	=D9	=E9	=F9	=G9	=H9	=I9	=J9	=K9	=L9

图5-40 设置基本生产车间制造费用明细账的公式

(4) 设置制造费用分配表的公式。

本表待分配的制造费用金额需从基本生产车间制造费用明细账转入，分配率为待分配金额除以工时合计数，具体操作如图 5-41 所示。

	A	B	C	D	E	F
1				制造费用分配表		
2						单位：元
3	会计科目	明细科目	产品批号	分配标准（工时）	分配率	分配金额
4	基本生产成本	甲产品	101	7000		=D4*E6
5	基本生产成本	乙产品	102	3000		=D5*E6
6	合计			=D4+D5	=F6/D6	=基本生产车间制造费用明细账!L10

图5-41 设置制造费用分配表的公式

(5) 设置甲、乙产品成本计算单的公式。

这两个表的直接材料和直接人工的数据为已知条件，制造费用的数据需从制造费用分配表转入，具体操作如图 5-42 和图 5-43 所示。

	A	B	C	D	E	F	G
1				产品成本计算单			
2							批号：101
3	产品名称：甲产品		投产日期：1/8		批量：50件	完工日期：20/8	
4	日期	凭证号码	摘要	直接材料	直接人工	制造费用	合计
5	略	略	材料费用分配表	180000			=D5
6			工资及福利费用分配表		15000		=E6
7			制造费用分配表			=制造费用分配表!F4	=F7
8			合计	=D5	=E6	=F7	=SUM(G5:G7)
9			结转完工产品成本（50件）	=D8	=E8	=F8	=G8

图5-42 设置甲产品成本计算单的公式

	A	B	C	D	E	F	G
1				产品成本计算单			
2							批号：102
3	产品名称：乙产品		投产日期：6/8		批量：100件		完工日期：
4	日期	凭证号码	摘要	直接材料	直接人工	制造费用	合计
5	略	略	材料费用分配表	30000			=D5
6			工资及福利分配表		20000		=E6
7			制造费用分配表			=制造费用分配表!F5	=F7
8			合计	=D5	=E6	=F7	=SUM(G5:G7)

图5-43 设置乙产品成本计算单的公式

(6) 设置完工产品成本汇总表公式。

本月只有甲产品完工，本表中总成本的数据从甲产品成本计算单转入，单位成本总成本除以产量，具体操作如图5-44所示。

图5-44 设置完工产品成本汇总表的公式

第三节　Excel与产品成本分析模型

成本分析是成本管理的重要环节，利用成本分析模型，用户可以方便、准确地进行全部产品成本分析、可比产品成本分析、主要产品单位成本分析，客观地对成本计划与控制进行总结，并为下期成本预测与计划提供切实的可比材料，同时为企业经济效益的考核从成本方面提供各种可靠的资料。

一、全部产品成本分析模型

全部产品成本分析指实际成本水平与计划成本水平的比较，其分析计算的基本指标如下。

全部产品成本相对于计划水平的降低额=全部产品实际产量按计划单位成本计算的总成本

　　　　　　　　　　　　　　　－全部产品实际产量按实际单位成本计算的总成本

全部产品成本相对于计划水平的降低率=全部产品成本相对于计划水平的降低额

　　　　　　　　　　　　　　　÷全部产品实际产量按实际单位成本计算的总成本

　　　　　　　　　　　　　　　×100%

其中：总成本=单位成本×产量

　　　总成本降低额=按计划计算的总成本-按实际计算的总成本

　　　总成本降低率=总成本降低额÷计划总成本

　　　全部产品总成本=可比产品总成本+不可比产品总成本

【例 5-4】假设某企业全部产品成本资料如图 5-45 所示，以此资料为例来说明产品成本分析模型的建立。

	A	B	C	D	E	F	G	H	I
1					全部产品成本分析表				
2					2022年				单元：元
3					单位成本		总成本		
4	产品名称	单位	实际产量	本年计划	本年实际	按计划计算	按实际计算	降低额	降低率
5	可比产品：					750000	695000	55000	7.33%
6	A	台	1000	450	420	450000	420000	30000	6.67%
7	B	台	500	600	550	300000	275000	25000	8.33%
8	不可比产品：					75000	90000	-15000	-20%
9	C	台	300	250	300	75000	90000	-15000	-20%
10	全部产品总成本					825000	785000	40000	4.85%

图5-45　全部产品成本分析表

具体操作步骤如下。

(1) 按计划成本计算的总成本计算：单击 F6 单元格，输入公式"=C6*D6"，将此公式分别复制到 F7 和 F9 单元格；单击 F5 单元格，输入公式"=F6+F7"。

(2) 按实际成本计算的总成本计算：单击 G6 单元格，输入公式"=C6*E6"，将此公式分别复制到 G7 和 G9 单元格；单击 G5 单元格，输入公式"=G6+G7"。

(3) 降低额计算：单击 H5 单元格，输入公式"=F5-G5"，将此公式复制到 H6:H10 单元格区域。

(4) 降低率计算：单击 I5 单元格，输入公式"=H5/F5"，将此公式复制到 I6:I10 单元格区域。

(5) 全部产品总成本计算：单击 F10 单元格，输入公式"=F5+F8"；单击 G10 单元格，输入公式"=G5+G8"。

最终建立的模型如图 5-45 所示。

二、可比产品成本分析模型

可比产品成本分析是指对可比产品成本降低计划完成的分析，即对产品产量、产品结构和单位产品成本三大因素对成本计划完成的影响进行分析。

【例 5-5】下面以某企业的计划成本资料表与实际完成情况资料表为例，说明可比产品成本分析模型的建立，如图 5-46～图 5-50 所示。

	A	B	C	D	E	F	G	H	I
1					可比产品计划成本表				
2					2022年				单元：元
3					单位成本		总成本		
4	产品名称	单位	计划产量	上年	计划	按上年计算	按计划计算	降低额	降低率
5	A	台	950	470	450	=C5*D5	=C5*E5	=F5-G5	=H5/F5
6	B	台	580	610	600	=C6*D6	=C6*E6	=F6-G6	=H6/F6
7	合计					=F5+F6	=G5+G6	=H5+H6	=H7/F7

图5-46　设置可比产品计划成本表公式

	A	B	C	D	E	F	G	H	I
1	可比产品计划成本表								
2					2022年			单元：元	
3	产品名称	单位	计划产量	单位成本		总成本		降低额	降低率
4				上年	计划	按上年计算	按计划计算		
5	A	台	950	470	450	446500	427500	19000	4.26%
6	B	台	580	610	600	353800	348000	5800	1.64%
7	合计					800300	775500	24800	3.10%

图5-47　可比产品计划成本表

	A	B	C	D	E	F	G	H	I	J	K
1	可比产品成本实际完成计划情况表										
2										单位：元	
3	产品名称	单位	计划产量	单位成本			总成本			计划降低指标	
4				上年	计划	实际	按上年计算	按计划计算	实际	降低额	降低率
5	A	台	1000	470	450	420	=C5*D5	=C5*E5	=C5*F5	=G5-I5	=J5/G5
6	B	台	500	610	600	550	=C6*D6	=C6*E6	=C6*F6	=G6-I6	=J6/G6
7	合计						=G5+G6	=H5+H6	=I5+I6	=G7-I7	=J7/G7

图5-48　设置可比产品成本实际完成计划情况表公式

	A	B	C	D	E	F	G	H	I	J	K
1	可比产品成本实际完成计划情况表										
2										单位：元	
3	产品名称	单位	计划产量	单位成本			总成本			计划降低指标	
4				上年	计划	实际	按上年计算	按计划计算	实际	降低额	降低率
5	A	台	1000	470	450	420	470000	450000	420000	50000	10.64%
6	B	台	500	610	600	550	305000	300000	275000	30000	9.84%
7	合计						775000	750000	695000	80000	10.32%

图5-49　可比产品成本实际完成计划情况表

	A	B	C
1	三因素对成本计划完成情况分析汇总表		
2		影响程度	
3	影响程度	超计划降低额	超计划降低率
4	产量因素	-784.01	
5	结构因素	984.01	0.13%
6	单位产品成本因素	55000	7.10%
7	超计划完成可比产品降低指标	55200	7.10%

图5-50　三因素对成本计划完成情况分析汇总表

具体操作步骤如下。

1. 产量因素的影响

(1) 产量因素影响的降低额=(Σ产量按上年单位成本计算的总成本-Σ计划产量按上年单位成本计算的总成本)×计划成本降低率。

单击 B4 单元格，输入公式"=(可比产品成本实际完成计划情况表!G7-可比产品计划成本表!F7)*可比产品计划成本表!I7"，计算结果如图 5-50 所示。

(2) 单纯的产量因素对成本降低率无影响。

2. 结构因素的影响

(1) 结构因素影响的降低额=(Σ实际产量按上年单位成本计算的总成本-Σ实际产量按计划单位成本计算的总成本)-(实际产量按上年单位成本计算的总成本×计划成本降低率)。

单击 B5 单元格，输入公式"=(可比产品成本实际完成计划情况表!G7-可比产品成本实际完成计划情况表!H7)-可比产品成本实际完成计划情况表!G7*可比产品计划成本表!I7"，计算结果如图 5-50 所示。

(2) 结构因素影响的降低率=(结构因素影响的超计划降低额/Σ实际产量按上年单位成本计算的总成本)×100%。

单击 C5 单元格,输入公式"=B5/可比产品成本实际完成计划情况表!G7",计算结果如图 5-50 所示。

3. 单位产品成本因素的影响

(1) 单位产品成本因素影响的降低额=Σ实际产品按计划成本计算的总成本-Σ实际产量按实际单位成本计算的总成本。

单击 B6 单元格,输入公式"=可比产品成本实际完成计划情况表!H7-可比产品成本实际完成计划情况表!I7",计算结果如图 5-50 所示。

(2) 单位产品成本因素影响的降低率=(单位产品成本因素影响的降低额/Σ实际产量按上年单位成本计算的总成本)×100%。

单击 C6 单元格,输入公式"=B6/可比产品成本实际完成计划情况表!G7",计算结果如图 5-50 所示。

4. 超计划完成部分的影响

(1) 超计划完成部分的成本降低额=Σ实际完成的降低额-Σ计划完成的降低额。

单击 B7 单元格,输入公式"=可比产品成本实际完成计划情况表!J7-可比产品计划成本表!H7",计算结果如图 5-50 所示。

(2) 超计划完成部分的成本降低率=(Σ实际完成的降低额/Σ计划完成的降低额)×100%。

单击 C7 单元格,输入公式"=B7/可比产品成本实际完成计划情况表!G7",计算结果如图 5-50 所示。

在实际使用中,由于该模型的各单元格之间建立了正确的链接,只要将企业可比产品成本分析中各相关值,如单位成本(包括上年、计划和实际的单位成本)、产量(包括计划和实际产量)等,输入或链接到模型中,便可以自动得到可比产品成本计划完成情况分析汇总表,为企业财务管理人员分析成本情况提供准确的数据。

三、产品单位成本分析模型

全部产品成本完成计划情况的分析与可比产品成本完成计划情况的分析都是从总体上对企业成本管理和控制的分析评价。但从成本控制的具体内容来看,最终应该落实到对各种产品的单位计划成本以及各成本项目、控制定额完成情况的分析。对主要产品单位成本的分析能够直接反映和评价成本管理中基础工作的质量,并且也能将总成本分析所产生的概括性资料分解为各种具有实用性的、能够直接说明某环节问题的分析数据。因此,对主要产品单位成本的分析有利于企业明确找到降低产品成本的途径和方法。

(一) 直接材料成本项目的分析

材料成本受材料单价和材料消耗量两个因素的影响。材料价格主要受市场的影响,对企业来说,其可控比重相对较小;而材料消耗则是企业的可控因素,它可以具体反映出工人生产的操作问题、材料领发制度管理的问题、产品设计或工艺设计的问题、材料质量或材料充分利等一系列具体的内容。因此，材料项目的分析评价的侧重点是消耗因素。

(二) 直接人工成本项目的分析

产品成本中的直接人工成本是指直接生产产品的工人的工资以及按工资比例计提的福利费。生产工人工资报酬在采用计时工资制的情况下，单位产品成本中的直接人工成本的计算公式如下。

$$单位产品直接人工成本=单位产品工时耗费×每工时分配率$$

(三) 制造费用或其他费用类项目成本的分析

单位产品成本所承担的制造费用或其他一般费用作为间接成本通常以生产工时为标准计入各产品成本中，计算公式如下。

$$单位产品应承担的制造(或其他)费用=单位产品工时耗费×单位工时费用分配率$$

对主要产品单位成本分析的过程，其实质是按成本项目进行量差分析(材料消耗、工时消耗等)和价差分析(材料单价、单位工时工资分配率、单位工时费用分配率等)。这两大类因素交叉关系的计算原则是"量差×计划价格，价差×实际数量"。

【例5-6】下面以某企业的某产品为例来介绍主要产品单位成本分析模型的建立，如图5-51所示。

	A	B	C	D	E	F	G	H	I	J
1						单位材料成本分析表				
2		材料消耗量		材料单价		材料成本		差异		
3	材料名称	计划	实际	计划	实际	计划	实际	差异额	量差	价差
4	甲	40	39	2	1.9	=B4*D4	=C4*E4	=G4-F4	=(C4-B4)*D4	=(E4-D4)*C4
5	乙	16	15	1.2	1.1	=B5*D5	=C5*E5	=G5-F5	=(C5-B5)*D5	=(E5-D5)*C5
6	合计					=F4+F5	=G4+G5	=H4+H5	=I4+I5	=J4+J5

图5-51 设置单位材料成本分析表公式

其中

$$材料成本=材料消耗量×材料单价$$

单击 F4 单元格，输入公式 "=B4*D4"；单击 G4 单元格，输入公式 "=C4*E4"。

$$成本差异额=按实际计算的材料成本-按计划计算的材料成本$$

单击 H4 单元格，输入公式 "=G4-F4"。

$$量差=(实际材料消耗量-计划材料消耗量)×计划材料单价$$

单击 I4 单元格，输入公式 "=(C4-B4)*D4"。

$$价差=(实际材料单价-计划材料单价)×实际材料消耗量$$

单击 J4 单元格，输入公式 "=(E4-D4)*C4"。

单元格区域内各相应单元格的计算通过"复制"和"粘贴"命令完成，粘贴过程将自动调整公式中的单元格引用，将正确的公式复制到各有关单元格中。

从图 5-52 中可以看出，该产品单位成本上升 2 万元，其主要原因是材料价格上升而造成价差 5.4 万元。虽然在材料消耗方面使单位成本有所下降，量差为 3.2 万元，但不足以弥补材料价格上升的影响。

	A	B	C	D	E	F	G	H	I	J
1	单位材料成本分析表									
2		材料消耗量		材料单价		材料成本		差异		
3	材料名称	计划	实际	计划	实际	计划	实际	差异额	量差	价差
4	甲	40	39	2	1.9	80	74.1	-5.9	-2	-3.9
5	乙	16	15	1.2	1.1	19.2	16.5	-2.7	-1.2	-1.5
6	合计					99.2	90.6	-8.6	-3.2	-5.4

图5-52　单位材料成本分析表

第四节　运用Excel制作成本费用汇总表

一、汇总同一工作簿的成本数据

企业在成本费用的日常管理工作中，经常需要对成本费用数据按不同的标准进行汇总计算编制各种汇总表，利用 Excel 的合并计算工具可以方便地解决这类问题。

【例 5-7】某企业三个生产车间 2021 年 1～12 月的产品成本报表分别存放在同一个工作簿的名为"一车间""二车间""三车间"的三个工作表中，如图 5-53～图 5-55 所示。要求在同一个工作簿中制作一张全厂产品成本汇总表。

	A	B	C	D	E	F	G	H	I	J
1		一车间产品成本报表								
2	月份	甲产品				乙产品				总计
3		直接材料费	直接人工费	制造费	合计	直接材料费	直接人工费	制造费	合计	
4	1月	8800.00	5178.60	4400.00	18378.60	14731.00	17677.20	5892.40	38300.60	56679.20
5	2月	9666.00	5888.60	4833.00	20387.60	14657.00	17588.40	5862.80	38108.20	58495.80
6	3月	7437.00	4462.20	3718.50	15617.70	16141.00	19369.20	6456.40	41966.60	57584.30
7	4月	8176.00	4910.80	4088.00	17174.80	10535.00	12642.00	4214.00	27391.00	44565.80
8	5月	5736.00	3447.60	2868.00	12051.60	11134.00	13360.80	4453.60	28948.40	41000.00
9	6月	5108.00	3064.80	2554.00	10726.80	19386.00	23263.20	7754.40	50403.60	61130.40
10	7月	8524.00	5114.40	4262.00	17900.40	16626.00	19936.80	6645.60	43208.40	61108.80
11	8月	6983.00	4189.80	3491.50	14664.30	18994.00	22792.80	7597.60	49384.40	64048.70
12	9月	8266.00	4951.80	4133.00	17350.80	16539.00	19846.80	6615.60	43001.40	60352.20
13	10月	9632.00	5766.00	4816.00	20214.00	18140.00	21768.00	7256.00	47164.00	67378.00
14	11月	6200.00	3720.00	3100.00	13020.00	19239.00	23086.80	7695.80	50021.60	63041.60
15	12月	7083.00	4239.60	3541.50	14864.10	14599.00	17518.80	5839.60	37957.40	52821.50
16	合计	91611.00	54934.20	45805.50	192350.70	190721.00	228850.80	76283.80	495855.60	688206.30

图5-53　一车间产品成本报表

	A	B	C	D	E	F	G	H	I	J
1		二车间产品成本报表								
2	月份	甲产品				乙产品				总计
3		直接材料费	直接人工费	制造费	合计	直接材料费	直接人工费	制造费	合计	
4	1月	6904.80	4142.88	3452.40	14500.08	11733.30	14141.76	4713.92	30588.98	45089.06
5	2月	7719.20	4631.52	3877.30	16228.02	11725.60	14070.72	4690.24	30486.56	46714.58
6	3月	5949.60	3569.76	2988.00	12507.36	12912.80	15495.36	5165.12	33573.28	46080.64
7	4月	6534.40	3920.64	3267.20	13722.24	8428.60	10133.20	3371.20	21933.60	35655.84
8	5月	4588.80	2753.28	2294.40	9636.48	7307.20	10688.64	3562.88	21558.72	31195.20
9	6月	4066.80	2451.84	2043.20	8561.84	15508.80	18610.56	6203.52	40322.88	48884.72
10	7月	6819.20	4091.52	3409.60	14320.32	13291.20	15949.44	5316.48	34557.12	48877.44
11	8月	5586.40	3351.84	2793.20	11731.44	15195.20	18234.24	6078.08	39507.52	51238.96
12	9月	6602.40	3961.44	3301.20	13865.04	13231.20	15877.44	5292.48	34401.12	48266.16
13	10月	7688.00	4614.30	3844.00	16146.30	14512.00	17414.40	5804.80	37731.20	53877.50
14	11月	4960.00	2976.31	2483.30	10419.61	15391.20	18469.44	6156.48	40017.12	50436.73
15	12月	5652.80	3391.68	2826.40	11870.88	11679.90	14015.04	4671.68	30366.52	42237.40
16	合计	73072.40	43857.01	36580.20	153509.61	150916.90	183100.84	61026.88	395044.62	548554.23

图5-54　二车间产品成本报表

	A	B	C	D	E	F	G	H	I	J
1						三车间产品成本报表				
2	月份		甲产品				乙产品			总计
3		直接材料费	直接人工费	制造费	合计	直接材料费	直接人工费	制造费	合计	
4	1月	12946.50	7767.30	6473.25	27187.05	16396.50	26515.80	8838.60	51750.90	78937.95
5	2月	14473.50	8684.10	7236.75	30394.35	21985.50	26382.60	8794.20	57162.30	87556.65
6	3月	11155.50	6323.30	5577.75	23056.55	24211.50	29053.80	9684.60	62949.90	86006.45
7	4月	12252.00	7351.20	6126.00	25729.20	15802.50	18963.30	6321.30	41087.10	66816.30
8	5月	8604.00	5162.40	4302.00	18068.40	16768.00	20041.20	6680.40	43489.60	61558.00
9	6月	8363.30	4597.20	3831.00	16791.50	29079.00	34894.80	11631.60	75605.40	92396.90
10	7月	12786.00	7671.60	6393.00	26850.60	24921.00	29905.20	9968.40	64794.60	91645.20
11	8月	9474.50	6284.70	5237.25	20996.45	28491.00	34189.20	11396.40	74076.60	95073.05
12	9月	12379.50	7427.70	6189.75	25996.95	24808.50	29770.20	9923.40	64502.10	90499.05
13	10月	14415.00	8649.00	7207.50	30271.50	27210.00	32652.00	10884.00	70746.00	101017.50
14	11月	9336.40	5580.00	4650.00	19566.40	28858.50	34630.20	11543.40	75032.10	94598.50
15	12月	11203.30	6359.40	5299.50	22862.20	21898.50	26278.20	8759.40	56936.10	79798.30
16	合计	137389.50	81857.90	68523.75	287771.15	280430.50	343276.50	114425.70	738132.70	1025903.85

图5-55 三车间产品成本报表

具体操作步骤如下。

(1) 在当前工作簿中插入一张新的工作表,将工作表的名称修改为"汇总表",在该工作表中设计全厂产品成本汇总表的结构。

(2) 在"汇总表"工作表中选中B4单元格,然后在"数据"选项卡的"数据工具"功能组中单击"合并计算"按钮,打开"合并计算"对话框,在"函数"栏中保持默认的"求和"不变;在"引用位置"栏中,首先拾取"一车间"工作表中的数据区域"一车间!$B$4:$J$16",单击"添加"按钮后,该引用区域会被添加到"所有引用位置"列表框中,再按同样的方法依次将"二车间"和"三车间"工作表中的数据区域添加到"所有引用位置"列表框中。如果希望在合并计算的汇总表中能够选择查看明细数据,可以在"合并计算"对话框中选中"创建指向源数据的链接"复选框。

需要注意的是,在本例的"合并计算"对话框中,无论按怎样的顺序引用和添加三个车间的产品成本数据区域,这三个工作表中的数据区域添加到"所有引用位置"列表框中的排列顺序都为二车间、三车间、一车间的顺序,这是系统默认的按工作表名首字母的汉语拼音升序排列的顺序。

(3) 单击"确定"按钮后,即可得到合并计算后的全厂产品成本汇总表,如图5-56所示。单击汇总表中的2级显示按钮,可以显示汇总表中的明细数据,并且在1级显示按钮下方的加号"+"会变成减号"-",从而可展开显示该加号上方原来隐藏的几行数据。

		A	B	C	D	E	F	G	H	I	J
	1						全厂产品成本报表				
	2	月份		甲产品				乙产品			总计
	3		直接材料费	直接人工费	制造费	合计	直接材料费	直接人工费	制造费	合计	
	7	1月	28651.30	17088.78	14325.65	60065.73	42860.80	58334.76	19444.92	120640.48	180706.21
	11	2月	31858.70	19204.22	15947.05	67009.97	48368.10	58041.72	19347.24	125757.06	192767.03
	15	3月	24542.10	14355.26	12284.25	51181.61	53265.30	63918.36	21306.12	138489.78	189671.39
	19	4月	26962.40	16182.64	13481.20	56626.24	34766.10	41739.10	13906.50	90411.70	147037.94
	23	5月	18928.80	11363.28	9464.40	39756.48	35209.20	44090.64	14696.88	93996.72	133753.20
	27	6月	17538.10	10113.84	8428.20	36080.14	63973.80	76768.56	25589.52	166331.88	202412.02
	31	7月	28129.20	16877.52	14064.60	59071.32	54838.20	65791.44	21930.48	142560.12	201631.44
	35	8月	22043.90	13826.34	11521.95	47392.19	62680.20	75216.24	25072.08	162968.52	210360.71
	39	9月	27247.90	16340.94	13623.95	57212.79	54578.70	65494.44	21831.48	141904.62	199117.41
	43	10月	31735.00	19029.30	15867.50	66631.80	59862.00	71834.40	23944.80	155641.20	222273.00
	47	11月	20496.40	12276.31	10233.30	43006.01	63488.70	76186.44	25395.68	165070.82	208076.83
	51	12月	23939.10	13990.68	11667.40	49597.18	48177.30	57812.04	19270.68	125260.02	174857.20
	55	合计	302072.90	180649.11	150909.45	633631.46	622068.40	755228.14	251736.38	1629032.92	2262664.38

图5-56 全厂产品成本汇总表

二、汇总不同工作簿的成本数据

上述章节介绍了利用合并计算工具汇总存放在同一工作簿的不同工作表中的产品成本数据的方法。即使准备汇总的产品成本数据存放在几个不同的工作簿中，而且每个工作簿中的产品成本数据区域的结构不完全相同，也同样可以利用合并计算工具来制作产品成本汇总表。下面举例说明。

【例 5-8】某工厂的三个分厂的某个会计期间产品成本费用的有关数据分别存放在名为"一分厂""二分厂"和"三分厂"的 3 个不同工作簿各自的 Sheet1 工作表中，而且三个分厂产品成本数据的区域不完全相同，如图 5-57～图 5-59 所示。要求制作一张总厂的产品成本费用汇总表。

	A	B	C	D
1	金额单位（元）	甲产品	乙产品	合计
2	A材料费用	1955		1955
3	B材料费用	5530	3660	9190
4	C材料费用		2455	2455
5	直接材料费合计	7485	6115	13600
6	直接人工费	2350	3510	5860
7	制造费用	1260	2230	3490
8	制造成本合计	11095	11855	22950

图5-57　一分厂的成本数据

	A	B	C	D
1	金额单位（元）	乙产品	丙产品	合计
2	A材料费用		1455	1455
3	B材料费用	4135		4135
4	C材料费用	3663	3236	6899
5	D材料费用		5813	5813
6	直接材料费合计	7798	10504	18302
7	直接人工费	4280	4510	8790
8	制造费用	2890	3200	6090
9	制造成本合计	14968	18214	33182

图5-58　二分厂的成本数据

	A	B	C	D
1	金额单位（元）	甲产品	丙产品	合计
2	A材料费用	6333	3743	10076
3	B材料费用	4836		4836
4	C材料费用		4733	4733
5	D材料费用		6232	6232
6	直接材料费合计	11169	14708	25877
7	直接人工费	5578	6333	11911
8	制造费用	3950	4632	8582
9	制造成本合计	20697	25673	46370

图5-59　三分厂的成本数据

具体操作步骤如下。

(1) 打开名为"一分厂""二分厂""三分厂"的 3 个工作簿中的 Sheet1 工作表。

(2) 新建一个名为"总厂汇总表"的工作簿，在该工作簿的 Sheet1 工作表中选取 A1 单元格，然后在"数据"选项卡的"数据工具"功能组中单击"合并计算"按钮，打开"合并计算"对话框，在"函数"栏中保持默认的"求和"不变；在"引用位置"栏中，首先拾取"一分厂"工作簿中的数据区域，单击"添加"按钮后，该引用区域会被添加到"所有引用位置"列表框中，然后按同样的方法依次将"二分厂"和"三分厂"工作簿中的数据区域添加到"所有引用位置"列表框中，再在"标签位置"区域中选中"首行"复选框和"最左列"复选框，同时选中"创建指向源数据的链接"复选框。

(3) 单击"确定"按钮，即可得到合并计算后的总厂汇总表，如图 5-60 所示。

	A	B	C	D	E	F
1			乙产品	甲产品	丙产品	合计
5	A材料费用			8288	5198	13486
9	B材料费用		7795	10366		18161
13	C材料费用		6118		7969	14087
16	D材料费用				12045	12045
20	直接材料费合计		13913	18654	25212	57779
24	直接人工费		7790	7928	10843	26561
28	制造费用		5120	5210	7832	18162
32	制造成本合计		26823	31792	43887	102502

图5-60　制作完成的总厂产品成本费用汇总表

(4) 单击图 5-60 所示汇总表左上角的 2 级显示按钮，可以展开汇总表中原来隐藏的全部数据，如图 5-61 所示。而如果在"合并计算"对话框中不选中"创建指向源数据的链接"复选框，那么所得到的合并计算汇总表的左边就不会有 1 级和 2 级显示按钮，也就不能在汇总表中选择查看明细数据。

	A	B	C	D	E	F
1			乙产品	甲产品	丙产品	合计
2		二分厂			1455	1455
3		三分厂		6333	3743	10076
4		一分厂		1955		1955
5	A材料费用			8288	5198	13486
6		二分厂	4135			4135
7		三分厂		4836		4836
8		一分厂	3660	5530		9190
9	B材料费用		7795	10366		18161
10		二分厂	3663		3236	6899
11		三分厂			4733	4733
12		一分厂	2455			2455
13	C材料费用		6118		7969	14087
14		二分厂			5813	5813
15		三分厂			6232	6232
16	D材料费用				12045	12045
17		二分厂	7798		10504	18302
18		三分厂		11169	14708	25877
19		一分厂	6115	7485		13600
20	直接材料费合计		13913	18654	25212	57779
21		二分厂	4280		4510	8790
22		三分厂		5578	6333	11911
23		一分厂	3510	2350		5860
24	直接人工费		7790	7928	10843	26561
25		二分厂	2890		3200	6090
26		三分厂		3950	4632	8582
27		一分厂	2230	1260		3490
28	制造费用		5120	5210	7832	18162
29		二分厂	14968		18214	33182
30		三分厂		20697	25673	46370
31		一分厂	11855	11095		22950
32	制造成本合计		26823	31792	43887	102502

图5-61　展开显示的总厂产品成本费用汇总表

本章小结

成本管理是企业生产经营过程中各项成本核算、成本分析、成本决策和成本控制等一系列科学管理行为的总称，其中成本核算是成本管理活动的重中之重。

本章在成本会计的基础上重点介绍相关的 Excel 在成本核算中的运用。受企业生产类型的特点和管理要求的影响，产品成本核算对象包括分品种、分步骤和分批别三种，相应的有品种法、分步法和分批法三种成本核算方法。在使用 Excel 进行成本核算之前，本章介绍了一些成本核算方法的基础知识，只有在手工的成本核算方法熟练掌握的前提下，才能更好地理解 Excel 下各个工作表之间的关系。如果这些数据皆以 Excel 单元格链接与计算的方式来表达，将会非常的方便和快捷。同时，本章在各章节中以典型实例的形式分别对品种法、分步法和分批法三种成本核算方法在 Excel 中的应用做了详细的介绍。此外，本章还针对相关的成本核算结果编制成本费用汇总表，主要介绍了同一工作簿的成本数据和不同工作簿的成本数据的具体计算分析，为以后的工作打下基础。

关键名词

成本核算　　成本管理　　品种法　　分步法　　分批法　　成本费用汇总表

思考题

1. 简述成本核算的基本要求。
2. 简述品种法的计算程序并简述在 Excel 建模中的操作要点。
3. 简述分步法的计算程序并简述在 Excel 建模中的操作要点。
4. 简述分批法的计算程序并简述在 Excel 建模中的操作要点。
5. 概括总结 Excel 制作成本费用汇总表的操作步骤。
6. 简述 Excel 中"合并计算"的功能及用法。

本章实训

【技能实训】

资料：某厂为大量大批单步骤生产的企业，采用品种法计算产品成本。企业设有一个基本生产车间，生产甲、乙两种产品，还设有一个辅助生产车间——运输车间。该厂 2022 年 5 月有关产品成本核算资料如下。

1. 产量资料如表 5-1 所示。

表5-1　甲、乙产品产量统计表

产品名称	月初 在产品量(件)	本月 投产量(件)	完工 产品量(件)	月末 在产品量(件)	月末 在产品完工率(%)
甲	800	7200	6500	1500	60
乙	320	3680	3200	800	40

2. 月初在产品成本资料如表 5-2 所示。

表 5-2 甲、乙产品月初在产品成本明细表

单位：元

产品名称	直接材料费用	直接人工费用	制造费用	合计
甲	8090	5860	6810	20 760
乙	6176	2948	2728	11 852

3. 该月发生的生产费用如下。

(1) 材料费用。生产甲产品耗用材料 4410 元，生产乙产品耗用材料 3704 元，生产甲、乙产品共同耗用材料 9000 元(甲产品材料定额耗用量为 3000 千克，乙产品材料定额耗用量为 1500 千克)。运输车间耗用材料 900 元，基本生产车间耗用材料 1938 元。

(2) 工资费用。生产工人工资 10 000 元，运输车间人员工资 800 元，基本生产车间管理人员工资 1600 元。

(3) 其他费用。运输车间固定资产折旧费为 200 元，水电费为 160 元，办公费为 40 元。基本生产车间厂房、机器设备折旧费为 5800 元，水电费为 260 元，办公费为 402 元。

4. 工时记录。甲产品耗用实际工时为 1800 小时，乙产品耗用实际工时为 2200 小时。

5. 本月运输车间共完成 2100 千米运输工作量，其中：基本生产车间耗用 2000 千米，企业管理部门耗用 100 千米。

6. 该厂有关费用分配方法如下。

甲、乙产品共同耗用的材料按定额耗用量比例分配；生产工人工资按甲、乙产品工时比例分配；辅助生产费用按运输千米比例分配；制造费用按甲、乙产品工时比例分配；按以产量法分配计算甲、乙完工产品和月末在产品成本。甲产品耗用的材料随加工进度陆续投入，乙产品耗用的材料于生产开始时一次性投入。

要求：在 Excel 中采用品种法计算甲、乙产品成本。

【应用实训】

甲公司设有运输和供气两个辅助生产车间，采用直接分配法分配辅助生产成本。运输车间的成本按运输千米比例分配，供气车间的成本按供气量比例分配。该公司 2022 年 2 月有关辅助生产成本资料如下。

(1) 运输车间本月共发生成本 22 500 元，提供运输劳务 5000 千米；供气车间本月共发生成本 240 000 元，供气量 640 立方米。

(2) 运输车间耗用供气量 40 立方米，供气车间耗用运输车间劳务 500 千米。

(3) 基本生产车间耗用运输车间劳务 2550 千米，耗用供气量 320 立方米。

(4) 行政管理部门耗用运输车间劳务 1950 千米，耗用供气量 280 立方米。

要求：用 Excel 编制甲公司的辅助生产成本分配表，如表 5-3 所示。

表5-3 辅助生产成本分配表

生产成本分配	辅助生产车间名称	运输	供气	合计(元)
待分配成本(元)		22 500	240 000	262 500
对外分配劳务数量		4500 千米	600 立方米	
单位成本		5	400	
基本生产车间	耗用数量	2550	320	
	分配金额(元)	12 750	128 000	140 750
行政管理部门	耗用数量	1950	280	
	分配金额(元)	9750	112 000	121 750
合计(元)		22 500	240 000	262 500

第六章

Excel与筹资管理

> 📖 **学习目标：**
>
> 通过本章的学习，学员在回顾企业筹资管理的相关概念与各种筹资渠道和方式的基础上，能熟练运用 Excel 建立不同筹资方式下的筹资分析模型；掌握各种有关货币时间价值函数、预测分析函数、财务函数等，重点掌握 PV、FV、FORECAST 等函数的应用；掌握利用 Excel 工具建立筹资管理模型并掌握模型分析方法，能利用 Excel 资本成本与财务杠杆模型为企业做出最佳筹资决策方案提供依据。

第一节 筹资管理及资金需求量预测分析

一、筹资的相关概念与分类

（一）筹资的相关概念

筹资是企业运转的先决条件，只有在筹集到资金之后，企业才能形成生产经营能力、保证生产经营正常运行。企业筹资是根据公司生产经营、投资和调节资本结构等需要，通过筹资渠道和金融市场，运用筹资方式，经济有效地筹集资本的活动，也是企业从资本供应者那里取得生产经营活动资本的一项基本的财务活动。

（二）筹资方式的分类

公司筹集资本的方式可按多种标准进行分类，在此我们主要介绍按筹资资本的来源渠道分类。

按照筹资资本的来源渠道不同，可将公司筹集的资本分为权益筹资和债务筹资两大类。公司通过发行股票、吸收直接投资、内部积累等方式筹集的资本都属于公司的权益筹资。权益筹资一般不用偿还本金，财务风险小，但付出的资本成本相对较高。公司通过发行债券、向银行借款、融资租赁等方式筹集的资本属于公司的债务筹资。债务筹资一般要求定期支付利息，到期归还本金，财务风险较高，但资本成本相对较低。

1. 股权筹资

股权筹资形成企业的股权资金，也称之为权益资本，是企业最基本的筹资方式。股权筹资又包含吸收直接投资、发行股票和利用留存收益三种主要形式，此外，我国上市公司引入战略投资者的行为，也属于股权筹资的范畴。

1) 吸收直接投资

吸收直接投资，是指企业按照"共同投资、共同经营、共担风险、共享收益"的原则，直接吸收国家、法人、个人和外商投入资金的一种筹资方式。吸收直接投资是非股份制企业筹集权益资本的基本方式，采用吸收直接投资的企业，资本不分为等额股份且无须公开发行股票。吸收直接投资能够尽快形成生产能力，手续相对比较简单，筹资费用较低，资本成本较高。

2) 发行股票

股票是股份有限公司为筹措股权资本而发行的有价证券，是公司签发的证明股东持有公司股份的凭证。股票作为一种所有权凭证，代表着股东对发行公司净资产的所有权。股票只能由股份有限公司发行。

股票按股东权利和义务可分为普通股股票和优先股股票。普通股股票简称普通股，是公司发行的代表股东享有平等的权利、义务，不加特别限制的，股利不固定的股票。普通股是最基本的股票，股份有限公司通常情况只发行普通股。发行普通股没有固定的股利负担，没有到期日，无须偿还，同时能加强公司信誉；但是资本成本较高，容易分散公司的控制权，可能会降低普通股的每股收益，从而引起股价下跌。

优先股股票简称优先股，是公司发行的相对于普通股具有一定优先权的股票。其优先权利主要表现在股利分配优先权和分取剩余财产优先权上。优先股股东在股东大会上无表决权，在参与公司经营管理上受到一定限制，仅对涉及优先股权利的问题有表决权。发行优先股仍然没有固定到期日，股息支付既固定又有一定的弹性，但是财务负担重。

3) 利用留存收益

留存收益包括提取的盈余公积金与未分配利润。盈余公积金是从当期企业净利润中提取的积累资金，其提取基数是本年度的净利润。盈余公积金主要用于企业未来的经营发展，经投资者审议后也可以用于转增股本(实收资本)和弥补以前年度经营亏损，但不得用于以后年度的对外利润分配。

2. 债务筹资

债务筹资主要是企业通过向银行借款、向社会发行公司债券、融资租赁，以及赊购商品或劳务等方式筹集和取得资金。向银行借款、发行公司债券、融资租赁等是债务筹资的基本形式。

1) 银行借款

银行借款是指企业向银行或其他非银行金融机构借入的、需要还本付息的款项，包括偿还期限超过1年的长期借款和不足1年的短期借款，主要用于企业购建固定资产和满足流动资金周转的需要。银行借款筹资速度快、弹性大，资本成本较低，但限制条款多，筹资数额有限，无法满足公司大规模筹资的需要。

2) 发行公司债券

企业债券又称公司债券，是企业依照法定程序发行的、约定在一定期限内还本付息的有价证券。债券是持有人拥有公司债权的书面证书，它代表持券人同发债公司之间的债权债务关系。

发行公司债券一次筹资数额大，能提高公司的社会声誉和锁定资本成本的负担，但发行资格要求高，手续复杂，资本成本较高。

3) 融资租赁

租赁，是指通过签订资产出让合同的方式，使用资产的一方(承租方)通过支付租金，向出让资产的一方(出租方)取得资产使用权的一种交易行为。在这项交易中，承租方通过得到所需资产的使用权，完成了筹集资金的行为。采用融资租赁能迅速获得所需资产，限制条件较少，而且财务风险小，财务优势明显，但资本成本比银行借款或发行债券筹资方式高。

二、资金需求量的预测分析

资金的需求量是筹资的数量依据，必须科学合理地进行预测。筹资数量预测的基本目的是，保证筹集的资金既能满足生产经营的需要，又不会产生资金多余而闲置。合理预测一定时期的资金需求量对于保证资金供应、有效组织资金运用、提高资金利用效率具有重要的意义。资金需求量的预测方法主要有销售百分比法和资金习性预测法等。

(一) 销售百分比法及其Excel建模

1. 销售百分比法的概念

销售百分比法，是根据销售增长与资产增长之间的关系，预测未来资金需要量的方法。根据销售与资产之间的数量比例关系，预计企业的外部筹资需要量。销售百分比法首先假设某些资产与销售额存在稳定的百分比关系，根据销售与资产的比例关系预计资产额，根据资产额预计相应的负债和所有者权益，进而确定筹资需要量。企业的销售规模扩大时，要相应增加流动资产；如果销售规模增加很多，还必须增加长期资产。为取得扩大销售所需增加的资产，企业需要筹措资金。这些资金，一部分来自留存收益，另一部分通过外部筹资取得。根据资产负债表上的项目与销售收入之间的依存关系，将其分为敏感性项目和非敏感性项目。敏感性项目是指资产负债表中与销售收入增减有直接关系的项目，如货币资金、应收账款、存货、短期借款、应付账款、应交税金等。非敏感性项目是指资产负债表中与销售收入增减没有直接关系的项目，如固定资产、无形资产、长期借款等。

预计由销售增长而需要的资金需求增长额，扣除利润留存后，即为所需要的外部筹资额。即有

$$外部融资需求量 = \frac{A}{S_1} \times \Delta S - \frac{B}{S_1} \times \Delta S - P \times E \times S_2$$

式中：A 为随销售而变化的敏感性资产；B 为随销售而变化的敏感性负债；S_1 为基期销售额；S_2 为预测期销售额；ΔS 为销售变动额；P 为销售净利率；E 为利润留存率；A/S_1 为敏感性资产与销售额的关系百分比；B/S_1 为敏感性负债与销售额的关系百分比。

2. 销售百分比法预测资金需要量模型

【例6-1】某公司2021年年末简要的资产负债表及2021年的销售收入和2022年预计的销售收入等有关资料如图6-1的"已知条件"区域所示。由于流动资产与流动负债均为敏感性项目，要求建立一个预计该公司2022年外部追加资金需要量并编制2022年预计资产负债表的模型。

具体操作步骤如下。

(1) 设计模型的结构，如图 6-1 的 A12:I22 单元格区域所示。

(2) 在 B14 单元格中输入公式“=IF(C4="是", B4/$I$3, "不适用")”；在 C14 单元格中输入公式“=IF(C4="是", IF(A14="货币资金", I6*$B$14+I9, $I$6*B14),B4)”；选取 B14:C14 单元格区域，将其复制到 B15:C19 单元格区域。

(3) 在 E14 单元格中输入公式“=IF(F4="是",E4/$I$3,"不适用")”；在 F14 合并单元格中输入公式“=IF(F4="是", $I$6*E14, IF(F4="特殊", $E$9+$I$6*$I$7*(1-$I$8),E4))”。

(4) 在 H14 合并单元格中输入公式“=IF(D14=$I$10, F14+$F$21, F14)”；选取 E14:I14 单元格区域，将其复制到 E15:I19 单元格区域；在 B20 单元格中输入公式“=SUM(B14:B19)”并将其复制到 C20 单元格和 E20:I20 单元格区域。

(5) 在 F21 单元格中输入公式“=C20−F20”；在 F22 单元格中输入公式“=(B20−E20)*(I6−I3)−I6*I7*(1−I8)+I9”。模型的运行结果如图 6-1 所示。

	A	B	C	D	E	F	G	H	I
1	已知条件（金额单位：万元）								
2	2021年末简要的资产负债表及各项目的敏感性						其它有关数据		
3	资产项目	金额	是否敏感项目	负债和所有者权益项目	金额	是否敏感项目	2021年销售收入		1000
4	货币资金	180	是	短期借款	200	是	2021年销售净利率		10%
5	应收账款	220	是	应付账款	240	是	2021年股利支付率		60%
6	存货	560	是	应交税金	85	是	2022年预计销售收入		1500
7	长期投资	420	否	长期负债	620	否	2022年预计销售净利率		10%
8	固定资产净值	1550	否	普通股本	1100	否	2022年预计股利支付率		60%
9	无形资产	115	否	留存收益	800	特殊	2022年其他资金需求		70
10	资产合计	3045		负债及所有者权益合计	3045		追加资金筹集的方式		长期负债
11									
12	2022年外部追加资金需要量的预测及预计的资产负债表（金额单位：万元）								
13	资产项目	占基期销售收入百分比	2022年预计	负债和所有者权益项目	占基期销售收入百分比	2022年追加筹资前预计数		2022年追加筹资后预计数	
14	货币资金	18.00%	340	短期借款	20.00%	300		300	
15	应收账款	22.00%	330	应付账款	24.00%	360		360	
16	存货	56.00%	840	应交税金	8.50%	127.5		127.5	
17	长期投资	不适用	420	长期负债	不适用	620		847.5	
18	固定资产净值	不适用	1550	普通股本	不适用	1100		1100	
19	无形资产	不适用	115	留存收益	不适用	860		860	
20	合计	96.00%	3595	合计	52.50%	3367.5		3595	
21	按预计资产负债表计算的2022年资金缺口或外部追加资金需					227.5			
22	直接按公式计算的2022年外部追加资金需要量					227.5			

图6-1 销售百分比法预测资金需要量模型与结果表

(二) 资金习性预测法及其Excel建模

1. 资金习性预测法的概念

资金习性预测法，是指根据资金习性预测未来资金需要量的一种方法。资金习性，是指资金的变动与产销量变动之间的依存关系。按照资金与产销量之间的依存关系，可以把资金区分为不变资金、变动资金和半变动资金。

不变资金是指在一定的产销量范围内，不受产销量变动的影响而保持固定不变的那部分资金。也就是说，产销量在一定范围内变动，这部分资金保持不变。变动资金是指随产销量的变动而同比例变动的资金，一般包括直接构成产品实体的原材料、外购件等占用的资金。另外，在最低储备以外的现金、存货、应收账款等也具有变动资金的性质。半变动资金是指虽然受产销量变化的影响，但不成同比例变动的资金，如一些辅助材料上占用的资金。半变动资金可采用一定的方法划分为不变资金和变动资金两部分。

设产销量为自变量 X，资金占用为因变量 Y，它们之间的关系可用下式表示：

$$Y = a+b*X$$

式中：a 为不变资金；b 为单位产销量所需变动资金。估算 a、b 的方法主要有高低点法、回归分析法等。

2. 资金习性预测法模型

1) 高低点法

高低点法是指根据企业一定期间资金占用的历史资料，按照资金习性原理和 $y=a+bx$ 直线方程式，选用最高收入期和最低收入期的资金占用量之差同这两个收入期的销售额之差进行对比，先求 b 的值，然后再代入原直线方程，求出 a 的值，从而推测资金发展趋势。

高低点法的计算方法为：利用代数式 $y=a+bx$，选用一定历史资料中的最高业务量与最低业务量的总成本(或总费用)之差 Δy，与两者业务量之差 Δx 进行对比，求出 b，然后再求出 a 的方法。

设以 y 代表一定期间某项半变动成本总额，x 代表业务量，a 代表半变动成本中的固定部分，b 代表半变动成本中依一定比率随业务量变动的部分(单位变动成本)。

最高业务量与最低业务量之间的半变动成本差额，只能与变动成本有关，因而单位变动成本可按如下公式计算：$b=\Delta y/\Delta x$，即

单位变动成本=(最高业务量成本-最低业务量成本)/(最高业务量-最低业务量)
　　　　　=高低点成本之差/高低点业务量之差

可根据公式 $y=a+bx$ 用最高业务量或最低业务量有关数据代入，$a=$最高(低)产量成本$-b×$最高(低)产量。

用高低点法分解半变动成本简便易算，只要有两个不同时期的业务量和成本，就可求解，使用较为广泛。但这种方法只根据最高、最低两点资料，而不考虑两点之间业务量和成本的变化，计算结果往往不够精确。

【例6-2】某公司 2017—2021 年的产销量和资金占用量及 2022 年预计产量和预计产销量的有关资料如图 6-2 的"已知条件"区域所示。要求建立一个利用高低点法预测该公司 2022 年资金需要量的模型。

	A	B	C
1	已知条件		
2	年度	产销量（万件）	资金占用量（万元）
3	2017	10	92
4	2018	15	155
5	2019	18	178
6	2020	22	190
7	2021	26	215
8	2022年预计产销量（万件）		28
9			
10	计算结果		
11		产销量（万件）	资金占用量（万元）
12	高点	26	215
13	低点	10	92
14	单位变动资金（元/件）		7.69
15	不变资金总额（万元）		15.13
16	2022年预计资金需要量（万元）		230.38

图6-2　资金习性预测法预测资金需要量模型与结果表

具体操作步骤如下。

(1) 设计模型的结构，如图6-2的"计算结果"区域所示。

(2) 在B12单元格中输入公式"=MAX(B3:B7)"；在B13单元格中输入公式"=MIN(B3:B7)"；在C12单元格中输入公式"=INDEX($C$3:$C$7, MATCH(B12, $B$3:$B$7,0))"，并将其复制到C13单元格。

(3) 在C14单元格中输入公式"=(C12−C13)/(B12−B13)"；在C15单元格中输入公式"=C12−C14*B12"；在C16单元格中输入公式"=C15−C14*C8"。模型的运行结果如图6-2所示。

2) 回归分析法

所谓回归分析法，是在掌握大量观察数据的基础上，利用数理统计方法建立因变量与自变量之间的回归关系函数表达式(回归方程式)。根据自变量的个数，可以是一元回归，其回归分析的公式如下。

$$y=a+bx$$

式中：$b=\sum xy-n \cdot \sum x\sum y/[\sum x^2-n \cdot (\sum x)^2]$；$a=\sum y-b \cdot \sum x/n$。由于相关计算比较复杂，我们可以运用Excel的回归预测分析函数进行建模来解决问题，在此需要运用到FORECAST()函数。

语法公式：FORECAST(x, known_y's, known_x's)。

说明：

- x表示需要进行预测的数据点；
- known_y's表示因变量数组或数据区域；
- known_x's表示自变量数组或数据区域。

功能：根据给定的数据计算或预测未来值。此预测值为基于一系列已知的 x 值推导出的 y 值。以数组或数据区域的形式给定 x 和 y 值后，返回基于 x 的线性回归预测值。使用此函数可以对未来销售额、资金需求、库存需求或消费趋势进行预测。

【例6-3】假定某百货公司今年下半年资金占用量资料如图6-3所示，7~12月的资金占用量分别为168万元、134万元、138万元、144万元、155万元和158万元，间隔期分别设置为-5、-3、-1、1、3、5，要求预测明年1月份的资金占用量。

具体操作步骤如下。

(1) 在"筹资预测"工作簿中创建"回归分析法"工作表。

(2) 在"回归分析法"工作表中设计表格，设计好的表格如图6-3所示。

(3) 在B5单元格中输入公式函数"=FORECAST(7, B3:G3, B2:G2)"并显示结果。

	A	B	C	D	E	F	G
1	月份	7月	8月	9月	10月	11月	12月
2	间隔期	−5	−3	−1	1	3	5
3	资金占用量	168	134	138	144	155	158
4							
5	预测值	151.4					

图6-3 回归分析法模型与结果表

第二节　Excel与资金时间价值分析模型

一、资金时间价值概念与计算公式

资金的时间价值也称为货币的时间价值，是指一定量资金在不同时点上价值量的差额。资金在周转过程中会随着时间的推移而发生增值，使资金在投入和收回的不同时点上价值不同，形成价值差额。资金时间价值的计算涉及两个重要的概念：现值和终值。现值又称本金，是指未来某一时间点上一定量现金折算到现在的价值；终值又称为将来值或者本利和，是指现在一定量现金在将来某一时间点上的价值。由于终值与现值的计算与利息的计算方法有关，而利息的计算有复利和单利两种，因此终值与现值的计算也有复利和单利之分。在筹资投资的过程中，财务人员必须充分了解资金的时间价值，这样可以合理有效地利用资金，并且有利于正确的投资决策。

(一) 单利终值与现值

单利是指只对本金计算利息，即资本无论期限长短，各期的利息都是相同的，本金所派生的利息不再加入本金计算利息。

其终值计算公式为

$$F = P + P \cdot n \cdot i = P(1 + n \cdot i)$$

其现值的计算公式为

$$P = F/(1 + n \cdot i)$$

式中：P 为现值（本金）；F 为终值（本利和）；i 为利率；n 为计算利息的期数。

(二) 复利终值与现值

复利是指资本每经过一个计息期，都要将该期所派生的利息再加入本金，一起计算利息，俗称"利滚利"，计息期是指相邻两次计息的间隔，如年、季或月等。

其终值计算公式为

$$F = P \times (F/P, i, n)$$

即

$$F = P \times (1 + i)^n$$

其现值的计算公式为

$$P = F \times (P/F, i, n)$$

即

$$P = F/(1 + i)^n$$

式中：P 为现值（本金）；F 为终值（本利和）；i 为利率；n 为计算利息的期数。

(三) 年金终值与现值

年金是指一定时期内每期相等金额的系列收付款项。年金具有两个特点：一是每次收付金额相等；二是时间间隔相同。即年金是在一定时期内每隔一段时间就必须发生一次收款（或付款）

的业务,各期发生的收付款项在数额上必须相等。年金按每次收付款发生的时点不同可分为普通年金、即付年金、递延年金、永续年金四种形式。

1. 普通年金

普通年金是指从第一期开始,在一定时期内每期期末等额收付的系列款项,又称后付年金。
其终值公式为

$$F = A \times \frac{(1+i)^n - 1}{i}$$

为了便于表达,公式也可以写为 $F=A \times (F/A, i, n)$,其中,$(F/A, i, n)$ 表示年金终值系数。
其现值公式为

$$P = A \times \frac{1-(1+i)^{-n}}{i}$$

为了便于表达,公式也可以写为 $P=A \times (P/A, i, n)$,其中,$(P/A, i, n)$ 表示年金现值系数。
上述式中:P 为现值(本金);F 为终值(本利和);A 为年金;i 为利率;n 为计算利息的期数。

2. 即付年金

即付年金是指从第一期开始,在一定时期内每期期初等额收付的系列款项,又称先付年金。它与普通年金的区别仅在于付款时间不同,比普通年金多$(1+i)$期。
其终值公式为

$$F = A \times \frac{(1+i)^{(n+1)} - 1}{i} - 1$$
$$= A \times (F/A, i, n) \times (1+i)$$

其现值公式为

$$F = A \times \frac{1-(1+i)^{-(n-1)}}{i} + 1$$
$$= A \times (P/A, i, n) \times (1+i)$$

3. 递延年金

递延年金是指距今若干期以后发生的系列等额收付款项。凡不是从第一期开始的年金都是递延年金。若从第 m 期开始,持续到 $m+n$ 期,则
其现值公式为

$$P = P_m \times (P/A, i, n) \times (P/F, i, m)$$

或

$$P = P_{m+n} - P_m = A \times (P/A, i, m+n) - A \times (P/A, i, m)$$

递延年金终值的计算方法与普通年金终值的计算方法相同,但与递延期长短无关。

4. 永续年金

永续年金是指无限期等额系列收付的款项。永续年金因其没有终止时间,所以不存在终值的计算问题。永续年金现值的计算公式可通过普通年金现值的计算公式推导,当 n 趋向于无穷

大时，永续年金现值的计算公式为 $P=A/i$。

二、资金时间价值函数及模型

(一) 资金时间价值函数

1. 年金终值函数FV()

函数的结构：FV(rate, nper, pmt, pv, type)。

函数的功能：在已知期数、利率及每期付款金额的条件下，返回年金终值数额。

函数的参数说明：

- rate为各期利率，是一个固定值。
- nper为总投资期(或贷款期)，即该项投资(或贷款)的付款期总数。
- pmt为各期所应付(或得到)的金额，其数值在整个年金期间(或投资期内)保持不变。通常pmt包括本金和利息，但不包括其他费用及税款。如果忽略pmt，则必须包括pv参数。
- pv为现值，即从该项投资(或贷款)开始计算时已经入账的款项，或一系列未来付款当前值的累积和，也称为"本金"，如果省略pv，则假设其值为零，并且必须包括pmt参数；
- type为数字0或1，用以指定各期的付款时间是在期初还是期末，0表示在期末，1表示在期初。如果省略type，则假设其值为零。在所有参数中，支出的款项表示为负数，收入的款项表示为正数。

【例6-4】假设需要为一年后的某个项目预筹资金，现在将4000元以年利率6%按月计息(月利率为6%/12或0.5%)存入储蓄存款账户中，并在以后12个月的每个月初存入300元，则一年后该账户的存款额为多少？

该账户的存款额为

$$FV(0.5\%, 12, -300, -4000, 1)=7965.88 \text{ 元}$$

应用操作：在Excel中打开一个新工作表，在"公式"选项卡的"函数库"组中单击 f_x 按钮，打开"插入函数"对话框，在"或选择类别"下拉列表中选择"财务"选项，在"选择函数"列表框中选择FV选项，单击"确定"按钮，打开"函数参数"对话框，进入FV函数的输入状态，在各个文本框中输入相应的值，单击"确定"按钮，即可得出所求的值，如图6-4所示。

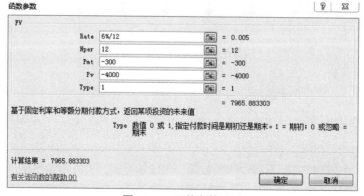

图6-4 FV函数参数界面

2. 年金现值函数PV()

函数的结构：PV(rate, nper, pmt, fv, type)。

函数的功能：在已知期数、利率及每期付款金额的条件下，返回年金现值数额。

函数的参数说明：rate、nper、pmt、fv、type各参数含义及要求同FV函数。

【例6-5】假如要购买一项保险年金，该保险可以在今后20年内于每月末回报550元。此项年金的购买成本为60 000元，假定年投资回报率为10%。现在可以通过函数PV()计算这笔投资是否值得。该项年金的现值为

$$PV(10\%/12, 12*20, 550, 0) = -56\ 993.54元$$

结果为负值，因为这是一笔付款，即支出现金流。由于年金(56 993.54元)的现值小于实际支付的值(60 000元)，因此，不值得投资。

应用操作：在Excel中打开一个新工作表，在"公式"选项卡的"函数库"组中单击 f_x 按钮，打开"插入函数"对话框，在"或选择类别"下拉列表中选择"财务"选项，在"选择函数"列表框中选择PV选项，单击"确定"按钮，打开"函数参数"对话框，进入PV函数的输入状态，在各个文本框中输入相应的值，单击"确定"按钮，即可得出所求的值，如图6-5所示。

图6-5　PV函数参数界面

3. 年金函数PMT()

函数的结构：PMT(rate, nper, pv, fv, type)。

函数的功能：在已知期数、利率及现值或终值的条件下，返回每期付款金额。

函数的参数说明：rate、nper、pv、fv、type各参数含义及要求同FV函数。

【例6-6】假如需要以按月定额存款的方式在20年中存款65 000元，假定存款年利率为6%，则月存款额为

$$PMT(6\%/12, 20*12, 0, 65\ 000) = -140.68元$$

即向年利率为6%的存款账户中每月存入140.68元，20年后可以获得65 000元。

应用操作：在Excel中打开一个新工作表，在"选择"选项卡的"函数库"组中单击公式中的 f_x 按钮，打开"插入函数"对话框，在"或选择类别"下拉列表中选择"财务"选项，在"选择函数"列表框中选择PMT选项，单击"确定"按钮，打开"函数参数"对话框，进入PMT函数的输入状态，在各个文本框中输入相应的值，单击"确定"按钮，即可得出所求的值，如图6-6所示。

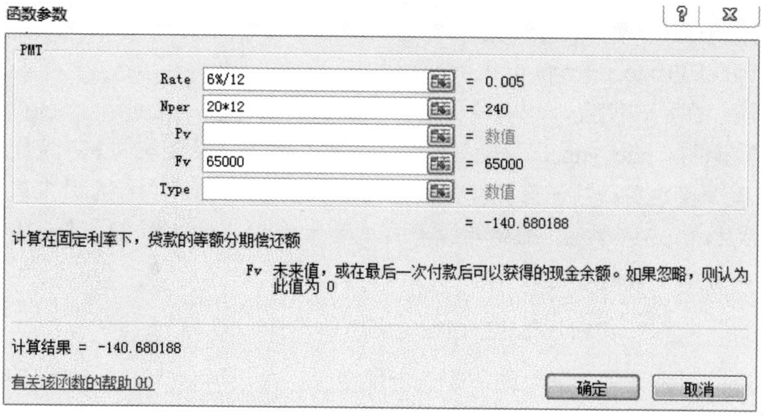

图6-6 PMT函数参数界面

4. 年金中的利息函数IPMT()

函数的结构：IPMT(rate, per, nper, pv, fv)。

函数的功能：在已知期数、利率及现值或终值的条件下，返回年金处理的每期固定付款所含的利息。

函数的参数说明：rate、per、nper、pv、fv 各参数含义及要求同 FV 函数。

【例 6-7】若某人在银行存入本金 9000 元，存期为三年，年利率为 8%，则其第一个月的利息为

$$IPMT(8\%/12, 1, 36, 9000) = -60 \text{ 元}$$

应用操作：在 Excel 中打开一个新工作表，在"公式"选项卡的"函数库"组中单击 f_x 按钮，打开"插入函数"对话框，在"或选择类别"下拉列表中选择"财务"选项，在"选择函数"列表框中选择 IPMT 选项，单击"确定"按钮，打开"函数参数"对话框，进入 IPMT 函数的输入状态，在各个文本框中输入相应的值，单击"确定"按钮，即可得出所求的值，如图 6-7 所示。

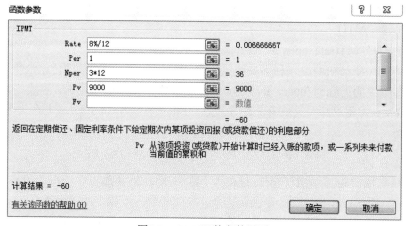

图6-7 IPMT函数参数界面

5. 年金中的本金函数 PPMT()

函数的结构：PPMT(rate, per, nper, pv, fv)。

函数的功能：在已知期数、利率及每期付款金额的条件下，返回年金现值数额。

函数的参数说明：rate、per、nper、pv、fv 各参数含义及要求同 FV 函数。

【例6-8】某公司取得一笔3000元、年利率为8%的三年期贷款，其第一个月的本金支付额为

$$PPMT(8\%/12, 1, 3*12, 3000) = -74.01 元$$

应用操作：在 Excel 中打开一个新工作表，在"公式"选项卡的"函数库"组中单击 f_x 按钮，打开"插入函数"对话框，在"或选择类别"下拉列表中选择"财务"选项，在"选择函数"列表框中选择 PPMT 选项，单击"确定"按钮，打开"函数参数"对话框，进入 PPMT 函数的输入状态，在各个文本框中输入相应的值，单击"确定"按钮，即可得出所求的值，如图 6-8 所示。

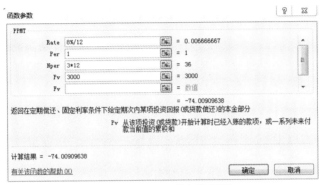

图6-8　PPMT函数参数界面

6. 计息期函数NPER()

函数的结构：NPER(rate, pmt, pv, fv, type)。

函数的功能：返回每期付款金额及利率固定的某项投资或贷款的期数。

函数的参数说明：rate、pmt、pv、fv、type 各参数含义及要求同 FV 函数。

7. 利率函数RATE()

函数的结构：RATE(nper, pmt, pv, fv, type, guess)。

函数的功能：在已知期数、每期付款金额及现值的情况下，返回年金的每期利率。

函数的参数说明：nper、pmt、pv、fv、type、guess 各参数含义及要求同 FV 函数。guess 为预期利率(估计值)。如果省略预期利率，则假设该值为10%。

【例6-9】某人从银行取得金额为5500元的4年期的贷款，月支付额为100元，该笔贷款的利率为

$$RATE(48, -100, 5500) = 0.54\%$$

因为按月计息，故结果为月利率，年利率为 0.54%*12=6.48%。

应用操作：在 Excel 中打开一个新工作表，在"公式"选项卡的"函数库"组中单击 f_x 按钮，打开"插入函数"对话框，在"或选择类别"下拉列表中选择"财务"选项，在"选择函数"列表框中选择 RATE 选项，单击"确定"按钮，打开"函数参数"对话框，进入 RATE 函数的输入状态，在各个文本框中输入相应的值，单击"确定"按钮，即可得出所求的值，如图 6-9 所示。

图6-9　RATE函数参数界面

(二) 资金时间价值模型

【例6-10】根据以上各函数的应用分析，建立综合资金时间价值函数模型。其中，模型中的基本数据区为已知条件区，数据分析区为模型的计算结果。该模型用到以上介绍的各个函数，其所需数据来自基本数据区。函数模型与结果表、函数公式如图6-10和图6-11所示。

	A	B	C	D
1			资金的时间价值函数模型	
2			基本数据区	
3	利率I	10%	期限n	6
4	终值FV	53000	现值PV	25000
5	年金PMT	3650		
6	数据分析区			
7	名称	模型计算结果	名称	
8	复利现值PV	29917	普通年金现值函数PV	15897
9	复利终值FV	44289	普通年金终值函数FV	28162
10	年偿债基金PMT	6869	先付年金现值函数PV	17486
11	年资本回收额函数PMT	5740	先付年金终值函数FV	30978
12	偿还本金函数PPMT	3240	偿还利息函数IPMT	2500

图6-10　资金时间价值函数模型与结果表

	A	B	C	D
1			资金的时间价值函数模型	
2			基本数据区	
3	利率I	0.1	期限n	6
4	终值FV	53000	现值PV	25000
5	年金PMT	3650		
6	数据分析区			
7	名称	模型计算结果	名称	
8	复利现值PV	=PV(B3,D3,,-B4)	普通年金现值函数PV	=PV(B3,D3,-B5)
9	复利终值FV	=FV(B3,D3,,-D4)	普通年金终值函数FV	=FV(B3,D3,-B5)
10	年偿债基金PMT	=PMT(B3,D3,,-B4)	先付年金现值函数PV	=PV(B3,D3,-B5,,1)
11	年资本回收额函数PMT	=PMT(B3,D3,-D4)	先付年金终值函数FV	=FV(B3,D3,-B5,,1)
12	偿还本金函数PPMT	=PPMT(B3,1,D3,-D4)	偿还利息函数IPMT	=IPMT(B3,1,D3,-D4)

图6-11　资金时间价值模型的Excel函数公式

第三节　Excel与筹资管理分析模型

一、资本成本分析模型

资本成本是指企业为筹集和使用资本而付出的代价，包括筹资费用和占用费用。资金筹集费是指企业为筹集资金而付出的代价，如向银行支付的借款手续费，向证券承销商支付的发行股票、债券的发行费，等等；资金占用费主要包括资金时间价值和投资者要考虑的投资风险报酬两部分，如向银行借款所支付的利息、发放股票的股利等。资本成本是资本所有权与资本使用权分离的结果。对出资者而言,由于让渡了资本使用权,所以必须要求一定的补偿,资本成本表现为让渡资本使用权所带来的投资报酬。

资本成本可以用绝对数表示,也可以用相对数表示。资本成本用绝对数表示即资本总成本,它是筹资费用与用资费用之和。由于它不能反映用资多少,所以较少使用;资本成本用相对数表示即资本成本率,它是资金占用费与筹资净额的比率,其计算公式为

$$资本成本率 = \frac{资金占用费}{筹资总额 - 资金筹集费}$$

由于资金筹集费一般以筹资总额的某一百分比计算,因此,上述公式也表示为

$$资本成本率 = \frac{资金占用费}{筹资总额 * (1 - 筹资费用率)}$$

企业以不同的方式筹集资金所付出的代价也不同,我们主要讨论个别资本成本、加权平均资本成本、边际资本成本等。

(一) 个别资本成本

个别资本成本是指各种筹资方式所筹资金的成本,主要包括长期借款资本成本、债券资本成本、优先股资本成本、普通股资本成本、留存收益资本成本和商业信用资本成本。

1. 长期借款资本成本

长期借款是指偿还期限为一年或超过一年的负债。长期借款的目的是满足企业购买固定资产和长期流动资产的需要。长期债务在企业债务中占比很大,长期借款资本成本包括借款利息和借款手续费用。利息费用税前支付,可以起抵税作用,一般计算税后资本成本率,税后资本成本率与权益资本成本率具有可比性。

长期借款成本的计算方法主要有两种:一种是不考虑资金时间价值情况下的成本,另一种是考虑资金时间价值情况下的成本。

(1) 在不考虑资金时间价值情况下,长期借款的资本成本计算公式为

$$K_b = \frac{年利率 \times (1 - 所得税税率)}{1 - 筹资费用率} = \frac{i(1-T)}{1-f} \times 100\%$$

式中:K_b 为银行借款资本成本率;i 为银行借款年利率;f 为筹资费用率;T 为所得税税率。

【例6-11】某企业取得长期借款200万元,年利率为10%,期限为5年,每年末付息,到期还本,筹资费用率为0.22%,企业所得税税率为25%,计算该项长期借款的资本成本。

具体操作步骤如下。

① 新建一个工作表,命名为"银行借款资本成本",设置表格格式并输入已知条件。

② 在B4单元格中输入计算公式"=B1*(1-B3)/(1-B2)",计算得到该借款成本实际为7.52%,比借款的年利率10%要低近2.5个百分点,如图6-12所示。

图6-12 不考虑时间价值的长期借款成本模型与结果表

(2) 在考虑资金时间价值情况下，长期借款的资本成本计算公式为

$$P_0(1-f) = \sum_{i=1}^{n} \frac{P_t + I_t \times (1-t)}{(1+K_L)^t}$$

式中：K_L 为长期借款的成本；I_t 为第 t 期支付的利息额；f 为长期借款筹资费用率；t 为所得税税率；P_0 为长期借款借入的资金额；P_t 为第 t 期归还的本金数额。

【例6-12】在考虑资金时间价值情况下，计算例 6-11 中的长期借款成本。

具体操作步骤如下。

① 新建一个工作表，命名为"复利长期借款成本"，设置表格格式并输入已知条件，如图 6-13 所示。

② 在 B7 单元格中输入公式"=B5*B6"，计算付款次数；在 B8 单元格中输入公式"=B1*B2"，计算每次还款金额；在 B9 单元格中输入公式"=RATE(B7, -(B8*(1-B4)), B1*(1-B3), -B1, 0,)"，如图 6-13 所示。

由图中复利长期借款成本结果可知，在同时考虑债务抵税效果和资金的时间价值的情况下，该项长期借款的成本为 8%，要高于不考虑时间价值情况下的借款成本。

	A	B
1	长期借款金额（P）	200
2	长期借款利率（r）	10%
3	长期借款筹资费率（f）	0.22%
4	所得税税率（t）	25%
5	借款期限（n）	5
6	每年还款次数（m）	1
7	付款次数（nper）	5
8	每次还款金额I	20
9	长期借款成本（K）	8%

图6-13 考虑时间价值的长期借款成本模型与结果表

2. 债券资本成本

债券成本包括筹资费用和债券利息。债券的筹资费用一般比长期借款的筹资费用高很多，包括申请发行债券费用、注册费用、印刷费用等，这些费用都不能被忽略。债券的利息支付也是在所得税之前支付的，因此债券的成本也要考虑所得税的影响。

债券的发行价格就是债券的筹资额，其发行价格有等价、溢价、折价三种。债券的利息按债券的面值和票面利率计算。

(1) 在不考虑资金时间价值条件下，债券成本的计算公式为

$$K_b = \frac{年利息 \times (1-所得税税率)}{债券筹资总额 \times (1-筹资费用率)} = \frac{I_b(1-t)}{B(1-f_b)} \times 100\%$$

式中：K_b 为债券成本；I_b 为债券的票面利息；B 为债券的发行价格(债券的筹资额)；f_b 为筹资费用率；t 为公司所得税税率。

【例6-13】某企业发行了面值为 550 万元的 5 年期债券，票面利率为 10%，按年付息，到期一次性还本，债券发行的费用占发行价格的 4%，公司的所得税税率为 25%。分别计算债券平价发行成本、溢价发行成本(发行价格为 600 万元)、折价发行成本(发行价格为 400 万元)。

具体操作步骤如下。

① 新建一个工作表，设置表格格式并输入已知条件。

第六章 Excel与筹资管理

② 在B7单元格中输入债券成本的计算公式"=B3*B4*(1-B6)/(B2*(1-B5))",并利用Excel填充功能将该公式复制到C7和D7单元格中,如图6-14所示。由计算结果可知,债券折价发行的成本为9.77%,平价发行的成本为7.81%,溢价发行的成本为6.51%。

	A	B	C	D
1	债券成本（不考虑时间价值）			
2	债券价格	400	550	600
3	债券面值	500	550	500
4	债券票面利率	0.1	0.1	0.1
5	筹资费率	0.04	0.04	0.04
6	所得税税率	0.25	0.25	0.25
7	债券成本	=B3*B4*(1-B6)/(B2*(1-B5))	=C3*C4*(1-C6)/(C2*(1-C5))	=D3*D4*(1-D6)/(D2*(1-D5))

图6-14 不考虑时间价值的债券成本计算模型

(2) 在考虑资金时间价值条件下,债券成本的计算公式为

$$B_0(1-f) = \sum_{i=1}^{n} \frac{B_i + I_b(1-t)}{(1+K_b)^i}$$

式中:K_b为债券成本;I_b为债券的票面利息;B_0为债券的发行价格(债券的筹资额);f为债券筹资费用率;t为所得税税率;B_i为第i次归还的本金数;n为债券总的付息次数。

【例6-14】某企业以660万元的价格发行了面值为520万元的5年期债券,票面利率为10%,按年付息,到期一次性还本,债券发行的费用占发行价格的4%,公司所得税税率为25%,求债券溢价发行的成本。

具体操作步骤如下。
① 新建一个工作表,设置表格格式并输入已知条件。
② 在B9单元格中输入公式"=B8*B7",在B10单元格中输入公式"=B3*B4",在B11单元格中输入公式"=RATE(B9,-B10*(1-B6),B2*(1-B5),-B3)",如图6-15所示,由计算结果可知,债券溢价发行的成本为2.8%。

	A	B
1	债券成本（考虑时间价值）	
2	债券价格（B）	660
3	债券面值（M）	520
4	债券票面利率	10%
5	筹资费率	4%
6	所得税税率（t）	25%
7	借款期限（n）	5
8	每年还款次数（m）	1
9	付款次数（nper）	5
10	债券利息I	52
11	债券成本	2.8%

图6-15 考虑时间价值的债券成本模型与结果表

(3) 债券资本成本模型的综合运用。

【例6-15】A公司长期银行借款和发行债券的有关资料如图6-16的"已知条件"区域所示。要求建立一个计算该公司债务资本成本的模型。

具体操作步骤如下。
① 设计模型的结构,如图6-16的"计算结果"区域所示。
② 在B14单元格中输入公式"=B4*(1-B8)/(1-B7)";在C14单元格中输入公式"=D3*D4*(1-D8)/(D9*(1-B7))";在B17单元格中输入公式"=B6*RATE(B5*B6,-(B3*B4/B6)*

169

(1-B8),B3*(1-B7),-B3)"；在 C17 单元格中输入公式 "=D6*RATE(D5*D6,-(D3*D4/D6)*(1-D8), D9*(1-D7), -D3)"。

③ 在 B20 单元格中输入公式 "=PV(B22/B6,B5*B6,-(B3*B4/B6)*(1-B8),-B3)"；在 C20 单元格中输入公式 "=PV(C22/D6, D5*D6, -(D3*D4/D6)*(1-D8), -D3)"。

④ 在 B21 单元格中输入公式 "=B3*(1-B7)"；在 C21 单元格中输入公式 "=D9*(1-D7)"。

⑤ 在"数据"选项卡的"数据工具"功能组中单击"模拟分析"下拉按钮，然后在下拉菜单中选择"单变量求解"命令，并在系统弹出的"单变量求解"对话框中，将目标单元格设置为 B20，将目标值设置为 298.50，将可变单元格设置为$B$22，单击"确定"按钮后，在系统弹出的"单变量求解状态"对话框中再单击"确定"按钮。

⑥ 在"数据"选项卡的"数据工具"功能组中单击"模拟分析"下拉按钮，然后在下拉菜单中选择"单变量求解"命令，并在系统弹出的"单变量求解"对话框中，将目标单元格设置为 C20，将目标值设置为 931.20，将可变单元格设置为$C$22，单击"确定"按钮后，在系统弹出的"单变量求解状态"对话框中再单击"确定"按钮。

	A	B	C	D
1	已知条件			
2	A公司长期银行借款		A公司债券	
3	借款金额（万元）	300	债券面值（元）	1000
4	借款年利率	6%	票面利率	7%
5	借款期限（年）	5	期限（年）	20
6	每年付息次数（次）	1	每年付息次数（次）	2
7	筹资费率	0.50%	筹资费率	3%
8	所得税税率	25%	所得税税率	25%
9			债券发行价格（元）	960
10				
11	计算结果			
12	不考虑复利因素的情况——利用公式计算			
13		长期银行借款	债券	
14	税后资本成本率	4.52%	5.64%	
15	考虑复利因素的情况——利用函数计算			
16		长期银行借款	债券	
17	税后资本成本率	4.61%	5.84%	
18	考虑复利因素的情况——利用规划求解工具计算			
19		长期银行借款	债券	
20	现值	298.50	931.20	（目标单元格）
21	筹资净额	298.50	931.20	（目标值）
22	税后资本成本率	4.61%	5.84%	（可变单元格）

图6-16 债券资本成本模型与结果表

3. 普通股资本成本

普通股资本成本主要是向股东支付的各期股利。由于各期股利并不一定固定，随企业各期收益波动，因此普通股的资本成本只能按贴现模式计算，并假定各期股利的变化具有一定的规律性。普通股的资本成本计算方法主要有两种，分别是股利增长模型法和资本资产定价模型法。下面我们来分别介绍。

1) 股利增长模型法

假设公司的股利是以一个固定的年增长率递增的，则普通股成本的表达式为

$$K_s = \frac{D_0(1+g)}{P_0(1-f)} + g = \frac{D_1}{P_0(1-f)} + g$$

式中：K_s 为普通股成本；D_0 为上年股息；D_1 为本年股息；P_0 为股票当前价格；f 为股票筹资费率；g 为股息增长率，股息增长率可以根据公司历年派发的股利的历史数据进行计算。

【例6-16】某公司普通股当前的市场价格为28元，预计股息增长率为5%，上年派发的股息为5元/股，该公司在市场上公开发行股票的筹资费用率为5%，则该公司发行股票进行筹资的普通股成本是多少？

具体操作步骤如下。

① 新建一个工作表，设置表格格式并输入已知条件。

② 在B6单元格中输入公式"=B3*(1+B4)/(B2*(1−B5))"，如图6-17所示，计算得出普通股成本为19.7%。

图6-17 普通股股利增长模型与结果表

2) 资本资产定价模型法

假定资本市场有效，股票市场价格与价值相等。假定风险报酬率为 R_f，市场平均报酬率为 R_m，某股票贝塔系数为 β，则普通股资本成本率为

$$K_s = R_s = R_f + \beta(R_m - R_f)$$

【例6-17】某企业普通股的 β 系数为1.5，市场无风险的收益率为5%，市场平均收益率为10%，求该股票的成本率。

具体操作步骤如下。

① 新建一个工作表，设置表格格式并输入已知条件。

② 在B5单元格中输入公式"=B3+B2*(B4−B3)"，如图6-18所示，得出普通股成本为13%。

图6-18 普通股资本资产定价模型与结果表

4. 留存收益资本成本

留存收益是企业税后净利形成的，是一种所有者权益，其实质是所有者向企业的追加投资。企业利用留存收益筹资无须发生筹资费用。如果企业将留存收益用于再投资，所获得的收益率低于股东自己进行一项风险相似的投资项目的收益率，则企业就应该将其分配给股东。留存收益的资本成本率，表现为股东追加投资要求的报酬率，其计算与普通股成本相同，也分为股利增长模型法和资本资产定价模型法，不同点在于留存收益资本成本不考虑筹资费用。

$$K_s = \frac{D_0(1+g)}{P_0} + g$$

式中：K_s 为留存收益成本；D_0 为上年股息；P_0 为股票当前价格，g 为股息增长率。

【例6-18】A公司优先股和普通股的有关资料如图6-19的"已知条件"区域所示。要求建立一个计算该公司权益资本成本率并对优先股资本成本率相对于发行价格和筹资费用率的敏感性进行分析的模型。

具体操作步骤如下。

① 设计模型结构,如图6-19中的"年资本成本率计算结果"和"优先股资本成本率的双因素敏感性分析"区域所示。

② 在B9单元格中输入公式"=B3*B4/(B5*(1-B6))";在D9单元格中输入公式"=D3+D4";在B12单元格中输入公式"=B3*B4/(B5*(1-B6))"。

③ 选取B12:H20单元格区域,首先在"数据"选项卡的"数据工具"功能组中单击"模拟分析"按钮,然后在下拉菜单中选择"模拟运算表"命令,再在系统弹出的"模拟运算表"对话框的"输入引用行的单元格"栏中输入"$B$5",在"输入引用列的单元格"栏中输入"$B$6",最后单击"确定"按钮。模拟分析结果如图6-19所示。

	A	B	C	D	E	F	G	H
1		已知条件						
2	A公司优先股		A公司普通股					
3	面值(元)	120	股权资本成本率	7%				
4	年股息率	8%	普通股风险溢价	4%				
5	发行价格(元/股)	110						
6	筹资费率	3%						
7								
8		年资本成本率计算结果						
9	A公司优先股	9.00%	A公司普通股	11.00%				
10		优先股资本成本率的双因素敏感性分析						
11			发行价格(元/股)					
12		9.00%	110	115	120	125	130	135
13		3%	9.00%	8.61%	8.25%	7.92%	7.61%	7.33%
14		4%	9.09%	8.70%	8.33%	8.00%	7.69%	7.41%
15		5%	9.19%	8.79%	8.42%	8.08%	7.77%	7.49%
16	筹资费率	6%	9.28%	8.88%	8.51%	8.17%	7.86%	7.57%
17		7%	9.38%	8.98%	8.60%	8.26%	7.94%	7.65%
18		8%	9.49%	9.07%	8.70%	8.35%	8.03%	7.73%
19		9%	9.59%	9.17%	8.79%	8.44%	8.11%	7.81%
20		10%	9.70%	9.28%	8.89%	8.53%	8.21%	7.90%

图6-19 权益资本成本分析模型与结果表

5. 商业信用资本成本

(1) 商业信用是指企业在商品购销活动过程中因延期付款或预收货款而形成的借贷关系。它是由商品交易中货物与金钱在时间与空间上的分离而形成的企业间的直接信用行为。由于商业信用是企业间相互提供的,因此在多数情况下它属于"免费资金"。

商业信用通常随着正常的商品交易自然产生,一般不需要支付任何代价。在下列两种条件下,商业信用没有资金成本:

① 卖方没有给予现金折扣,即买方企业无论何时付款都必须按发票金额全额付款;

② 卖方给出了现金折扣,买方在折扣期内付款,享受了现金折扣。

但在卖方给出了现金折扣,而买方没有在折扣期内付款,放弃了现金折扣的条件下,商业信用筹资是有资金成本的。这种情况下,商业信用的资金成本可用年资金成本率表示,其计算公式为

$$放弃折扣成本率 = \frac{现金折扣率 \times 365}{(1-现金折扣率) \times (信用期-折扣期)} \times 100\%$$

(2) 商业信用筹资决策分析。

企业在放弃现金折扣的条件下,采用商业信用的方式筹资是有资金成本的。企业是应该放弃现金折扣还是利用现金折扣,取决于资金的机会成本。基本的决策规则是:

① 如果企业从银行取得借款的年利率低于放弃现金折扣后商业信用的年资金成本率，则应从银行借款筹资并利用现金折扣；

② 如果企业做其他短期投资的年收益率高于放弃现金折扣后商业信用的年资金成本率，则应放弃现金折扣并将资金投资于年收益率更高的其他投资项目；

③ 在不同的现金折扣方案中，企业应选择信用成本最低或机会收益最高的筹资方案。

【例6-19】某企业拟采购一批价值为200 000元的商品，供应商报价如下：

(1) 立即付款，价格为192 000元；

(2) 30天内付款，价格为194 500元；

(3) 31天至60天付款，价格为198 800元；

(4) 61天至90天付款，价格为200 000元。

假设该企业无论放弃哪个区间的现金折扣都会在信用期的最后一天付款，并且企业可按10%的利率从银行取得短期借款。试计算该企业放弃现金折扣的成本并确定对该企业最有利的付款日期和价格。

具体操作步骤如下。

① 新建一个工作表，设置表格格式并输入已知条件。

② 在D7单元格中输入公式"=($C$10-C7)/$C$10"，并将D7单元格公式向下复制到D8:D10单元格区域，计算各个折扣区间的现金折扣率。

③ 在E7单元格中输入公式"=(D7/(1-D7)*365/($B$10-B7))"，并将E7单元格公式向下复制到E8:E10单元格区域，计算各个折扣区间的资金成本率。

④ 在F7单元格中输入公式"=IF(E7>$C$4,"不放弃","放弃")"，并将F7单元格公式向下复制到F8:F10单元格区域，对是否应放弃该区间的现金折扣做出评价。

⑤ 在C11单元格中输入公式"=INDEX(B7:B10, MATCH(MAX(E7:E10), E7:E10))"，选择最有利的付款日期。

⑥ 在F11单元格中输入公式"=VLOOKUP(C11, B7:C10, 2)"，并选择最有利的付款价格。最终计算结果如图6-20所示。

可见该企业首先应该放弃60天的现金折扣。在立即付款和享受30天的现金折扣两个可行方案中，由于放弃30天的现金折扣时的资金成本率最高，那么享受30天的现金折扣所能获得的机会收益就越大。因此该企业应选择在第30天付款，付款的价格为194 500元。

	A	B	C	D	E	F
1			已知条件			
2	付款时间		立即付款	1至30天	31至60天	61至90天
3	付款价格(元)		192000	194500	198800	200000
4	银行借款利率		10%			
5			放弃现金折扣的成本计算			
6	折扣起始天数	折扣终止天数	付款价格(元)	现金折扣率	资金成本率	评价
7	0	0	192000	4.00%	16.90%	不放弃
8	1	30	194500	2.75%	17.20%	不放弃
9	31	60	198800	0.60%	7.34%	放弃
10	61	90	200000	0.00%	—	
11	最有利的付款日期(天)		30		最有利的付款价格(元)	194500

图6-20 商业信用筹资决策模型与结果表

(二) 平均资本成本的计算

平均资本成本是指多元化融资方式下的综合资本成本，反映了企业资本成本整体水平的高低。在衡量和评价单一融资方案时，需要计算个别资本成本；在衡量和评价企业筹资总体的经济性时，需要计算企业的平均资本成本。平均资本成本用于衡量企业资本成本水平，确立企业理想的资本结构。

企业平均资本成本，是以各项个别资本在企业总资本中的比重为权数，对各项个别资本成本率进行加权平均而得到的总资本成本率。计算公式为

$$K_w = \sum_{j=1}^{n} K_j W_j$$

式中：K_w 为平均资本成本；K_j 为第 j 种个别资本成本；W_j 为第 j 种个别资本在全部资本中的比重。

【例 6-20】 某企业长期资金总量为 500 万元，其中长期借款为 220 万元，长期债券为 60 万元，普通股为 180 万元，留存收益为 40 万元，它们占长期资金总量的比重依次为 44%、12%、36%、8%，计算该企业的综合成本。

具体操作步骤如下。

(1) 新建一个工作表，设置表格格式并输入已知条件。

(2) 在 C3 单元格中输入公式 "=B3/$B$7"，并利用 Excel 填充功能把该公式复制到 C4:C6 单元格区域中；在 E3 单元格中输入公式 "=C3*D3"，并利用 Excel 填充功能把公式复制到 E4:E6 单元格区域中；在 B7 单元格中输入求和函数 "=SUM(B3:B6)"；在 B8 单元格中输入求和函数 "=SUM(E3:E6)"，最终计算结果如图 6-21 所示。

	A	B	C	D	E
1	综合成本计算				
2	筹资方式	金额	比例	资本成本	加权资本成本
3	长期借款	220	0.44	8%	3.52%
4	长期债券	60	0.12	6.80%	0.82%
5	普通股	180	0.36	19%	6.84%
6	留存收益	40	0.08	15%	1.20%
7	长期资金总量	500			
8	综合资本成本计算			12.38%	

图6-21　综合资本成本计算模型与结果表

二、杠杆分析模型

财务管理中存在着类似于物理学中的杠杆效应，表现为：由于特定固定支出或费用的存在，导致当某一财务变量以较小幅度变动时，另一相关变量会以较大幅度变动。财务管理中的杠杆效应，包括经营杠杆、财务杠杆和总杠杆三种效应形式。杠杆效应既可以产生杠杆利益，也可能带来杠杆风险。

(一) 经营杠杆模型

1. 经营杠杆

经营杠杆是指由于固定性经营成本的存在，而使得企业的资产报酬(息税前利润)变动率大于业务量变动率的现象。经营杠杆反映了资产报酬的波动性，用以评价企业的经营风险。用息税前利润(EBIT)表示资产总报酬，则：

$$\text{EBIT} = S - V - F = (P - V_c)Q - F = M - F$$

式中：EBIT 为息税前利润；S 为销售额；V 为变动性经营成本；F 为固定性经营成本；Q 为产销业务量；P 为销售单价；V_c 为单位变动成本；M 为边际贡献。

2. 经营杠杆系数

只要企业存在固定性经营成本，就存在经营杠杆效应。但不同的产销业务量，其经营杠杆效应的大小程度是不一致的。测算经营杠杆效应程度，常用指标为经营杠杆系数。经营杠杆系数(DOL)，是息税前利润变动率与产销业务量变动率的比，计算公式为

$$\text{DOL} = \frac{\text{息税前利润变动率}}{\text{产销量变动率}} = \frac{\frac{\Delta \text{EBIT}}{\text{EBIT}}}{\frac{\Delta Q}{Q}}$$

式中：DOL 为经营杠杆系数；ΔEBIT 为息税前利润变动额；ΔQ 为产销业务量变动值。上式经整理后，经营杠杆系数的计算也可以简化为

$$\text{DOL} = \frac{\text{基期边际贡献}}{\text{产销量基期息税前利润}} = \frac{M}{M - F} = \frac{\text{EBIT} + F}{\text{EBIT}}$$

根据经营杠杆系数的计算公式，有

$$\text{DOL} = \frac{\text{EBIT} + F}{\text{EBIT}} = 1 + \frac{F}{\text{EBIT}}$$

上式表明，在企业不发生经营性亏损、息税前利润为正的前提下，经营杠杆系数最低为 1，不会为负数；只要有固定性经营成本存在，经营杠杆系数总是大于 1。

3. 经营杠杆系数分析模型的建立

【例 6-21】 某公司生产 A 产品，销售单价为 60 元，单位变动成本为 20 元，年固定经营成本为 1500 元，当年的产品销量为 120 件。

要求：求出当前该企业的经营杠杆系数，并分析当产品的销量为 200 件、300 件、400 件、500 件、600 件、700 件、800 件，且年固定经营成本为 1200 元、1400 元、1600 元、1800 元、2000 元时，经营杠杆系数的变化情况。

具体操作步骤如下。

(1) 新建一个工作表，设置表格格式并输入已知条件，如图 6-22 所示。

(2) 在 B7 单元格中输入公式 "=B6*($B$3-$B$4)/(B6*($B$3-$B$4)-$G$4)"，计算出销量为 120 件、固定经营成本为 1500 元时，企业的经营杠杆系数为 1.45；在 C7 单元格中输入公式 "=C6*($B$3-$B$4)/(C6*($B$3-$B$4)-$G$4)"，在 D7 单元格中输入公式时对应输入 D6 相关的数据，依此类推可得。

(3) 选择 C12 单元格，输入公式 "=$C$11*($B$3-$B$4)/($C$11*($B$3-$B$4)-B12)"，然后下拉复制填充到 C13:C16 单元格区域；选择 D12 单元格，输入公式区域"=$D$11*($B$3-$B$4)/($D$11*($B$3-$B$4)-B12)"，然后下拉复制填充到 D13:D16 单元格区域；选择 E12 单元格，输入公式 "=$E$11*($B$3-$B$4)/($E$11*($B$3-$B$4)-B12)"然后下拉复制填充到 E13:E16 单元格区域。

(4) 选择 F12 单元格，输入公式 "=$F$11*($B$3-$B$4)/($F$11*($B$3-$B$4)-B12)"，然后

下拉复制填充到 F13:F16 单元格区域；选择 G12 单元格，输入公式 "=$G$11*($B$3-$B$4)/($G$11*($B$3-$B$4)-B12)"，然后下拉复制填充到 G13:G16 单元格区域；选择 H12 单元格，输入公式 "=$H$11*($B$3-$B$4)/($H$11*($B$3-$B$4)-B12)"，然后下拉复制填充到 H13:H16 单元格区域；选择 I12 单元格，输入公式 "=$I$11*($B$3-$B$4)/($I$11*($B$3-$B$4)-B12)"，然后下拉复制填充到 I13:I16 单元格区域。

由此可以得出在不同的销量水平、固定经营成本情况下，经营杠杆系数的变化情况(见图6-22)。随着销量的增长，经营杠杆系数下降，企业经营风险降低。由此可以得出经营杠杆系数对销量和固定成本敏感性情况。经营杠杆系数随固定成本的增加而增加，企业经营风险相应增加。

	A	B	C	D	E	F	G	H	I
1					经营杠杆系数计算				
2				已知条件					
3	产品单价(元/件)	60		当前产销量(件)			120		
4	单位变动成本(元/件)	20		初始的年固定经营成本(元)			1500		
5									
6	产品销量	120	200	300	400	500	600	700	800
7	经营杠杆系数	1.45	1.23	1.14	1.10	1.08	1.07	1.06	1.05
8									
9				经营杠杆系数的双因素敏感性分析					
10				产销量(件)					
11			200	300	400	500	600	700	800
12		1200	1.18	1.11	1.08	1.06	1.05	1.04	1.04
13		1400	1.21	1.13	1.10	1.08	1.06	1.05	1.05
14		1600	1.25	1.15	1.11	1.09	1.07	1.06	1.05
15		1800	1.29	1.18	1.13	1.10	1.08	1.07	1.06
16	年固定经营成本(元)	2000	1.33	1.20	1.14	1.11	1.09	1.08	1.07

图6-22 经营杠杆系数计算模型与结果表

(二) 财务杠杆模型

1. 财务杠杆

财务杠杆是指由于固定性资本成本的存在，而使得企业的普通股收益(或每股收益)变动率大于息税前利润变动率的现象。财务杠杆反映了股权资本报酬的波动性，用以评价企业的财务风险。用普通股收益或每股收益表示普通股权益资本报酬，则：

$$EPS = (EBIT-I)*(1-T)/N$$

式中：EPS 为每股收益；I 为债务资本利息；T 为所得税税率；N 为普通股股数。

上式中，影响普通股收益的因素包括资产报酬、资本成本、所得税税率等因素。当有固定利息费用等资本成本存在时，如果其他条件不变，息税前利润的增加虽然不改变固定利息费用总额，但会降低每一元息税前利润分摊的利息费用，从而提高每股收益，使得普通股收益的增长率大于息税前利润的增长率，进而产生财务杠杆效应。当不存在固定利息、股息等资本成本时，息税前利润就是利润总额，此时利润总额变动率与息税前利润变动率完全一致。如果两期所得税税率和普通股股数保持不变，则每股收益的变动率与利润总额变动率也完全一致，进而与息税前利润变动率一致。

2. 财务杠杆系数

只要企业融资方式中存在固定性资本成本，就存在财务杠杆效应，如固定利息、固定融资租赁费等的存在，都会产生财务杠杆效应。在同一固定的资本成本支付水平上，不同的息税前利润水平对固定的资本成本承受的负担是不一样的，其财务杠杆效应的大小程度是不一致的。

测算财务杠杆效应程度的常用指标为财务杠杆系数。财务杠杆系数(DFL),是每股收益变动率与息税前利润变动率的比,计算公式为

$$DFL = \frac{每股收益变动率}{息税前利润变动率} = \frac{\Delta EPS}{EPS} \Big/ \frac{\Delta EBIT}{EBIT}$$

上式经整理后,财务杠杆系数的计算也可以简化为

$$DFL = \frac{息税前利润总额}{息税前利润总额 - 利息} = \frac{EBIT}{EBIT - I}$$

3. 财务杠杆系数分析模型的建立

【例6-22】某企业原有资本为1000万元,均为普通股股本。为了扩大生产,需要追加投资500万元,有以下三种可能的融资方案。

(1) 全部发行普通股,每股售价为50元,增发10万股。

(2) 发行普通股5万股,每股售价50元;向银行借款250万元,债务年利率为10%,期限为10年。

(3) 全部向银行借款,债务年利率为10%,期限为10年。

该企业当前流通在外的普通股为20万股,所得税税率为25%。假设企业当前的息税前利润为200万元,扩大生产后将上升为300万元,计算三种融资方案的财务杠杆系数。

具体操作步骤如下。

(1) 新建一个工作表,设置表格格式并输入已知条件,如图6-23所示。

(2) 在B12单元格中输入公式"=B11/(B11-B5*B6-F3/(1-F5))",计算未进行融资时的财务杠杆系数,由计算结果可知,由于没有债务和优先股,企业财务杠杆系数为1。

(3) 在C11单元格中输入公式"=F4*(1+F6)",计算扩大生产后的息税前利润。在C12单元格中输入公式"=$C$11/($C$11-C10*$B$6-$F$3/(1-$F$5))";在D12单元格中输入公式"=$C$11/($C$11-D10*$B$6-$F$3/(1-$F$5))"。

(4) 在E12单元格中输入公式"=$C$11/($C$11-E10*$B$6-$F$3/(1-$F$5))",单击"确定"按钮。由此可以得出在不同的融资方案下的财务杠杆系数(见图6-23)。随着利息支付的增长,财务杠杆系数上升,企业财务风险提高。

(5) 把C16:C18单元格区域的数值复制到C12:E12单元格区域,可以得到不同融资方案的财务杠杆系数(见图6-23)。

	A	B	C	D	E	F
1			财务杠杆系数计算			
2			已知条件			
3	普通股股份数(股)	200000	优先股股息(元)			0
4	资金总额(元)	10000000	本年息税前利润(元)			2000000
5	负债总额	0	所得税税率			25%
6	负债利率	10%	预计息税前利润增长率			50%
7						
8			筹资方案			
9	普通股	0	5000000	2500000	0	
10	长期负债	0	0	2500000	5000000	
11	息税前利润	2000000	3000000			
12	财务杠杆系数	1.00	1.00	1.09	1.20	
13						
14		财务杠杆系数的双因素模型计算表				
15		公式	1.00			
16		0	1.00			
17		2500000	1.09			
18	长期债务	5000000	1.20			

图6-23 财务杠杆系数计算模型与结果表

(三) 总杠杆模型

1. 总杠杆

总杠杆是指由于固定经营成本和固定资本成本的存在，导致普通股每股收益变动率大于产销业务量的变动率的现象。

经营杠杆和财务杠杆可以独自发挥作用，也可以综合发挥作用，总杠杆是用来反映两者之间共同作用结果的，即权益资本报酬与产销业务量之间的变动关系。由于固定性经营成本的存在，产生经营杠杆效应，导致产销业务量变动对息税前利润变动有放大作用；同样，由于固定性资本成本的存在，产生财务杠杆效应，导致息税前利润变动对普通股收益有放大作用。两种杠杆共同作用，将导致产销业务量的变动引起普通股每股收益更大的变动。

2. 总杠杆系数

只要企业同时存在固定性经营成本和固定性资本成本，就存在总杠杆效应。产销量变动通过息税前利润的变动，传导至普通股收益，使得每股收益发生更大的变动。用总杠杆系数(DTL)表示总杠杆效应程度，可见，总杠杆系数是经营杠杆系数和财务杠杆系数的乘积，是普通股每股收益变动率相当于产销量变动率的倍数，计算公式为

$$\text{DTL} = \frac{\text{普通股每股收益变动率}}{\text{产销量变动率}}$$

上式经整理后，总杠杆系数的计算也可以简化为

$$\text{DTL} = \text{DOL} \times \text{DFL} = \frac{\text{基期边际贡献}}{\text{基期利润总数}} = \frac{M}{M - F - I}$$

3. 总杠杆系数分析模型的建立

【例 6-23】 某企业股本、普通股的股数、债务、负债利率、营业收入、固定经营成本等相关资料如图 6-24 中的"已知条件"区域所示，计算该公司的经营杠杆系数、财务杠杆系数和总杠杆系数。

具体操作步骤如下。

(1) 新建一个工作表，设置表格格式并输入已知条件。

(2) 在区域 B14:B19 中输入相关公式，如图 6-24 所示，最终结果如图 6-25 所示。

	A	B
1	总杠杆系数计算	
2		已知条件
3	股本（万元）	2200
4	普通股股数（股）	1200
5	债务	2000
6	负债利率	0.1
7	优先股年股息（万元）	25
8	年营业收入（万元）	12000
9	变动成本率	0.5
10	年固定经营成本（万元）	2500
11	所得税税率	0.25
12		
13		计算公式
14	息税前利润（万元）	=B8*(1-B9)-B10
15	债务利息（万元）	=B5*B6
16	普通股每股利润（元/股）	=((B14-B15)*(1-B11)-B7)/B4
17	经营杠杆系数	=B8*(1-B9)/B14
18	财务杠杆系数	=B14/(B14-B5*B6-B7/(1-B11))
19	总杠杆系数	=B17*B18

图6-24　总杠杆系数模型的计算公式

	A	B
1	总杠杆系数计算	
2		已知条件
3	股本（万元）	2200
4	普通股股数（股）	1200
5	债务	2000
6	负债利率	0.1
7	优先股年股息（万元）	25
8	年营业收入（万元）	12000
9	变动成本率	0.5
10	年固定经营成本（万元）	2500
11	所得税税率	0.25
12		
13		计算结果
14	息税前利润（万元）	3500
15	债务利息（万元）	200
16	普通股每股利润（元/股）	2.04
17	经营杠杆系数	1.71
18	财务杠杆系数	1.07
19	总杠杆系数	1.84

图6-25　总杠杆系数计算模型的结果表

三、资本结构模型

资本结构是指企业资本总额中各种资本的构成及其比例关系。筹资管理中,资本结构有广义和狭义之分。广义的资本结构包括全部债务与股东权益的构成比率;狭义的资本结构则指长期负债与股东权益资本构成比率。狭义资本结构下,短期债务作为营运资金来管理。本书所指的资本结构通常仅是狭义的资本结构,也就是债务资本在企业全部资本中所占的比重。

在实践中,目标资本结构通常是企业结合自身实际进行适度负债经营所确立的资本结构。资本结构优化,要求企业权衡负债的低资本成本和高财务风险的关系,确定合理的资本结构。资本结构优化的目标是降低平均资本成本率或提高普通股每股收益。在此,我们主要介绍每股收益分析法模型、比较资本成本法模型、公司价值分析法模型等。

(一) 每股收益分析法模型

每股收益分析法是比较不同融资组合的每股收益的大小,确定最优组合的一种方法。按照财务管理理论,财务管理的目标是普通股东的财富最大化,所谓每股收益无差别点,是指不同筹资方式下每股收益都相等时的息税前利润和业务量水平。根据每股收益无差别点,可以分析判断在什么样的息税前利润水平或产销业务量水平前提下,适于采用何种筹资组合方式,进而确定企业的资本结构安排。

$$\frac{(\overline{EBIT} - I_1)(1-T)}{N_1} = \frac{(\overline{EBIT} - I_2)(1-T)}{N_2}$$

式中:$\overline{EBIT}$ 为息税前利润平衡点,即每股收益无差别点;I_1、I_2 为两种筹资方式下的债务利息;N_1、N_2 为两种筹资方式下普通股股数;T 为所得税税率。

在每股收益无差别点上,无论是采用债务还是股权筹资方案,每股收益都是相等的。当预期息税前利润或业务量水平大于每股收益无差别点时,应当选择财务杠杆效应较大的筹资方案,反之亦然。

【例6-24】某公司原有资本1000万元,其中股东权益为800万元,债务资本为200万元;债务利率为8%,企业所得税税率为25%,普通股股数为70万股。该公司准备筹资200万元,有两套方案可供选择,相关资料如图6-26所示,求方案A和方案B的每股收益无差别点的息税前利润和每股收益。

具体操作步骤如下。

(1) 新建一个工作表,设置表格格式并输入已知条件。

(2) 选择 C12 单元格,输入公式 "=(C14-B7*B8)*(1-B9)/(B6+E6)-(C14-B7*B8-E8*E9)*(1-B9)/B6",在"数据"选项卡的"数据工具"组中单击"假设分析"按钮,在下拉菜单中选择"单变量求解"命令,在弹出的"单变量求解"对话框的"目标单元格"文本框中输入"$C$12",将"目标值"设置为 0,将"可变单元格"设置为$C$14,然后单击"确定"按钮,即可计算出无差别点的息税前利润。

(3) 在 C13 单元格中输入公式 "=(C14-B7*B8)*(1-B9)/(B6+E6)",计算无差别点的每股收益。

(4) 为了直观分析每股收益无差别点对方案决策的影响,假设息税前利润从 40 万元增加到 140 万元(见图 6-26),在 B19 和 B20 单元格中依次输入公式 "=(B18-$B$7*$B$8)*(1-$B$9)/($B$6+$E$6)" 和 "=(B18-$B$7*$B$8-$E$8*$E$9)*(1-$B$9)/$B$6",并将该公式复制到 C19:G20 单元格区域,计算出方案 A、B 在不同息税前利润下的每股利润。

(5) 选取 B19:G20 单元格区域,在"插入"选项卡的"图表"功能组中单击"折线图"按钮,然后在下拉列表的"二维折线图"区域中选择"带数据标记的折线图"子图表类型,可得到绘制的图表,如图 6-27 所示,图中的交点即为无差别点,在该点的右侧选择方案 B,该点左侧选择方案 A。

	A	B	C	D	E	F	G
4	现有资本(万元)	1000		方案A			
5	股东权益(万元)	800	股票筹资额(万元)		200		
6	普通股份数(万股)	70	新增股份数(万股)		20		
7	债务(万元)	200		方案B			
8	债务利率	0.08	债务筹资额(万元)		200		
9	所得税税率	0.25	新增债务利率		0.09		
10							
11	普通股每股利润无差别点的计算						
12	方案A每股利润-方案B每股利润	-0.01905					
13	无差别点每股收益	0.741667					
14	无差别点的息税前利润(万元)	105					
15							
16							
17			投资方案的比较				
18	预计息税前利润(万元)	40	60	80	100	120	140
19	方案A每股利润(元/股)	0.20	0.37	0.53	0.70	0.87	1.03
20	方案B每股利润(元/股)	0.06	0.28	0.49	0.71	0.92	1.14
21	最优筹资方案	方案A	方案A	方案A	方案A	方案B	方案B

图6-26 每股收益分析法筹资决策模型与结果表

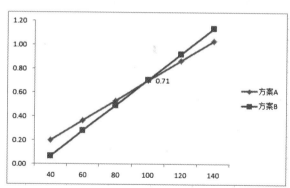

图6-27 每股利润与息税前利润的关系图

(二) 比较资本成本法模型

比较资本成本法是通过计算和比较各种可能的筹资组合方案的平均资本成本,选择平均资本成本率最低的方案。即能够降低平均资本成本的资本结构,就是合理的资本结构。这种方法侧重于从资本投入的角度对筹资方案和资本结构进行优化分析。

【例6-25】某公司拟筹集 2000 万元资金,三个备选筹资方案的有关数据如图 6-28 中的"已知条件"区域所示。要求建立一个确定该公司最优筹资方案的模型。

具体操作步骤如下。

(1) 设计模型的结构,如图 6-28 中的"计算与决策结果"区域所示。

(2) 选取 B13:B17 单元格区域，输入数组公式 "=B4:B8/B8"；选取 C13:C17 单元格区域，输入数组公式 "=D4:D8/D8"；选取 D13:D17 单元格区域，输入数组公式 "=F4:F8/F8"。

(3) 在 B18 单元格中输入公式 "=SUMPRODUCT(B13:B16, C4:C7)"；在 C18 单元格中输入公式 "=SUMPRODUCT(C13:C16, E4:E7)"；在 D18 单元格中输入公式 "=SUMPRODUCT(D13:D16, G4:G7)"；在 E14 单元格中输入公式 "=MIN(B18:D18)"。

(4) 在 E17 合并单元格中输入公式 "=INDEX(B12:D12,, MATCH(E14, B18:D18, 0))"。

模型的运行结果如图 6-28 所示。

	A	B	C	D	E	F	G
1		已知条件（金额单位：万元）					
2	筹资方案	方案A		方案B		方案C	
3		筹资额	资本成本率	筹资额	资本成本率	筹资额	资本成本率
4	长期借款	350	6.5%	500	6.7%	250	6.8%
5	长期债券	400	7.0%	500	7.0%	600	7.2%
6	优先股	500	11.9%	400	12.5%	500	12.0%
7	普通股	750	14.8%	600	15.2%	650	15.0%
8	合计	2000		2000		2000	
9							
10		计算与决策结果					
11		权重系数的计算			决策结论		
12	筹资方案	方案A	方案B	方案C	最低的综合资本成本率 10.49%		
13	长期借款	17.50%	25.00%	12.50%			
14	长期债券	20.00%	25.00%	30.00%			
15	优先股	25.00%	20.00%	25.00%	最优的筹资方案 方案B		
16	普通股	37.50%	30.00%	32.50%			
17	合计	100.00%	100.00%	100.00%			
18	综合资本成本率	11.06%	10.49%	10.89%			

图6-28 比较资本成本法选择筹资方案模型与结果表

（三）公司价值分析法模型

以上两种方法都是从账面价值的角度进行资本结构优化分析的，没有考虑市场反应，也没有考虑风险因素。公司价值分析法是在考虑市场风险的基础上，以公司市场价值为标准，进行资本结构优化的。即能够提升公司价值的资本结构，就是合理的资本结构。这种方法主要用于对现有资本结构进行调整，适用于资本规模较大的上市公司资本结构优化分析。同时，在公司价值最大的资本结构下，公司的平均资本成本率也是最低的。

设，V 表示公司价值；B 表示债务资本价值；S 表示权益资本价值。公司价值应该等于资本的市场价值，即：

$$V = S + B$$

为简化分析，假设公司各期的 EBIT 保持不变，债务资本的市场价值等于其面值，权益资本的市场价值可通过下式计算：

$$S = \frac{(EBIT - I)(1 - T)}{K_s}$$

式中：S 为普通股价值；EBIT 为息税前利润；I 为长期债务利息；T 为所得税税率；K_s 为普通股资本成本。

企业的综合资本成本为

$$K_w = \frac{B}{V} * K_b(1-T) + \frac{S}{V} * K_s$$

式中：K_w 为综合资本成本(或加权资本成本)；K_b 为债务利率。公式变形得

$$V = (BK_b + \text{EBIT} - 1)(1-T)/K_w$$

【例6-26】 某公司现有资本账面价值 1000 万元，全部为普通股。预计该公司每年的息税前利润为 380 万元且保持稳定不变，公司的所得税税率为 25%，公司的税后净利将全部作为股利发放，股利增长率为 0。公司的财务管理人员计划改变现有的资本结构，拟增加负债并回购相应数额的股票以利用财务杠杆作用。经过测算认为，债务 D 的现值等于其面值，在不同的负债水平下，债务的利率和普通股的 β 值、无风险利率、市场投资组合期望报酬率的有关数据如图 6-29 的"已知条件"区域所示。要求建立一个按公司价值最大和综合资本成本率最低两种方法确定该公司最优负债方案，并绘制公司价值和综合资本成本率与负债水平之间的关系图的模型。

具体操作步骤如下。

(1) 设计模型的结构，如图 6-29 的"计算与决策结果"区域所示。

	A	B	C	D	E	F	G
1				已知条件			
2	方案	债务 D(万元)	债务利率 K_d	普通股β值	息税前利润 $EBIT$（万元）		380
3	1	0	0	1.12	所得税税率 T		25%
4	2	100	5%	1.20	无风险利率 K_F		6%
5	3	200	8%	1.22	市场投资组合报酬率 K_m		12%
6	4	300	10%	1.48			
7	5	400	12%	1.85			
8	6	500	15%	2.2			
9							
10				计算与决策结果			
11	方案	D（万元）	K_d	K_S	S（万元）	V（万元）	K_w
12	1	0	0%	12.72%	2240.57	2240.57	12.72%
13	2	100	5%	13.20%	2130.68	2230.68	12.78%
14	3	200	8%	13.32%	2049.55	2249.55	12.67%
15	4	300	10%	14.88%	1764.11	2064.11	13.81%
16	5	400	12%	17.10%	1456.14	1856.14	15.35%
17	6	500	15%	19.20%	1191.41	1691.41	16.85%
18	最大公司价值（万元）		2249.55	对应方案	3	最优负债金额（万元）	200
19	最小综合资本成本率		12.67%	对应方案	3	最优负债金额（万元）	200

图6-29 比较公司价值法选择筹资方案模型与结果表

(2) 选取 B12:C17 单元格区域，输入数组公式"=B3:C8"；选取 D12:D17 单元格区域，输入数组公式"=G4+D3:D8*(G5-G4)"；选取单元格区域 E12:E17，输入数组公式"=(G2-C12:C17*B12:B17)*(1-G3)/D12:D17"。

(3) 选取 F12:F17 单元格区域，输入数组公式"=E12:E17+B12:B17"；选取 G12:G17 单元格区域，输入数组公式"=B12:B17/F12:F17*C12:C17*(1-G3)+E12:E17/F12:F17* D12:D17"。

(4) 选取 C18 单元格，输入公式"=MAX(F12:F17)"；选取 C19 单元格，输入公式"=MIN(G12:G17)"；选取 E18 单元格，输入公式"=MATCH(C18,F12:F17,0)"；选取 E19 单元格，输入公式"=MATCH(C19,G12:G17,0)"；选取 G18 单元格，输入公式"=INDEX(B12:B17,E18)"；选取 G19 单元格，输入公式"=INDEX(B12:B17,E19)"；模型的计算与决策结果如图 6-29 所示。

本章小结

筹资活动是企业的基本财务活动。企业筹资管理的核心是对资本成本和资本结构的管理，

它不仅是企业生产经营活动的前提，也是企业再生产顺利进行的保证。

本章通过对企业筹资活动的相关概念与筹资风险的讲解，提出在筹资活动前用 Excel 建立销售百分比法和资金习性分析法模型为筹资做好相应的准备。在筹资活动开始时，通过 Excel 建模对债券筹资、股票筹资、借款筹资、租赁筹资、商业信用筹资等方式进行比较分析，选择适应企业发展的最佳筹资方式，并在此基础上运用杠杆原理对筹资活动进行 Excel 建模来分析筹资方案的风险大小。最后，通过 Excel 建立比较资本成本法、公司价值分析法和每股利润分析法模型选择最优的资本结构，为企业进一步做出准确的筹资决策提供科学的依据。

关键名词

销售百分比法　　　高低点法　　　回归分析法　　　财务杠杆
资本结构　　　　　经营杠杆　　　每股收益分析法　FORECAST 函数

思考题

1. 请简述资本成本的概念及种类。
2. 简述如何用 Excel 对财务杠杆系数建模来反映财务风险的大小。
3. 简述如何用 Excel 建模来分析最佳资本结构。
4. 简述销售百分比法与回归分析法的优缺点。
5. 简述比较资本成本法、公司价值分析法和每股收益分析法的特点。
6. 请简要分析 FV 函数与 PV 函数的区别。

本章实训

【技能实训】

1. 资料：A 公司 2018—2022 年资金占用量与销售收入之间的关系如表 6-1 所示。

表6-1　A公司2018—2022年资金占用量与销售收入的关系

单位：元

年度	销售收入(X)	资金占用量(Y)
2018	2 200 000	110 000
2019	2 500 000	120 000
2020	2 600 000	140 000
2021	2 800 000	150 000
2022	3 200 000	180 000

要求：采用高低点法预测资金需要量。

2. 资料：某企业 2016—2022 年的产销量与资金占用量变化情况如表 6-2 所示。

表6-2　某企业2016—2022年的产销量与资金占用量变化情况

年度	产销量(万件)	资金占用量(万元)
2016	120	100
2017	115	95
2018	120	100
2019	135	105
2020	140	116
2021	150	112
2022	160	115

要求：采用回归分析法预测 2023 年的产销量和资金需要量。

3. 某企业需要增加一台价值 98 000 元的设备，该设备使用期为 5 年，预计 5 年后无残值。该企业可以用银行贷款购买该设备，银行贷款年利率为 10%，要求每年年末等额偿还贷款；也可以采用租赁方式取得该设备，租赁公司要求每年年初预付租金，该设备原价在 5 年内摊销并要求得到 9%的收益率。如果该企业所得税税率为 25%，采用直线法计提折旧，贴现率为 5%。

要求：请选择最优的筹资方式。

【应用实训】

某企业向银行借款 600 万元，年利率为 7%，期限为 8 年，借款筹资的手续费为 3 万元，企业所得税税率为 25%。现有两种还本付息方式：方案 A，每年年末等额还本付息；方案 B，前 2 年每年年末偿还本金 50 万元，并在每年年末支付按年初借款余额计算的相应利息，其余的款项在后 4 年中每年年末等额还本付息。

要求：建立 Excel 模型并判断企业应选择何种还本付息的方式。

第七章

Excel与投资管理

> **学习目标：**
>
> 通过本章的学习，学员应该在掌握货币时间价值和投资风险的基础上，了解投资决策的相关基础知识，并熟练掌握 Excel 在净现值法、内含报酬率法、现值指数法等各种投资方法的建模和应用，重点掌握 NPV、IRR、NPER 和 SUPRODUCT 等函数的运用，并能灵活运用各种投资决策方法进行投资决策和风险判断，进而做出科学有效的投资决策。

第一节 投资管理概述

一、投资的相关概念与分类

(一) 投资的相关概念

投资是指特定经济主体(包括国家、企业和个人)为了在未来可预见的时期内获得收益或使资金增值，在一定时期向一定领域的标的物投放足够数额的资金或实物等货币等价物的经济行为。

投资决策包括项目投资、固定资产的更新、证券投资等内容。项目投资决策主要是通过计算投资决策指标并按照一定的标准来选择不同项目；固定资产更新决策时通过计算使用新、旧设备两个方案的投资决策指标来决定是继续使用旧设备还是购买新的设备；证券投资不同于其他两种投资，需要在计算证券投资风险的基础上来选择投资的证券类别。

(二) 项目投资的相关概念

项目投资是一种以特定项目为对象，直接与新建项目或更新改造项目有关的长期投资行为。项目投资主要分为新建项目投资和更新改造项目投资。

新建项目是以新建生产能力为目的的外延式扩大再生产。更新改造项目是以恢复或改善生产能力为目的的内含式扩大再生产。因此，项目投资并不简单地等同于固定资产投资。项目投资对企业的生存和发展具有重要意义，是企业开展正常生产经营活动的必要前提，是推动企业生存和发展的重要基础，是提高产品质量、降低产品成本不可缺少的条件，是增加企业市场竞争能力的重要手段。

项目投资决策的流程为：估算出投资方案的预期现金流量、预计未来现金流量的风险，并确定预期现金流量的概率分布和期望值；确定资本成本的一般水平(即贴现率)；计算投资方案现金流入量和流出量的总现值；通过项目投资决策评价指标的计算，做出投资方案是否可行的决策。

(三) 投资的方式分类

根据投资的方式不同，投资可分为以下几种类型。

(1) 按照投资行为的介入程度，分为直接投资和间接投资。直接投资是指不借助金融工具，由投资人直接将资金转移交付给被投资对象使用的投资。间接投资是指通过购买被投资对象发行的金融工具而将资金间接转移交付给被投资对象使用的投资，如企业购买特定投资对象发行的股票、债券、基金等。

(2) 按照投入的领域不同，分为生产性投资和非生产性投资。生产性投资是指将资金投入生产、建设等物质生产领域中，并能够形成生产能力或可以产出生产资料的一种投资。非生产性投资是指将资金投入非物质生产领域中，不能形成生产能力，但能形成社会消费或服务能力，满足人民的物质文化生活需要的一种投资。

(3) 按照投资的方向不同，分为对内投资和对外投资。从企业的角度看，对内投资就是项目投资，是指企业将资金投放于为取得供本企业生产经营使用的固定资产、无形资产、其他资产和垫支流动资金而形成的一种投资。对外投资是指企业为购买国家及其他企业发行的有价证券或其他金融产品或以货币资金、实物资产、无形资产向其他企业(如联营企业、子公司等)注入资金而发生的投资。

(4) 按照投资的内容不同，分为固定资产投资、无形资产投资、流动资产投资、房地产投资、有价证券投资、期货与期权投资、信托投资和保险投资等多种形式。

本章所讨论的投资是指属于直接投资范畴的企业内部投资——项目投资。

二、项目投资决策评价指标

项目投资决策评价指标可分为非折现现金流量指标(静态评价指标)和折现现金流量指标(动态评价指标)两大类。其中非折现现金流量指标包括投资回收期、会计平均收益率等，折现现金流量指标包括净现值、现值指数和内含报酬率等。由于非折现现金流量指标忽略了资本的时间价值，将不同时间的现金流量视为相同的金额，因而其决策结果夸大了投资的获利水平和资本的回收速度。同时非折现现金流量指标对寿命不同、资本投入的时间和提供收益的时间不同的方案缺乏鉴别能力。因此，折现现金流量指标更为实用。

(一) 非折现现金流量指标

1. 投资回收期

投资回收期(PP)是指通过项目的现金净流量来收回初始投资的现金所需的时间，一般以年为单位。投资回收期的计算，因每年营业现金净流量是否相等而有所不同。

若每年营业现金净流量相等,则投资回收期的计算公式为

$$投资回收期=初始投资额/年现金净流量$$

若每年营业现金净流量不相等,则投资回收期的计算要根据每年年末尚未收回的投资额加以确定。其计算公式为

$$投资回收期=累计现金净流量首次出现正值的年份-1$$
$$+上年累计现金净流量绝对值/当年现金净流量$$

利用投资回收期进行项目评价的规则:当投资回收期小于基准回收期(由公司自行确定或根据行业标准确定)时,可接受该项目;反之,则应放弃。在实务分析中,假若没有建设期,一般认为投资回收期小于项目经营期一半时方为可行。

投资回收期计算简单,反映直观,但没有考虑货币的时间价值,同时只考虑回收期以前各期的现金流量,将投资回收以后的现金流量截断,完全忽略了投资回收以后的经济效益,不利于反映项目全部期间的实际状况。

2. 会计平均收益率

会计平均收益率(ARR)是评价投资项目优劣的一个静态指标,是指投资项目年平均收益与该项目平均投资额的比率。其计算公式为

$$会计平均收益率=年平均收益/项目平均投资额$$

会计平均收益率的决策规则:如果会计平均收益率大于基准会计收益率(通常由公司自行确定或根据行业标准确定),则应接受;反之,则应放弃。在多个互斥方案的选择中,应选择会计平均收益率最高的项目。

会计平均收益率的优点在于简明易懂,但会计平均收益率是按照投资项目账面价值计算的,当投资项目存在机会成本时,其判断结果与净现值等标准差异很大,影响投资决策的正确性。

(二) 折现现金流量指标

1. 净现值

净现值(NPV)是指投资项目投入使用后的现金净流量按资本成本或公司要求达到的报酬率折算为现值,再减去初始投资后的余额。其计算公式为

$$NPV = \sum_{t=0}^{n} \frac{NCF_t}{(1+i)^t}$$

式中:NPV 为净现值;NCF_t 为第 t 年项目的现金净流量;n 为项目的年限;i 为资本成本(或折现率)。

净现值的计算步骤:首先计算每年营业现金净流量,其次计算未来现金流量的总现值,最后计算净现值。

利用净现值的决策规则:如果在一组独立备选方案中进行选择,净现值大于零,表示收益弥补成本后仍有利润,可以采纳;净现值小于零,表明其收益不足以弥补成本,不能采纳。若对一组互斥方案进行选择,则应采纳净现值最大的方案。

2. 现值指数

现值指数(PI)是未来现金净流量的总现值与初始投资额现值的比率，又称为现值比率、获利指数等。其计算公式为

$$现值指数 = 未来现金净流量的总现值 / 投资额现值$$

现值指数指标进行项目选择的决策规则是，接受现值指数大于1的项目，放弃现值指数小于1的项目。在有多个互斥方案的选择决策中，选择现值指数最大的项目。

3. 内含报酬率

内含报酬率(IRR)是指能够使未来现金流入量的现值等于现金流出量现值的折现率，或者说是使投资项目净现值为零的折现率。内含报酬率通常也称为内部收益率。其计算公式为

$$NPV = \sum_{t=0}^{n} \frac{NCF_t}{(1+IRR)^t} = 0$$

式中：NPV 为净现值；NCF_t 为第 t 年项目的现金净流量；n 为项目的年限。

计算内含报酬率的步骤如下。

(1) 每年现金流量不等时：首先估计一个折现率，用它来计算项目的净现值。如果净现值恰好为零，则表明所用的折现率就是 IRR；如果净现值为正数，则说明方案本身的报酬率超过估计的折现率，应提高折现率后进一步测算；如果净现值为负数，则说明方案本身的报酬率低于估计的折现率，应降低折现率后进一步测算。经过多次测算，找到接近于零的正负两个净现值对应的折现率，用插值法求出近似的 IRR。

(2) 每年现金流量相等时，同时不存在建设期，则可按以下公式计算：
由于

$$初始投资额 = 每年现金净流入量 \times 年金现值系数$$

所以

$$年金现值系数 = 初始投资额 / 每年现金净流入量$$

然后查询年金现值系数表，在相同的期数内，找出与上述年金现值系数相邻的较大和较小的两个折现率。采用插值法计算出该项目的内含报酬率。

内含报酬率的决策规则：在只有一个备选方案的采纳与否决策中，如果计算出的内含报酬率大于或等于公司的资本成本或必要报酬率，就采纳；反之，则拒绝。在多个互斥备选方案的选择决策中，选用内含报酬率超过资本成本或必要报酬率最高的项目。

第二节　Excel与投资风险管理模型

一、投资风险分析方法

(一) 风险的相关概念

风险是指在一定条件下和一定时期内可能发生的各种结果的变动程度。风险是事件本身的

不确定性，具有客观性。风险常常和不确定性联系在一起。风险投资所要求的超过货币时间价值的那部分额外报酬称为风险报酬或风险价值，通常用百分数表示风险报酬的高低。在没有通货膨胀的情况下，投资报酬率应当是货币时间价值与投资风险报酬之和，货币的时间价值是无风险最低报酬率。

风险投资决策的分析方法有很多，概括起来主要有两种，即概率期望值法和风险调整贴现率法。

(二) 概率期望值法

投资风险的衡量通常采用两个指标：一个是期望平均值(E)，它反映随机变量预期达到的标准结果；另一个是标准离差值，它反映随机变量实际达到的标准与期望平均值的差距。对于预期收益额不同的投资项目的风险程度的衡量要使用标准离差率指标，即用方案的标准离差除以期望平均值。

1. 概率和期望值

概率又称为机会率或可能性，是数学概率论的基本概念，是一个 0 到 1 的实数，是对随机事件发生的可能性的度量。表示一个事件发生的可能性大小的数，叫作该事件的概率，它是随机事件出现的可能性的度量，同时也是概率论最基本的概念之一，一般用 X 表示。若 X_i 表示随机事件的第 i 种结果，则 P_i 表示出现该结果的相应概率。

期望值是一个概率分布中的所有可能结果，以各自相应的概率为权数计算的加权平均值，通常用 E 表示。其计算公式如下：

$$E = \sum_{i=1}^{n} X_i P_i$$

若 X_i 表示各期预计收益，则 E 表示收益的平均值，在各种不确定因素的影响下，它代表投资者对收益的合理预期。

2. 离散程度

离散程度是用以衡量风险程度的统计指标。一般来说，离散程度越大，风险越大；离散程度越小，风险越小。反映随机变量离散程度的指标主要有方差、标准离差和标准离差率三项指标。

1) 方差

方差是用来表示随机变量与期望值之间的离散程度的数值，用 δ^2 表示。其计算公式为

$$\delta^2 = \sum_{i=1}^{n} (X_i - E)^2 P_i$$

2) 标准离差

标准离差也称为均方差，是方差的平方根。其计算公式为

$$\delta = \sqrt{\sum_{i=1}^{n} (X_i - E)^2 P_i}$$

方差和标准离差是绝对数，它们适用于期望值相同情况下不同决策方案的对比。方差或标准离差越大，风险程度越大；反之，方差和标准离差越小，风险越小。

3) 标准离差率

标准离差率是标准离差与期望值的比值，一般用 V 表示，其计算公式为

$$V=\delta/E$$

标准离差率是一个相对指标，它以相对数反映决策方案的风险程度。它适用于评价和比较期望值不同的决策方案的风险程度。标准离差率越大，风险越大；反之，风险就越小。

(三) 风险调整贴现率法

风险调整贴现率法是将净现值法和资本资产定价模型结合起来，利用模型依据项目的风险程度调整贴现率的一种方法。风险调整贴现率法的基本思路是，对于高风险的项目采用较高的贴现率去计算净现值，低风险的项目用较低的贴现率去计算净现值，然后根据净现值法的规则来选择方案。因此，此种方法的中心是根据风险的大小来调整贴现率。其计算公式为

$$K=i+bQ$$

式中：K 为调整贴现率；i 为无风险贴现率；b 为风险报酬斜率；Q 为风险程度。

从上式可知，在 i 已知时，为了确定 K，需先确定 Q 和 b。然后计算投资方案的净现值的期望值；按净现值法评价方案的优劣，调整后的期望净现值为正值时，投资项目具有可行性，否则项目不具有可行性。

(四) 风险调整现金流量法

风险调整现金流量法又称为肯定当量法，它是首先按照一定的肯定当量系数将不确定的现金流量折算为确定的当量现金流量，再利用无风险利率对投资项目进行评价的方法。

肯定当量系数是指肯定的现金流量和与之相当的不确定的现金流量的比值。肯定当量系数可以根据变差系数来确定。投资项目的历史资料比较齐全的公司可以事先准备一份变差系数与肯定当量系数的经验对照关系表，以便随时利用。

二、投资风险分析与Excel模型

(一) 概率期望值投资分析模型

【例 7-1】 某公司明年有 A、B 两个投资方案，假设未来市场有繁荣、正常、衰退三种情况，相应的概率分布及其报酬率如图 7-1 所示，要求进行两个投资方案的投资风险分析。

	A	B	C	D
1	投资方案资料			
2	经济情况	繁荣	正常	衰退
3	发生概率	0.4	0.2	0.4
4	A方案报酬率	45%	25%	-20%
5	B方案报酬率	15%	25%	10%
6				
7	投资风险分析			
8	方案	预期报酬率	方差	标准差
9	A方案	15.00%	8.70%	29.50%
10	B方案	15.00%	0.30%	5.48%

图7-1 投资风险分析模型与结果表

本例需运用到乘积求和函数,其函数表达式为:SUMPRODUCT(array1, array2, array3,…),其中"array1, array2, array3,…"为 2 到 255 个数组,其相应元素需要进行相乘并求和。

具体操作步骤如下。

(1) 计算预期报酬率。

在 B9 单元格中输入公式"=SUMPRODUCT(B4:D4, B3:D3)",即得到方案 A 的预期报酬率。

在 B10 单元格中输入公式"=SUMPRODUCT(B5:D5, B3:D3)",即得到方案 B 的预期报酬率。

(2) 计算方差。

在 C9 单元格中输入公式"=SUM(B3*(B4-B9)^2, C3*(C4-B9)^2, D3*(D4-B9)^2)",即得到 A 方案的方差。

在 C10 单元格中输入公式"=SUM(B3*(B5-B10)^2, C3*(C5-B10)^2, D3*(D5-B10)^2)",即得到 B 方案的方差。

(3) 计算标准差。

在 D9 单元格中输入公式"=SQRT(C9)",即可得到方案 A 的标准差。

在 D10 单元格中输入公式"=SQRT(C10)",即可得到方案 B 的标准差。

如图 7-1 所示,A 方案与 B 方案的预期报酬率相同,均为 15%,由于 B 方案的标准差小于 A 方案的标准差,所以说 B 方案的投资风险小于 A 方案,应当选择 B 方案作为最佳方案。

如果两个投资方案的预期报酬率不相同,那么需要分别计算每个投资方案的标准差率,然后确定投资风险大小。

(二) 风险调整贴现率分析模型

【例 7-2】某公司有两个投资方案可供选择,有关资料如图 7-2 所示,试建立相应的投资风险分析模型。

	A	B	C	D	E
1		方案A		方案B	
2	年份	现金流量(元)	概率Pi	现金流量(元)	概率Pi
3	0	-60000		-38000	
4	1	35000	0.3		
5		35000	0.5		
6		20000	0.2		
7	2	40000	0.2	30000	0.2
8		35000	0.6	40000	0.3
9		25000	0.2	50000	0.5
10	3	30000	0.3	20000	0.3
11		25000	0.4	40000	0.5
12		15000	0.3	60000	0.2
13	无风险报酬率	10%		风险报酬率	14%
14			投资风险分析		
15		方案A		方案B	
16	年份	现金流量期望值E	标准差D	现金流量期望值E	标准差D
17	1	32000	6000	0	0
18	2	34000	4898.98	43000	7810.25
19	3	23500	5937.17	38000	14000.00
20		A方案		B方案	
21	期望现值	74845.98		64087.15	
22	综合标准差	8126.63		12341.02	
23	风险程度	0.11		19.256617%	
24	调整风险贴现率	11.52%		12.70%	
25	净现值	12976.46		22406.94	

图7-2 按风险调整贴现率法建立的投资风险分析模型与结果表

具体操作步骤如下。

(1) 计算各方案在各期间的"现金流量期望值"。

在 B17 单元格中输入公式"=SUMPRODUCT(B4:B6, C4:C6)"。

在 B18 单元格中输入公式"=SUMPRODUCT(B7:B9, C7:C9)"。

在 B19 单元格中输入公式"=SUMPRODUCT(B10:B12, C10:C12)"。

将上述公式(B17:B19 单元格区域)复制到 D17:D19 单元格区域，即可得到两个方案的现金流量期望值。

(2) 计算各方案在各期间的"标准差"。

在 C17 单元格中输入公式"=SQRT(SUMPRODUCT((B4:B6-B17)^2,C4:C6))"。

在 C18 单元格中输入公式"=SQRT(SUMPRODUCT((B7:B9-B18)^2,C7:C9))"。

在 C19 单元格中输入公式"=SQRT(SUMPRODUCT((B10:B12-B19)^2,C10:C12))"。

将上述公式(C17:C19 单元格区域)复制到 E17:E19 单元格区域，即可得到两个方案在各期间的标准差。

(3) 计算各方案的"期望现值""综合标准差""风险程度""调整风险贴现率"和"净现值"。其中净现值的计算需要用到 NPV 净现值函数，其语法表达式为 NPV(rate, value1, value2,…)，功能是在未来连续期间的现金流量 value1、value2 等在贴现率 rate 的条件下返回该项投资的净现值，具体用法会在本章第三节中讲解到。

在 C21 单元格中输入公式"=NPV($B$13, B17:B19)"，得到 A 方案的期望现值。

在 C22 单元格中输入公式"=SQRT(C17^2/(1+$B$13)^(2*$A$17)+C18^2/(1+$B$13)^(2*$A$18)+ C19^2/(1+$B$13)^(2*$A$19)))"，即可得到 A 方案的综合标准差。

在 C23 单元格中输入公式"=C22/C21"，即可得到 A 方案的风险程度。

在 C24 单元格中输入公式"=$B$13+$E$13*C23"，即可得到 A 方案的调整风险贴现率。

在 C25 单元格中输入公式"=NPV(C24, B17:B19)+B3"，即可得到 A 方案的净现值。

将上述公式(即 C21:C25 单元格区域)复制到 E21:E25 单元格区域，可得到 B 方案的各个相应指标数值。

根据上述结果，公司财务人员就可以选择净现值大的方案(B方案)。同时，财务人员可以通过调整改变原始数据，如无风险报酬率和风险报酬率，以及各方案的现金流量和相应的概率。由于我们已经在模型与原始数据之间建立好了钩稽关系，系统会自动得出不同的投资风险分析模型，以满足财务人员的需要。

(三) 风险调整现金流量法分析模型

【例7-3】某企业甲、乙两个方案的有关资料如图 7-3 的"已知条件"区域所示。要求建立一个采用按风险调整现金流量法计算两个方案净现值的模型。

具体操作步骤如下。

(1) 设计模型的结构，如图 7-3 的"计算结果"区域所示。

	A	B	C	D	E
1	已知条件（金额单位：万元）				
2	年份	0	1	2	3
3	甲方案现金流期望值	-900	600	500	290
4	甲方案现金流标准差	0.00	141.42	126.49	207.12
5	乙方案现金流期望值	-500	365	242	154
6	乙方案现金流标准差	0.00	74.26	27.13	38.26
7	要求的最低收益率	9%			
8	变差系数区间	0.00～0.07	0.08～0.23	0.24～0.42	0.43～0.73
9	肯定当量系数对应值	1.00	0.85	0.60	0.40
10					
11	计算结果				
12	变差系数临界判断值	0.07	0.23	0.42	0.73
13	甲方案净现值的计算（金额单位：万元）				
14	年份	1	2	3	净现值
15	变差系数	0.236	0.253	0.714	
16	肯定当量系数	0.6	0.6	0.4	-227.65
17	肯定当量现金流	360	300	116	
18	乙方案净现值的计算（金额单位：万元）				
19	年份	1	2	3	净现值
20	变差系数	0.203	0.112	0.248	
21	肯定当量系数	0.85	0.85	0.6	29.12
22	肯定当量现金流	310.25	205.7	92.4	

图7-3 按风险调整贴现率法投资决策模型与结果表

(2) 选取 B15:D15 单元格区域，输入数组公式 "=C4:E4/C3:E3"。

(3) 在 B16 单元格中输入公式 "=IF(B15>$D$12, $E$9, IF(B15>$C$12, $D$9, IF(B15> $B$12, $C$9, $B$9)))"，并将其复制到 C16 和 D16 单元格中。

(4) 选取 B17:D17 单元格区域，输入数组公式 "=C3:E3*B16:D16"。

(5) 在合并单元格 E15 中输入公式 "=NPV(B7, B17:D17)+B3"。

(6) 选取 B20:D20 单元格区域，输入数组公式 "=C6:E6/C5:E5"。

(7) 在 B21 单元格中输入公式 "=IF(B20>$D$12, $E$9, IF(B20>$C$12, $D$9, IF(B20> $B$12, $C$9, $B$9)))"，并将其复制到 C21 和 D21 单元格中。

(8) 选取 B22:D22 单元格区域，输入数组公式 "=C5:E5*B21:D21"。

(9) 在合并单元格 E20 中输入公式 "=NPV(B7, B22:D22)+B5"。

模型的运行结果如图 7-3 所示。由计算结果可以看出，由于甲方案各年现金流的变差系数比较高，其肯定的当量现金流就比较低，最终导致其净现值为负，方案变得不可行。

风险调整贴现率法与风险调整现金流量法各有利弊，风险调整贴现率法比较符合逻辑，但把时间价值与风险价值混在一起并据此对现金流量贴现，就会有夸大远期风险的缺点。风险调整现金流量法通过对现金流量的调整来反映各年投资风险，并将风险因素与时间因素分开讨论，克服了前者夸大远期风险的缺点。它还可以与内含报酬率法相结合使用，这在理论上是可行的。肯定当量系数很难准确地确定，由于估算依据不一，导致数值差别大。

第三节　Excel与投资决策分析模型

一、投资回收期法分析模型

利用投资回收期法建立投资决策模型，要建立投资回收期表和计算投资回收期公式，其中计算投资回收期公式要考虑以下两种情况。

(1) 若每年营业现金净流量相等,则投资回收期的计算公式:投资回收期=初始投资额/年现金净流量,用 ABS 绝对值函数处理即可。ABS 绝对值函数的表达式为"ABS(number)",其中 number 代表需要求绝对值的数值或引用的单元格。

(2) 若每年营业现金净流量不相等,则投资回收期的计算要根据每年年末尚未收回的投资额加以确定。其计算公式:投资回收期=累计现金净流量首次出现正值的年份-1+上年累计现金净流量绝对值/当年现金净流量,用 COUNTIF 与 ABS 函数相结合处理即可。COUNTIF 条件统计函数的表达式为"CUONTIF(range,criteria)",其中,range 为计算其中非空单元格数目的区域,criteria 为以数字、表达式或文本形式定义的条件。

【例 7-4】 某企业现有三项投资方案,资金成本率为 10%,有关数据如图 7-4 所示。利用 Excel 的计算功能和函数功能计算出各方案的投资回收期,依据投资回收期的长短,选定最优方案。

	A	B	C	D	E	F	G
1				投资方案资料			
2		A方案		B方案		C方案	
3	期间(年)	净收益	现金净流量	净收益	现金净流量	净收益	现金净流量
4	0		-28000		-11000		-16000
5	1	1000	16000	-1800	2200	600	5600
6	2	3000	18000	2000	6000	600	5600
7	3			4000	8000	600	5600
8	计算投资回收期	累计金额	未收金额	累计金额	未收金额	累计金额	未收金额
9	0		28000		11000		16000
10	1	16000	12000	2200	8800	5600	10400
11	2	34000	-6000	8200	2800	11200	4800
12	3	34000	-6000	16200	-5200	16800	-800
13	投资年(整数)		1		2		2
14	投资回收期修正值		0.67		0.35		0.86
15	投资回收期		1.67		2.35		2.86
16	会计收益率		7.14%		12.73%		3.75%

图7-4 投资回收期决策分析模型与结果表

具体操作步骤如下。

(1) 创建一个新的工作簿,将其命名为"投资决策分析",在工作簿中创建新工作表并命名为"投资回收期与会计收益率的计算表"。

(2) 明确钩稽关系。

第 t 年的累计金额=Σ 净流量 $t(t=1, 2\cdots, t)$

第 t 年的未收金额=投资额-第 t 年的累计金额=投资额-Σ 净流量 $t(t=1, 2, \cdots, t)$

投资年(整数)是指从第一年开始计算,未收金额大于零的年数。

投资回收期修正值是指收回剩余投资(即全部投资扣除投资整数年收回的投资)所需要的时间。

投资回收期=投资年(整数)+投资回收期修正值

会计收益率=年平均利润/原始投资额

(3) 输入公式,完成分析模型,其具体操作过程如下。

① 计算各方案的各年累计金额,具体方法是先用公式计算出 A 方案的各年累计金额,然后将这三个公式复制到 B 方案和 C 方案的相应单元格区域。

选择"投资回收期与会计收益率的计算表"工作表，选择 B10 单元格，输入公式"=C5"；选择 B11 单元格，输入公式"=C5+C6"；选择 B12 单元格，输入公式"=C5+C6+C7"；选择 B10:B12 单元格区域；单击工具栏中的"复制"按钮，该矩形区域呈闪烁状；选择目标单元格区域 D10:D12，单击工具栏中的"粘贴"按钮，然后选中 F10:F12 单元格区域，再单击工具栏中的"粘贴"按钮，即完成图表中三个方案的累计金额的计算。

② 计算出各方案各年的未收金额。具体做法是先用公式计算出 A 方案的各年未收金额，然后将三个公式复制到 B 方案和 C 方案的相应单元格区域。

选择 C10 单元格，输入公式"=C9-B10"；选择 C11 单元格，输入公式"=C9-B11"；选择 C12 单元格，输入公式"=C9-B12"。

将上述三个公式分别复制到 E10:E12 与 G10:G12 单元格区域，即完成了三个方案未收金额的计算。

③ 建立投资年(整数)公式，计算出投资年(整数)。

选择 C13 单元格，输入公式"=COUNTIF(C10:C12,>=0)"，将此公式复制到 B 方案和 C 方案的相应单元格区域(方法同上)。

④ 计算投资回收期修正值。

选择 C14 单元格，输入公式"=C10/(B11-B10)"，将此公式复制到 B 方案和 C 方案的相应单元格区域(方法同上)。

⑤ 计算整个方案的投资回收期。

选择 C15 单元格，输入公式"=SUM(C13:C14)"或"=C13+C14"，将此公式复制到 B 方案和 C 方案的相应单元格区域(方法同上)。

⑥ 计算各方案的会计收益率。

选择 C16 单元格，输入公式"=AVERAGE(B5:B7)/C4"，将此公式复制到 B 方案和 C 方案的相应单元格区域(方法同上)。

说明：

在具体操作时，也可先完成 A 方案的相应操作，然后将公式复制到 B 方案和 C 方案。

结论：从计算结果可以看出，A 方案投资回收期最短，但该企业的资金成本率是 10%，而 A 方案的会计收益率只有 7.14%，小于资金成本率，C 方案也是如此，因此在三个方案中，只有 B 方案是可以接受的。

【例 7-5】已知 A、B 两个投资项目的有关资料如图 7-5 中的"已知条件"区域所示。要求建立一个计算两个投资项目静态投资回收期和动态投资回收期的模型。

由于需运用到条件统计函数，其函数表达式为"COUNTIF(range,criteria)"。其中：range 为要计算其中非空单元格数目的区域；criteria 为以数字、表达式或文本形式定义的条件。此外还需要运用索引函数，其函数表达式为"INDEX(array, row_num, column_num)"，返回数组中指定的单元格或单元格数组的数值。其中：array 为单元格区域或数组常数；row_num 为数组中某行的行序号，函数从该行返回数值。如果省略 row_num，则必须有 column_num；column_num 是数组中某列的列序号，函数从该列返回数值。

	A	B	C	D	E	F	G	H
1				已知条件				
2	A项目	初始投资（元）	−7800		A和B项目			
3		经营期（年）	5		贴现率	12%		
4		每年净现金流量（元）	2600					
5	B项目	年	0	1	2	3	4	5
6		各年净现金流量（元）	−10000	3850	3500	3500	2800	2700
7								
8				计算结果				
9	A项目	静态投资回收期（年）	3.00		B项目		静态投资回收期（年）	2.76
10		动态投资回收期（年）	3.94				动态投资回收期（年）	3.72
11	B项目	年	0	1	2	3	4	5
12		各年累计净现金流量（元）	−10000.00	−6150.00	−2650.00	850.00	3650.00	6350.00
13		各年净现金流量的现值（元）	−10000.00	3437.50	2790.18	2491.23	1779.45	1532.05
14		各年累计净现金流量现值（元）	−10000.00	−6562.50	−3772.32	−1281.09	498.36	2030.41

图7-5 投资回收期模型与结果表

具体操作步骤如下。

(1) 设计模型的结构，如图 7-5 的"计算结果"区域所示。

(2) 在 C9 单元格中输入公式"=ABS(C2)/C4"；在 C10 单元格中输入公式"=NPER(F3, C4, C2)"，计算 A 项目的静态和动态投资回收期。

(3) 在 C12 单元格中输入公式"=SUM($C$6:C6)"，并将其复制到 D12:H12 单元格区域，计算 B 项目的各年累计净现金流量。

(4) 选取 C13:H13 单元格区域，输入数组公式"{=PV(F3,C11:H11,,-C6:H6)}"，计算 B 项目的各年净现金流量的现值。

(5) 在 C14 单元格中输入公式"=SUM($C$13:C13)"，并将其复制到 D14:H14 单元格区域，计算 B 项目的各年累计净现金流量现值。

(6) 在 H9 单元格中输入公式"=COUNTIF(C12:H12,"<0")−1+ABS(INDEX(C12:H12,, COUNTIF(C12:H12, "<0")))/INDEX(C6:H6, , COUNTIF(C12:H12,"<0")+1)"，计算 B 项目的静态投资回收期。

(7) 在 H10 单元格中输入公式"=COUNTIF(C14:H14,"<0")−1+ABS(INDEX(C14:H14,, COUNTIF(C14:H14, "<0")))/INDEX(C13:H13,, COUNTIF(C14:H14, "<0")+1)"，计算 B 项目的动态投资回收期。

二、净现值法模型

(一) NPV净现值函数

函数的结构：NPV(rate, value1, value2,…)。

函数的功能：在未来连续期间的现金流量 value1、value2 等，以及贴现率 rate 的条件下返回该项投资的净现值。

函数的参数说明：

- value1、value2…所属各期间的长度必须相等，而且支付及收入的时间都发生在期末。
- NPV按次序使用value1、value2…来注释现金流的次序，所以一定要保证支出和收入数额按正确的顺序输入。
- 如果参数是数值、空白单元格、逻辑值或表示数值的文字表达式，都计算在内；如果参数是错误值或不能转化为数值的文字则被忽略。

- NPV假定投资开始于value1现金流所在日期的前一期，并结束于最后一笔现金流的当期。NPV依据未来的现金流计算。如果第一笔现金流发生在第一个周期的期初，则第一笔现金必须添加到NPV的结果中，而不应包含在values参数中。

【例 7-6】某企业的一个投资项目初始的投资额是 18 600 元(在年末支出)，接下来的 3 年，每年年末收回投资分别为 2450 元、13 000 元、13 000 元，假设贴现率为 10%，计算该项目的净现值。

具体操作步骤：新建一个工作表，设置表格格式并输入已知条件；选中 B6 单元格，输入计算净现值的公式“=NPV(B1,B2,B3:B5)”，结果如图 7-6 所示。

fx =NPV(B1, B2, B3:B5)

	A	B
1	年贴现率	10%
2	一年前投资	-18600
3	第一年的收益	2450
4	第二年的收益	13000
5	第三年的收益	13000
6	NPV	¥3, 761. 97

图7-6 NPV计算模型与结果表

在操作过程中需要注意以下两点。

(1) 初始投资支出及其他各期支出应加负号。

(2) 函数 NPV 假定投资开始于 value1 现金流所在日期的前一期，并结束于最后一笔现金流的当期。函数 NPV 依据未来的现金流进行计算。如果第一笔现金流发生在第一个周期的期初，则第一笔现金必须添加到函数 NPV 的结果中，而不应包含在参数 values 中。

【例 7-7】某企业的一个投资项目初始的投资额是 18 600 元(在年初支出)，接下来的 3 年，每年年末收回投资分别为 2450 元、13 000 元、13 000 元，假设贴现率为 10%，计算该项目的净现值。

具体操作步骤：新建一个工作表，设置表格格式并输入已知条件；在 B6 单元格中输入计算净现值的公式“=NPV(B1, B3:B5)+B2”，结果如图 7-7 所示。

fx =NPV(B1, B3:B5)+B2

	A	B
1	年贴现率	10%
2	一年前投资	-18600
3	第一年的收益	2450
4	第二年的收益	13000
5	第三年的收益	13000
6	NPV	¥4, 138. 17

图7-7 NPV计算特例模型与结果表

(二) 净现值法分析模型设计

用净现值法建立投资决策模型就是要建立净现值和净现值指数的计算公式，将具体数据输入模型表中，利用 Excel 提供的函数和计算功能计算出各方案净现值和净现值指数的大小，从而确定最优投资方案。

【例 7-8】假设某企业有甲、乙两种投资方案，有关数据如图 7-8 所示。

	A	B	C	D	E	F	G	H
1		投资决策分析模型（净现值法、内含报酬率法）						
2		甲方案			乙方案			
3	年份	投资	收入	净现金流量	投资	收入	净现金流量	贴现率
4	1	3500	0	-3500	4200	0	-4200	10%
5	2	950	0	-950	1800	0	-1800	资金成本
6	3	0	1000	1000	0	3000	3000	10%
7	4	0	2500	2500	0	3000	3000	再投资报酬率
8	5	700	3500	2800	0	5000	5000	12%
9	6	0	3000	3000	1200	3000	1800	
10	7	0	3000	3000	0	2000	2000	
11	8	0	3000	3000	0	1000	1000	
12	净现值	4841.75		5349.19	6581.47		5071.75	
13	净现值指数			1.10			0.77	

图7-8 净现值法投资决策分析模型与结果表

具体操作步骤如下。

(1) 定义模型有关项目间的钩稽关系。

净现金流量=现金流入(收入)-现金支出(投资)

净现值指数=净现金流量现值/投资总额现值

(2) 确定模型中各有关单元格的公式。

甲方案：单击 D4 单元格，输入公式"=C4-B4"，将此公式复制到 D5:D11 单元格区域，完成甲方案净现金流量的计算；单击 B12 单元格，输入公式"=NPV(H4, B5:B11)+B4"；单击 D12 单元格，输入公式"=NPV(H4, D5:D11)+D4"；单击 D13 单元格，输入公式"=D12/B12"。

乙方案：单击 G4 单元格，输入公式"=F4-E4"，将此公式复制到 G5:G11 单元格区域，完成乙方案净现金流量的计算；单击 E12 单元格，输入公式"=NPV(H4, E5:E11)+E4"；单击 G12 单元格，输入公式"=NPV(H4, G5:G11)+G4"；单击 G13 单元格，输入公式"=G12/E12"。

从图 7-8 可知，甲方案净现值为 5349.19 元，乙方案净现值为 5071.75 元，两个方案净现值都大于 0，方案都可行。甲方案的净现值指数为 1.10，大于乙方案的净现值指数 0.77，所以甲方案优于乙方案。

一般情况下，当用净现值法分析投资决策时，净现值指标和净现值指数指标需要配合使用才能更准确地说明问题。

【例 7-9】某企业现有 A、B 两个投资项目，有关数据如图 7-9 所示。假定资金成本率为 15%，用净现值法计算并选择最优方案。

	A	B	C	D	E
1		A项目		B项目	
2	期间（年）	现金流入（元）	现金流出（元）	现金流入（元）	现金流出（元）
3	0		10000		8000
4	1		8000		5000
5	2	12000	3600	6000	1000
6	3	12000	3600	8000	1000
7	4	12000	3600	10000	2000
8	5	12000	3600	8000	1500
9	6	12000	3600	6000	1000

图7-9 投资分析数据资料

利用 Excel 建立净现值法投资决策模型，就是将具体的数据填入工作表中，利用 Excel 的计算功能和函数功能直接计算出各方案的净现值，依据净现值的大小，选定最优方案。

	A	B	C	D	E	F	G	H	I
1					净现值法				
2								资金成本率	15%
3			A项目				B项目		
4	期间（年）	流入	流出	净流量	现值	流入	流出	净流量	现值
5	0		10000	-10000	-10,000.00		8000	-8000	-8,000.00
6	1		8000	-8000	-6,956.52		5000	-5000	-4,347.83
7	合计		18000	-18000	-16,956.52		13000	-13000	-12,347.83
8	2	12000	3600	8400		6000	1000	5000	
9	3	12000	3600	8400		8000	1000	7000	
10	4	12000	3600	8400		10000	2000	8000	
11	5	12000	3600	8400		8000	1500	6500	
12	6	12000	3600	8400		6000	1000	5000	
13	合计	60000	18000	42000	24,485.31	38000	7000	31000	18,350.64
14	净现值				7,528.79				6,002.82

图7-10 净现值法模型与结果表

具体操作步骤如下。

打开工作簿"投资决策分析"，再插入一个工作表并命名为"净现值法"。

(1) 建立净流量公式，计算出各年的现金净流量。

选择工作表"净现值法"，选择 D5 单元格，输入公式"=B5-C5"；单击"开始"选项卡中的"复制"按钮，该单元格呈现闪烁状；分别选择目标单元格区域 D6:D13 和 H5:H13；单击工具栏中的"粘贴"按钮，即完成图表中各相应指标的计算。

(2) 建立净现值公式，计算出净现值。

选择 E5 单元格，输入公式"=NPV(0,D5)"；选择 E6 单元格，输入公式"=NPV($I$2,D6)"；选择 E7 单元格，输入公式"=SUM(E5:E6)"；选择 E13 单元格，输入公式"=NPV($I$2,0,D8:D12)"；选择 E14 单元格，输入公式"=E7+E13"。

将这 5 个公式一次性复制到 B 项目的相应单元格区域(复制方法同上)；由计算可知，A 项目净现值为 7528.79 元，B 项目净现值为 6002.82 元。单就投资项目净现值分析，两个项目的净现值都大于 0，项目都可行，且 A 项目优于 B 项目。

在该例中，A 项目的净现值大，但其投资总额也大。当投资金额不等时，净现值的大小比较就失去了基础。因此，净现值大小的简单比较不能准确说明问题，这就需要用现值指数法。

三、现值指数法模型

(一) 现值指数函数

现值指数又称为获利指数，是指投资项目经营期各年的净现金流量的总现值与原始投资现值总和之比，它反映了项目的投入与产出之间的关系。其计算公式为

现值指数=经营期净现金流量现值之和/原始投资的现值之和

其函数表达式可以利用 NPV 净现值函数与 SUM 求和函数计算。

【例 7-10】某个投资项目，初始投资为 150 000 元(投资期年初支付)，在随后的 5 年中，该项目的净收入分别为 25 000 元、28 000 元、36 000 元、43 000 元和 53 000 元，折现率为 12%，计算该项目的现值指数。

具体操作步骤：新建一个工作表，设置表格格式并输入已知条件；在 B8 单元格中输入计算净现值的公式 "=NPV(B7,B2:B6)/-B1"，结果如图 7-11 所示。

	A	B
1	项目的初始投资	-150000
2	第1年净收入	25000
3	第2年净收入	28000
4	第3年净收入	36000
5	第4年净收入	43000
6	第5年净收入	53000
7	折现率	12%
8	现值指数	0.851119

公式:=NPV(B7,B2:B6)/-B1

图7-11 现值指数法模型与结果表

采用现值指数评价投资项目的基本准则是,现值指数大于或等于1的项目为可行项目,否则为不可行项目。如果将原始投资看作是成本,则该指标反映了每一元投资所创造的净现值。因此,现值指数是一个反映投资项目获利能力的相对指标。在多项目比较中,现值指数使得原始投资额不同的投资项目与有效使用期数不同的投资项目具有可比性。因此,现值指数在公司的投资决策分析中具有广泛的适用性。

(二) 现值指数函数模型

【例 7-11】现值指数的计算只需要在例 7-9 的基础上,选择 E15 单元格,输入公式 "=ABS(E13/E7)",并在 I15 单元格中输入公式 "=ABS(I13/I7)" 即可,如图 7-12 所示。

从计算结果中可以看到,A 项目的现值指数为 1.4440,B 项目的现值指数为 1.486 1,都大于 1,说明两个项目都是可取的且 B 项目优于 A 项目。

	A	B	C	D	E	F	G	H	I
1	现值指数法								
2								资金成本率	15%
3			A项目					B项目	
4	期间(年)	流入	流出	净流量	现值	流入	流出	净流量	现值
5	0		10000	-10000	-10,000.00		8000	-8000	-8,000.00
6	1		8000	-8000	-6,956.52		5000	-5000	-4,347.83
7	合计		18000	-18000	-16,956.52		13000	-13000	-12,347.83
8	2	12000	3600	8400		6000	1000	5000	
9	3	12000	3600	8400		8000	1000	7000	
10	4	12000	3600	8400		10000	2000	8000	
11	5	12000	3600	8400		8000	1500	6500	
12	6	12000	3600	8400		6000	1000	5000	
13	合计	60000	18000	42000	24,485.31	38000	7000	31000	18,350.64
14	净现值				7,528.79				6,002.82
15	现值指数				1.4440				1.4861

图7-12 使用现值指数法进行投资项目比较结果表

现值指数法的主要优点是考虑了货币时间价值,使计算更科学、更准确,同时以相对值表示各投资方案经济效益,便于在不同方案中选优。其主要缺点是根据期望投资回收报酬率计算项目经济效益,而未能计算投资项目本身的投资回收报酬率。

【例 7-12】已知 A、B 两个投资项目的有关资料如图 7-13 的"已知条件"区域所示。要求建立一个计算两个投资项目现值指数并评价其可行性的模型。

	B	C	D	E	F	G	H	I	J	K
1			已知条件							
2	一次性初始投资(元)	-28500	每年净现金流量(元)		8600					
3	经营期(年)	5	贴现率		12%					
4	投资阶段	投资期			经营期					
5	年	0	1	2	3	4	5	6	7	8
6	各年净现金流量(元)	-10000	-8500	-3000	3500	4000	5000	4500	4200	9500
7	贴现率	14%								
8										
9	计算与评价结果									
10	获利指数	可行性评价								
11	1.09	可行								
12	0.73	不可行								

图7-13 现值指数计算与项目可行性评价模型与结果表

具体操作步骤如下。

(1) 设计模型的结构，如图 7-13 中的"计算与评价结果"区域所示。

(2) 在 B11 单元格中输入公式"=PV(H3, C3, -H2)/ABS(C2)"。

(3) 在 B12 单元格中输入公式"=PV(C7,E5,-NPV(C7,F6:K6))/ABS(NPV(C7,D6:E6)+C6)"，或者输入公式"=(NPV(C7, F6:K6)/(1+C7)^E5)/ABS(NPV(C7,D6:E6)+C6)"。

(4) 在 C11 单元格中输入公式"=IF(B11>1,"可行","不可行")"，并将其复制到 C12 单元格。模型的运行结果如图 7-13 所示。

(三) 净现值法与现值指数法的比较

从上述的净现值法和现值指数法中我们可以看出，计算净现值与计算现值指数使用的信息是相同的，因此得出的结论往往也是一致的。但是当互斥方案的初始投资不相等时，两种方法可能会得出不同的结论。两种决策方法结论不一致的主要原因是：净现值是绝对数指标，一般来说，方案的投资额大，其净现值也会大，所以使得净现值法可能会选中单位投资报酬低但总投资报酬大的方案；而现值指数是相对指标，采用现值指数法可能会选中单位投资报酬高但总投资报酬少的方案。

一般来说，此时选择最优方案的方法有以下两种：一种方法是按净现值法的决策结论选择最优方案，因为净现值最大符合企业利益最大化的原则；另一种方法是用投资额大的方案与投资额小的方案进行对比，构建一个差量方案，然后计算差量方案的净现值与现值指数，对差量方案进行评价。如果差量方案的净现值大于 0，现值指数大于 1，则表明差量方案可行，应该选择投资额大的方案；否则，差量方案不可行，说明投资额大的方案比投资额小的方案追加投资是不值得的，应选择投资额小的方案。下面我们通过实例来说明这一点。

【例 7-13】假如某公司有 A、B 两个互斥的投资方案，其有关资料如图 7-14 所示，要求计算两个方案的净现值和现值指数并做出决策。

	A	B	C	D
1	年份		净现金流量（万元）	
2		A方案	B方案	差量方案（A-B）
3	0	-1200	-550	-650
4	1	480	250	230
5	2	680	300	380
6	3	560	360	200
7	4	500	400	100
8	贴现率	8%		
9	净现值	639.50	518.47	121.02
10	现值指数	1.53	1.94	1.19

图7-14　净现值法与现值指数法的比较模型与结果表

具体操作步骤如下。

(1) 单击 D3 单元格，输入公式"=B3-C3"，然后拖动 D3 单元格右下角的填充柄向下复制到 D4:D7 单元格区域中，得到差量方案的现金流量。

(2) 单击 B9 单元格，输入公式"=NPV($B$8,B4:B7)+B3"，然后拖动 B9 单元格右下角的填充柄向右复制到 C9 和 D9 单元格中，得到两个方案及差量方案的净现值。

(3) 单击 B10 单元格，输入公式"=NPV($B$8,B4:B7)/ABS(B3)"，然后拖动 B10 单元格右下角的填充柄向右复制到 C10 和 D10 单元格中，即可得到两个方案及差量方案的现值指数。

由计算结果可以看出两个方案中，A 方案的净现值大，但 B 方案的现值指数高，按净现值法决策应选择 A 方案，按现值指数法决策应选择 B 方案，决策结论出现矛盾。在没有其他条件限制的情况下，净现值大的 A 方案能给企业增加较多的财富，因此应作为最优方案。

再从差量方案的分析来看，A 方案与 B 方案相比较的差量方案净现值大于 0，获利指数大于 1，表明差量方案可行，因此，投资额大的 A 方案比投资额小的 B 方案更有价值，应选择投资额大的 A 方案作为最优方案。

四、内含报酬率法模型

用内含报酬率法模型分析投资决策时要建立内含报酬率和修正内含报酬率的计算公式，将具体数据输入模型表中，利用 Excel 提供的函数和计算功能计算出各方案的内含报酬率，从而确定最优方案。

(一) 内含报酬率函数

函数的结构：IRR(values, guess)。

函数的功能：返回连续期间的现金流量的内含报酬率。

函数的参数说明：

- values为数组或单元格的引用，包含用来计算内部收益率的数字。values必须包含至少一个正值和一个负值，以计算内部收益率。IRR根据数值的顺序来解释现金流的顺序，故应确定按需要的顺序输入支付和收入的数值。如果数组或引用包含文本、逻辑值或空白单元格，这些数值将被忽略。
- guess为对IRR计算结果的估计值。Excel使用迭代计算IRR。从guess开始，IRR不断修正收益率，直至结果的精度达到0.00001%。如果IRR经过20次迭代，仍未找到结果，则返回错误值#NUM!。在大多数情况下，并不需要为IRR的计算提供guess值。如果省略guess值，则假设它为0.1(10%)。如果函数IRR返回错误值#NUM!或结果没有靠近期望值，可用另一个guess值再试一次。

【例7-14】有一个项目初始的投资为 75 000 元，在随后的 5 年中每年的收益分别是 13 000 元、16 000 元、18 000 元、20 000 元、27 000 元，计算该项目的内含报酬率。

具体操作步骤：新建一个工作表，设置表格格式并输入已知条件；在 B7 单元格中输入公式"=IRR(B1:B6,10%)"，结果如图 7-15 所示。

	A	B
1	项目初期的投资支出	-75000
2	第一年的净收入	13000
3	第二年的净收入	16000
4	第三年的净收入	18000
5	第四年的净收入	20000
6	第五年的净收入	27000
7	IRR	7%

图7-15 IRR计算模型与结果表

(二) 内含报酬率法投资决策分析模型

内含报酬率法(也称为内部收益率法)是以内含报酬率作为评价投资项目的指标。因为内含报酬率反映了投资项目实际的年投资报酬率,所以采用内含报酬率评价投资项目的标准是:内含报酬率大于或等于投资者要求的收益率的项目为可行项目,投资者要求的收益率即为企业的资金成本率或企业设定的基准收益率。

在内含报酬率的计算过程中,是把各年现金净流量按各自的内含报酬率进行再投资而形成增值,而不是将各投资方的净现金流量按统一的资本市场上可能达到的报酬率进行再投资而形成增值。用该处理方法处理时,如果资金市场上的报酬率有较大变动且与计算所得内含报酬率有较大差异时,则该方法的计算结果会有很大的不客观性。下面以实例介绍建立内含报酬率模型的方法。

【例7-15】某企业现有 A、B 两个投资项目,用内含报酬率法比较两个投资项目。

用内含报酬率法建立投资决策模型,就是要建立内含报酬率法的计算公式,将具体方案的数据填入表中,利用 Excel 的计算功能和函数功能直接计算出各方案的内含报酬率。图7-16给出了其具体模型。

	A	B	C
1		投资方案现金流量	
2			单位:元
3	年份	A方案现金净流量	B方案现金净流量
4	0	-220000	-320000
5	1	5500	61000
6	2	75000	70000
7	3	81000	90000
8	4	65000	85000
9	5	70000	88000
10	6	40000	80000
11	7	50000	70000
12		分析评价(IRR)	
13	年份	IRR(A)	IRR(B)
14	2	-40.35%	-42.74%
15	3	-11.69%	-15.57%
16	4	1.01%	-1.67%
17	5	9.34%	6.91%
18	6	12.53%	11.88%
19	7	15.39%	14.84%

图7-16 内含报酬率分析模型与结果表

具体操作方法如下。

(1) 打开工作簿"投资决策分析",插入一个工作表,命名为"内含报酬率法模型"。

(2) 选择 B14 单元格,输入公式"=IRR(B$4:B6,-10%)",即得到2年内回收时 A 项目的内含报酬率。

(3) 选择 B15 单元格,输入公式"=IRR(B$4:B7)",即得到3年内回收时 A 项目的内含报酬率。

(4) 拖动 B15 单元格右下角的填充柄,将公式复制到 B16:B19 单元格区域,即分别得到4~7年内回收时 A 项目的内含报酬率。

(5) 选择 B14:B19 单元格区域,拖动右下方的填充柄,将公式复制到 C14:C19 单元格区域,即得到 B 项目的各年回收的内含报酬率。

从内含报酬率指标看,A 项目优于 B 项目。

(三) 修正内含报酬率模型

修正内含报酬率模型需要利用到 MIRR 函数,其功能是计算某一连续期间内的现金流的修正内部收益率，即返回在考虑投资成本及现金再投资利率下一系列分期现金流的内部收益率。

函数的结构：MIRR(values, finance_rate, reinvest_rate)。

函数的参数说明：

- values是指一个数组，或对数字单元格区域的引用，代表固定期间内一系列支出(负值)及收入(正值)。
- finance_rate是指现金流中投入资金的融资利率。
- reinvest_rate是指将各期收入净额再投资的报酬率。

【例 7-16】企业从银行贷款 220 000 元用于一项投资，该项贷款的利率是 12%，该投资项目未来 5 年的投资收益分别是 62 000 元、81 000 元、110 000 元、138 000 元和 165 000 元，期间又将每年获得的收益以 14%的收益率进行再投资，计算该项目 3 年后修正的内含报酬率和 5 年后修正的内含报酬率。

具体操作步骤如下。

(1) 新建一个工作表，设置表格格式并输入已知条件，在 B11 单元格中输入公式“=MIRR(B2:B5,B9,B10)”，结果如图 7-17 所示。

(2) 在 B12 单元格中输入公式“=MIRR(B2:B7,B9,B10)”，结果如图 7-18 所示。

	A	B
1	年份	净收益
2	0	-220000
3	1	62000
4	2	81000
5	3	110000
6	4	138000
7	5	165000
8		
9	220000贷款的利率	12%
10	再投资的收益率	14%
11	3年后修正的内含报酬率	9%

图7-17　三年MIRR计算模型与结果表

	A	B
1	年份	净收益
2	0	-220000
3	1	62000
4	2	81000
5	3	110000
6	4	138000
7	5	165000
8		
9	220000贷款的利率	12%
10	再投资的收益率	14%
11	3年后修正的内含报酬率	9%
12	5年后修正的内含报酬率	26%

图7-18　五年MIRR计算模型与结果表

(四) 净现值法与内含报酬率法比较

净现值法与内含报酬率法都是考虑资金时间价值因素的动态评价方法，净现值法反映的是投资项目实际获得的财富的多少，内含报酬率法反映的是投资报酬率的高低。在运用这两种方法评价某个独立的投资项目的可行性时会得出相同的结论。但是，如果要从几个互斥的备选方案中选择最优方案时，运用上述两种方法得出的结论则不一定相同，有时会出现相反的结论。

两种决策方法可能得出矛盾结论的原因是两者的再投资假设不同。净现值法假定投资项目前期收回的金额在以后各期再投资的利率等于贴现率；而内含报酬率法假定投资项目前期收回的现金流量在以后各期再投资的利率等于内部收益率。

当两种决策方法得出不一致的结论时，有两种处理方法：一种是由于净现值最大符合企业利益最大化的原则，所以以净现值法的结论为准；另一种是可以构造差量方案，然后对差量方案进行评价，如果差量方案可行，说明投资额大的方案比投资额小的方案追加的投资更有价值，应选择投资额大的方案，否则，就应该选择投资额小的方案作为最优方案。

下面我们以实例来进行说明。

【例 7-17】假如某公司有 X 和 Y 两个互斥的投资方案，其有关资料如图 7-19 所示。

	A	B	C	D	E	F	G	H	I
1	年份	0	1	2	3	4	5	净现值	内含报酬率
2	方案X的现金流量（元）	-55000	15000	20000	22000	18000	16000	13923.20	19.37%
3	方案Y的现金流量（元）	-26000	8000	10000	12000	10000	8000	10350.47	24.38%

图7-19　净现值法与内含报酬率法的比较模型与结果表(一)

假如贴现率为10%，分别计算两种方案的净现值和内含报酬率并进行分析。

具体操作步骤如下。

(1) 在 H2 单元格中输入公式"=NPV(10%,C2:G2)+B2"，然后将其复制到 H3 单元格中，即可得到两个方案的净现值。

(2) 在 I2 单元格中输入公式"=IRR(B2:G2)"，然后将其复制到 I3 单元格中，即可得到两个方案的内含报酬率。

从计算结果中可以看到，X 方案的净现值为 13 923.2 元，大于 Y 方案的净现值；而 Y 方案的内含报酬率为 24.38%，大于 X 方案的内含报酬率，两种决策方案得出了相反的结论。

此时，我们可以采用上述介绍的两种方法来处理：一种是按净现值法的结论为准，选择净现值大的 X 方案，因为净现值最大符合企业利益最大化的原则；另一种是构造差量方案，然后对差量方案进行分析评价来决定最优方案，如图 7-20 所示。

	A	B	C	D	E	F	G	H	I
1	年份	0	1	2	3	4	5	净现值	内含报酬率
2	方案X的现金流量（元）	-55000	15000	20000	22000	18000	16000	13923.20	19.37%
3	方案Y的现金流量（元）	-26000	8000	10000	12000	10000	8000	10350.47	24.38%
4				差量方案					
5	年份	0	1	2	3	4	5		
6	方案X-方案Y	-29000	7000	10000	10000	8000	8000		
7	差量方案的净现值（10%的贴现率）		3572.73	差量方案的内含报酬率			14.67%		

图7-20　净现值法与内含报酬率法的比较模型与结果表(二)

具体操作步骤如下。

(1) 在 B6 单元格中输入公式"=B2-B3"，然后将公式向右复制到 C6:G6 单元格区域，即可得到差量方案各年的现金流量。

(2) 在 C7 单元格中输入公式"=NPV(10%,C6:G6)+B6"，即可得到差量方案的净现值为 3572.73 元。

(3) 在 G7 单元格中输入公式"=IRR(B6:G6)"，即可得到差量方案的内含报酬率为 14.67%。

从差量分析中我们可以看到，差量方案的净现值为 3572.73 元，大于 0，内含报酬率为 14.67%，大于贴现率10%，所以说差量方案是可行的，也就是说应选择投资额大的 X 方案。

从以上利用 Excel 建立各种投资模型进行计算分析和决策的过程可以看出，由于净现值、内含报酬率计算与投资额、每期的现金流量之间建立了链接关系，所以当投资方案改变时，财务人员只需改变方案中的基本数据，直接应用 Excel 提供的 NPV()、IRR()等函数，便可自动计算出新方案的净现值和内含报酬率等，与手工计算相比，减少了工作量，简化了工作过程，为及时、正确地计算和评价投资项目的经济效益及做出正确的决策提供有力支持。

(五) 独立投资项目的综合评价模型

【例 7-18】已知某投资项目的有关资料如图 7-21 的"已知条件"区域所示。要求建立一个计算该项目的各项评价指标并评价其可行性的模型。

具体操作步骤如下。

(1) 设计模型的结构，如图7-21的"计算与评价结果"区域所示。

(2) 在B11单元格中输入公式"=-B2"；在J12单元格中输入公式"=B3"；在B13单元格中输入公式"=-B4"；在J14单元格中输入公式"=B4"；在B15单元格中输入公式"=SUM(B11:B14)"，并将其复制到J15单元格。

(3) 选取C16:J17单元格区域，输入数组公式"=C6:J7"；选取C18:J18单元格区域，输入数组公式"=SLN(B2, B3, J5)"；选取C19:J19单元格区域，输入数组公式"=C16:J16-C17:J17-C18:J18"；选取C20:J20单元格区域，输入数组公式"=C19:J19*E2"。

	A	B	C	D	E	F	G	H	I	J	K	L
1					已知条件（金额单位：万元）							
2	期初固定资产投资	300	所得税税率		25%							
3	固定资产残值	18	贴现率		12%							
4	期初垫支营运资金	20	折旧方法		使用年限法							
5	年份	0	1	2	3	4	5	6	7	8		
6	销售收入		120	140	150	180	200	200	220	220		
7	付现成本		42	48	60	72	90	96	108	114		
8												
9					计算与评价结果（金额单位：万元）							
10	年份	0	1	2	3	4	5	6	7	8	评价指标的计算及评价结果	
11	期初固定资产投资	-300									净现值	102.32
12	固定资产残值									18	获利指数	1.32
13	期初垫支营运资金	-20									内部收益率	19.87%
14	营运资金回收									20	静态投资回收期（年）	4.10
15	与投资有关的净现金流	-320								38	动态投资回收期（年）	5.79
16	销售收入		120.00	140.00	150.00	180.00	200.00	200.00	220.00	220.00	项目的可行性评价	可行
17	付现成本		42.00	48.00	60.00	72.00	90.00	96.00	108.00	114.00		
18	年折旧		35.25	35.25	35.25	35.25	35.25	35.25	35.25	35.25		
19	税前利润		42.75	56.75	54.75	72.75	74.75	68.75	76.75	70.75		
20	所得税		10.69	14.19	13.69	18.19	18.69	17.19	19.19	17.69		
21	税后净利润		32.06	42.56	41.06	54.56	56.06	51.56	57.56	53.06		
22	经营净现金流量		67.31	77.81	76.31	89.81	91.31	86.81	92.81	88.31		
23	净现金流量	-320	67.31	77.81	76.31	89.81	91.31	86.81	92.81	126.31		
24	净现金流量的现值	-320	60.10	62.03	54.32	57.08	51.81	43.98	41.98	51.02		
25	累计净现金流量	-320	-252.69	-174.88	-98.56	-8.75	82.56	169.38	262.19	388.50		
26	净现金流量的现值累计	-320	-259.90	-197.87	-143.55	-86.47	-34.66	9.32	51.31	102.32		

图7-21　独立投资项目的综合评价模型与结果表

(4) 选取C21:J21单元格区域，输入数组公式"=C19:J19-C20:J20"；选取C22:J22单元格区域，输入数组公式"=C21:J21+C18:J18"；选取B23:J23单元格区域，输入数组公式"=B15:J15+B22:J22"；选取B24:J24单元格区域，输入数组公式"=PV(E3,B10:J10, , -B23:J23)"。

(5) 在B25单元格中输入公式"=SUM($B$23:B23)"；在B26单元格中输入公式"=SUM($B$24:B24)"；选取B25:B26单元格区域，将公式向右填充复制到C25:J26单元格区域。

(6) 在L11单元格中输入公式"=NPV(E3,C23:J23)+B23"；在L12单元格中输入公式"=NPV(E3, C23:J23)/ABS(B23)"；在L13单元格中输入公式"=IRR(B23:J23)"。

(7) 在L14单元格中输入公式"=COUNTIF(B25:J25,"<0")-1+ABS(INDEX(B25:J25,,COUNTIF(B25:J25, "<0")))/INDEX(B23:J23, , COUNTIF(B25:J25, "<0")+1)"。

(8) 在L15单元格中输入公式"=COUNTIF(B26:J26,"<0")-1+ABS(INDEX(B26:J26,,COUNTIF(B26:J26, "<0")))/INDEX(B24:J24, , COUNTIF(B26:J26, "<0")+1)"。

(9) 在L16单元格中输入公式"=IF(L11>0, "可行","不可行")"。

模型的运行结果如图7-21所示。

（六）互斥投资方案的比较分析模型

利用净现值法、内部收益率法和获利指数法对独立投资方案的可行性进行评价时，所得出的决策结论总是一致的。利用这三种方法对互斥的投资方案进行选择时，有时会得出一致的决策结论，但是由于互斥方案的投资规模、现金流量分布等方面的差异，有时也会得出不一致的决策结论。在决策结论不一致时，有两种解决问题的方法：一种是直接以净现值法的决策结论为准来选择最优方案；另一种是将投资额大的方案与投资额小的方案的现金流量相比较得到差量方案(如果两个方案的初始投资额相同，则使两个方案比较后的第一笔差量现金流量为负值)，然后可利用净现值法、内含报酬率法和获利指数法对差量方案进行评价，如果差量方案可行，则比较的前一个方案最优，否则，比较的后一个方案最优。下面举例对此加以说明。

【例7-19】已知A、B两个互斥投资方案的有关资料如图7-22的"已知条件"区域所示。要求建立一个模型，使其具有以下几项功能：①计算在给定的贴现率水平之下，两个方案的净现值、获利指数和内部收益率，并分别显示净现值、获利指数和内部收益率最高的方案；②构造两个方案的差量方案(使差量方案为一个投资型方案)，计算差量方案的净现值、获利指数和内部收益率，并选择最优方案；③计算两个方案的贴现率分别为 0、5%、10%、15%、20%、25%时的净现值，绘制两个方案的净现值曲线；④计算两个方案净现值无差异的贴现率，并根据给定的贴现率选取最优方案。

	A	B	C	D	E	F	G	H
1				已知条件(单位：万元)				
2	年份	0	1	2	3	4	5	给定的贴现率
3	方案A净现金流量	-21000	7500	6000	5000	3500	6500	9%
4	方案B净现金流量	-26000	8000	6500	5500	4000	12000	
5								
6				计算与分析过程和结果				
7	投资方案		评价指标的计算		评价指标的比较			
8		净现值（万元）	获利指数	内部收益率	净现值最高的方案		方案B	
9	方案A	1495.77	1.07	11.90%	获利指数最高的方案		方案A	
10	方案B	1690.26	1.07	11.38%	内部收益率最高的方案		方案A	
11				差量方案的净现金流量（单位：万元）				
12	年份	0	1	2	3	4	5	
13	方案B-方案A	-5000	500	500	500	500	5500	
14			差量方案的可行性评价		应选取的最优方案			
15	方案B-方案A	净现值（万元）	194.48	内部收益率	10.00%	方案B		
16		获利指数	1.04	可行性	可行			
17				两个方案在不同贴现率下的净现值（单位：万元）				
18	贴现率	0%	5%	10%	15%	20%	25%	
19	方案A	7500.00	3876.60	959.97	-1421.03	-3389.72	-5036.48	
20	方案B	10000.00	4958.94	959.97	-2259.07	-4885.03	-7053.44	
21	可变单元格（两方案净现值无差异点的贴现率）				10.00%	应选取的最优方案		
22	目标函数（两方案按无差异点的贴现率计算的净现值之差）				0.00	方案B		

图7-22 互斥投资方案的比较决策分析模型与结果表

具体操作步骤如下。

(1) 设计模型的结构，如图7-22中的"计算与分析过程和结果"区域所示。

(2) 在 B9 单元格中输入公式 "=NPV($H$4,C3:G3)+B3"；在 C9 单元格中输入公式 "=NPV($H$4, C3:G3)/ABS(B3)"；在 D9 单元格中输入公式 "=IRR(B3:G3)"；选择 B9:D9 单元格区域，将其公式复制到 B10:D10 单元格区域。

(3) 在 G8 单元格中输入公式 "=INDEX(A9:A10, MATCH(MAX(B9:B10), B9:B10, 0))"；在 G9 单元格中输入公式 "=INDEX(A9:A10,MATCH(MAX(C9:C10), C9:C10,0))"；在 G10 单元格中输入公式 "=INDEX(A9:A10,MATCH(MAX(D9:D10), D9:D10, 0))"；选择 B13:G13 单元格区域，输入数组公式 "=B4:G4-B3:G3"。

(4) 在 C15 单元格中输入公式 "=NPV(H4,C13:G13)+B13"；在 C16 单元格中输入公式 "=NPV(H4,C13:G13)/ABS(B13)"；在 E15 单元格中输入公式 "=IRR(B13:G13)"；在 E16 单元格中输入公式 "=IF(C15>0,"可行","不可行")"。

(5) 在合并单元格 F15 中输入公式 "=IF(C15>0,"方案 B",IF(C15<0,"方案 A","无差异"))"；选取 B19:G19 单元格区域，输入数组公式 "=NPV(B18:G18,C3:G3)+B3"；选取 B20:G20 单元格区域，输入数组公式 "=NPV(B18:G18,C4:G4)+B4"。

(6) 选取 A19:G20 单元格区域，在"插入"选项卡的"图表"功能组中单击"折线图"按钮，然后在下拉列表中的"二维折线图"区域下选择"带数据标记的折线图"子图表类型，则可得到绘制的图表，然后进一步编辑图表，包括将图表的水平分类轴标签设置为单元格区域$B$18:$G$18、删除网格线、添加图表标题以及横纵坐标轴标签，编辑完成后的图表如图 7-23 所示。

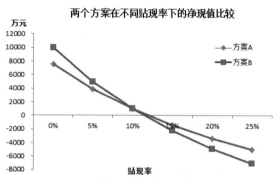

图7-23 两个方案的净现值曲线

(7) 在 E22 单元格中输入公式 "=(NPV(E21,C3:G3)+B3)－(NPV(E21,C4:G4)+B4)"。在"数据"选项卡的"数据工具"功能组中单击"模拟分析"按钮，然后在下拉菜单中选择"单变量求解"命令，并在系统弹出的"单变量求解"对话框中，将"目标单元格"设置为 E22，"目标值"设置为 0，"可变单元格"设置为$E$21，单击"确定"按钮后，在系统弹出的"单变量求解状态"对话框中再单击"确定"按钮。

(8) 在 F22 合并单元格中输入公式"=IF(H4<E21,"方案 B",IF(B9>0,"方案 A","都不选"))"。模型的运行结果如图 7-22 所示。

五、固定资产更新决策模型

固定资产更新是指对技术上或经济上不宜继续使用的旧资产用新的资产进行更换。实践中，对固定资产更新的决策意味着企业面临两种选择：一种是继续使用旧设备；另一种是卖掉旧设备，购置新设备。

(一) 固定资产折旧分析

固定资产在生产和经营过程中，会发生有形和无形的损耗，并以折旧的形式表现出来。尽管折旧费用不是现金流量，但所得税是企业的一种现金流出，它的大小取决于利润的大小和所得税税率的高低，而折旧费用的高低会影响利润的大小，也就是说固定资产折旧会间接产生抵税的效果，因此在固定资产投资分析中必须考虑折旧因素的影响。

计算固定资产折旧可以采用不同的方法，如平均年限法、双倍余额递减法、年数总和法等。

不同的折旧方法，折旧的速度也不同，即按照不同的折旧方法所计算出来的各期的折旧额不同，Excel 提供了多种折旧计算函数。下面以实例比较一项固定资产采用不同的方法计提折旧的差异，进行固定资产折旧的比较分析。

【例 7-20】某公司有一台设备，其原值为 60 万元，预计使用 5 年，预计净残值为 10 万元。分别采用平均年限法、双倍余额递减法和年数总和法计提折旧，其计算结果如图 7-24 所示。

	A	B	C	D
1		固定资产原始数据		
2	固定资产原值（万元）	60		
3	预计净残值（万元）	10		
4	预计使用年限（年）	5		
5				
6		固定资产折旧方法比较		
7	折旧方法 / 折旧年份	平均年限法	双倍余额递减法	年数总和法
8	1	10.00	24.00	16.67
9	2	10.00	14.40	13.33
10	3	10.00	8.64	10.00
11	4	10.00	1.48	6.67
12	5	10.00	1.48	3.33
13	合计	50.00	50.00	50.00

图 7-24　固定资产折旧方法比较分析模型与结果表

具体操作步骤如下。

(1) 在 B8 单元格中输入公式"=SLN($B$2,$B$3,$B$4)"，然后将公式向下复制到 B9:B12 单元格区域，即可得到采用平均年限法计算出的各年应计提的折旧额。

(2) 在 C8 单元格中输入公式"=DDB($B$2,$B$3,$B$4,A8)"，然后将公式向下复制到 C9:C10 单元格区域；在 C11 单元格中输入公式"=(B2-B3-C8-C9-C10)/2"，在 C12 单元格中输入公式"=C11"，即可得到采用双倍余额递减法计算出的各年应计提的折旧额。需要注意的是，"折旧年份"使用相对地址，其余各项使用绝对地址。

(3) 在 D8 单元格中输入公式"=SYD($B$2,$B$3,$B$4,A8)"，然后向下复制到 D9:D12 单元格区域，即可得到采用年数总和法计算出的各年应计提的折旧额。

从表中可以看出，采用平均年限法计算出的每年的折旧额都是完全相同的，而采用双倍余额递减法和年数总和法计算出的各期折旧额则呈现出先多后少的规律，即各年折旧额逐渐递减。

(二) 固定资产更新决策

固定资产更新决策主要有两方面内容：一种是确定是否更新；另一种是确定选择什么样的固定资产进行更新。同时，在更新设备时还需要考虑新设备的经济寿命与旧设备的剩余寿命相等或不等的两种情况。前者可采用差额分析法，通过计算两种现金流量差额，以计算增减的净现值或内含报酬率，并根据计算结果来判断是否更新；后者可采用平均年成本，选出较低者作为方案。其中，固定资产平均年成本是以使用年限内现金流出总现值与年金现值因素的比重，即平均现金流出作为量度的变量。当固定资产更新改造改变了企业的生产能力时，就会增加企业的现金流入，因此，在进行决策时，确定两种选择的现金流量并对其进行科学合理的计算十分重要。

1. 固定资产更新项目的现金流量

在进行固定资产投资决策时，首要环节就是估计投资项目的预算现金流量。所谓现金流量，是指投资项目在其计算期内因资金循环而引起的现金流入和现金流出增加的数量。这里的"现金"的概念是广义的，包括各种货币资金及与投资项目有关的非货币资产的变现价值。

现金流量包括现金流入量、现金流出量和现金净流量三个具体概念。

1) 现金流入量

现金流入量是指投资项目实施后在项目计算期内所引起的企业现金收入的增加额，简称现金流入。它包括以下几部分。

(1) 营业收入，是指项目投产后每年实现的全部营业收入。为简化核算，一般假定正常经营年度内，每期发生的赊销额与回收的应收账款大致相等。营业收入是经营期主要的现金流入量项目。

(2) 固定资产的余值，是指投资项目的固定资产在终结报废清理时的残值收入或中途转让时的变价收入。

(3) 回收流动资金，是指投资项目在项目计算期结束时，收回原来投放在各种流动资产上的营运资金。

(4) 固定资产的折旧费用。计提固定资产折旧费用虽然引起了项目营业利润的下降，但并不会引起现金的支出，所以可以将其视为一项现金的流入。

2) 现金流出量

现金流出量是指投资项目实施后在项目计算期内所引起的企业现金流出的增加额，简称现金流出。它包括以下几部分。

(1) 建设投资(含更改投资)，包括固定资产投资，如固定资产的购置成本或建造成本、运输成本、安装成本等。建设投资是建设期发生的主要现金流出量。

(2) 垫支的流动资金，是指投资项目建成投产后为开展正常经营活动而投放在流动资产(如存货、应收账款等)上的营运资金。

(3) 付现成本(或经营成本)，是指在经营期内为满足正常生产经营而需用现金支付的成本。它是生产经营期内最重要的现金流出量。

(4) 所得税额，是指投资项目建成投产后，因应纳税所得额增加而增加的所得税。

(5) 其他现金流出量，是指不包括在以上内容中的现金流出项目。

3) 现金净流量

现金净流量是指投资项目在项目计算期内现金流入量和现金流出量的净额。由于投资项目的计算期超过一年且资金在不同的时间具有不同的价值，所以这里所述的现金净流量是以年为单位的。现金净流量的计算公式为

现金净流量(NCF)=年现金流入量-年现金流出量

2. 不同时期的现金流量

对于固定资产更新的项目，如果使用新购入的设备，则要经过从准备投资到项目结束，即经历项目建设期、生产经营期及项目终止期三个阶段；而使用旧的设备不需要进行项目准备，为了分析上的便利，假设使用旧设备也经历了以上三个阶段。因此，固定资产更新所产生的现金流量，可以按照项目本身发展的时间不同，分为建设期初始现金净流量、营业现金净流量和项目终止现金净流量三种。

1) 建设期初始现金净流量

建设期初始现金净流量是指项目开始投资时发生的现金流量，主要为购买新设备的现金流量。购买新设备的现金流量又包括以下两个部分，即购买新设备的投资支出以及出售旧设备的现金流入。相关公式如下：

购买新设备的初始现金净流量=旧设备出售的收入
  -新设备投资使用旧设备的初始现金净流量
=0

2) 营业现金净流量

营业现金是指投资项目投入使用后，在其寿命期内，由生产经营所带来的现金流入和流出的数量。这种现金流量一般按年度进行计算。现金流入一般是指营业收入(假设每年应收账款回收率相等，则营业收入等于现金销售收入)；现金流出则是指付现成本。所以不论购买新设备还是继续使用旧设备，营业现金净流量都可以用公式表示为

营业现金净流量=营业收入-付现成本-所得税

或

营业现金净流量=净利润+折旧
  =(营业收入-付现成本-折旧)×(1-所得税税率)+折旧
  =营业收入×(1-所得税税率)-付现成本×(1-所得税税率)+折旧×所得税税率

3) 项目终止现金净流量

项目终止现金净流量是指投资项目完成时所发生的现金净流量。使用旧设备和购买新设备的项目终止现金净流量用公式表示为

项目终止现金净流量=固定资产的残值收入或变价收入

【例 7-21】某公司有一个设备更新方案，新旧设备的原始资料如图 7-25 所示。如果购买新设备，则现在处置旧设备可得净收益 30 000 元，要求做出固定资产更新决策模型。

	A	B	C
1		新旧设备原始资料	
2	项目	旧设备	新设备
3	原始价值（元）	64000	85000
4	预计使用年限（年）	8	5
5	已使用年限	3	0
6	年销售收入（元）	70000	110000
7	每年付现成本（元）	42000	48000
8	预计净残值（元）	10000	10000
9	折旧方法	直线法	年数总和法
10	资金成本率	12%	
11	所得税税率	25%	

图7-25 新旧设备的原始资料

具体操作步骤如下。

(1) 先计算新旧设备的现金净流量。

根据上面的公式和原始资料，可以计算出新旧设备的现金净流量(不考虑其他现金流量因素)，如图 7-26 所示。具体计算步骤如下：

① 年折旧额的计算。

旧设备：在 B18 单元格中输入公式 "=SLN(64000,10000,8)"，然后将公式复制到 C18:F18 单元格区域，可得到旧设备各年的折旧额。

新设备：在B28单元格中输入公式"=SYD(85000,10000,5,B25)"，然后将公式复制到C28:F28单元格区域，可计算出新设备各年的折旧额。

② 设备利润总额的计算。

旧设备：在B19单元格中输入公式"=B16-B17-B18"，再将该公式复制到C19:F19单元格区域，可得到旧设备各年的利润总额。

新设备：在B29单元格中输入公式"=B26-B27-B28"，再将该公式复制到C29:F29单元格区域，可得到新设备各年的利润总额。

③ 设备所得税的计算。

旧设备：在B20单元格中输入公式"=B19*$E$13"，再将该公式复制到C20:F20单元格区域。

新设备：在B30单元格中输入公式"=B29*$E$13"，再将该公式复制到C30:F30单元格区域。

④ 税后净利润的计算。

旧设备：在B21单元格中输入公式"=B19-B20"，再将该公式复制到C21:F21单元格区域。

新设备：在B31单元格中输入公式"=B29-B30"，再将该公式复制到C31:F31单元格区域。

⑤ 现金净流量的计算。

旧设备：在B22单元格中输入公式"=B18+B21"，再将该公式复制到C22:F22单元格区域。

新设备：在B32单元格中输入公式"=B28+B31"，再将该公式复制到C32:F32单元格区域。

	A	B	C	D	E	F
12		固定资产更新决策模型				
13		资金成本率	12%	所得税率	25%	
14	一、旧设备					
15	剩余使用年限（年）	1	2	3	4	5
16	年销售收入（元）	70000	70000	70000	70000	70000
17	年付现成本（元）	42000	42000	42000	42000	42000
18	年折旧额（元）	6750	6750	6750	6750	6750
19	年利润总额（元）	21250	21250	21250	21250	21250
20	所得税（元）	5312.5	5312.5	5312.5	5312.5	5312.5
21	税后净利润（元）	15937.5	15937.5	15937.5	15937.5	15937.5
22	现金净流量（元）	22687.5	22687.5	22687.5	22687.5	22687.5
23	净现值	¥81,783.36				
24	二、新设备					
25	剩余使用年限（年）	1	2	3	4	5
26	销售收入（元）	110000	110000	110000	110000	110000
27	付现成本（元）	48000	48000	48000	48000	48000
28	年折旧额（元）	25000	20000	15000	10000	5000
29	利润总额（元）	37000	42000	47000	52000	57000
30	所得税（元）	9250	10500	11750	13000	14250
31	税后净利润（元）	27750	31500	35250	39000	42750
32	现金净流量（元）	52750	51500	50250	49000	47750
33	净现值（元）	¥97,155.67				

图7-26 固定资产更新决策模型与结果表

(2) 计算各方案的净现值及其差额。

净现值公式如下：

采用旧设备的净现值=NPV(资金成本率,旧设备的现金流量)

采用新设备的净现值=NPV(资金成本率,新设备的现金流量)-初始投资

新旧设备净现值差额=新设备NPV-旧设备NPV+变现收入

当新旧设备净现值差额>0时，可更新；当新旧设备净现值差额<0，不可更新。

在本例中，净现值的公式可以表示为

采用旧设备的净现值=NPV(C13, B22:F22)

采用新设备的净现值=NPV(C13, B32:F32)-85000

计算结果：旧设备净现值= 81 783.36(元)，新设备净现值= 97 155.67(元)。

新旧设备净现值差额=97 155.67-81 783.36+30 000=45 372.31(元)

根据上述结果可知，新旧设备净现值差额明显大于零，即应当使用新设备。

本章小结

投资决策是企业财务管理活动中的一项重要内容。企业投资管理的核心是对投资风险和投资方案的管理，优化企业的投资决策需要合理预计投资方案的收益与风险。

本章通过对投资决策的相关概念与投资风险的讲解，提出在考虑投资风险衡量指标的前提下，结合 Excel 工具对投资决策方法中的投资回收期法、净现值法、净现值指数法、内含报酬率法等建立相关函数模型来对每个投资方案进行比较选优，以确定最优的投资方案。同时，在固定资产更新决策方面，通过建立 Excel 模型对使用新旧设备带来的现金流量差异进行分析得出相关的决策方案，并为企业进一步做出科学的投资决策打下良好的基础。

关键名词

项目投资　　　　　投资回收期法　　　　会计平均收益率　　　　净现值法
现值指数法　　　　内含报酬率法　　　　非贴现法模型　　　　　净现值法模型
固定资产更新决策模型

思考题

1. 简述在项目投资决策中如何使用 Excel 函数建模进行方案评价。
2. 简述固定资产更新决策中，如何用 Excel 工具建模计算新旧设备的现金流量。
3. 简述投资组合的风险如何用 Excel 建模来衡量。
4. 风险调整贴现率法的含义是什么？其基本步骤有哪些？
5. 简述 NPV 函数与 NPV 指数的区别。
6. 简述 IRR 函数与 MIRR 函数的运用。

本章实训

【技能实训】

1. 某公司现有 A、B 两个投资额不同的投资项目，A 项目需要投资 180 000 元，B 项目需要投资 40 000 元，该公司的资金成本率为 10%，两个项目经营期各年的现金净流量资料如表 7-1 所示。

表7-1　A、B项目的现金流量

单位：元

投资项目	第一年	第二年	第三年	第四年
A项目	65 000	65 000	65 000	65 000
B项目	10 000	20 000	30 000	16 000

要求：分别计算两个投资项目的净现值、内含报酬率、投资回收期，并比较选择投资项目。

2. 某公司有A、B两个投资项目，两个项目在4种经济情况下的投资收益率及分布概率的有关资料如表7-2所示。

表7-2　A、B项目的投资收益率及分布概率

经济情况	分布概率	年投资收益率	
		A项目	B项目
严重萧条	20%	15%	15%
衰退	10%	18%	10%
正常	40%	32%	25%
繁荣	30%	35%	50%

要求：计算两个项目年投资收益率分布的期望值、标准差和标准离差率。

【应用实训】

1. 某公司将进行一项投资，有A、B两个互斥的投资方案，其有关资料如表7-3所示。

表7-3　A、B投资方案相关资料

单位：元

年份	0	1	2	3	4	5
方案A的现金流量	-98 000	30 000	35 000	28 000	38 000	45 000
方案B的现金流量	-45 000	22 000	16 000	18 000	16 000	12 000

要求：分别计算两个方案的净现值和内含报酬率；假定贴现率为12%，请选择最优方案。

2. 某企业于3年前购入一台机床，原价为12万元，预计使用10年，10年末预计残值为0.5万元，使用该机床每年销售收入可达到15万元。目前市场上有一种性能更好的同类机床，价值为15万元，预计使用年限为7年，7年末预计残值为1万元。经测算，新型机床投入使用后每年可增加销售收入3万元，降低付现经营成本1万元，购入新型机床时，旧机床可以作价6万元出售，企业的资本成本率为12%，所得税税率为25%，该企业是否该对机床进行更新？

3. 某投资项目需要一次性固定资产投资200万元，建设期为1年，发生资本化利息20万元。该固定资产可使用8年，按平均年限法计提折旧，期满有净残值20万元，该项目需要在第一年年末垫支流动资产30万元，并于项目终结时将其收回，原销售收入为200万元，原付现成本为100万元。项目投产后，可使经营期第1~4年每年产品销售收入增加110万元，每年付现经营成本增加55万元，第5~8年每年产品销售收入增加100万元，同时每年付现经营成本增加60万元，该企业的所得税税率为25%。要求：计算各年的净现金流量；分别计算NPV、IRR、投资回收期。

第八章

Excel与收入和利润分配管理

学习目标:

通过本章的学习,学员应该了解财务管理中有关收入和利润分配的基础知识;在收入管理中掌握销售预测及定价的方法,能够熟练地使用 Excel 工具进行销售预测、产品定价决策,利用数据透视表进行销售业绩分析;在掌握利润分配管理基本内容的基础上,能够熟练地运用 Excel 工具对利润分配进行建模分析。

第一节 收入和利润分配管理概述

一、收入管理概述

(一) 收入管理的概念

收入管理是在不同的时期对具有不同需求的顾客采取不同的产品或服务定价,以产生最大收入或收益的综合计划策略。

实施收入管理的公司通过预测市场需求,针对细分市场进行差别性定价,优化资源配置,在成本不变的情况下使收益最大化,并同时将机会成本和风险降到最低。

企业在充分考虑未来各种影响因素的基础上,结合本企业过去的销售实绩,通过一定的分析方法可以预测到未来一段时间的销售收入数据,以加强销售管理并及时取得销售收入,对于企业再生产过程的不断进行、实行资金循环、加速资金周转、获得盈利都有重要的意义。

根据《企业会计准则》的规定,收入是指企业在日常活动中形成的、会导致所有者权益增加的、与所有者投入资本无关的经济利益的总流入,一般包括销售商品收入、提供劳务收入和让渡资产使用权收入等。

销售收入是企业收入的主要构成部分,是企业能够持续经营的基本条件,销售收入的制约因素主要是销量与价格,销售预测分析与销售定价管理构成了收入管理的主要内容。

(二) 收入管理的主要内容

1. 销售预测分析

常见的销售预测分析方法主要有两大类：一类是定性分析法，即非数量分析法，如营销员判断法、专家判断法和产品寿命周期分析法；另一类是定量分析法，也称数量分析法，一般包括趋势预测分析法和因果预测分析法。

2. 销售定价管理

常见的销售定价方法主要有两类：一类是基于成本的定价方法，如全部成本费用加成定价法、目标利润法等；另一类是基于市场需求的定价方法，如需求价格弹性系数定价法、边际分析定价法等。

二、利润分配管理概述

利润分配，是将企业实现的净利润，按照国家财务制度规定的分配形式和分配顺序，在企业和投资者之间进行的分配。

利润分配的过程与结果，是关系到所有者的合法权益能否得到保护，企业能否长期、稳定发展的重要问题，为此，企业必须加强利润分配的管理和核算。企业利润分配的主体是投资者和企业，利润分配的对象是企业实现的净利润；利润分配的时间(即确认利润分配的时间)是利润分配义务发生的时间和企业做出决定向内向外分配利润的时间。

(一) 利润分配遵循的基本原则

1. 依法分配原则

企业利润分配的对象是企业缴纳所得税后的净利润，这些利润是企业的权益，企业有权自主分配。国家有关法律、法规对企业利润分配的基本原则、一般次序和重大比例也做了较为明确的规定，其目的是保障企业利润分配的有序进行，维护企业和所有者、债权人以及职工的合法权益，促使企业增加积累，增强风险防范能力。

利润分配在企业内部属于重大事项，企业的章程必须在不违背国家有关法律的前提下，对本企业利润分配的原则、方法、决策程序等内容做出具体而又明确的规定，企业在利润分配中也必须依法执行。

2. 资本保全原则

资本保全是责任有限的现代企业制度的基础性原则之一，企业在分配中不能侵蚀资本。利润的分配是对经营中资本增值额的分配，不是对资本金的返还。按照这一原则，一般情况下，企业如果存在尚未弥补的亏损，应首先弥补亏损，再进行其他分配。

3. 充分保护债权人利益原则

按照风险承担的顺序及其合同契约的规定，企业必须在利润分配之前偿清所有债权人到期的债务，否则不能进行利润分配。同时，在利润分配之后，企业还应保持一定的偿债能力，以免产生财务危机，危及企业生存。此外，企业在与债权人签订某些长期债务契约的情况下，其利润分配政策还应征得债权人的同意或审核方能执行。

4. 多方及长短期利益兼顾原则

利益机制是制约机制的核心，而利润分配的合理与否是利益机制最终能否持续发挥作用的关键。利润分配涉及投资者、经营者、职工等多方面的利益，企业必须兼顾并尽可能地保持稳定的利润分配。企业在获得稳定增长的利润后，应增加利润分配的数额或百分比。同时，由于发展及优化资本结构的需要，除依法必须留用的利润外，企业仍可以出于长远发展的考虑，合理留用利润。在积累与消费关系的处理上，企业应贯彻积累优先的原则，合理确定提取盈余公积金和分配给投资者利润的比例，使利润分配真正成为促进企业发展的有效手段。

(二) 利润分配的项目

1. 法定公积金

法定公积金从净利润中提取形成，用于弥补公司亏损、扩大公司生产经营或者转为增加公司资本。公司分配当年税后利润时应当按照10%的比例提取法定公积金；当法定公积金累计额达到公司注册资本的50%时，可不再继续提取。任意公积金的提取由股东会根据需要决定。

2. 股利

公司向股东(投资者)支付股利(分配利润)，要在提取法定公积金之后。股利的分配应以各股东持有股份(投资额)的数额为依据，每一股东取得的股利与其持有的股份数成正比。股份有限公司原则上应从累计盈利中分派股利，无盈利不得支付股利，即所谓"无利不分"的原则。但若公司用公积金抵补亏损以后，为维护其股票信誉，经股东大会特别决议，也可用公积金支付股利。

(三) 利润分配管理的主要内容

1. 利润分配的程序

本节所指利润分配是指对净利润的分配。根据《中华人民共和国公司法》及相关法律制度的规定，公司净利润的分配应按照一定顺序进行，并构成分配管理的主要内容。

1) 弥补以前年度亏损

企业年度亏损可以用下一年度的税前利润弥补，下一年度不足弥补的，可以在五年之内用税前利润连续弥补，连续五年未弥补的亏损则用税后利润弥补。其中，税后利润弥补亏损可以用当年实现的净利润，也可以用盈余公积金转入。

2) 提取法定公积金

法定公积金提取后，根据企业的需要，可用于弥补亏损或转增资本，但企业用法定公积金转增资本后，法定公积金的余额不得低于转增前公司注册资本的25%。

3) 提取任意公积金

经股东会或股东大会决议，还可以从税后利润中提取任意公积金。这是为了满足企业经营管理的需要，控制向投资者分配利润的水平，以及调整各年度利润分配的波动。

4) 向股东分配股利

从本质上来说，股权激励是企业对管理层或员工进行的一种经济利益分配。

2. 利润分配政策管理

1) 股利政策

股利分配政策是确定公司的净利润如何分配的方针和策略。公司的净利润是公司从事生产经营活动所取得的剩余收益，是股东对公司进行投资应得到的投资报酬。从权益上来讲，公司实现的净利润属于全体股东的权益，无论是以现金股利的形式给股东分红，还是作为留用利润留在公司内部，都属于股东的财富。公司将净利润以现金股利的形式分配给股东，股东可以用这些现金进行其他的投资或用于个人消费；公司将净利润留在公司内部，实际上是股东对公司进行再投资。因此，无论如何分配都没有改变净利润是股东财富的性质。但是，公司如何分配利润对股东财富具有现实的影响。这样，股利政策就成为公司财务管理中的一项重要政策。

在实践中，公司的股利政策主要包括以下四项内容。

(1) 股利分配的形式，即采用现金股利还是股票股利。

(2) 股利支付率的确定。

(3) 每股股利的确定。

(4) 股利分配的时间，即何时分配和多长时间分配一次。

其中，每股股利与股利支付率的确定是股利政策的核心内容，它决定了公司的净利润中有多少是以现金股利的形式发放给股东，有多少是以留用利润的形式对公司进行再投资。一般来说，投资者对每股股利的变动会比较敏感，如果公司各年度之间的每股股利相差较大，就给市场传递了公司经营业绩不稳定的信号，不利于公司股票价格的稳定。

2) 股利政策的评价

投资者在购买股票进行投资时，通常会对公司的股利政策做出评价。用来评价公司股利政策的指标主要有两个：股利支付率和股利报酬率。

(1) 股利支付率。

股利支付率是公司年度现金股利总额与净利润总额的比率，或者是公司年度每股股利与每股利润的比率。

其计算公式为

$$P_d = \frac{D}{E} \times 100\%$$

或者

$$P_d = \frac{\text{DPS}}{\text{EPS}} \times 100\%$$

式中：P_d 表示股利支付率；D 表示年度现金股利总额；E 表示年度净利润总额；DPS 表示年度每股股利；EPS 表示年度每股利润。

股利支付率用来评价公司实现的净利润中有多少用于给股东分派红利。股利支付率反映了公司所采取的股利政策是高股利政策还是低股利政策。当然，股利支付率的高低并不是区分股利政策优劣的标准，公司处于不同的发展阶段，会选择不同的股利政策。一般来说，处于快速成长阶段的公司，由于资本性支出较大，需要大量的现金，通常不支付现金股利或采用较低的股利支付率政策。而处于成熟阶段的公司，有充足的现金流量，通常会采用较高的股利支付率政策。

与股利支付率对应的另一个指标是股利留存比率，用来评价公司净利润用于再投资的比例，也就是公司利润当中没有分配给股东的一部分，作为公司留用利润在公司内部继续使用的资金。留存比率是公司留用利润与净利润的比率，它与股利支付率的关系是，股利支付率+股利留存比率=1，也就是等于1减去股利支付率。

(2) 股利报酬率。

股利报酬率，也称股息收益率，是指公司年度每股股利与每股价格的比率。

其计算公式表示为

$$K_d = \frac{\text{DPS}}{P_0} \times 100\%$$

式中：K_d 表示股利报酬率；DPS 表示年度每股股利；P_0 表示每股价格。

股利报酬率是投资者评价公司股利政策的一个重要指标，它反映了投资者进行股票投资所取得的红利收益，是投资者判断投资风险、衡量投资收益的重要指标之一。

第二节 Excel与收入管理的主要分析模型

销售是企业生产经营活动中的一个重要环节，是取得营业收入的必要手段。企业在收入管理方面主要是通过进行销售预测的管理来进行的，销售预测是指借助历史销售资料及其他相关的信息，采用适当的方法，对未来一定时期产品的销售数量和销售状态及其变化趋势进行分析。

一、基于Excel的销售预测分析模型

Excel 的数据分析工具库提供了 3 种销售预测分析工具，即移动平均法、指数平滑法和回归分析法，可直接用于销售预测分析。

(一) 移动平均分析模型

移动平均法是根据过去若干时期的销售数据，计算其平均数并将计算平均数的时期不断往后推移，每次只用最近若干期的数据进行预测的销售预测方法。

移动平均法包括一次移动平均法、加权移动平均法和二次移动平均法。这里只对一次移动平均法进行分析。

一次移动平均的各元素的权重都相等，其计算公式如下：

$$F_t = (A_{t-1} + A_{t-2} + A_{t-3} + \cdots + A_{t-n})/n$$

式中：F_t 为对下一期的预测值；n 为移动平均的时期个数；A_{t-1} 为前一期实际值；A_{t-2}、A_{t-3} 和 A_{t-n} 分别表示前两期、前三期直至前 n 期的实际值。

【例8-1】某企业 2021 年 1—12 月的销售数据如表 8-1 所示，要求利用移动平均法预测 2022 年 1 月的销售量。

表8-1　某企业2021年1—12月的销售数据统计表

月份	1	2	3	4	5	6	7	8	9	10	11	12
销售量(万台)	48	46	50	53	58	49	52	58	60	64	68	70

具体建模步骤如下。

(1) 新建一个 Excel 工作簿，将其命名为"销售收入分析"。

(2) 打开"销售收入分析"工作簿，新建一个工作表，命名为"移动平均分析模型"。

(3) 在"数据"选项卡中单击"数据分析"按钮，打开"数据分析"对话框(如果没有该选项，需选择"加载宏"→"分析工具"→"分析工具库"选项)。

(4) 在"数据分析"对话框的"分析工具"框中选择"移动平均"选项，打开"移动平均"对话框。

(5) 在"输入区域"文本框中输入$B$3:$B$14；在"间隔"文本框中输入3，表明是进行3期平均移动；在"输出区域"文本框中输入$C$3；最后选中"图表输出"复选框，如图 8-1 所示。

图8-1　"移动平均"对话框

(6) 单击"确定"按钮，则运算结果就显示在 C3:C14 单元格区域中，同时图表也显示出 C14 单元格中的预测数据 67，即为 2022 年 1 月的销售预测值，如图 8-2 所示。

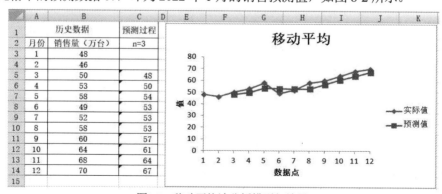

图8-2　移动平均法分析模型与结果

在实际工作中还可以采用几个不同的期数进行销售预测分析，从中选择预测误差最小的期数作为移动期数。

(二) 指数平滑分析模型

指数平滑法是在移动平均法基础上发展起来的一种时间序列分析预测法，它是通过计算指数平滑值，配合一定的时间序列预测模型对现象的未来进行预测。其原理是任一期的指数平滑值都是本期实际观察值与前一期指数平滑值的加权平均。

指数平滑法是指根据近期的实际数据和预测数据，并借助于平滑系数进行销售预测的方法。其中平滑系数 α 的作用是适当消除偶然事件引起的实际数据波动，使预测更为精确。平滑系数越大或阻尼系数越小，近期实际数对预测结果的影响越大；反之，平滑系数越小或阻尼系数越大，近期实际数对预测结果的影响越小。

阻尼(damping)的物理意义是力的衰减或物体在运动中的能量耗散，通俗地讲，就是阻止物体继续运动。当物体受到外力作用而振动时，会产生一种使外力衰减的反力，称为阻尼力(或减震力)。它和作用力的比被称为阻尼系数。通常阻尼力的方向总是和运动的速度方向相反。因此，材料的阻尼系数越大，意味着其减震效果或阻尼效果越好。经济学中也用到这个概念，用来表示研究对象实际结果对预测结果的影响。

Excel 中的指数平滑法需要使用阻尼系数。

根据平滑次数不同，指数平滑法分为一次指数平滑法、二次指数平滑法和三次指数平滑法等。同样这里只对一次指数平滑法进行分析。其计算公式为

$$Y_{t+1} = \alpha Y_t + (1-\alpha) Y_t'$$

式中：Y_{t+1} 为 $t+1$ 期的预测值，即本期(t 期)的平滑值 S_t；Y_t 为 t 期的实际值；Y_t' 为 t 期的预测值，即上期的平滑值 S_{t-1}；α 是指分析时采用的阻尼系数。

【例 8-2】某企业 2021 年 1—12 月的销售数据如表 8-1 所示，假定阻尼系数为 0.8。要求利用指数平滑法预测 2022 年 1 月的销售量。

具体建模步骤如下。

(1) 打开"销售收入分析"工作簿，新建一个工作表并命名为"指数平滑分析模型"。

(2) 在"数据"选项卡中单击"数据分析"按钮，打开"数据分析"对话框，选择"指数平滑"选项，打开"指数平滑"对话框。

(3) 在"输入区域"文本框中输入$B$3:$B$14、"阻尼系数"文本框中输入 0.8、"输出区域"文本框中输入$C$3，最后选中"图表输出"复选框，如图 8-3 所示。

图 8-3 "指数平滑"对话框

(4) 单击"确定"按钮，则运算结果就显示在 C4:C14 单元格区域中，如图 8-4 所示，同时图表也显示出 C14 单元格中的预测数据 58，即为 2022 年 1 月的销售量预测值。

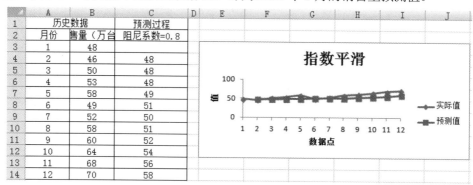

图 8-4　指数平滑法分析模型与结果

在实际工作中，可以分别选用几个不同的阻尼系数进行预测分析，从中选择预测误差最小的阻尼系数作为预测模型的阻尼系数。

(三) 回归分析模型

回归分析法是根据 $Y=a+bX$ 的直线方程式，按照数学上最小平方法的原理来确定一条能正确反映自变量 X 和因变量 Y 之间误差的平方和最小的直线。这条直线就是回归直线，它的常数项 a 和系数 b 既可用公式计算，也可用回归分析 LINEST 函数计算。这里主要介绍 LINEST 函数法。

LINEST 线性回归函数可通过使用最小二乘法计算与现有数据最佳拟合的直线，来计算某直线的统计值，然后返回描述此直线的数组。

函数的结构：LINEST(known_y's, known_x's, const, stats)。

函数的参数说明：

- known_y's 是关系表达式 $Y = a + bX$ 中已知的 Y 值集合。

如果数组 known_y's 在单独一列中，则 known_x's 的每一列被视为一个独立的变量。

- known_x's 是关系表达式 $Y = a + bX$ 中已知的可选 X 值集合。

数组 known_x's 可以包含一组或多组变量。如果只用到一个变量，则只要 known_y's 和 known_x's 维数相同，它们可以是任何形状的区域。如果用到多个变量，则 known_y's 必须为向量 (即必须为一行或一列)。

如果省略 known_x's，则假设该数组为 $\{1, 2, 3, \cdots\}$，其大小与 known_y's 相同。

- const 为一个逻辑值，用于指定是否将常量 a 强制设为 0。

如果 const 为 true 或省略，则 a 将按正常计算。

如果 const 为 false，a 将被设为 0，并同时调整 a 值使 $Y=bX$。

- stats 为一个逻辑值，指定是否返回附加回归统计值。

如果 stats 为 true，则 LINEST 函数返回附加回归统计值。

如果 stats 为 false 或省略，则 LINEST 函数只返回系数 b 和常量 a。

【例 8-3】假定某企业 2021 年 7—12 月的销售量资料如表 8-2 所示,要求预测 2022 年 1 月的销售量。

表8-2 某企业2021年7—12月销售量资料

单位:万台

月份	7	8	9	10	11	12
销售量	52	58	60	64	68	70

具体建模步骤如下。

(1) 打开"销售收入分析"工作簿,新建一个工作表并命名为"回归分析模型"。

(2) 将原始销售量资料复制到工作表"回归分析模型"中,并在 A3 前插入一行,对具有偶数项特征的数据源按照时间序列规则进行赋值,设计好的表格如图 8-5 所示。

(3) 选定 A7:B11 单元格区域,在 Excel 地址栏输入"= LINEST(B4:G4,B3:G3,TRUE,TRUE)",然后同时按 Ctrl+Shift+Enter 组合键,表格中的每个单元格的公式显示为"=LINEST(B4:G4, B3:G3, TRUE, TRUE)。

(4) 单击"确定"按钮,表中 B7 单元格中的值 62 即为直线的截距 a,A7 单元格中的值 1.77(保留两位小数后的值)即为 X 常数项 b,即拟合的直线为 $Y=62+1.77X$。

(5) 把 X 变量按时间变量赋的值 7 代入直线 $Y=62+1.77X$ 中,就可以计算出 2022 年 1 月的预测销售量。B5 单元格中的值 74.4 即为预测 2022 年 1 月的销售量,如图 8-5 所示。

直接用回归函数 FORECAST 进行计算,也可以得到一样的预测结果。

	A	B	C	D	E	F	G
1		某企业2021年7-12月销售量统计数据					单位:万台
2	时间	7	8	9	10	11	12
3	间隔期	-5	-3	-1	1	3	5
4	销售量	52	58	60	64	68	70
5	预测值	74.4					
7	1.771428571	62					
8	0.12453997	0.42538498					
9	0.980612245	1.04197614					
10	202.3157895	4					
11	219.6571429	4.34285714					

图8-5 回归分析模型与结果

(四) 数据透视表分析模型

数据分析最简便和最有效的方法是数据透视表。数据透视表是一种对大量数据快速汇总的交互式表格,可以有效地、灵活地将数据进行各种目标的统计和分析。用户可以旋转其行或列以查看对源数据的不同汇总,还可以通过显示不同的面来筛选数据,也可以显示所关心区域的明细数据。由于数据透视表是交互式的,因此,用户可以更改数据的视图以查看其他明细数据或计算不同的汇总额。

【例8-4】某企业2021年10月商品销售统计表如表8-3所示。要求用Excel的透视表功能对10月份各商品的销售建立分析图。

表8-3 某企业10月商品销售统计表

单位：元

日期	商品	金额	销售部门
2021-10-1	电脑	24 000	中南路
2021-10-2	手机	78 000	王家湾
2021-10-3	电视	76 000	中南路
2021-10-4	电脑	32 000	王家湾
2021-10-5	手机	43 000	中南路
2021-10-6	电视	69 000	王家湾
2021-10-7	电脑	32 000	中南路
2021-10-11	手机	46 000	中南路
2021-10-13	电视	60 000	中南路
2021-10-14	电脑	54 000	王家湾
2021-10-15	手机	36 000	中南路
2021-10-16	电视	45 000	王家湾
2021-10-18	电脑	68 000	王家湾
2021-10-20	手机	12 000	王家湾
2021-10-21	电视	86 000	中南路
2021-10-22	电脑	4000	王家湾
2021-10-23	手机	62 000	中南路
2021-10-25	电视	89 000	中南路
2021-10-27	电脑	44 000	中南路
2021-10-28	手机	18 000	王家湾

具体建模步骤如下。

(1) 打开"销售收入分析"工作簿，新建一个工作表并命名为"数据透视表分析"。

(2) 将销售原始数据复制到"数据透视表分析"中，单击数据中的任意单元格，在"插入"选项卡的"表格"组中单击"数据透视表"按钮下方的下拉按钮，在弹出的下拉菜单中选择"数据透视表"命令。

(3) 在打开的"创建数据透视表"对话框中输入数据区域或单击"浏览"按钮，从"数据透视表分析"工作表中提取数据源，如图8-6所示。

(4) 单击"确定"按钮，打开"数据透视表字段列表"窗格。

(5) 在"数据透视表字段列表"窗格中，根据需要将右边字段按钮拖到左边的图上，或者在右边图上将字段拖到下面的行标签或列标签中。这里将"日期"拖到行标签，将"商品""销售部门"拖到列标签，将"金额"拖到∑数值区域，如图8-7所示。

最后生成的分析结果如图8-7所示。

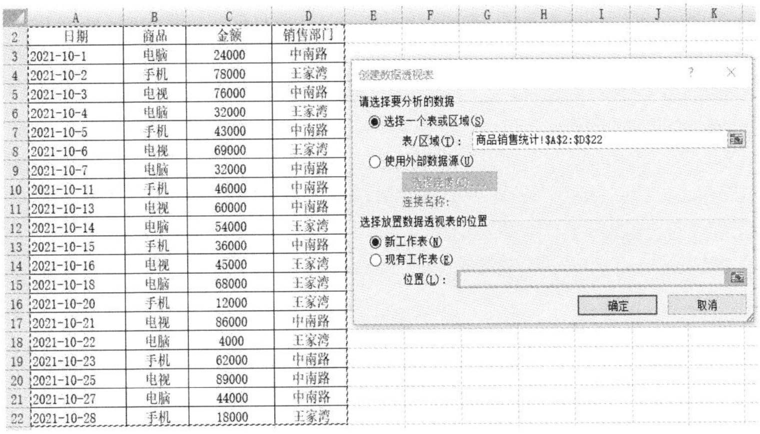

第八章 Excel与收入和利润分配管理

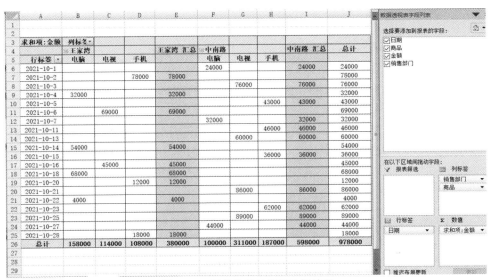

图8-6 "创建数据透视表"对话框

图8-7 10月份各商品销售分析结果

这样，通过图8-7的数据透视表，可以看出各销售部门销售商品的种类、销售额及其合计数，从而以此为基础可以很方便地对各销售部门的销售业绩状况进行评价。

二、基于Excel的产品价格定价模型

企业的定价目标是以满足市场需要和实现企业盈利为基础的，它是实现企业经营总目标的保证和手段，同时，又是企业定价策略和定价方法的依据。

对于销售部门来说，经常需要通过做产品定价分析来确定产品的最佳销售价格，以期能取得最大销售额。

做产品定价分析的思路是，根据历史销售数据或模拟销售数据(单价、销量、销售额等相关数据)，找出单价与销售额之间的内在联系，从而确定产品最佳销售价格。如果历史销售数据量或模拟销售数据量很大、很杂乱，那么就需要将数据转换为图表，有助于分析问题，得出最终结论。

定价方法，是企业在特定的定价目标指导下，依据对成本、需求及竞争等状况的研究，运用价格决策理论，对产品价格进行计算的具体方法。下面将对不同的定价模型进行分析。

(一) 产品总成本定价模型

成本导向定价法是以产品单位成本为基本依据，再加上预期利润来确定价格的定价方法，是中外企业最常用、最基本的定价方法。

成本导向定价法的主要优点：①它比需求导向定价法更简单明了；②在考虑生产者合理利润的前提下，当顾客需求量大时，价格显得更公道。

在实践中，企业可以采用成本加成的方法(即在服务成本的基础上加一定的加成率)定价。成本导向定价法简单易用，因而被广泛采用。

其缺点在于：①不考虑市场价格及需求变动的关系；②不考虑市场的竞争问题；③不利于企业降低产品成本。

为了克服成本加成定价法的不足之处，企业可按产品的需求价格弹性的大小来确定成本加成比例。由于成本加成比例确定得恰当与否、价格确定得恰当与否依赖于需求价格弹性估计的准确程度。这就迫使企业必须密切注视市场，只有通过对市场进行大量的调查，详细的分析，才能估计出较准确的需求价格弹性来，从而制定出正确的产品价格，增强企业在市场中的竞争能力，增加企业的利润。

成本导向定价法是通过一个个假想的期望销售数字计算出的定价，如果销售数字没达到预期要求，则必然无法达到预期利润。

成本导向定价法又衍生出了总成本加成定价法、目标收益定价法、边际成本定价法、盈亏平衡定价法等几种具体的定价方法。

1. 总成本加成定价法

在这种定价方法下，把所有为生产某种产品而发生的耗费均计入成本的范围，计算单位产品的变动成本，合理分摊相应的固定成本，再按一定的目标利润率来决定价格。

2. 目标收益定价法

目标收益定价法又称投资收益率定价法，是根据企业的投资总额、预期销量和投资回收期等因素来确定价格。

3. 边际成本定价法(边际贡献定价法)

边际成本是指每增加或减少单位产品所引起的总成本变化量。由于边际成本与变动成本比较接近，而变动成本的计算更容易一些，所以在定价实务中多用变动成本替代边际成本，而将边际成本定价法称为变动成本定价法。

4. 盈亏平衡定价法

在销量既定的条件下，企业产品的价格必须达到一定的水平才能做到盈亏平衡、收支相抵。既定的销量就称为盈亏平衡点，这种制定价格的方法就称为盈亏平衡定价法。科学地预测销量和已知固定成本、变动成本是盈亏平衡定价的前提。

下面我们以总成本加成定价法为例分析企业产品如何定价。

第八章 Excel 与收入和利润分配管理

【例 8-5】某企业 A 产品成本统计数据如表 8-4 所示，假设企业要求的成本利润率为 22%，所得税税率为 25%，销售利润率为 13.52%，以总成本加成定价模型分析产品定价。

表8-4 A产品成本统计数据

单位：元

产量(件)	材料	人工	制造费用	总成本	单位成本
10 000	200 000	100 000	160 000	460 000	46.00
20 000	390 000	200 000	160 000	750 000	37.50
30 000	585 000	300 000	160 000	1 045 000	34.83
40 000	760 000	400 000	160 000	1 320 000	33.00

【分析思路】根据总成本加成分析产品定价，是在总成本基础上加上一定的加成率(毛利润率)，同时考虑到涉及的税费等因素对利润的影响，来制定产品价格。

总成本加成定价的公式：

$$商品售价=单位总成本\times(1+成本利润率)/(1-适用税率)$$

或

$$商品售价=\frac{单位总成本}{1-销售利润率-适用税率}$$

具体建模步骤如下。

(1) 新建一个 Excel 工作簿，将其命名为"产品定价分析"。

(2) 在"产品定价分析"工作簿中新建一个工作表，命名为"总成本加成定价分析"。

(3) 将 A 产品成本统计数据复制到"总成本加成定价分析"工作表中，根据企业利润率及所得税税率的要求，设计"总成本加成定价分析"模型，如图 8-8 所示。

(4) 在 J3 单元格中输入公式"=F3*(1+G3)/(1-I3)"，得到 A 产品在销售为 10 000 件时的定价结果；通过复制公式，可以得到 A 产品在不同销售数量时的相应定价。

(5) 在 K3 单元格中输入公式"=F3/(1-H3-I3)"，得到产品定价结果，如图 8-8 所示。

实际上表中 J3 单元格中的价格是根据总成本加成得来的，而 K3 单元格中的价格是根据销售利润率得到的。

	A	B	C	D	E	F	G	H	I	J	K
1					A产品定价分析						单位：元
2	产量（件）	材料	人工	制造费用	总成本	单位成本	成本利润率	销售利润率	所得税率	产品定价	产品定价
3	10000	200000	100000	160000	460000	46.00	22%	13.52%	25%	74.83	74.82
4	20000	390000	200000	160000	750000	37.50	22%	13.52%	25%	61.00	61.00
5	30000	585000	300000	160000	1045000	34.83	22%	13.52%	25%	56.66	56.66
6	40000	760000	400000	160000	1320000	33.00	22%	13.52%	25%	53.68	53.68
7											

图8-8 A产品总成本加成定价模型与结果

学员们可以尝试用其他几种定价法来建立分析模型。

(二) 最优定价分析模型

企业生产经营的目的总是要获取最大利润，但有时由于供应和需求两方面的影响使企业不能获得最大的利润，如何保证企业能获取最大利润呢？企业如何定出一个最优的价格使企业利润最大呢？

最优定价，就是在考虑供应和需求两个因素的同时，制定出的一个可以使企业的利润达到最大时的产品价格，此时产品价格为最优价格。它采用的是量本利原理来分析的，在量本利原理中涉及边际收入、边际成本和边际利润三个概念。边际收入则是指每增加一个单位产品销售所增加的总收入，边际成本是指每增加一个单位产品销售所增加的总成本，边际利润就是边际收入与边际成本的差额，表示每增加一个单位产品销售所增加的利润。

最优定价分析模型就是根据当边际收入等于边际成本时边际利润最小的原理，来分析确定企业在一个最优产品价格时，能给企业带来最大利润。

当产品销售增加，销售总收入和产品总成本同时都在增加，最终的利润也在增加，但随着产品销量的不断增加，有一个临界点的销量，此时产品销售的最终利润为最大，此后随着产品的销量继续增加，最终利润不增加反而减少。这一个临界点的销量对应的产品价格即为最优定价。

【例8-6】某企业销售甲产品，固定成本为3000元，单位变动成本为8元，通过产品试销和市场预测分析，取得的有关资料如表8-5所示，要求分析企业产品最优定价。

表8-5　甲产品在不同价格水平时的销售资料

价格(元)	100	95	90	85	80	75	70	65	60	55
销售量(件)	150	175	200	225	250	275	300	325	350	375
销售收入(元)	15 000	16 625	18 000	19 125	20 000	20 625	21 000	21 125	21 000	20 625

具体建模步骤如下。

(1) 打开"产品定价分析"工作簿，新建一个工作表并命名为"最优定价分析模型"。

(2) 将表8-5中提供的相关销售资料，依据量本利分析原理，设计最优定价模型，如图8-9所示。

(3) 在C3单元格中输入公式"=A3*B3"，得到销售收入数据。

(4) 在D3单元格中输入公式"=B3*(3000/B3+8)"，根据本例中提供的生产甲产品相关成本数据，计算出总成本。

(5) 在E4单元格中输入公式"=C4-C3"，得到边际收入数据。

(6) 在F4单元格中输入公式"=D4-D3"，得到边际成本数据。

(7) 在G4单元格中输入公式"=E4-F4"，得到边际利润数据。

(8) 在H3单元格中输入公式"=C3-D3"，得到利润数据。

(9) 将利润格式刷下拉，分别求出各栏数据，得到的结果如图8-9所示。

最优价格分析模型

价格（元）	销售量（件）	销售收入（元）	总成本	边际收入	边际成本	边际利润	利润
100	150	15000	4200	— —	— —	— —	10800
95	175	16625	4400	1625	200	1425	12225
90	200	18000	4600	1375	200	1175	13400
85	225	19125	4800	1125	200	925	14325
80	250	20000	5000	875	200	675	15000
75	275	20625	5200	625	200	425	15425
70	300	21000	5400	375	200	175	15600
65	325	21125	5600	125	200	−75	15525
60	350	21000	5800	−125	200	−325	15200
55	375	20625	6000	−375	200	−575	14625

图8-9 甲产品最优定价分析模型与结果（一）

图 8-9 中的分析结果表明，随着价格调整后销售量不断增加到一定水平时，边际收入将逐步下降，甚至出现负数，以致边际利润不断减少。当边际利润为负数时，企业的利润总额就不会是最高的利润额。因此，甲产品的最优价格在 65 元和 70 元之间。如果进一步把 65 元和 70 元之间对应的销量 325～300 件的销售量区域进行细分，即可确定最优价格。具体结果如图 8-10 所示。

最优价格分析模型

价格（元）	销售量（件）	销售收入（元）	总成本	边际收入	边际成本	边际利润	利润
70	300	21000	5400	— —	— —	— —	15600
69	305	21045	5440	45	40	5	15605
68	310	21080	5480	35	40	−5	15600
67	315	21105	5520	25	40	−15	15585
66	320	21120	5560	15	40	−25	15560
65	325	21125	5600	5	40	−35	15525

图8-10 甲产品最优定价分析模型与结果（二）

从图 8-10 可知，当产品销售量是 305 件、价格为 69 元时，边际收入最接近边际成本，也就是说利润总额为 15 605 元时企业利润为最大。因此，甲产品每件产品定价 69 元为最优定价。

(三) 调价策略分析模型

调价策略是指企业根据市场变化临时进行产品价格调整，特别是在进行促销活动时经常采用的一种价格策略。其目的是通过价格的调整，进一步提升销售量，通过增加额外的销量带来利润并达到利润最大化。其总的思路是通过调低价格让销售量大幅提升，达到总体利润的增加，这就需要对市场进行准确预测，制定一个能让市场销售量提升的较低价格。但调低价格后，单件商品的利润就会下降，总的利润也许会下降，这也不是企业的目的。

这样我们就会思考调价前后会不会有一个利润无差别点，也就是在企业对产品调低价格的过程中，产品销售上升时会有一个业务量可以达到调价前的利润水平，这一个业务量(销售量)就是我们要讨论的利润无差别点。一旦调价后，产品销售量超过这个利润无差别点后的销售量带来的利润增加部分就是调整价格带来的利润增加。

利润无差别点法也称价格无差别点法，是指利用调价后预计销量与利润无差别点销量之间的关系进行调价决策的一种方法。

利润无差别点销量是指某种产品为确保原盈利能力，在调价后应至少达到的销售量指标，也就是在这一水平的销售量时调价前后利润没有差别。公式为

利润无差别点销量=(固定成本+调价前可获利润)/(拟调单价−单位变动成本)

应用利润无差别点法进行调价决策的原则：若调价后预计销售量大于利润无差别点销售量，则可考虑调价；若调价后预计销售量小于利润无差别点销售量，则不能调价；若调价后预计销售量等于利润无差别点销售量，则调价与不调价的效益一样。

在调价决策中，需要综合考虑最大生产能力、调价后预计销售量因素，以及是否追加专属成本投入、绝对剩余生产能力能否转移等条件。

【例8-7】 某企业生产甲产品，其单价为110元，可销售12 000件，固定成本为35万元，单位变动成本为70元，实现利润130 000元。假定企业现有的最大生产能力为20 000件。

要求：利用利润无差别点法评价以下不相关条件下的调价方案的可行性。

(1) 若产品单价降低为100元，则预计销量可达18 000件。
(2) 若产品单价降低为90元，则预计销量可达24 000件。
(3) 若产品单价提高为120元，则预计最大销量可达10 000件。

【分析思路】 根据调价策略应用原则来分析各个方案条件，找出各方案条件中的利润无差别点，比较调价后企业产品销售量是否超过利润无差别点且企业生产能力是否能满足生产，若能，则这一调价方案是可行的。

具体建模步骤如下。

(1) 打开"产品定价分析"工作簿，新建一个工作表，命名为"调价策略分析模型"。
(2) 根据资料编制调价策略分析模型，如图8-11所示。
(3) 建立利润无差别点分析模型，在H3单元格中输入公式"=(C3+G3)/(A3-D3)"，得到调价方案的利润无差别点。
(4) 依次操作得到各方案的利润无差别点，如图8-11所示。
(5) 在F3单元格中输入公式"=(A3-D3)*B3-C3"，并将公式复制到F4和F5单元格中，计算调价后的利润。
(6) 在I3单元格中输入公式"=F3-G3"，并将公式复制到I4和I5单元格中，得到调价后利润增量数据，如图8-11所示。

价格（元）	预计销量（件）	固定成本（元）	单位变动成本（元）	企业生产能力（件）	调价后利润（元）	调价前利润（元）	利润无差别点（件）	利润增量（元）
100	18000	350000	70	20000	190000	130000	16000	60000
90	24000	350000	70	20000	130000	130000	24000	0
120	10000	350000	70	20000	150000	130000	9600	20000

图8-11 甲产品调价策略分析模型与结果

通过上面的分析结果可以知道，当产品价格下调到100元时，预计销售量为18 000件，大于此方案调价前后的利润无差别点的16 000件，也没有超过企业最大生产能力，可以为企业带来利润增量60 000元，此方案可以采用；当产品价格下调为90元时，预计销售量为24 000件，等于此方案调价前后的利润无差别点的24 000件，超过了企业最大生产能力，如果不追加固定资产投入，企业目前的生产能力无法完成预计销售量，也就没办法通过调低价格拉升销售量增加利润，此方案不可以采用；当产品价格上升到120元时，虽然产品预计销售量为10 000件，大于此方案调价前后的利润无差别点的9600件，也没有超过企业最大生产能力，但为企业带来的利润增量只有 20 000 元，相较于第一个方案，此方案不可采用。通过比较以上三个调价策略的方案可以看出，第一个方案为最优方案，能给企业带来的利润增量最大。

第三节　Excel与利润分配政策分析模型

在第一节的概述中我们得知，公司在制定股利政策时会受到一些因素的影响，并且不同的股利政策也会对公司的股票价格产生不同的影响。因此，对于股份公司来说，制定一个合理的股利政策是非常重要的，股利政策的选择既要符合公司的经营状况和财务状况，又要符合股东的长远利益。

在实践中，股份公司常用的股利政策主要有五种：剩余股利政策、固定股利政策、稳定增长股利政策、固定股利支付率和低正常股利加额外股利政策。

一、剩余股利分析模型

在制定股利政策时，公司的投资机会和筹资能力是两个重要的影响因素。剩余股利政策就反映了股利政策与投资、筹资之间的关系。在公司有良好的投资机会时，为了降低资本成本，公司通常会采用剩余股利政策。

剩余股利政策就是在公司确定的最佳资本结构下，税后利润首先要满足项目投资所需要的股权资本，然后若有剩余才用于分配现金股利。剩余股利政策是一种投资优行的股利政策。采用这种股利政策的先决条件是公司必须有良好的投资机会，并且该投资机会的预期报酬率要高于股东要求的必要报酬率，这样才能为股东所接受。如果公司投资项目的预期报酬率不能达到股东要求的必要报酬率，则股东会更愿意公司发放现金股利，以便他们自己寻找其他的投资机会。

实施剩余股利政策，一般应按以下步骤来确定股利的分配额。

(1) 根据选定的最佳投资方案，测算投资所需的资本数额。

(2) 按照公司的目标资本结构，测算投资所需要增加的股权资本的数额。

(3) 税后利润首先用于满足投资所需要增加的股权资本的数额。

(4) 满足投资需要后的剩余部分用于股东分配股利。

【例 8-8】 某公司普通股股数为 10 000 万股，2022 年拟投资 1500 万元引进一条生产线扩大生产能力，该公司目标资本结构为自有资金占 80%，借入资金占 20%。该公司 2021 年度的税后利润为 1400 万元。该公司采用剩余股利政策，首先用留用利润来满足投资所需股权资本额，留用利润不能满足的由外部筹资来解决。试分析该公司应该如何筹资？如何分配股利？

【分析思路】 对于该公司投资所需的 1500 万元资本，公司可用多种方案进行筹资，但若利用留用利润的内部筹资方式，可以有如图 8-12 所示的两种股利分配方案。

具体建模步骤如下。

(1) 新建一个 Excel 工作簿，将其命名为"股利分配政策分析"，新建一个工作表并命名为"剩余股利政策分析模型"。

(2) 确定税后可用利润，在 B3 单元格中输入 1400。

(3) 测算投资所需的资本总额，在 B4 单元格中输入 1500。

(4) 选定目标资本结构，在 B5 单元格中输入 2:8。

(5) 根据目标资本结构，测算投资所需的股权资本总额，在 B6 单元格中输入公式"=B4*0.8"。

(6) 计算剩余现金股利总额，在 B7 单元格中输入公式"=B3-B6"。

(7) 在 B8 单元格中输入"=10000"。

(8) 计算每股股利，在 B9 单元格中输入公式"=B7/B8"。

(9) 计算外部筹资额，在 B10 单元格中输入公式"=B4-B6"。计算结果如图 8-12 所示。

项目	股利分配方案一	股利分配方案二
税后利润	1400	1400
投资所需资本总额	1500	1500
目标资本结构（负债/股东权益）	2:8	不考虑资本结构
投资所需股权资本总额	1200	1400
现金股利总额	200	0
普通股股数（万股）	10000	10000
每股股利（元）	0.02	0
投资项目需要筹集金额	300.00	100

图8-12 剩余股利政策分析模型与结果

同时，我们还可以按同样的步骤做出在不考虑资本结构的情况下的股利分配方案来进行对比。

通过分析我们可以看到，公司在采用剩余股利政策时，在保持目标资本结构的同时，为了引进新的生产线项目，2022 年公司需要向外部筹集自有资金 300 万元。

通过以上分析，虽然第二种方案向外部筹资的金额较少，但这种方法破坏了最佳资本结构，会使公司的综合资本成本上升，同时也会影响公司股票价格的波动，因此不是最优筹资方案。而第一种方案，虽然向外部筹资金额较多，但它保持了公司的目标资本结构，此时公司的综合资本成本才是最低的。因此，实施剩余股利政策应采用第一种股利分配方案。

二、固定股利分析模型

固定股利政策是指公司在较长时期内每股支付固定股利额的股利政策。固定股利政策在公司盈利发生一般的变化时，并不影响股利的支付，而是使其保持稳定的水平；只有当公司对未来利润增长确有把握并且认为这种增长不会发生逆转时，才会增加每股股利额。实行这种股利政策者都支持股利相关理论，他们认为公司的股利政策会对公司股票价格产生影响，股利的发放就是向投资者传递公司经营状况的某种信息。

实施固定股利政策的理由：①可以向投资者传递公司经营状况稳定的信息；②有利于投资者有规律地安排股利收入和支出；③有利于股票价格的稳定。

尽管这种股利政策有股利稳定的优点，但它仍可能会给公司造成较大的财务压力，尤其是在公司净利润下降或现金紧张的情况下，公司为了保证股利的照常支付，容易导致现金短缺、财务状况恶化。在非常时期，公司可能不得不降低股利支付额。

因此，这种股利政策一般适合经营状况比较稳定的公司采用。

【例8-9】某公司普通股股数为10 000万股，2022年拟投资1500万元引进一条生产线扩大生产能力，该公司目标资本结构为自有资金占80%，借入资金占20%。该公司2020年的税后利润为1400万元，该年度公司分配股利700万元；2021年的税后利润为1300万元。若该公司采用固定股利政策并保持资本结构不变，则2022年该公司为引进生产线需要从外部筹集多少自有资金？2021年如何分配股利？

【分析思路】对于该公司投资所需资本额1500万元，在上一年度股利分配时按照以前的固定股利支付额来进行股利分配，保持当前公司股利水平，对公司来说内部自有资金有限，有可能需向外部筹集自有资金。

具体建模步骤如下。

(1) 打开"股利分配政策分析"工作簿，新建一个工作表并命名为"固定股利政策分析模型"，设置表格格式并输入已知条件。

(2) 在C3单元格中输入1300。

(3) 测算投资项目所需资本总额，在C4单元格中输入1500。

(4) 保持目标资本结构不变，在C5单元格中输入2:8。

(5) 测算投资所需股权资本总额，在C6单元格中输入公式"=C4*0.8"。

(6) 按固定股利额发放股利，在C7单元格中输入700。

(7) 测算公司留用利润总额，在C10单元格中输入公式"=C3-C7"。

(8) 测算公司需向外部筹集的自有资金总额，在C11单元格中输入公式"=C6-C10"。

通过以上操作即可得到公司在保持目标资本结构时，采用固定股利政策分配利润后，为引进新的投资项目而需要向外部筹集的自有资金数额，如图8-13所示。

	A	B	C
1	固定股利分配方案		金额单位：万元
2	项目	2020年股利分配	2021年股利分配
3	税后利润	1400	1300
4	投资所需资本总额		1500
5	目标资本结构（负债/股东权益）	2:8	2:8
6	投资所需股权资本总额		1200
7	现金股利总额	700	700
8	普通股股数（万股）	10000	10000
9	每股股利（元）	0.07	0.07
10	留用利润	700.00	600
11	投资项目需要筹集金额		600

图8-13 固定股利政策分析模型与结果

通过分析我们可以看到，公司在采用固定股利政策时，在盈利较少或者盈利降低时要发放给股东固定的股利，公司留用利润就会减少很多。在保持目标资本结构的同时，为了引进新的生产线项目，2022年公司需要向外部筹集自有资金600万元。

三、稳定增长股利分析模型

稳定增长股利政策是指在一定的时期内保持公司的每股股利稳定增长的股利政策。采用这种股利政策的公司一般会随着公司盈利的增加，保持每股股利平稳地提高。公司确定一个稳定的股利增长率，实际上是向投资者发布该公司经营业绩稳定增长的信息，可以减少投资者对该公司经营风险的担心，从而有利于股票上涨。公司在采取稳定股利增长政策时，要使股利增长率等于或略低于利润增长率，这样才能保证股利增长具有可持续性。稳定增长股利政策适合处于成长或成熟阶段的公司。

其可用公式表示为

$$K_c = \frac{D_t}{P_c} + G$$

式中：K_c 表示股权报酬率；D_t 表示第 t 年的股利；P_c 表示当前股价；G 表示每年股利的增长率。

【例8-10】某公司普通股股数为 10 000 万股，2022 年拟投资 1500 万元引进一条生产线扩大生产能力，该公司目标资本结构为自有资金占 80%，借入资金占 20%。该公司 2020 年的税后利润为 1400 万元，该年度公司分配股利 800 万元；2021 年的税后利润为 1300 万元。若该公司采用稳定增长股利政策，股利增长率为 4%并保持资本结构不变，则 2022 年该公司为引进生产线需要从外部筹集多少自有资金？2021 年如何分配股利？

具体建模步骤如下。

(1) 打开"股利分配政策分析"工作簿，新建一个工作表并命名为"稳定增长股利政策分析模型"，设置表格格式并输入已知条件。

(2) 在 C3 单元格中输入 1300。

(3) 测算投资项目所需资本总额，在 C4 单元格中输入 1500。

(4) 保持目标资本结构不变，在 C5 单元格中输入 2:8。

(5) 测算投资所需股权资本总额，在 C6 单元格中输入公式"=C4*0.8"。

(6) 在 C7 单元格中输入增长率 4%。

(7) 按稳定增长率计算每股股利额，在 C10 单元格中输入公式"=B10*(1+4%)"。

(8) 测算公司发放股利总额，在 C8 单元格中输入公式"=C9*C10"。

(9) 测算公司留用利润总额，在 C11 单元格中输入公式"=C3-C8"。

(10) 测算公司需向外部筹集的自有资金总额，在 C12 单元格中输入公式"=C6-C11"。计算结果如图 8-14 所示。

通过分析我们可以看到，公司在采用稳定增长股利政策时，在盈利较少或盈利降低时要发放给股东更多的股利，公司留用利润则会减少很多，在保持目标资本结构的同时，为了引进新的生产线项目，2022 年公司需要向外部筹集自有资金 732 万元。

	A	B	C
1	稳定增长幅度股利分配方案		金额单位：万元
2	项目	2020年股利分配	2021年股利分配
3	税后利润	1400	1300
4	投资所需资本总额		1500
5	目标资本结构（负债/股东权益）	2:8	2:8
6	投资所需股权资本总额		1200
7	每股股利增长率	4%	4%
8	现金股利总额	800	832
9	普通股股数（万股）	10000	10000
10	每股股利（元）	0.08	0.0832
11	留用利润	600.00	468
12	投资项目需要筹集金额		732

图8-14 稳定增长股利分析模型与结果

四、固定股利支付率分析模型

固定股利支付率政策是一种变动的股利政策，公司每年都从净利润中按固定的股利支付率发放股利。这种股利政策使公司的股利支付与盈利状况密切相关：若公司盈利状况好，则每股股利额外增加；若盈利状况不好，则每股股利额外下降。股利随公司的业绩"水涨船高"。这种股利政策不会给公司造成较大的财务负担，但是，公司的股利水平可能会变动较大，忽高忽低，这样可能会向投资者传递该公司经营不稳定的信息，容易使股票价格产生较大的波动，不利于树立公司的良好形象。

在实践中，许多公司都有一个长期稳定的目标股利支付率，虽然实际股利支付率可能会偏离这个目标股利支付率，但基本都是在一定的范围内变动，不会相差太大。

【例8-11】某公司普通股股数为10 000万股，2022年拟投资1500万元引进一条生产线扩大生产能力，该公司目标资本结构为自有资金占80%，借入资金占20%。该公司2020年的税后利润为1200万元，该年度公司分配股利为600万元；2021年的税后利润为1300万元。若该公司采用固定股利支付率政策并保持资本结构不变，则2022年该公司为引进生产线需要从外部筹集多少自有资金？2021年如何分配股利？

具体建模步骤如下。

(1) 打开"股利分配政策分析"工作簿，新建一个工作表并命名为"固定股利支付率政策分析模型"，设置表格格式并输入已知条件。

(2) 在C3单元格中输入1300。

(3) 测算投资项目所需资本总额，在C4单元格中输入1500。

(4) 保持目标资本结构不变，在C5单元格中输入2:8。

(5) 测算投资所需股权资本总额，在C6单元格中输入公式"=C4*0.8"。

(6) 在C8单元格中输入固定股利支付率50%。

(7) 按固定股利支付率计算股利总额，在C7单元格中输入公式"=C3*C8"。

(8) 测算公司每股股利额，在C10单元格中输入公式"=C7/C9"。

(9) 测算公司留用利润总额，在C11单元格中输入公式"=C3-C7"。

(10) 测算公司需向外部筹集的自有资金总额，在C12单元格中输入公式"=C6-C11"。计算结果如图8-15所示。

	A	B	C
1	固定股利支付率分配方案		金额单位：万元
2	项目	2020年股利分配	2021年股利分配
3	税后利润	1200	1300
4	投资所需资本总额		1500
5	目标资本结构（负债/股东权益）	2:8	2:8
6	投资所需股权资本总额		1200
7	现金股利总额	600	650
8	股利支付率	50.00%	50.00%
9	普通股股数（万股）	10000	10000
10	每股股利（元）	0.06	0.065
11	留用利润	600.00	650
12	投资项目需要筹集金额		550

图8-15 固定股利支付率分析模型与结果

通过分析我们可以看到，公司在采用固定股利支付率政策时，在盈利较少时发放固定比例的股利，公司留用利润没有增加太多，在保持目标资本结构的同时，为了引进新的生产线项目，2022年公司需要向外部筹集自有资金550万元。

五、低正常股利加额外股利分析模型

低正常股利加额外股利政策是一种介于固定股利政策与变动股利政策之间的折中的股利政策。这种股利政策下每期支付稳定的、较低的正常股利额，当公司盈利较多时，再根据实际情况发放额外股利。这种股利政策具有较大的灵活性：在公司盈利较少或投资需要较多资本时，可以只支付较低的正常股利，这样既不会给公司造成较大的财务压力，又能保证股东定期得到一笔固定的股利收入；在公司盈利较多且不需要较多投资资本时，可以向股东发放额外股利。

低正常股利加额外股利政策，既可以维持股利的一贯稳定性，又有利于使公司的资本结构达到目标资本结构，使灵活性与稳定性较好地结合，因而为许多公司所采用。

【例8-12】某公司普通股股数为10 000万股，该公司目标资本结构为自有资金占80%，借入资金占20%。该公司2020年的税后利润为1200万元，该年度公司分配股利600万元；2021年的税后利润为2300万元。该公司采用低正常股利加额外股利政策，并保持资本结构不变，2021年宣告增发额外股利600万元。如果2022年公司拟投资1500万元引进一条生产线扩大生产能力，则2022年该公司为引进生产线需要从外部筹集多少自有资金？2021年如何分配股利？

具体建模步骤如下。

(1) 打开"股利分配政策分析"工作簿，新建一个工作表并命名为"低正常股利加额外股利政策分析模型"，设置表格格式并输入已知条件。

(2) 在C3单元格中输入2300。

(3) 测算投资项目所需资本总额，在C4单元格中输入1500。

(4) 保持目标资本结构不变，在C5单元格中输入2:8。

(5) 测算投资所需股权资本总额，在C6单元格中输入公式"=C4*0.8"。

(6) 输入每股低正常股利，在C8单元格中输入0.06。

(7) 测算公司发放低正常股利总额，在C9单元格中输入公式"=C7*C8"。

(8) 测算公司发放现金股利总额，在C11单元格中输入公式"=C9+C10"。

(9) 测算公司留用利润总额，在C12单元格中输入公式"=C3-C11"。

(10) 测算公司需要向外部筹集资金额，在C13单元格中输入公式"=C6-C12"。计算结果如图8-16所示。

	A	B	C
1	低正常股利加额外股利分配方案		金额单位：万元
2	项目	2020年股利分配	2021年股利分配
3	税后利润	1200	2300
4	投资所需资本总额		1500
5	目标资本结构（负债/股东权益）	2:8	2:8
6	投资所需股权资本总额		1200
7	普通股股数（万股）	10000	10000
8	低正常股利（每股）(元)	0.06	0.06
9	低正常股利总额		600
10	加额外股利总额		800
11	现金股利总额	600	1400
12	留用利润	600	900
13	投资项目需要筹集金额		300

图8-16 低正常股利加额外股利分析模型与结果

通过分析我们可以看到，公司在采用低正常股利加额外股利政策时，在盈利状况较好时比2020年额外发放了800万元股利，在保持目标资本结构的同时，为了引进新的生产线项目，2022年公司需要向外部筹集自有资金300万元。

本章小结

销售收入是实现企业利润的基础，在收入管理中，销售预测是基础。销售预测是借助于历史销售资料及其他相关的信息，采用适当的方法，对未来一定时期产品的销售情况及其变化趋势做出的预计。销售预测的方法主要有移动平均法、指数平滑法和回归分析法等，同时对销售业绩的分析也可以采用数据透视表工具来进行分析。Excel提供了方便的工具可以直接进行预测。本章介绍了三种定价策略：总成本定价策略、最优定价策略和调价策略。利润分配管理是企业财务管理的重要内容之一，本章利用Excel重点介绍了当企业采用不同的股利政策时，股利的支付与留用利润的变化对企业筹资和投资的影响。

关键名词

移动平均法　　指数平滑法　　总成本加成定价　　最优定价　　调价策略

思考题

1. 如何运用Excel中的加权移动平均工具对销售量进行预测？
2. 如何运用Excel中的二次指数平滑法工具对收入进行预测？
3. 如何运用Excel提供的LINEST回归分析函数拟合线性方程？

本章实训

【技能实训】

1. 资料：武汉天有科技公司2022年上半年销售甲产品的资料如表8-6所示。

表8-6　甲产品销售资料

月份	1	2	3	4	5	6
销售量(件)	3500	3200	4300	5100	5050	6300
销售收入(万元)	180	170	220	270	260	340

2. 要求：

(1) 预计公司7月份的销售量。

(2) 计算公司 7 月份的销售收入。

【应用实训】

1. 已知：某企业生产一种产品，最近半年的平均总成本资料如表 8-7 所示。

表8-7　某产品近半年平均总成本资料

单位：元

月份	固定成本	单位变动成本
1	12 000	14
2	12 500	13
3	13 000	12
4	14 000	11
5	14 500	10
6	1500	9

要求：当 7 月份产量为 500 件时，采用加权平均法预测 7 月份产品的总成本和单位成本。

2. 武汉天有科技公司 2021 年实现销售收入 2500 万元，全年固定成本总额为 750 万元，变动成本率为 36%，所得税税率为 25%。2021 年该公司用税后利润弥补上年度亏损 180 万元，按 10%提取盈余公积金，向投资者分配股利的比率为可供投资者分配利润的 25%。

要求：

(1) 计算 2021 年税后利润；

(2) 计算 2021 年提取的盈余公积金；

(3) 计算 2021 年可供投资者分配的利润；

(4) 计算 2021 年年末未分配的利润。

3. 武汉天有科技公司 2021 年总资产为 20 000 万元，营业收入为 2750 万元，变动成本率为 36%，固定成本为 750 万元，资产负债率为 38%，负债利率为 10%，所得税税率为 25%。为进一步增加利润，2022 年拟投资 350 万元扩大生产能力。

要求：

(1) 计算 2021 年公司实现的净利润；

(2) 该公司产品销售稳定，执行剩余股利政策，目前资本结构为最佳资本结构，计算 2021 年净利润中用于下年投资的数额和向投资人分配的股利；

(3) 假设 2021 年净利润全部用于投资，计算公司能支持的最大投资项目金额。

第九章

Excel与财务报表分析

> **学习目标：**
>
> 通过本章的学习，学员应该学会以资产负债表、利润表、现金流量表为基础，利用 Excel 创建财务报表分析模型，掌握三大报表的结构分析、趋势分析以及财务比率分析和综合分析等。

第一节 财务报表分析概述

财务报表分析是企业财务管理工作的一项重要内容，是运用一定的方法和手段，对企业财务报表提供的数据和相关资料进行系统和深入的分析研究，揭示相关指标之间的相互联系、指标变动情况以及形成的原因，评价和剖析企业的财务状况与经营成果。财务报表分析不仅可以为有关各方提供全面、详细的财务信息，而且有助于企业管理层进行正确的经营决策。做好财务报表分析工作具有十分重要的意义。

一、财务报表分析的主体及分析目的

财务报表分析的主体是指与企业有现实或者潜在的利益关系，并希望通过分析企业财务状况而获得企业财务信息的单位或个人，包括投资人、债权人、企业经营者、政府，以及其他与企业经营有关系的单位或个人。这些利益主体出于不同的经济利益考虑，在利用财务报表进行分析时，虽然使用的资料相同，但分析的目的和重点有所不同。财务报表分析主体的多元性，决定了企业财务报表分析目标的多元性。

(一) 企业投资人

企业投资人最关心的是其资本的保值和增值能力，也就是投资的回报率。对于一般投资人或短期投资人来讲，他们可能更关心股息的高低和发放红利的多少。而对于拥有企业控制权的投资人来讲，他们则会从长远利益出发，分析和考虑企业的竞争实力与未来发展前景。

(二) 企业债权人

企业债权人最关心的是其提供信用的安全性，也就是企业是否有足够的偿还能力来保证债权人的本息被及时、足额地偿还。对于一般债权人来说，他们不能参与企业剩余收益的分配，他们要求的只是按时收回其贷款本金并得到相应的利息收益。当然对于提供长期信用的债权人来说，他们还会关心企业的未来发展前景与长期获利能力。另外，从风险角度考虑，债权人会密切关注企业的债务结构变化，因为这些都会影响企业偿债能力与财务风险，并进一步影响债权人提供信用的安全性。

(三) 企业经营者

企业经营者是把握和控制企业的核心力量，他们受投资人的委托来经营和管理企业，必须对企业进行全方位的分析，全面了解和掌握企业经营管理各方面的信息。这些信息包括企业目前的营运能力、偿债能力、获利能力、财务与资本结构、未来发展潜力以及所面临的风险等，以便经营者及时地发现问题、分析原因并采取对策，更好地完成使命。

(四) 政府相关部门

总体来说，政府各相关职能部门是企业经营的宏观管理者和服务者，在财政、工商、审计、税务和银行等方面对企业进行监管的同时，还提供必要的咨询及市场服务。政府相关部门借助财务报表分析，检查企业财经、税收法规的遵守情况，企业的社会效益状况，等等。另外，对于国有企业而言，因为政府具有投资者身份，所以更关心国有企业的投资收益，更注重企业的长远发展，追求企业长期利益的持续稳定增长。

(五) 其他财务报表分析主体

其他财务报表分析主体是指除上述主体外的一些与企业可能有潜在利益关系的单位或个人，如潜在的投资人、债权人以及潜在的合作单位或个人等。他们出于自身利益考虑，在与企业进行合作前，都会对企业的相关财务状况进行分析和考察，以便做出对自己有利的决策。

二、财务报表分析的主要内容和主要方法

(一) 财务报表分析的主要内容

财务报表分析主要利用资产负债表、利润表和现金流量表所提供的资料，对企业的财务状况和发展前景等方面进行系统分析，主要包括企业财务状况(结构)分析、营运能力分析、偿债能力分析和盈利能力分析等。

(二) 财务报表分析的主要方法

财务报表分析所采用的方法很多，常用的分析方法有结构分析法、趋势分析法、相关比率分析法和综合分析法。

需要特别指出的是，我们在这里只介绍如何创建和使用财务报表分析模型，重在利用Excel表计算各项分析指标，至于指标结果深层次的原因分析，在此我们不进行研究。

第二节 基于Excel的财务报表的结构与趋势分析

财务报表分析的结构分析法是指对经济系统中各组成部分及其对比关系变动规律的分析。结构分析主要是一种静态分析，即对一定时期内的企业财务报表的分析。如果对不同时期的经济结构变动进行分析，则属动态分析。财务报表分析结果可以文字、数值、图形等多种形式输出。

一、结构分析模型

(一) 资产负债表的结构分析模型

资产负债表是反映企业在某一特定日期(月末、年末)所拥有的资产、负债和所有者权益等财务状况的会计报表。资产负债表的结构分析主要是分析资产负债表中的各项目在总资产中所占的比重，在分析时，以资产负债表中的资产总计为基础，将其他各项目的数据与资产总计相比较，求出各个项目在总资产中所占的结构百分比，即可得出资产负债表的结构分析模型。

【例9-1】假定 X 公司 2021 年的资产负债表如图 9-1 所示，试对该公司 2021 年年末资产负债表进行结构分析。

	A	B	C	D	E	F
1			2021年资产负债表预算			单位金额：元
2	项目	年初金额	年末金额	项目	年初金额	年末金额
3	流动资产：			流动负债：		
4	货币资金	875300	974000	短期借款	300000	10000
5	交易性金融资产	0	0	交易性金融负债	0	0
6	应收票据	36000	30000	应付票据	360000	420000
7	应收账款	870000	530000	应付账款	865900	892600
8	预付账款	450000	320000	预收账款	126380	153200
9	应收股利	0	0	应付职工薪酬	531000	872000
10	应收利息	0	0	应交税费	156320	165000
11	其他应收款	83000	25000	应付股利	143460	653000
12	存货	4500600	6452000	其他应付款	150000	634020
13	流动资产合计	6814900	8331000	其他流动负债	2000	1880
14	非流动资产：			流动负债合计	2635060	3891700
15	可供出售的金融	0	0	非流动负债：		
16	长期应收款	0	0	长期借款	2000000	2200000
17	长期股权投资	0	0	应付债券	0	0
18	固定资产	5850000	6075000	递延所得税负债	18650	32300
19	在建工程	83610	0	其他非流动负债	0	0
20	工程物资			非流动负债合计	2018650	2232300
21	固定资产清理		0	负债合计	4653710	6124000
22	无形资产	32000	280000	所有者权益：		
23	商誉			股本	8000000	8000000
24	长期待摊费用			资本公积	16000	16000
25	递延所得税资产	83200	88000	盈余公积	182000	381000
26	其他非流动资产			未分配利润	12000	253000
27	非流动资产合计	6048810	6443000	股东权益合计	8210000	8650000
28	资产总计	12863710	14774000	负债及股东权益合计	12863710	14774000

图9-1 X公司2021年资产负债表

【分析思路】建立新的工作表"资产负债表结构分析模型"，然后将图 9-1 中资产负债表的项目和期末数据输入该表中，如图 9-2 所示。然后就可以在图 9-2 中进行资产负债表的结构分析。

具体建模步骤如下。

(1) 新建一个 Excel 工作簿，命名为"资产负债表分析"。

(2) 在"资产负债表分析"工作簿中，新建一个工作表，命名为"资产负债表结构分析模型"。

(3) 根据图 9-1 中 2021 年资产负债表资料编制"资产负债表结构分析模型"，如图 9-2 所示。

(4) 在 C4 单元格中输入公式"=B4/B$28*100%"，得到货币资金占总资产的结构百分比。

(5) 选择 C4 单元格，拖动单元格右下角的填充柄向下复制到 C28 单元格，得到相关项目占总资产的结构百分比。

(6) 在 F4 单元格中输入公式"=E4/E$28*100%"，得到短期借款占负债及所有者权益的结构百分比。

(7) 选择 F4 单元格，拖动单元格右下角的填充柄向下复制到 F28 单元格。

(8) 在 C 列和 F 列数字部分区域设置"单元格格式"中的"数字"为"百分比"型，小数点后面保留两位数。

经过上述步骤操作，即可得到图 9-2 所示的结果。

	A	B	C	D	E	F
1			资产负债表结构分析模型			金额单位：元
2	项目	期末数	结构比（%）	项目	期末数	结构比（%）
3	流动资产：			流动负债：		
4	货币资金	974000	6.59%	短期借款	10000	0.07%
5	交易性金融资产	0	0.00%	交易性金融负债	0	0.00%
6	应收票据	30000	0.20%	应付票据	420000	2.84%
7	应收账款	530000	3.59%	应付账款	892600	6.04%
8	预付账款	320000	2.17%	预收账款	153200	1.04%
9	应收股利	0	0.00%	应付职工薪酬	872000	5.90%
10	应收利息	0	0.00%	应交税费	165000	1.12%
11	其他应收款	25000	0.17%	应付股利	653000	4.42%
12	存货	6452000	43.67%	其他应付款	634020	4.29%
13	流动资产合计	8331000	56.39%	其他流动负债	1880	0.01%
14	非流动资产：		0.00%	流动负债合计	3891700	26.34%
15	可供出售的金融资产	0	0.00%	非流动负债：		0.00%
16	长期应收款	0	0.00%	长期借款	2200000	14.89%
17	长期股权投资	0	0.00%	应付债券	0	0.00%
18	固定资产	6075000	41.12%	递延所得税负债	32300	0.22%
19	在建工程	0	0.00%	其他非流动负债	0	0.00%
20	工程物资	0	0.00%	非流动负债合计	2232300	15.11%
21	固定资产清理	0	0.00%	负债合计	6124000	41.45%
22	无形资产	280000	1.90%	所有者权益：		0.00%
23	商誉	0	0.00%	股本	8000000	54.15%
24	长期待摊费用	0	0.00%	资本公积	16000	0.11%
25	递延所得税资产	88000	0.60%	盈余公积	381000	2.58%
26	其他非流动资产	0	0.00%	未分配利润	253000	1.71%
27	非流动资产合计	6443000	43.61%	股东权益合计	8650000	58.55%
28	资产总计	14774000	100.00%	负债及股东权益合计	14774000	100.00%

图9-2 资产负债表结构分析模型与结果

为了更直观地反映企业的总资产结构，还可以从资产的构成和来源两方面来绘制出企业总资产的结构图，以饼形图表示，如图 9-3 和图 9-4 所示。

以饼形图为例的操作步骤如下。

(1) 单击"插入"选项卡，选择"图表"组中的"饼形图"选项。

(2) 在打开的"饼形图"中右击，在弹出的快捷菜单中选择"选择数据"命令。

(3) 在打开的"选择数据源"对话框中，单击"添加"按钮。

(4) 在打开的"编辑数据源"对话框中，在图例系列中单击"添加"按钮，从图 9-1 资产负债表中选取流动资产和非流动资产，同时在数据区域选取数据。

(5) 在水平轴标签中通过编辑选取时间数据。

(6) 完成后,单击"确定"按钮,得到资产构成饼形图,如图 9-3 所示,按同样步骤操作也可以对总资产来源结构进行分析,形成结构图,如图9-4所示。

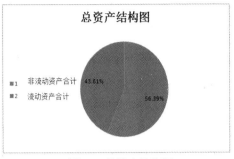

图9-3 总资产结构图

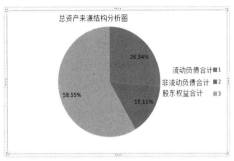

图9-4 总资产来源结构分析图

(二) 利润表的结构分析模型

利润表(损益表)是反映企业在一定时期内的经营成果(盈利或亏损)的实际情况的财务报表。通过利润表,可以反映企业在一定时期内的经营成果、评价企业利润计划的完成情况、分析利润增减变化情况及原因,还可以结合其他资料,预测企业的获利能力、偿债能力、营运能力以及企业发展的前景等。

利润表的结构分析主要将企业主营业务收入作为总体,计算分析其他各主要项目与主营业务收入的比重,通常是通过编制结构比利润表来进行的。重点是分析企业成本费用和利润与销售收入的百分比。

【例9-2】假定 X 公司 2021 年度的利润表如图 9-5 所示。试对该公司 2021 年度的利润表进行结构分析。

	A	B	C
1		利润表	
2		2021年度	金额单位:元
3	项目	本期金额	上期金额
4	一、营业收入	5600000	3850000
5	减:营业成本	3300000	2500000
6	税金及附加	340000	230000
7	销售费用	81000	78000
8	管理费用	234000	241000
9	财务费用	52000	46200
10	资产减值损失	0	0
11	加:公允价值收益	0	0
12	投资收益	40000	5000
13	二、营业利润	1633000	837800
14	加:营业外收入	65300	34000
15	减:营业外支出	16000	18700
16	三、利润总额	1682300	853100
17	减:所得税	420575	213275
18	四、净利润	1261725	639825
19	五、每股收益		
20	(一)基本每股收益		
21	(二)稀释每股收益		

图9-5 X公司2021年度利润表

【分析思路】将图 9-5 中 2021 年度利润表的项目和本年累计数复制并粘贴过来,利用利润表中的数据资料直接建立计算模型,如图 9-6 所示。

	A	B	C
1	利润表结构分析模型		
2	2021年度		单位：元
3	项目	本年数	结构比
4		实际金额	
5	一、营业收入	5600000	100.00%
6	减：营业成本	3300000	58.93%
7	税金及附加	340000	6.07%
8	销售费用	81000	1.45%
9	管理费用	234000	4.18%
10	财务费用	52000	0.93%
11	资产减值损失	0	0.00%
12	加：公允价值收益	0	0.00%
13	投资收益	40000	0.71%
14	二、营业利润	1633000	29.16%
15	加：营业外收入	65300	1.17%
16	减：营业外支出	16000	0.29%
17	三、利润总额	1682300	30.04%
18	减：所得税（25%）	420575	7.51%
19	四、净利润	1261725	22.53%
20	五、每股收益		
21	（一）基本每股收益		
22	（二）稀释每股收益		

图9-6　利润表结构分析模型与结果

具体操作步骤如下。

(1) 新建一个 Excel 工作簿，命名为"利润表分析"。

(2) 在"利润表分析"工作簿中新建一个工作表，命名为"利润表结构分析模型"。

(3) 将图 9-5 中提供的利润表数据输入"利润表结构分析模型"中，设计结构分析模型。

(4) 在"利润表结构分析模型"的 C5 单元格中输入公式"=B5/B$5"，计算出营业收入的结构比。

(5) 利用填充柄完成 C 列的计算。

(6) 设置 C 列单元格格式，选中其中单元格，设置"单元格格式"中的"数字"为"百分比"型，小数点后保留两位数。

完成上述操作步骤后，即可得到如图 9-6 所示的结构分析模型。

也可以在上述模型的基础上，绘制利润表结构分析图，这样能够直观地显现出利润表中各项目占收入的百分比，如图 9-7 所示，操作步骤参考例 9-1。

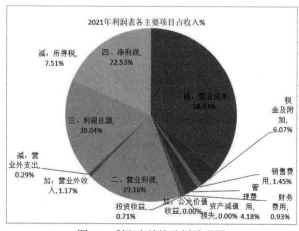

图9-7　利润表结构分析结果图

(三) 现金流量表的结构分析模型

现金流量表是以企业现金流量为反映对象的财务状况变动表，该表反映了企业一定时期内现金的流入和流出情况，同时也反映了企业获得现金和现金等价物的能力。现金流量表的编制基础是收付实现制。

对现金流量表进行结构分析和趋势分析，可以知道企业一定时期内现金流量的发生及构成情况，掌握其变动趋势，可以进一步预测企业未来现金流量的情况。

现金流量表的结构分析一般包括总体结构分析和分类结构分析两个方面。

1. 现金流量表的总体结构分析

现金流量表的总体结构分析是指对企业同一时期现金流量表中不同项目之间的比较与分析，分析企业现金注入的主要来源和现金流出的方向，并评价现金流入/流出对净现金流量的影响。

它是以现金流量表中的"现金及现金等价物净增加额"作为总体，计算、分析、研究企业各项活动产生的现金流量占总体的比重情况。其中，现金流量结构比率是单项活动的现金流量与各单项活动流量之和的比率，说明企业现金总流量的构成情况。

现金流量结构比率=各项活动现金流量/各项活动现金流量之和

【例9-3】假如X公司2019年、2020年和2021年的现金流量表如图9-8所示，试对该公司的现金流量表进行总体结构分析。

	A	B	C	D	E
1			X公司2019-2021年现金流量表		单位：元
2	项目	行次	2019年	2020年	2021年
3	一、经营活动产生的现金流量	1			
4	销售商品、提供劳务收到的现金	2	8548004	8725040	7544800
5	收到的税费返还	3	148057	40803	308048
6	收到的其他与经营活动有关的现金	4	545482	648048	480805
7	现金流入小计	5	9241543	9413891	8333653
8	购买商品、接受劳务支付的现金	6	4051005	5401080	4538028
9	支付给职工以及为职工支付的现金	7	2534216	2800653	2645814
10	支付的各项税费	8	652378	680540	458180
11	支付的其他与经营活动有关的现金	9	284931	315215	141535
12	现金流出小计	10	7522530	9197488	7783557
13	经营活动产生的现金流量净额	11	1719013	216403	550096
14	二、投资活动产生的现金流量	12			
15	收回投资所收到的现金	13	455485	215125	451255
16	取得投资收益所收到的现金	14	871521	515253	245541
17	处置固定资产、无形资产和其他长期资产所收到的现金净额	15	54642	511434	151551
18	处置子公司及其他营业单位收到的现金净额	16	0	0	0
19	收到的其他与投资活动有关的现金	17	465282	41521	315215
20	现金流入小计	18	1846930	1283333	1163562
21	购建固定资产、无形资产和其他长期资产所支付的现金	19	468713	645282	243510
22	投资所支付的现金	20	4200000	450000	215000
23	支付的其他与投资活动有关的现金	21	131251	152550	45540
24	现金流出小计	22	4799964	1247832	504050
25	投资活动产生的现金流量净额	23	-2953034	35501	659512
26	三、筹资活动产生的现金流量	24			
27	吸收投资所收到的现金	25	2000000	2000000	1000000
28	借款所收到的现金	26	230000	340000	320000
29	收到其他与筹资活动有关的现金	27	0	0	0
30	现金流入小计	28	2230000	2340000	1320000
31	偿还债务所支付的现金	29	380000	515355	651531
32	分配股利、利润或偿付利息所支付的现金	30	1350000	1300000	153500
33	支付的其他与筹资活动有关的现金	31	45252	504825	535465
34	现金流出小计	32	1775252	2320180	1340496
35	筹资活动产生现金流量净额	33	454748	19820	-20496
36	四、汇率变动对现金的影响额	34	0	0	
37	五、现金及现金等价物净增加额	35	-779273	271724	1189112
38	加：期初现金及现金等价物	36	5458105	512152	458121
39	六、期末现金及现金等价物	37	4678832	783876	1647233

图9-8 X公司2019—2021年的现金流量表

具体建模步骤如下。

(1) 新建一个 Excel 工作簿，命名为"现金流量表分析"。

(2) 在"现金流量表分析"工作簿中新建一个工作表，将其命名为"现金流量表结构分析——总体结构分析模型"，并将相关项目输入各单元格中，如图 9-9 所示。

(3) 利用现金流量表中的数据进行计算和分析，设置"单元格格式"中的"数字"为"百分比"型。

(4) 在新建工作表的 B4 单元格中输入公式"='2019—2021 年现金流量表'!C7/('2019—2021 年现金流量表'!C7+'2019—2021 年现金流量表'!C20+'2019—2021 年现金流量表'!C30)"。

(5) 在 B7 单元格中输入公式"='2019—2021 年现金流量表'!C20/('2019—2021 年现金流量表'!C7+'2019—2021 年现金流量表'!C20+'2019—2021 年现金流量表'!C30)"。

(6) 在 B10 单元格中输入公式"='2019—2021 年现金流量表'!C30/('2019—2021 年现金流量表'!C7+'2019—2021 年现金流量表'!C20+'2019—2021 年现金流量表'!C30)"。

(7) 在 B14 单元格中输入公式"=B4+B7+B10"。

(8) 选取 B4:B14 单元格区域，将其公式复制到 C4:D14 单元格区域，便可得到 2020 年和 2021 年的现金流入总体结构，如图 9-9 所示。

	A	B	C	D	E	F	G	H	I	J
1		X公司现金流量的总体结构分析								
2	项目	现金流入构成			现金流出构成			现金净额构成		
3		2019年	2020年	2021年	2019年	2020年	2021年	2019年	2020年	2021年
4	经营活动现金流入小计	69.39%	72.21%	77.04%						
5	经营活动现金流出小计				53.36%	72.05%	80.84%			
6	经营活动产生的现金流量净额							-220.59%	79.64%	46.26%
7	投资活动现金流入小计	13.87%	9.84%	10.76%						
8	投资活动现金流出小计				34.05%	9.78%	5.24%			
9	投资活动产生的现金流量净额							378.95%	13.07%	55.46%
10	筹资活动现金流入小计	16.74%	17.95%	12.20%						
11	筹资活动现金流出小计				12.59%	18.18%	13.92%			
12	筹资活动产生的现金流量净额							-58.36%	7.29%	-1.72%
13	汇率变动对现金的影响额									
14	现金及现金等价物净增加额	100.00%	100.00%	100.00%	100.00%	100.00%	100.00%	100.00%	100.00%	100.00%

图9-9　X公司2019—2021年的现金流量表总体结构分析模型与结果

依据同样的原理，计算现金流出构成和现金净额构成各有关项目，即可得到如图 9-9 所示的分析模型结果。

另外，还可以在上述分析模型基础上，绘制出现金流量结构图，图 9-10 所示是以饼状图表现的 2019 年现金流量结构饼图。

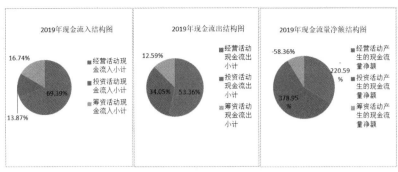

图9-10 X公司2019年现金流量表总体结构分析结果饼图

2. 现金流量表的分类结构分析

现金流量表的分类结构是指对企业一定时期的经营活动、投资活动和筹资活动的现金流入、流出具体项目构成进行的分析。它是以每项经济活动的现金流量总体计算该项活动内各项业务的现金流量占总体的比重，来反映企业各项经济活动中每一个项目现金流量发生及构成的详细信息。

【例9-4】我们仍以图 9-8 中 2019 年的现金流量表资料为例，对 X 公司的现金流量表进行分类结构分析。

【分析思路】在现金流量表的分类结构分析中，可以不涉及总体结构内容，因此为简化起见，可以新建一个工作表并将其命名为"现金流量表分类结构分析"，如表 9-11 所示。然后利用现金流量表 2019 年的数据进行计算分析，设置"单元格格式"中的"数字"为"百分比"型，小数点后保留两位数。

具体建模步骤如下。

(1) 打开"现金流量表分析"工作簿，新建一个工作表，命名为"现金流量表结构分析——分类结构分析"。

(2) 将工作簿中的 2019 年现金流量数据复制到"现金流量表结构分析——分类结构分析"表中，并按分类结构设计分析模型，如图 9-11 所示。

(3) 在 C4:C7 单元格区域中输入数组公式{=B4:B7/B7}。

(4) 在 C15:C20 单元格区域中输入数组公式{=B15:B20/B20}。

(5) 在 C27:C30 单元格区域中输入数组公式{=B27:B30/B30}。

(6) 在 D8:D12 单元格区域中输入数组公式{=B8:B12/B12}。

(7) 在 D21:D24 单元格区域中输入数组公式{=B21:B24/B24}。

(8) 在 D31:D34 单元格区域中输入数组公式{=B31:B34/B34}。

(9) 最后按 Ctrl+Shift+Enter 组合键确认。

按上述步骤操作后，就可以得到如图 9-11 所示的结果。

	A	B	C	D
1	现金流量表分类结构分析			
2	项目	2019年	现金流入构成	现金流出构成
3	一、经营活动产生的现金流量			
4	销售商品、提供劳务收到的现金	8548004	92.50%	
5	收到的税费返还	148057	1.60%	
6	收到的其他与经营活动有关的现金	545482	5.90%	
7	现金流入小计	9241543	100.00%	
8	购买商品、接受劳务支付的现金	4051005		53.85%
9	支付给职工以及为职工支付的现金	2534216		33.69%
10	支付的各项税费	652378		8.67%
11	支付的其他与经营活动有关的现金	284931		3.79%
12	现金流出小计	7522530		100.00%
13	经营活动产生的现金流量净额	1719013		
14	二、投资活动产生的现金流量			
15	收回投资所收到的现金	455485	24.66%	
16	取得投资收益所收到的现金	871521	47.19%	
17	处置固定资产、无形资产和其他长期资产所收到的现金净额	54642	2.96%	
18	处置子公司及其他营业单位收到的现金净额	0	0.00%	
19	收到的其他与投资活动有关的现金	465282	25.19%	
20	现金流入小计	1846930	100.00%	
21	购建固定资产、无形资产和其他长期资产所支付的现金	468713		9.76%
22	投资所支付的现金	4200000		87.50%
23	支付的其他与投资活动有关的现金	131251		2.73%
24	现金流出小计	4799964		100.00%
25	投资活动产生的现金流量净额	-2953034		
26	三、筹资活动产生的现金流量			
27	吸收投资所收到的现金	2000000	89.69%	
28	借款所收到的现金	230000	10.31%	
29	收到其他与筹资活动有关的现金	0	0.00%	
30	现金流入小计	2230000	100.00%	
31	偿还债务所支付的现金	380000		21.41%
32	分配股利、利润或偿付利息所支付的现金	1350000		76.05%
33	支付的其他与筹资活动有关的现金	45252		2.55%
34	现金流出小计	1775252		100.00%
35	筹资活动产生现金流量净额	454748		
36	四、汇率变动对现金的影响额	0		
37	五、现金及现金等价物净增加额	-779273		

图9-11 2019年现金流量表分类结构分析模型与结果

二、趋势分析模型

趋势分析法又叫比较分析法或水平分析法，它是通过对财务报表中各类相关数字资料，将两期或多期连续的相同指标或比率进行定基对比和环比对比，得出它们的增减变动方向、数额和幅度，以揭示企业财务状况、经营情况和现金流量变化趋势的一种分析方法。采用趋势分析法通常要编制比较会计报表。

（一）资产负债表的趋势分析模型

资产负债表趋势分析一般是采用连续几期财务报表数据(通常至少 3 期的财务数据)，分析财务单位的各期经营状况及其变化趋势的方法。通过连续几期财务数据的比较，可以大体了解企业的发展趋势和变化情况，同时还可以进一步分析企业发生变化的原因。一般情况下，企业各年度的各项财务指标波动的幅度应该不大。我们所要关注的是某一年度异常的变动，这种异常变动包括某一年度的指标突然趋向有利方向或是不利方向，以及波动幅度突然增大。找出指标异动的年度，重点分析这一年度与指标变动有关的因素，比如企业重大经营决策、宏观经济政策和形势变化以及决定这些指标的财务数据所采用的会计政策等。

对于资产负债表的趋势分析，我们通常可以通过编制比较资产负债表来进行，为了全面地反映财务指标的变动趋势，应该在使用报表的绝对数进行增减变动比较的同时，计算出增减变动幅度的百分比，从相对意义上进行比较，使得分析更具有实际意义。

当然我们也可以通过几期的结构百分比数据来进行分析。

【例9-5】 假定 X 公司 2019 年的资产负债表如图 9-12 所示,试对该企业近三年的资产负债表各项目的发展趋势进行分析。

【分析思路】 建立新的工作表"资产负债表趋势分析模型",利用图 9-12 中 2019 年资产负债表的数据资料和图 9-1 中 2021 年资产负债表数据资料进行趋势分析,如图 9-13 所示。趋势分析数据中一般采用环比法,所谓环比法就是指相邻两期中本期的数据和上一期的数据进行对比计算出各项目的增减额和增减的百分比。

1. 计算结构百分比

具体建模步骤如下。

(1) 在"资产负债表分析"工作簿中新建一个工作表,命名为"2018—2021 年资产负债表",根据图 9-1 和图 9-12 中的数据,编制 2018—2021 年的资产负债表,其数据显示如图 9-13 所示。

项目	年初金额	年末金额	项目	年初金额	年末金额
流动资产:			流动负债:		
货币资金	280650	612600	短期借款	200000	300000
交易性金融资产	0	0	交易性金融负债	0	0
应收票据	26000	260000	应付票据	480000	360000
应收账款	340000	846630	应付账款	515412	865900
预付账款	360000	483000	预收账款	121150	126380
应收股利	0	0	应付职工薪酬	531000	872350
应收利息	0	0	应交税费	156320	156320
其他应收款	75000	86000	应付股利	143460	143460
存货	2419832	2016830	其他应付款	210000	130000
流动资产合计	3501482	4305060	其他流动负债	2000	1000
非流动资产:			流动负债合计	2359342	2955410
可供出售的金融资产	0	0	非流动负债:		
长期应收款	0	0	长期借款	2500000	2300000
长期股权投资	0	0	应付债券	0	0
固定资产	6400000	5850000	递延所得税负债	21340	18650
在建工程	73000	125000	其他非流动负债	0	0
工程物资	0	0	非流动负债合计	2521340	2318650
固定资产清理	0	0	负债合计	4880682	5274060
无形资产	41000	180000	所有者权益:		
商誉	0	0	股本	5000000	5000000
长期待摊费用	0	0	资本公积	16000	17800
递延所得税资产	73200	23800	盈余公积	160000	180000
其他非流动资产	0	0	未分配利润	32000	12000
非流动资产合计	6587200	6178800	股东权益合计	5208000	5209800
资产总计	10088682	10483860	负债及股东权益合计	10088682	10483860

图9-12 X公司2019年资产负债表数据

项目	2018年	2019年	2020年	2021年	项目	2018年	2019年	2020年	2021年
流动资产:					流动负债:				
货币资金	280650	612600	875300	974900	短期借款	200000	300000	300000	10000
交易性金融资产	0	0	0	0	交易性金融负债	0	0	0	0
应收票据	26000	260000	36000	30000	应付票据	480000	360000	360000	420000
应收账款	340000	846630	870000	530000	应付账款	515412	865900	865900	892600
预付账款	360000	483000	450000	320000	预收账款	121150	126380	126380	153200
应收股利	0	0	0	0	应付职工薪酬	531000	872350	531000	872000
应收利息	0	0	0	0	应交税费	156320	156320	156320	165000
其他应收款	75000	86000	83000	25000	应付股利	143460	143460	143460	653000
存货	2419832	2016830	4500600	6452200	其他应付款	210000	130000	150000	634020
流动资产合计	3501482	4305060	6814900	8331000	其他流动负债	2000	1000	2000	1880
非流动资产:					流动负债合计	2359342	2955410	2635060	3891700
可供出售的金融资产	0	0	0	0	非流动负债:				
长期应收款	0	0	0	0	长期借款	2500000	2300000	2000000	2200000
长期股权投资	0	0	0	0	应付债券	0	0	0	0
固定资产	6400000	5850000	5850000	6075000	递延所得税负债	21340	18650	18650	32300
在建工程	73000	125000	83610	0	其他非流动负债	0	0	0	0
工程物资	0	0	0	0	非流动负债合计	2521340	2318650	2018650	2232300
固定资产清理	0	0	0	0	负债合计	4880682	5274060	4653710	6124000
无形资产	41000	180000	32000	280000	所有者权益:				
商誉	0	0	0	0	股本	5000000	5000000	8000000	8000000
长期待摊费用	0	0	0	0	资本公积	16000	17800	16000	16000
递延所得税资产	73200	23800	83200	88000	盈余公积	160000	180000	182000	381000
其他非流动资产	0	0	0	0	未分配利润	32000	12000	12000	253000
非流动资产合计	6587200	6178800	6048810	6443000	股东权益合计	5208000	5209800	8210000	8650000
资产总计	10088682	10483860	12863710	14774000	负债及股东权益合计	10088682	10483860	12863710	14774000

图9-13 X公司2018—2021年资产负债表数据

(2) 在"资产负债表分析"工作簿中新建一个工作表,命名为"资产负债表趋势分析模型"。

(3) 在 B5 单元格中输入公式"='2018—2021 年资产负债表'!C4-'2018—2021 年资产负债表'!B4"。

(4) 在 C5 单元格中输入公式"=B5/'2018—2021 年资产负债表'!B4"。

(5) 在 D5 单元格中输入公式"='2018—2021 年资产负债表'!D4-'2018—2021 年资产负债表'!C4"。

(6) 在 E5 单元格中输入公式"=D5/'2018—2021 年资产负债表'!C4"。

(7) 在 F5 单元格中输入公式"='2018—2021 年资产负债表'!E4-'2018—2021 年资产负债表'!D4"。

(8) 在 G5 单元格中输入公式"=F5/'2018—2021 年资产负债表'!D4"。

(9) 按上述同样操作方法完成第 I~N 列的操作,然后利用自动填充柄,完成全部数据的计算。

设置第 C、E、G、J、L、N 列区域"单元格格式"中的"数字"为"百分比"型,小数点后保留两位数。

完成上述操作步骤,即可得到如图 9-14 所示的分析结果。

	A	B	C	D	E	F	G	H	I	J	K	L	M	N
1						2019--2021年资产负债表								单位金额:元
2	项目	2019年		2020年		2021年		项目	2019年		2020年		2021年	
3		增减额	变动幅度(%)	增减额	变动幅度(%)	增减额	变动幅度(%)		增减额	变动幅度(%)	增减额	变动幅度(%)	增减额	变动幅度(%)
4	流动资产:							流动负债:						
5	货币资金	331950	118.28%	262700	42.88%	98700	11.28%	短期借款	100000	50.00%	0	0.00%	-3E+05	-96.67%
6	交易性金融资产	0		0		0		交易性金融负债	0		0	0.00%	0	
7	应收票据	234000	900.00%	-2E+05	-86.15%	-6000	-16.67%	应付票据	-1E+05	-25.00%	0	0.00%	60000	16.67%
8	应收账款	506630	149.01%	23370	2.76%	-3E+05	-39.08%	应付账款	350488	68.00%	0	0.00%	26700	3.08%
9	预付账款	123000	34.17%	-33000	-6.83%	-1E+05	-28.89%	预收账款	5230	4.32%	0	0.00%	26820	21.22%
10	应收股利	0		0		0		应付职工薪酬	341350	64.28%	-3E+05	-39.13%	341000	64.22%
11	应收利息	0		0		0		应交税费	0	0.00%	0	0.00%	8680	5.55%
12	其他应收款	11000	14.67%	-3000	-3.49%	-58000	-69.88%	应付股利	0	0.00%	0	0.00%	509540	355.18%
13	存货	-4E+05	-16.65%	2E+06	123.15%	2E+06	43.36%	其他应付款	-80000	-38.10%	20000	15.38%	484020	322.68%
14	流动资产合计	803578	22.95%	3E+06	58.30%	2E+06	22.25%	其他流动负债	-1000	-50.00%	1000	100.00%	-120	-6.00%
15	非流动资产:	0		0		0		流动负债合计	596068	25.26%	-3E+05	-10.84%	1E+06	47.69%
16	可供出售的金融资	0		0		0		非流动负债:						
17	长期应收款	0		0		0		长期借款	-2E+05	-8.00%	-3E+05	-13.04%	200000	10.00%
18	长期股权投资	0		0		0		应付债券						
19	固定资产	-6E+05	-8.59%	0	0.00%	225000	3.85%	递延所得税负债	-2690	-12.61%	0	0.00%	13650	73.19%
20	在建工程	52000	71.23%	-41390	-33.11%	-83610	-100.00%	其他非流动负债						
21	工程物资	0		0		0		非流动负债合计	-2E+05	-8.04%	-3E+05	-12.94%	213650	10.58%
22	固定资产清理	0		0		0		负债合计	393378	8.06%	-6E+05	-11.76%	1E+06	31.59%
23	无形资产	139000	339.02%	-1E+05	-82.22%	248000	775.00%	所有者权益:						
24	商誉	0		0		0		股本	0	0.00%	3E+06	60.00%	0	0.00%
25	长期待摊费用	0		0		0		资本公积	1800	11.25%	-1800	-10.11%	0	0.00%
26	递延所得税资产	-49400	-67.49%	59400	249.58%	4800	5.77%	盈余公积	20000	12.50%	2000	1.11%	199000	109.34%
27	其他非流动资产							未分配利润	-20000	-62.50%	0	0.00%	241000	2008.33%
28	非流动资产合计	-4E+05	-6.20%	-1E+05	-2.10%	394190	6.52%	股东权益合计	1800	0.03%	3E+06	57.59%	440000	5.36%
29	资产总计	395178	3.92%	2E+06	22.70%	2E+06	14.85%	负债及股东权益合计	395178	3.92%	2E+06	22.70%	2E+06	14.85%

图9-14 资产负债表趋势分析模型与结果

另外,我们还可以根据 2018—2021 年资产负债表的资料,绘制企业资产、负债及所有者权益有关项目的变化图(折线图或柱状图),如图 9-15 所示。

2. 绘制折线图

以折线图为例的操作步骤如下。

(1) 选中需要分析的单元格区域，单击"插入"选项卡，选择"图表"组中的"折线图"选项，根据分析要求选择不同类型的折线图。

(2) 在打开的"折线图"中右击，在弹出的快捷菜单中选择"选择数据"命令。

(3) 在打开的"选择数据源"对话框中，单击"添加"按钮。

(4) 在打开的"编辑数据源"对话框中，在图例系列中单击"添加"按钮，分别从2018—2021年资产负债表中选取流动资产和非流动资产，同时在数据区域选取数据。

(5) 在水平轴标签中通过编辑选取时间数据。

(6) 完成后，单击"确定"按钮，得到资产趋势折线图。

按上面步骤操作同样可以得到负债及所有者权益趋势折线图，如图9-15所示。

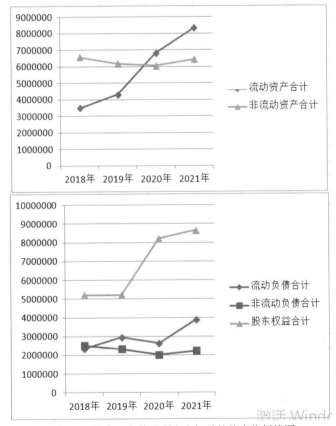

图9-15 资产、负债及所有者权益趋势变化折线图

(二) 利润表的趋势分析模型

利润表趋势分析就是利用连续近几期(一般3～5期)利润表中的相关数据资料，通过对比分析企业经营成果状况及变化趋势，并在此基础上进一步分析企业经营成果发生变化的原因，以便企业更好地进行下一个循环的经营决策。

【例9-6】假如X公司2021年的利润表如图9-5所示,2019年的利润表资料如图9-16所示。利用上述资料对X公司的利润表进行趋势分析。

2019年度		金额单位:元
项目	本期金额	上期金额
一、营业收入	3280000	3197000
减:营业成本	1968000	1911800
税金及附加	163000	157300
销售费用	54620	52800
管理费用	168920	159800
财务费用	31800	34800
资产减值损失	0	0
加:公允价值收益	0	0
投资收益	4000	3000
二、营业利润	897660	883500
加:营业外收入	38120	10500
减:营业外支出	12850	8700
三、利润总额	922930	885300
减:所得税(税率25%)	230732.5	221325
四、净利润	692197.5	663975
五、每股收益		
(一)基本每股收益		
(二)稀释每股收益		

图9-16 2019年的利润表资料

【分析思路】根据2019年和2021年的利润表资料编制2018—2021年的利润表,其数据资料如图9-17所示,建立一个新的工作表并命名为"利润表趋势分析模型"或"比较利润表",然后利用利润表中各年的资料进行计算分析,即可得到图9-18所示的结果。

	A	B	C	D	E
1		2018--2021年利润表			
2					金额单位:元
3	项目	2018年	2019年	2020年	2021年
4					
5	一、营业收入	3197000	3280000	3850000	5600000
6	减:营业成本	1911800	1968000	2500000	3300000
7	税金及附加	157300	163000	230000	340000
8	销售费用	52800	54620	78000	81000
9	管理费用	159800	168920	241000	234000
10	财务费用	34800	31800	46200	52000
11	资产减值损失	0	0	0	0
12	加:公允价值收益	0	0	0	0
13	投资收益	3000	4000	5000	40000
14	二、营业利润	883500	897660	837800	1633000
15	加:营业外收入	10500	38120	34000	65300
16	减:营业外支出	8700	12850	18700	16000
17	三、利润总额	885300	922930	853100	1682300
18	减:所得税(税率25%)	221325	230732.5	213275	420575
19	四、净利润	663975	692197.5	639825	1261725
20	五、每股收益				
21	(一)基本每股收益				
22	(二)稀释每股收益				

图9-17 2018—2021年利润表数据

利润表趋势分析模型（比较利润表）

项目	分析年份				比上一年增减变化 2019年		比上一年增减变化 2020年		比上一年增减变化 2021年	
	2018年	2019年	2020年	2021年	增减额	增减%	增减额	增减%	增减额	增减%
一、营业收入	3197000	3280000	3850000	5600000	83000	2.60%	570000	17.38%	1750000	45.45%
减：营业成本	1911800	1968000	2500000	3300000	56200	2.94%	532000	27.03%	800000	32.00%
税金及附加	157300	163000	230000	340000	5700	3.62%	67000	41.10%	110000	47.83%
销售费用	52800	54620	78000	81000	1820	3.45%	23380	42.80%	3000	3.85%
管理费用	159800	168920	241000	234000	9120	5.71%	72080	42.67%	-7000	-2.90%
财务费用	34800	31800	46200	52000	-3000	-8.62%	14400	45.28%	5800	12.55%
资产减值损失	0	0	0	0						
加：公允价值收益	0	0	0	0						
投资收益	3000	4000	5000	40000	1000	33.33%	1000	25.00%	35000	700.00%
二、营业利润	883500	897660	837800	1633000	14160	1.60%	-59860	-6.67%	795200	94.92%
加：营业外收入	10500	38120	34000	65300	27620	263.05%	-4120	-10.81%	31300	92.06%
减：营业外支出	8700	12850	18700	16000	4150	47.70%	5850	45.53%	-2700	-14.44%
三、利润总额	885300	922930	853100	1682300	37630	4.25%	-69830	-7.57%	829200	97.20%
减：所得税（税率25%）	221325	230732.5	213275	420575	9407.5	4.25%	-17457.5	-7.57%	207300	97.20%
四、净利润	663975	692197.5	639825	1261725	28222.5	4.25%	-52372.5	-7.57%	621900	97.20%
五、每股收益										
（一）基本每股收益										
（二）稀释每股收益										

图9-18 利润表趋势分析模型与结果

具体操作步骤如下。

(1) 打开"利润表分析"工作簿，新建一个工作表并命名为"2018—2021年利润表"，根据2019年和2021年的利润表编制2018—2021年的利润表资料。

(2) 在"利润表分析"工作簿中新建一个工作表，命名为"利润表趋势分析模型"。

(3) 在"利润表趋势分析模型"工作表的F6单元格中输入公式"=C6-B6"、G6单元格中输入公式"=F6/B6"。

(4) 在"利润表趋势分析模型"工作表的H6单元格中输入公式"=D6-C6"、I6单元格中输入公式"=H6/C6"。

(5) 在"利润表趋势分析模型"工作表的J6单元格中输入公式"=E6-D6"、K6单元格中输入公式"=J6/D6"。

(6) 利用自动填充柄，完成表内其余数据的计算。

(7) 选中百分比各列的数字区域，设置"单元格格式"中的"数字"为"百分比"型，小数点后保留两位数。

在上述分析的基础上，同样可以绘制收入、成本、利润趋势图，如图9-19所示。

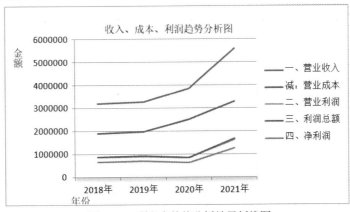

图9-19 利润表趋势分析结果折线图

同时在此基础上用柱形图进行数据对比，柱形图操作步骤如下。

（1）选中需要分析的单元格区域，单击"插入"选项卡，选择"图表"组中的"柱形图"选项，根据分析要求选择不同类型的柱形图，这里我们选择二维柱形图中簇状柱形图。

（2）在打开的"柱形图"中右击，在打开的快捷菜单中选择"选择数据"命令，打开"选择数据源"对话框，如图9-20所示。

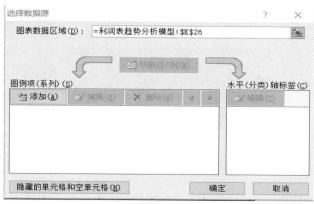

图9-20　"选择数据源"对话框

（3）在"选择数据源"对话框中，在"图表数据区域"中，添加横坐标数据，选择图 9-18 中$B$4:$E$5 单元格区域数据，如图 9-21 所示。

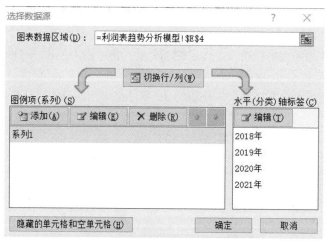

图9-21　"选择数据源"系列值编辑

（4）在图表区继续右击，在打开的"选择数据源"对话框中，在图例项(系列)中选择"系列 1"选项，然后单击"编辑"按钮，打开"编辑数据系列"对话框，在"系列名称"数据区域选择利润表趋势分析模型中"营业收入"所在的单元格，在"系列值"数据区域选择该表中 2018—2021 年的营业收入数据区域，如图 9-22 所示。

第九章　Excel与财务报表分析

图9-22　编辑数据系列

(5) 单击"确定"按钮后，继续在"选择数据源"对话框的图例项中进行添加，分别添加系列项营业成本、营业利润、利润总额和净利润，同时在系列值区域分别选择对应数据。

(6) 完成后，单击"确定"按钮，得到利润表趋势分析柱形图，如图9-23所示。

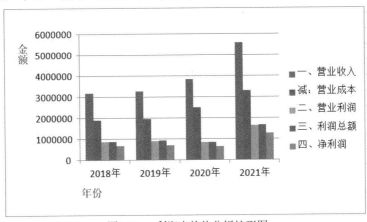

图9-23　利润表趋势分析柱形图

(三) 现金流量表的趋势分析模型

现金流量表的趋势分析就是利用连续近几期(一般3～5期)现金流量表中的相关数据资料，通过对比分析企业各种经济活动产生的现金流量的变动趋势的一种分析方法。企业也可以在此基础上进一步分析现金流量发生变化的原因，以便更好地进行下一个循环的经营决策。

【例9-7】我们仍以图9-8所示的现金流量表的资料为例，对X公司2019—2021年的现金流量表的发展趋势进行分析。

【分析思路】建立新的工作表，将其命名为"现金流量表趋势分析模型"，然后根据现金流量表中的资料，采用环比法计算各年较上年的增减额和增减百分比。

具体建模步骤如下。

(1) 打开"现金流量表分析"工作簿，新建一个工作表并命名为"现金流量表趋势分析模型"。

(2) 将图9-8中的现金流量数据输入"现金流量表趋势分析模型"中，设计分析模型。

(3) 在"现金流量表趋势分析模型"的D5单元格中输入公式"=C5-B5"。

(4) 在"现金流量表趋势分析模型"的E5单元格中输入公式"=D5/B5"，并设置"单元格格式"中的"数字"为"百分比"型，保留两位小数。

(5) 在"现金流量表趋势分析模型"的G5单元格中输入公式"=F5-C5"。

(6) 在"现金流量表趋势分析模型"的H5单元格中输入公式"=G5/C5"，并设置"单元格格式"中的"数字"为"百分比"型，保留两位小数。

(7) 利用自动填充选项完成其余数字的计算，结果如图9-24所示。

	A	B	C	D	E	F	G	H
1		现金流量表趋势分析模型					金额单位：元	
2	项目	2019年	2020年			2021年		
3		金额	金额	增加额	增减率%	金额	增加额	增减率%
4	一、经营活动产生的现金流量							
5	销售商品、提供劳务收到的现金	8548004	8725040	177036	2.07%	7544800	-1180240	-13.53%
6	收到的税费返还	148057	40803	-107254	-72.44%	308048	267245	654.96%
7	收到的其他与经营活动有关的现金	545482	648048	102566	18.80%	480805	-167243	-25.81%
8	现金流入小计	9241543	9413891	172348	1.86%	8333653	-1080238	-11.47%
9	购买商品、接受劳务支付的现金	4051005	5401080	1350075	33.33%	4538028	-863052	-15.98%
10	支付给职工以及为职工支付的现金	2534216	2800653	266437	10.51%	2645814	-154839	-5.53%
11	支付的各项税费	652378	680540	28162	4.32%	458180	-222360	-32.67%
12	支付的其他与经营活动有关的现金	284931	315215	30284	10.63%	141535	-173680	-55.10%
13	现金流出小计	7522530	9197488	1674958	22.27%	7783557	-1413931	-15.37%
14	经营活动产生的现金流量净额	1719013	216403	-1502610	-87.41%	550096	333693	154.20%
15	二、投资活动产生的现金流量						0	
16	收回投资所收到的现金	455485	215125	-240360	-52.77%	451255	236130	109.76%
17	取得投资收益所收到的现金	871521	515253	-356268	-40.88%	245541	-269712	-52.35%
18	处置固定资产、无形资产和其他长期资产所收到的现金净额	54642	511434	456792	835.97%	151551	-359883	-70.37%
19	处置子公司及其他营业单位收到的现金净额	0	0	0		0	0	
20	收到的其他与投资活动有关的现金	465282	41521	-423761	-91.08%	315215	273694	659.17%
21	现金流入小计	1846930	1283333	-563597	-30.52%	1163562	-119771	-9.33%
22	购建固定资产、无形资产和其他长期资产所支付的现金	468713	645282	176569	37.67%	243510	-401772	-62.26%
23	投资所支付的现金	4200000	450000	-3750000	-89.29%	215000	-235000	-52.22%
24	支付的其他与投资活动有关的现金	131251	152550	21299	16.23%	45540	-107010	-70.15%
25	现金流出小计	4799964	1247832	-3552132	-74.00%	504050	-743782	-59.61%
26	投资活动产生的现金流量净额	-2953034	35501	2988535	-101.20%	659512	624011	1757.73%
27	三、筹资活动产生的现金流量						0	
28	吸收投资所收到的现金	2000000	2000000	0	0.00%	1000000	-1000000	-50.00%
29	借款所收到的现金	230000	340000	110000	47.83%	320000	-20000	-5.88%
30	收到其他与筹资活动有关的现金	0	0	0		0	0	
31	现金流入小计	2230000	2340000	110000	4.93%	1320000	-1020000	-43.59%
32	偿还债务所支付的现金	380000	515355	135355	35.62%	651521	136176	26.42%
33	分配股利、利润或偿付利息所支付的现金	1350000	1300000	-50000	-3.70%	153500	-1146500	-88.19%
34	支付的其他与筹资活动有关的现金	45252	504825	459573	1015.59%	535465	30640	6.07%
35	现金流出小计	1775252	2320180	544928	30.70%	1340496	-979684	-42.22%
36	筹资活动产生现金流量净额	454748	19820	-434928	-95.64%	-20496	-40316	-203.41%
37	四、汇率变动对现金的影响额							
38	五、现金及现金等价物净增加额	-779273	271724	1050997	-134.87%	1189112	917388	337.62%
39	加：期初现金及现金等价物	5458105	512152	-4945953	-90.62%	458121	-54031	-10.55%
40	六、期末现金及现金等价物	4678832	783876	-3894956	-83.25%	1647233	863357	110.14%

图9-24 现金流量表趋势分析模型与结果

第三节 基于Excel的财务比率分析

财务比率分析是把财务报表中的一些相关项目进行对比，得出一系列的财务比率，以发现和评价企业财务现状、揭示经营中存在的问题的一种财务分析方法。

财务比率分析是财务报表分析的重中之重。一般来说，企业财务比率分析包括的内容是多方面的，如偿债能力分析、营运能力分析、盈利能力分析、发展能力分析等。我们在这里只介绍如何利用Excel工具建立相关模型，并进行企业的偿债能力、营运能力和盈利能力的分析。

一、企业偿债能力分析模型

我们知道，企业的偿债能力分析包括短期偿债能力分析和长期偿债能力分析。所以，反映企业偿债能力的财务比率主要有两个方面：①衡量企业短期偿债能力的指标，包括流动比率、速动比率和现金比率三项；②衡量企业长期偿债能力的指标，包括资产负债率、权益乘数、产权比率和已获利息倍数等项指标。

关于上述反映企业偿债能力财务比率指标的计算公式，我们已经学过，归纳如下：

流动比率(倍数)=流动资产÷流动负债

速动比率(倍数)=速动资产÷流动负债

现金比率(倍数)=货币资产÷流动负债

资产负债率=(负债总额÷资产总额)×100%

权益乘数(倍数)=资产总额÷股东权益总额

产权比率=(负债总额÷股东权益总额)×100%

已获利息倍数=(利润总额+利息费用)÷利息费用

【例9-8】我们仍以 X 公司 2021 年的资产负债表和利润表的资料为例(分别如图 9-1 和图 9-5 所示),试对该企业的偿债能力进行相关比率分析。

由于财务比率分析是利用已有的资产负债表和利润表资料进行计算分析的,所以在建立分析模型时,需要打开和使用本章前面的资产负债表分析和利润表分析工作簿,然后进行相关操作。为了方便起见,我们也可以把 2021 年的资产负债表和利润表复制到一个新的工作簿中,从而进行相关的财务比率分析。

【分析思路】新建一个工作簿,命名为"财务比率分析",先分别将 2021 年资产负债表和利润表中的数据输入该工作簿的两个工作表中,表分别命名为"2021 年资产负债表"和"2021 年利润表"。同时再建立一个新的工作表,命名为"财务比率分析模型——偿债能力分析",填写好反映企业偿债能力的财务比率,如图 9-25 所示。

具体建模步骤如下。

(1) 新建一个 Excel 工作簿,命名为"财务比率分析"。

(2) 分别将图 9-1 和图 9-5 中的资料输入工作簿的两个工作表中,并将表分别重命名为"2021 年资产负债表"和"2021 年利润表"。

(3) 在"财务比率分析"工作簿中新建一个工作表,命名为"财务比率分析模型——偿债能力分析"。

(4) 在"财务比率分析模型——偿债能力分析"工作表的 B5 单元格中输入公式"='2021 年资产负债表'!C13/'2021 年资产负债表'!F14"。

(5) 在"财务比率分析模型——偿债能力分析"工作表的 B6 单元格中输入公式"=('2021 年资产负债表'!C13-'2021 年资产负债表'!C12)/'2021 年资产负债表'!F14"。

(6) 在"财务比率分析模型——偿债能力分析"工作表的 B7 单元格中输入公式"=('2021 年资产负债表'!C4+'2021 年资产负债表'!C5)/'2021 年资产负债表'!F14"。

(7) 在"财务比率分析模型——偿债能力分析"工作表的 B9 单元格中输入公式"='2021 年资产负债表'!F21/'2021 年资产负债表'!C28"。

(8) 在"财务比率分析模型——偿债能力分析"工作表的 B10 单元格中输入公式"='2021 年资产负债表'!C28/'2021 年资产负债表'!F27"。

(9) 在"财务比率分析模型——偿债能力分析"工作表的 B11 单元格中输入公式"='2021 年资产负债表'!F21/'2021 年资产负债表'!F27"。

(10) 在"财务比率分析模型——偿债能力分析"工作表的 B12 单元格中输入公式"=('2021 年利润表'!B9+'2021 年利润表'!B16)/'2021 年利润表'!B9"。

根据指标常规表达方式,分别设置"单元格格式"中的"数字"项目为"数值"型或"百分比"型即可。

完成上述操作过程，即可得到偿债能力分析模型的最后结果，如图 9-25 所示。

A	B
财务比率分析模型—偿债能力分析	
财务比率名称	财务比率
一、短期偿债能力	
流动比率（倍数）	2.14
速动比率（倍数）	0.48
现金比率（倍数）	0.25
二、长期偿债能力	
资产负债率（%）	0.41
权益乘数（倍数）	1.71
产权比率（%）	0.71
已获利息倍数（倍数）	33.35

图9-25　偿债能力分析模型与结果(一)

当然，在创建"财务比率分析模型——偿债能力分析"工作表时，也可先将偿债能力分析所需要的相关基础数据资料转填到该表中，先建立"基本数据区域"，再建立偿债能力"分析区域"，并进行相应的操作，这样就不必在计算过程中打开前面的资产负债表和利润表了，该模型如图 9-26 所示。

A	B	D	E
财务比率分析模型—偿债能力分析			
基础数据区域		分析区域	
项目	金额（元）	财务比率名称	财务比率
货币资金	974000	一、短期偿债能力	
交易性金融资产	0	流动比率（倍数）	2.14
存货	6452000	速动比率（倍数）	0.48
流动资产合计	8331000	现金比率（倍数）	0.25
资产总额	14774000	二、长期偿债能力	
流动负债合计	3891700	资产负债率（%）	2.41
负债合计	6124000	权益乘数（倍数）	1.71
股东权益总额	8650000	产权比率（%）	0.71
财务费用（利息）	52000	已获利息倍数（倍数）	25.26
利润总额	1261725		

图9-26　偿债能力分析模型与结果(二)

二、企业营运能力分析模型

营运能力分析又称运营效率分析或经营能力分析，是用来反映企业经营资产的周转情况和资产管理效率的财务比率，所以也称作资产管理比率。反映企业营运能力的财务比率主要包括存货周转率、应收账款周转率、流动资产周转率和总资产周转率等。

营运能力分析所需要的数据来源于资产负债表和利润表等有关资料。计算公式如下：

存货周转率(次数)=营业成本/平均存货

应收账款周转率(次数)=赊销收入总额/平均应收账款

流动资产周转率(次数)=营业收入/平均流动资产

总资产周转率(次数)=营业收入/平均总资产

资产保值增值率=(期末股东权益总额/期初股东权益总额)×100%

根据以上公式,结合前面的资产负债表和利润表资料,就可以建立企业营运能力分析模型,并进行相关分析了。

【例 9-9】 现在我们仍以图 9-1 中的资产负债表和图 9-5 中的利润表的资料为例,对企业的营运能力进行分析。

同偿债能力分析一样,仍然需要打开和使用前面的资产负债表和利润表所在的工作表,直接调用表中的相关数据,然后进行相关操作。这里为简便起见,我们假定企业的销售收入均为赊销收入。

【分析思路】 建立新的工作表并命名为"财务比率分析模型——营运能力分析",填写好反映企业营运能力的相关财务比率,因为计算这些财务比率时需要运用相关资产的平均值,所以,可以先计算这些资产的平均值,再按公式计算相关财务比率,据此建立的模型,如图 9-27 所示。

具体建模步骤如下。

(1) 打开"财务比率分析"工作簿,新建一个工作表并命名为"财务比率分析模型——营运能力分析"。

(2) 根据营运能力指标体系建立财务比率分析模型——营运能力分析模型,如图 9-27 所示。

	A	B
1	营运能力分析模型	
2	项目	数额（元）
3	平均存货	5476300
4	平均应收账款	700000
5	平均流动资产	7572950
6	平均资产总额	13818855
7	期末股东权益总额	8650000
8	期初股东权益总额	8210000
9	营业收入	5600000
10	营业成本	3300000
11		比率
12	存货周转率（次数）	0.60
13	应收账款周转率（次数）	8.00
14	流动资产周转率（次数）	0.74
15	总资产周转率（次数）	0.41
16	资本保值增值率（%）	105.36%

图9-27 营运能力分析模型与结果

(3) 在"财务比率分析模型——营运能力分析"工作表的 B3 单元格中输入公式"=('2021 年资产负债表'!B12+'2021 年资产负债表'!C12)/2"。

(4) 用同样方法计算 B4 至 B6 单元格的数值。

(5) B7、B8、B9、B10 单元格中的数值直接由资产负债表和利润表中复制过来即可。

(6) 在"财务比率分析模型——营运能力分析"工作表的 B12 单元格中输入公式"=B10/B3"。

(7) 在"财务比率分析模型——营运能力分析"工作表的 B13 单元格中输入公式"=B9/B4"。

(8) 在"财务比率分析模型——营运能力分析"工作表的 B14 单元格中输入公式"=B9/B5"。

(9) 在"财务比率分析模型——营运能力分析"工作表的 B15 单元格中输入公式"=B9/B6"。

(10) 在"财务比率分析模型——营运能力分析"工作表的 B16 单元格中输入公式"=B7/B8"。

(11) 根据常规表达方式,设置相应的单元格格式。

完成上述操作过程,即可得到如图 9-27 所示的结果。

在进行营运能力分析时，同样可以在"财务比率分析模型——营运能力分析"工作表中分别建立基本数据区域和分析区域，这样就不必从资产负债表和利润表中提取数据了。

三、企业盈利能力分析模型

盈利能力分析也称获利能力分析，通俗地讲，就是指对企业赚取利润的能力的分析，这是企业内外各方面都十分关心的问题。反映企业盈利能力的主要财务指标包括营业利润率、成本费用利润率、总资产报酬率和净资产收益率等。

以上财务指标的计算公式为

营业利润率=(营业利润/营业收入净额)×100%

成本费用利润率=(利润总额/成本费用总额)×100%

总资产报酬率=(利润总额/平均总资产)×100%

净资产收益率=(净利润/平均净资产)×100%

根据上面的公式，结合企业资产负债表和利润表，我们可以运用 Excel 建立企业盈利能力分析模型，并进行相关分析。

【例 9-10】我们可以继续以图 9-1 中的资产负债表和图 9-5 中的利润表的资料为例，对企业的盈利能力进行分析。

由于仍然需要应用资产负债表和利润表的资料，所以应继续打开和使用前述的资产负债表和利润表所在的工作表，直接调用表中的相关数据进行相关操作。

【分析思路】建立新的工作表并命名为"财务比率分析模型——盈利能力分析"，填写反映企业盈利能力的相关财务比率，如图 9-28 所示。

具体建模步骤如下。

(1) 打开"财务比率分析"工作簿，新建一个工作表，命名为"财务比率分析模型——盈利能力分析"。

(2) 在"财务比率分析模型——盈利能力分析"工作表中按盈利能力指标设计分析模型，如图 9-28 所示。

(3) 在"财务比率分析模型——盈利能力分析"工作表的 B3 单元格中输入公式"='2021 年利润表'!B13/'2021 年利润表'!B4"。

(4) 在"财务比率分析模型——盈利能力分析"工作表的 B4 单元格中输入公式"='2021 年利润表'!B16/('2021 年利润表'!B5+'2021 年利润表'!B6+'2021 年利润表'!B7+'2021 年利润表'!B8+'2021 年利润表'!B9)"。

(5) 在"财务比率分析模型——盈利能力分析"工作表的 B5 单元格中输入公式"='2021 年利润表'!B16/(('2021 年资产负债表'!B28+'2021 年资产负债表'!C28)/2)"。

(6) 在"财务比率分析模型——盈利能力分析"工作表的 B6 单元格中输入公式"='2021 年利润表'!B18/(('2021 年资产负债表'!E27+'2021 年资产负债表'!F27)/2)"。

(7) 将计算结果的"单元格格式"中的"数字"设置为"百分比"型。

完成上述操作过程即可得到如图 9-28 所示的结果。

	A	B
1	财务比率分析模型--盈利能力分析	
2	分析指标	计算结果（%）
3	营业利润率	29.16%
4	成本费用利润率	41.98%
5	总资产报酬率	3.04%
6	净资产报酬率	3.74%

图9-28 盈利能力分析模型与结果

四、企业发展能力分析模型

企业的发展能力，也称企业的成长性，简单地讲，就是通过将企业往期财务数据进行对比，反映企业的成长潜力。它是企业通过自身的生产经营活动，不断扩大积累而形成的发展潜能。企业能否健康发展取决于多种因素，包括外部环境、企业内在因素及资源条件等。

企业发展能力主要考察以下五项指标：营业收入增长率、资本保值增值率、总资产增长率、营业利润增长率和净利润增长率。

在分析过程中涉及的计算公式如下：

$$销售收入增长率 = \frac{本年营业收入总额 - 上年营业收入总额}{上年营业收入总额} \times 100\%$$

$$股权资本增长率 = \frac{本年末所有者权益总额 - 年初所有者权益总额}{年初所有者权益总额} \times 100\%$$

$$总资产增长率 = \frac{本年末资产总额 - 年初资产总额}{年初资产总额} \times 100\%$$

$$总利润增长率 = \frac{本年营业利润总额 - 上年营业利润总额}{上年营业利润总额} \times 100\%$$

$$净利润增长率 = \frac{本年净利润 - 上年净利润}{上年净利润} \times 100\%$$

接下来根据资产负债表和利润表，应用Excel进行发展能力分析。

【例9-11】我们可以继续以图9-13中的资产负债表和图9-17中的利润表的资料为例，对企业的发展能力进行分析。

【分析思路】建立新的工作表并命名为"财务比率分析模型——发展能力分析"，在模型中直接引用工作簿中的相关数据来计算反映企业发展能力的相关财务比率，如图9-29所示。

具体操作步骤如下。

(1) 打开"财务比率分析"工作簿，新建一个工作表并命名为"财务比率分析模型——发展能力分析"。

(2) 根据图9-13和图9-17提供的相关资料，在新建工作表中建立一个发展能力分析模型，如图9-29所示。

(3) 在"财务比率分析模型——发展能力分析"工作表的B4单元格中输入公式"=('2018—2021年利润表'!C5-'2018—2021年利润表'!B5)/'2018—2021年利润表'!B5"。

(4) 在"财务比率分析模型——发展能力分析"工作表的B5单元格中输入公式"=('2018—

2021资产负债表'!H27-'2018—2021资产负债表'!G27)/'2018—2021资产负债表'!G27"。

(5) 在"财务比率分析模型——发展能力分析"工作表的 B6 单元格中输入公式"=('2018—2021资产负债表'!C28-'2018—2021资产负债表'!B28)/'2018—2021资产负债表'!B28"。

(6) 在"财务比率分析模型——发展能力分析"工作表的 B7 单元格中输入公式"=('2018—2021年利润表'!C17-'2018—2021年利润表'!B17)/'2018—2021年利润表'!B17"。

(7) 在"财务比率分析模型——发展能力分析"工作表的 B8 单元格中输入公式"=('2018—2021年利润表'!C19-'2018—2021年利润表'!B19)/'2018—2021年利润表'!B19"。

(8) 按照上面步骤分别计算出 2020 年和 2021 年的相关能力指标，如图 9-29 所示。

	A	B	C	D
1	发展能力分析模型			
2		指标值（%）		
3	项目	2019年	2020年	2021年
4	销售收入增长率	2.60%	17.38%	45.45%
5	股权资本率	0.03%	57.59%	5.36%
6	总资产增长率	3.92%	22.70%	14.85%
7	总利润增长率	4.25%	-7.57%	97.20%
8	净利润增长率	4.25%	-7.57%	97.20%

图9-29　X公司发展能力分析模型与结果

第四节　基于Excel的上市公司财务能力分析

通过对上市公司财务报表的有关数据进行汇总、计算、对比，综合地分析和评价公司的财务状况和经营成果。对于股市的投资者来说，报表分析属于基本分析范畴，它是对企业历史资料的动态分析，是在研究过去的基础上预测未来，以便做出正确的投资决定。

上市公司的财务报表向各种报表使用者提供了反映公司经营情况及财务状况的各种不同数据及相关信息，但对于不同的报表使用者阅读报表时有着不同的侧重点。一般来说，股东都关注公司的盈利能力，如主营收入、每股收益等，但发起人股东或国家股股东更关心公司的偿债能力，而普通股东或潜在的股东则更关注公司的发展前景。此外，对于不同的投资策略，投资者对报表分析侧重不同，短线投资者通常关心公司的利润分配情况及其他可作为"炒作"题材的信息，如资产重组、免税、产品价格变动等，以谋求股价的攀升，博得短差。长线投资者则关心公司的发展前景，他们甚至愿意公司不分红，以使公司有更多的资金用于扩大生产规模或用于公司未来的发展。

上市公司财务报表分析中有几个重要的财务指标：每股收益、市盈率和市净率。

一、每股收益分析模型

每股收益也称每股利润或每股盈余，是上市公司普通股每股所获得的净利润，它是股份公司税后利润分析的一个重要指标。每股收益等于净利润扣除优先股股利后的余额，除以发行在外的普通股平均股数。其计算公式为

$$每股收益 = \frac{净利润 - 优先股股利}{发行在外的普通股股数}$$

每股收益是股份公司发行在外的普通股每股所取得的利润,它可以反映公司盈利能力的大小。每股收益越高,说明公司的盈利能力越强。

【例9-12】某股份公司2021年年末发行在外的平均普通股股数为3000万股,2021年利润表如图9-5所示,试以上市公司财务指标分析其盈利能力。

【分析思路】首先建立一个名为"上市公司财务比率分析"的工作簿,复制或者直接引用"利润表分析"工作簿中的相关数据,建立每股收益分析模型,然后再根据每股收益计算公式,设计单元格公式,如图9-30所示。

具体建模步骤如下。

(1) 新建一个工作簿,命名为"上市公司财务比率分析"。将2021年的利润表复制到该工作簿中,同时新建一个工作表,命名为"每股收益分析模型",如图9-30所示。

(2) 打开"利润表分析"工作簿,将2021年利润表数据引用到"每股收益分析模型"工作表。

(3) 在"每股收益分析模型"工作表的B3单元格中输入公式"=2021年利润表!B18"。

(4) 在"每股收益分析模型"工作表的B4单元格中输入30 000 000。

(5) 在"每股收益分析模型"工作表的B7单元格中输入公式"=B3/B4"。

完成以上操作步骤后即可得到如图9-30所示的每股收益分析结果。

	A	B
1	每股收益分析模型	
2	项目	金额(元)
3	净利润	1261725.00
4	平均普通股股数	3000000
5	优先股股数	0
6	每股收益:	
7	基本每股收益	0.42
8	稀释每股收益	

图9-30 每股收益分析模型与结果

二、市盈率分析模型

市盈率和市净率是以企业盈利能力为基础的市场估值指标。这两个指标本身并不是直接用于分析企业盈利能力的,而是投资者以盈利能力分析为基础,对公司股票进行价值评估的工具。通过对市盈率和市净率的分析,可以判断股票的市场定价是否符合公司的基本情况,为投资者的投资活动提供决策依据。

市盈率也称价格盈余比率或价格与收益比率,是指普通股的每股市价与每股收益的比率。其计算公式为

$$市盈率 = 普通股每股市价/每股收益$$

【例9-13】仍以例9-12中的公司数据为例,假定公司股票当前市场价格为22元,试进行市盈率分析。

【分析思路】市盈率是反映股票市场价值与公司盈利能力之间关系的一个重要财务指标,需要根据公司利润表和当前股票价格的相关信息,建立一个市盈率分析模型,如图9-31所示。

具体建模步骤如下。

(1) 打开"上市公司财务比率分析"工作簿,将2021年的利润表复制到该工作簿中,新建

一个工作表并命名为"市盈率分析模型"。

(2) 在"市盈率分析模型"工作表的 B3 单元格中输入公式"=2021年利润表!B18"。

(3) 在"市盈率分析模型"工作表的 B4 单元格中输入 3 000 000。

(4) 在"市盈率分析模型"工作表的 B5 单元格中输入公式"=B3/B4"。

(5) 在"市盈率分析模型"工作表的 B6 单元格中输入 22。

(6) 在"市盈率分析模型"工作表的 B7 单元格中输入公式"=B6/B5"。

完成上述操作步骤后,即可得到公司股票市盈率分析表,如图 9-31 所示。

	A	B	C
1	市盈率分析模型		
2	项目	数额	
3	净利润	1261725.00	
4	普通股股数	3000000	
5	每股利润	0.42	
6	每股市价	22.00	
7	市盈率	52.31	

图9-31 市盈率分析模型与结果

市盈率是反映公司股票市场价值与盈利能力之间关系的一个重要财务指标,投资者对这个比率十分重视,将它作为做出投资决策的重要参考因素之一。资本市场上并不存在一个标准市盈率,对市盈率的分析要结合行业特点和企业的盈利前景。一般来说,市盈率高,说明投资者对该公司的发展前景看好,愿意出较高的价格购买该公司的股票,所以,成长性好的公司股票市盈率通常要高一些,而盈利能力差、缺乏成长性的公司股票市盈率要低一些。需要注意的是,如果某股票的市盈率过高,则也意味着这只股票具有较高的投资风险。

三、市净率分析模型

市净率是指普通股每股的市价与每股净资产进行比较得到的一个比率。其计算公式为

市净率=普通股每股市价/每股净资产

市净率反映了公司股票的市场价值与账面价值之间的关系,该比率越高,说明股票的市场价值越高。一般来说,资产质量好、盈利能力强的公司,其市净率会比较高;而风险较大、发展前景较差的公司,其市净率会比较低。在一个有效的资本市场中,如果公司股票的市净率小于1,即股价低于每股净资产,则说明投资者对公司未来发展前景不看好。

【例 9-14】仍以例 9-12 中的公司财务报表为例,假定该公司当前股票价格为 22 元,试分析该公司的市净率。

【分析思路】分析公司的市净率指标,需要获取公司相关资产负债信息、当前股票市场价格信息,根据相关信息建立市净率分析模型,如图 9-32 所示。

具体建模步骤如下。

(1) 打开"资产负债表分析"工作簿,将公司 2021 年的资产负债表复制到"上市公司财务比率分析"工作簿中,并新建一个工作表——"市净率分析模型",如图 9-32 所示。

(2) 在"市净率分析模型"工作表的 B3 单元格中输入公式"=2021年资产负债表!F27"。

(3) 在"市净率分析模型"工作表的 B4 单元格中输入 30 000 000。

(4) 在"市净率分析模型"工作表的 B5 单元格中输入公式"=B3/B4"。
(5) 在"市净率分析模型"工作表的 B6 单元格中输入 22。
(6) 在"市净率分析模型"工作表的 B7 单元格中输入公式"=B6/B5"。

完成上述操作步骤后即可得到如图 9-32 所示的市净率分析结果。

图9-32　市净率分析模型与结果

第五节　基于Excel的企业综合绩效评价分析

综合绩效评价是通过建立综合评价指标体系，对照相应行业评价标准，对企业特定经营期间的偿债能力、资产管理能力、盈利能力以及发展能力等进行综合评判。

综合绩效评价最主要的方法有沃尔综合评分法和杜邦分析法。

一、沃尔综合评分分析模型

1928 年，企业财务综合分析的先驱者之一亚历山大·沃尔出版的《信用晴雨表研究》和《财务报表比率分析》中提出了信用能力指数的概念，他选择了 7 个财务比率，即流动比率、产权比率、固定资产比率、存货周转比率、应收账款周转率、固定资产周转率和自有资金周转率，分别给定各指标的比重，然后确定标准比率(以行业平均数为基础)，将实际比率与标准比率相比，得出相对比率，将此相对比率与各指标比重相乘，得出总评分。

沃尔综合评分的基本原理是，把企业相关财务比率用线性关系结合起来，按不同财务比率对企业影响的大小，分别给定各自的分数比重(权数)，然后通过与沃尔综合评分中标准比率进行比较，确定各项指标的得分及总体指标的累计分数，从而对企业财务状况进行综合评价。

【例 9-15】继续以图 9-1 中的资产负债表和图 9-5 中的利润表的资料为例，重点分析 2021 年财务报表，介绍沃尔综合评分法的模型创建及应用。

【分析思路】在新建的"财务综合分析"工作簿中，打开一个工作表，命名为"沃尔综合评分分析模型"，然后按沃尔综合评分法的基本原理，根据企业情况，选择需要的财务比率，赋予其相应的权数并确定各项财务比率的标准值，从而可以编制出沃尔综合评分表，如图 9-33 所示。在应用沃尔综合评分法分析企业相关财务指标的过程中还需要建立一张企业财务情况表，将企业实际的各财务指标值与沃尔综合评分标准结合进行对比、调整后，得出企业财务状况的一个综合评分。

具体建模步骤如下。

(1) 新建一个 Excel 工作簿,并命名为"财务综合分析"。

(2) 在"财务综合分析"工资簿中新建一个工作表——"沃尔综合评分分析模型",录入相关评分值,如图 9-33 所示。

	A	B	C	D	E	F	G
1				综合评分表			
2	指标	评分值	标准比率(%)	行业最高比率(%)	最高评分	最低评分	每分比率的差(%)
3	盈利能力:						
4	总资产报酬率	20	5.50	15.80	30	10	1.03
5	销售净利率	20	36.00	66.20	30	10	3.02
6	净资产收益率	10	4.40	22.70	15	5	3.66
7	偿债能力:						
8	自有资本比率	8	25.90	55.80	12	4	7.48
9	流动比率	8	96.70	253.80	12	4	39.28
10	应收账款周转率	8	290.00	960.00	12	4	167.50
11	存货周转率	8	800.00	3030.00	12	4	557.50
12	成长能力:						
13	销售增长率	6	2.50	38.90	9	3	12.13
14	净利增长率	6	10.10	51.20	9	3	13.70
15	总资产增长率	6	7.30	42.80	9	3	11.83
16	合计	100			150	50	

图9-33 沃尔综合评分分析模型与结果

(3) 录入最高评分、最低评分和每分比率的差公式,其中,最高评分=标准分值×1.5,最低评分=标准分值×0.5,每分比率的差=(行业最高比率-标准比率)/(最高评分-标准分值)。

(4) 根据公式,计算出最高评分、最低评分和每分比率的差的值。

(5) 新建一个工作表,命名为"财务情况评分模型"。

(6) 根据沃尔综合评分表中的资料,在财务情况评分表中输入标准比率和每分比率的值。

(7) 实际比率的值取自前面相关财务指标的计算。

(8) 计算差异,其公式"=实际比率-标准比率"。

(9) 输入调整公式,其公式"=差异/每分比率"。

(10) 标准分值取自沃尔综合评分表。

(11) 计算得分,其公式"=调整分+标准分值"。

上述步骤操作完成后,即可得到企业财务情况评分表,如图 9-34 所示。

	A	B	C	D	E	F	G	H
1				财务情况评分表				
2	指标①	实际比率(%)②	标准比率(%)③	差异④	每分比率⑤	调整分⑥	标准分值⑦	评分⑧
3	盈利能力:							
4	总资产报酬率	3.04	5.50	(2.46)	1.03	-2.39	20	17.61
5	销售净利率	22.53	36.00	(13.47)	3.02	-4.46	20	15.54
6	净资产收益率	3.74	4.40	(0.66)	3.66	-0.18	10	9.82
7	偿债能力:							
8	自有资本比率	58.5	25.90	32.60	7.48	4.36	8	12.36
9	流动比率	2.14	96.70	(94.56)	39.28	-2.41	8	5.59
10	应收账款周转率	800	290.00	510.00	167.50	3.04	8	11.04
11	存货周转率	60.26	800.00	(739.74)	557.50	-1.33	8	6.67
12	成长能力:							
13	销售增长率	45.45	2.50	42.95	12.13	3.54	6	9.54
14	净利增长率	97.2	10.10	87.10	13.70	6.36	6	12.36
15	总资产增长率	14.85	7.30	7.55	11.83	0.64	6	6.64
16	合计						100.00	107.18

图9-34 财务情况评分模型与结果

二、杜邦财务分析体系模型

杜邦分析最早由美国杜邦公司使用,故名为杜邦分析法。这种方法是用来评价公司盈利能力和股东权益回报水平,从财务角度评价企业绩效的一种经典方法。其基本思想是将企业净资产收益率逐级分解为多项比率乘积,具有很鲜明的层次结构。这样有助于深入分析和比较企业经营业绩。

杜邦财务分析体系是以净资产收益率为核心,将其分解为若干财务指标,利用各项财务指标间的关系,对企业综合经营理财及经济效益进行系统分析、评价的方法。

杜邦财务分析体系是一种分解财务比率的方法。杜邦财务分析模型如图9-35所示。

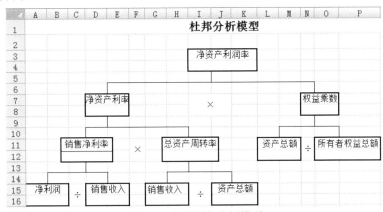

图9-35 杜邦财务分析模型

根据图9-35中杜邦财务分析体系各指标之间的关系,我们可以利用Excel表进行相关操作。杜邦财务分析体系各指标之间的具体关系如下:

销售净利率=净利润÷销售收入
总资产周转率=销售收入÷资产总额
净资产利率=销售净利率×总资产周转率
权益乘数=资产总额÷所有者权益总额
净资产利润率=净资产利率×权益乘数

【例9-16】继续以本章前面例题中企业的报表资料为例,利用杜邦财务分析体系,建立杜邦分析模型,进行相关分析。

杜邦分析体系不是建立新的指标体系进行财务分析,而是以净资产收益率(也称权益报酬率或权益净利率)为核心,通过对该指标的层层分解,建立起相关指标之间的内在联系,从而对企业经济效益及其原因进行系统分析与评价。在计算指标时应自下而上进行。

首先创建新的工作簿——"财务综合分析"工作簿,打开一个工作表,命名为"杜邦分析体系模型",然后按杜邦分析体系设计表格,并按设计好的表格样式在相应单元格位置输入公式。

上述模型中各单元格的具体操作步骤如下:

(1) 在净利润单元格中输入公式"='2021年利润表'!B18"。
(2) 在销售收入单元格中输入公式"='2021年利润表'!B4"。

(3) 在销售收入单元格中输入公式"='2021年利润表'!B4"。

(4) 在资产总额单元格中输入公式"=('2021年资产负债表'!B28+'2021年资产负债表'!C28)/2"。

(5) 在资产总额单元格中输入公式"=('2021年资产负债表'!B28+'2021年资产负债表'!C28)/2"。

(6) 在所有者权益总额单元格中输入公式"=('2021年资产负债表'!E27+'2021年资产负债表'!F27)/2"。

根据前面的公式，分别计算出相关指标。

完成上述操作过程，就可以得到如图9-36所示的结果。

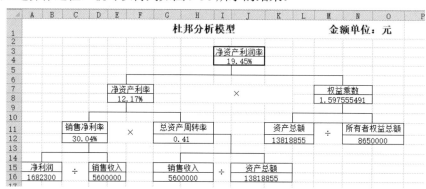

图9-36 杜邦财务分析模型与结果

本章小结

企业财务报表主要包括资产负债表、利润表和现金流量表。

对资产负债表的分析，可以深入了解企业某一时刻所拥有的经济资源及其构成情况、企业资金的来源及其构成情况、企业的短期偿债能力和长期偿债能力，也可以了解企业不同时期财务状况的变动情况。本章的资产负债表分析主要从资产负债表的结构分析、趋势分析两个方面进行。

利润表是反映企业一定时期经营成果的报表，对利润表进行分析可以了解企业一定时期经营成果的形成情况及获利能力，判断企业未来的发展趋势，从而做出正确的决策。利润表的分析主要可以从利润表的结构分析、趋势分析两个方面进行。

现金流量表是反映企业一定时期内经营活动、投资活动和筹资活动产生的现金流量信息的报表，通过对现金流量表进行分析，可以了解企业一定时期内现金流量的发生及构成情况，并进一步分析企业的偿债能力，预测企业未来产生现金流量的情况。现金流量表的分析主要从现金流量表的结构分析、趋势分析两个方面进行。

财务比率分析则是综合运用上述财务报表中的一些相关项目进行对比，得出一系列的财务比率，以评价企业财务现状、揭示经营中存在的问题的一种财务分析方法。主要的财务比率分析包括偿债能力分析、营运能力分析和盈利能力分析等。

要对企业的财务状况和经营成果进行系统的评价，就应当把各种财务分析指标结合在一起，进行系统的分析，综合分析的方法主要有杜邦分析法和沃尔综合评分法两种。

关键名词

结构分析模型　　　　　　趋势分析模型　　　　　　财务比率分析模型
沃尔综合评分分析模型　　杜邦分析法模型

思考题

1. 在资产负债表结构分析中，结构比例的数字是如何计算的？
2. 在趋势分析模型中，如何对利润表中各项目进行柱形图的绘制？
3. 现金流量表的结构分析一般有哪些方面？各自应如何进行分析？
4. 财务比率分析通常包括哪几个方面？分别根据哪些财务报表的资料进行计算？
5. 根据杜邦财务分析体系，请简述在 Excel 表中建立其他格式的杜邦分析模型。

本章实训

【技能实训】

1. 远方公司 2021 年的资产负债表资料如图 9-37 所示。要求：建立资产负债表结构分析模型，进行资产负债表的结构分析。

资产负债表						
2021-12-31						单位：元
项目	年初金额	年末金额	项目	年初金额	年末金额	
流动资产：			流动负债：			
货币资金	312618	438200	短期借款	340000	240000	
交易性金融资产	0	0	交易性金融负债	0	0	
应收票据	38000	321000	应付票据	830000	540000	
应收账款	430000	867000	应付账款	325000	462000	
预付账款	351600	483000	预收账款	89000	232000	
应收股利	0	0	应付职工薪酬	234000	367100	
应收利息	0	0	应交税费	113200	104030	
其他应收款	75000	86000	应付股利	80000	140000	
存货	2410000	2046820	其他应付款	10000	110000	
流动资产合计	3501482	4305060	其他流动负债	2000	1000	
非流动资产：			流动负债合计	2023200	2196130	
可供出售的金融	0	0	非流动负债：			
长期应收款	0	0	长期借款	800000	1100000	
长期股权投资	0	0	应付债券	0	0	
固定资产	5800000	5740000	递延所得税负债	14200	18530	
在建工程	64200	132300	其他非流动负债	0	0	
工程物资	0	0	非流动负债合计	814200	1118530	
固定资产清理	0	0	负债合计	2837400	3314660	
无形资产	41000	186000	所有者权益：			
商誉	0	0	股本	5000000	5000000	
长期待摊费用	0	0	资本公积	320000	240000	
递延所得税资产	65100	23800	盈余公积	230000	180000	
其他非流动资产	0	0	未分配利润	32000	12000	
非流动资产合计	6587200	6178800	股东权益合计	5582000	5432000	
资产总计	19676200	20807980	负债及股东权益合计	19676200	20807980	

图9-37　远方公司2021年资产负债表资料

2. 远方公司2019—2021年的利润表资料如图9-38所示。要求：运用Excel进行利润表的结构分析和趋势分析，并绘制出收入、成本、利润趋势分析柱形图。

3. 远方公司2019—2021年的现金流量表资料如图9-39所示。要求：根据资料，运用Excel进行现金流量表的趋势分析。

利润表
2019—2021年　　　　　　　　　　　　　　　　　　　　　单位：元

项目	2019年	2020年	2021年
一、营业收入	3600000	4480000	5130000
减：营业成本	1986000	2150000	2330000
税金及附加	231000	314000	330010
销售费用	37000	38000	87000
管理费用	213000	205100	210300
财务费用	39000	48000	36100
资产减值损失		0	0
加：公允价值收益		0	0
投资收益	871521	515253	245541
二、营业利润	1965521	2240153	2469131
加：营业外收入	564000	65300	34000
减：营业外支出	325000	16000	18700
三、利润总额	2204521	2289453	2484431
减：所得税	551130.25	572363.25	621107.75
四、净利润	1653390.75	1717089.75	1863323.25
五、每股收益			
（一）基本每股收益			
（二）稀释每股收益			

图9-38　远方公司2019—2021年利润表资料

2019—2021年现金流量表　　　　　　　　　　　　　　　　　　　　　单位：元

项目	行次	2019年	2020年	2021年
一、经营活动产生的现金流量	1			
销售商品、提供劳务收到的现金	2	5484154	8725040	8744800
收到的税费返还	3	148057	43803	358048
现金流入小计	5	5632211	8768843	9102848
购买商品、接受劳务支付的现金	6	4651005	5401080	5248028
支付给职工以及为职工支付的现金	7	454548	340653	3345814
支付的各项税费	8	652378	680540	458180
支付的其他与经营活动有关的现金	9	284931	315215	141535
现金流出小计	10	6042862	6737488	9193557
经营活动产生的现金流量净额	11	-410651	2031355	-90709
二、投资活动产生的现金流量	12			
取得投资收益所收到的现金	14	871521	515253	245541
处置固定资产、无形资产和其他长期资产所收	15	54642	511434	351551
到的其他与投资活动有关的现金	17	465282	43521	315215
现金流入小计	18	1391445	1070208	912307
购建固定资产、无形资产和其他长期资产所支	19	408713	645282	433510
投资所支付的现金	20	4200000	340000	215000
支付的其他与投资活动有关的现金	21	204100	153350	45540
现金流出小计	22	4812813	1138632	694050
投资活动产生的现金流量净额	23	-3E+06	-68424	218257
三、筹资活动产生的现金流量	24			
吸收投资所收到的现金	25	2000000	1800000	1800000
借款所收到的现金	26	230000	340000	320000
现金流入小计	28	2230000	2140000	2120000
分配股利、利润或偿付利息所支付的现金	30	950000	1300000	140000
支付的其他与筹资活动有关的现金	31	45252	504825	530465
现金流出小计	32	995252	1804825	670465
筹资活动产生现金流量净额	33	1234748	335175	1449535
四、汇率变动对现金的影响额	34			
五、现金及现金等价物净增加额	35	-3E+06	2298106	1577083

图9-39　远方公司2019—2021年现金流量表资料

【应用实训】

1. 应用远方公司 2021 年的资产负债表和利润表的资料，运用 Excel 建立模型，对该公司进行相关财务比率分析。要求计算出偿债能力、营运能力和盈利能力的相关指标。

2. 应用远方公司 2021 年的资产负债表和利润表的资料，根据杜邦分析法体系，运用 Excel 表建立杜邦分析模型，计算相关指标并进行综合分析。

第十章

Excel应用进阶

> 📖 **学习目标：**

通过本章的学习，了解 Excel 进一步的应用领域和发展趋势。掌握 Excel 与外部数据源发生交互的方法，重点掌握从文本文件、数据库、网站获取数据直接导入 Excel 的方法；了解进一步美化 Excel 图表的方法，掌握动态图、迷你图的编制；理解宏与 VBA 的概念及其关系，掌握宏的录制及简单应用；理解商务智能的概念及 Excel 与商务智能的发展趋势。

第一节 Excel与外部数据获取

外部数据获取是指将数据库、文本文件、网站等外部数据源的数据直接导入 Excel 的工作簿和工作表中，以便利用 Excel 的数据分析和图表分析功能直接对这些数据进行分析和处理，而不用重复地输入或复制数据。输入或复制数据操作不仅耗时而且容易出错。Excel 与外部数据源连接之后，还可以自动更新来自原始数据源的 Excel 工作簿。而大部分的财务软件也都提供了将生成的账表数据直接保存为 Excel 文件的功能，以便于对电子账的审计，这在计算机审计工作中应用非常广泛。Excel 获取外部数据的方法有很多，下面主要介绍从文本文件中获取数据、从 Access 数据库中获取数据、从网站中获取数据和从 Microsoft Query 获取数据的方法。

一、从文本文件中获取数据

利用 Excel 的"文本导入向导"功能可以将文本文件中的数据导入工作表中。"文本导入向导"可检查用户正在导入的文本文件，并能确保以用户期望的方式导入数据。

【例 10-1】 从 "C:\桌面\excel 财务管理\记账凭证存储表.txt" 文件中获取记账凭证的数据。

具体操作步骤如下。

(1) 进入 Excel，选择"数据"选项卡中的"获取外部数据"组，单击"自文本"按钮后，在打开的"导入文本文件"对话框中选择"记账凭证存储表.txt"文件名，如图 10-1 所示，单击"导入"按钮，便可打开"文本导入向导—第 1 步，共 3 步"对话框，如图 10-2 所示。

(2) 填写"文本导入向导—第 1 步，共 3 步"对话框中的参数，单击"下一步"按钮，打开"文本导入向导—第 2 步，共 3 步"对话框，通常 Excel 会检查本文件的待导入部分，并且自动探测出字段的间距，数据预览区会用竖线显示计划分隔的各列位置，如图 10-3 所示。

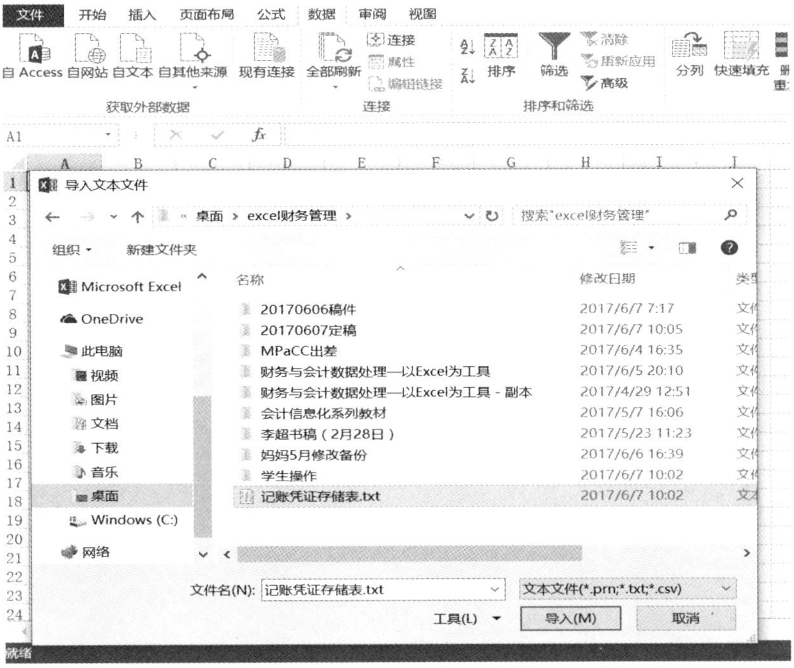

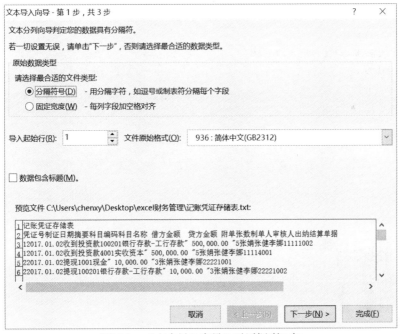

图10-1　获取外部数据自文本的"导入文本文件"对话框

图10-2　"文本导入向导"对话框(第1步)

(3) 填写"文本导入向导—第 2 步，共 3 步"文本框中的参数，单击"下一步"按钮，打开"文本导入向导—第 3 步，共 3 步"对话框，按列设置数据格式，如图 10-4 所示，单击"完成"按钮。

(4) 打开"导入数据"对话框，选择数据的放置位置是现有工作表的某个单元格或新建工作表，单击"确定"按钮，记账凭证数据将在 Excel 工作表中呈现，如图 10-5 所示。

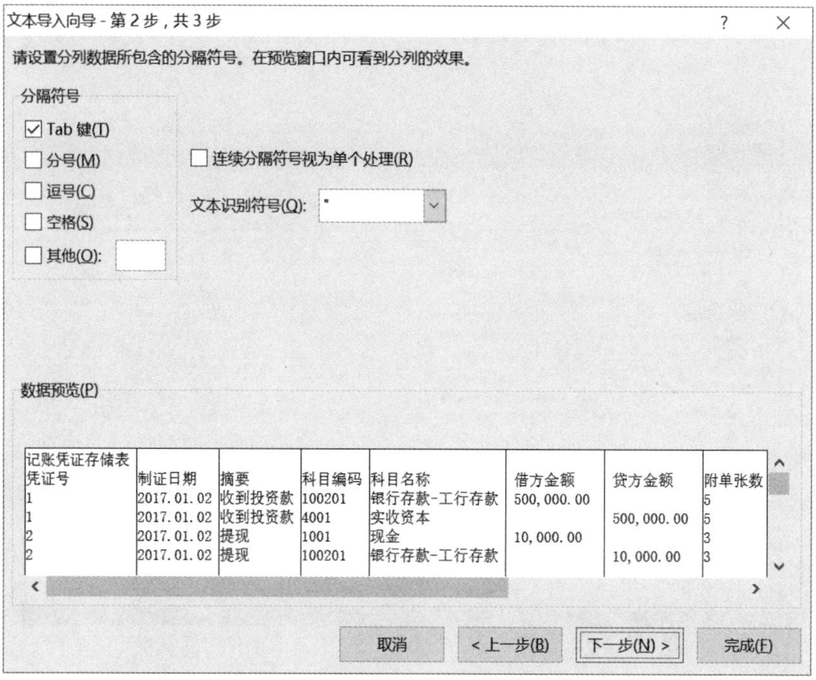

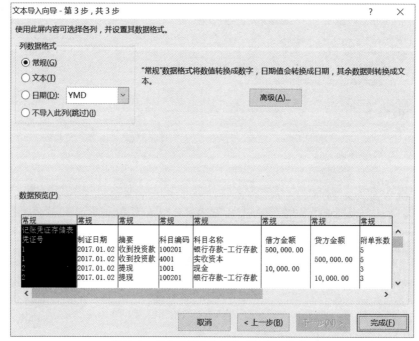

图10-3 "文本导入向导"对话框(第2步)

图10-4 "文本导入向导"对话框(第3步)

第十章 Excel 应用进阶

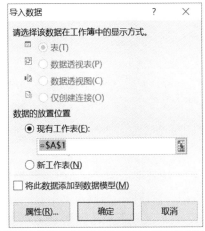

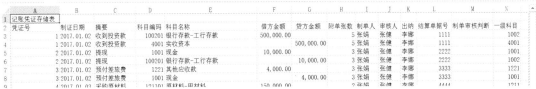

图10-5 导入数据到Excel工作表

二、从Access数据库中获取数据

在 Excel 工作簿中使用 Access 数据库中的数据，可以利用 Excel 的数据分析和绘制图表等功能对数据库的数据进行分析处理，而不必进行输入数据操作，更具有灵活性。

由于 Excel 和 Access 同属于微软公司的办公软件系统，从 Access 数据库中获取数据，最简单的方法是从 Access 的数据表视图复制数据，然后将数据粘贴到 Excel 工作表中；也可使用 Access 中的导出向导，将一个 Access 数据库对象(如表、查询或窗体)或视图中选择的记录导入 Excel 工作表中。下面介绍利用 Excel 的"获取外部数据"功能导入 Access 数据库中的数据。由于导入过程与上述文本文件的导入过程类似，以下仅介绍操作过程。

【例10-2】将 D:\销售管理.mdb 中的"订单"表数据导入 Excel 工作表中。

具体操作步骤如下。

(1) 进入 Excel，选择"数据"选项卡中的"获取外部数据"组，单击"自 Access"按钮(参考图 10-1)。

(2) 打开"选取数据源"对话框，选中 D 盘下的销售管理.mdb 文件，单击"打开"按钮，便可打开"选择表格"对话框。

(3) 在"选择表格"对话框中，选择"订单"表，单击"确定"按钮。

(4) 打开"导入数据"对话框，选择以"表"的形式显示数据，数据放置位置是"现有工作表"的某个单元格，Excel 即将数据放置在用户指定位置(参考图 10-5)。

利用该方法，Excel 可以检索数据库文件中的数据，而不必重新输入需要分析的相关数据，并且当数据库更新时，还可以根据原始数据库中的数据自动更新 Excel 中的数据。

三、从网站中获取数据

如果每次把网站上的表格复制粘贴到 Excel 的工作表中,然后进行格式调整、美化,下次网页数据更新了,又要从头调整。为此需要掌握如何自动从网站上获取并更新数据。在获取网站数据之前,首先要把复制数据的网页找到,把链接复制下来。

【例 10-3】获取 http://finance.sina.com.cn/stock/ 的数据。

具体操作步骤如下。

(1) 进入 Excel,选择"数据"选项卡中的"获取外部数据"组,单击"自网站"按钮(参考图 10-1),弹出"新建 Web 查询"对话框;将网页地址复制粘贴到"地址"文本框中,单击【转到】按钮,该对话框中会列示最新股票信息,如图 10-6 所示。

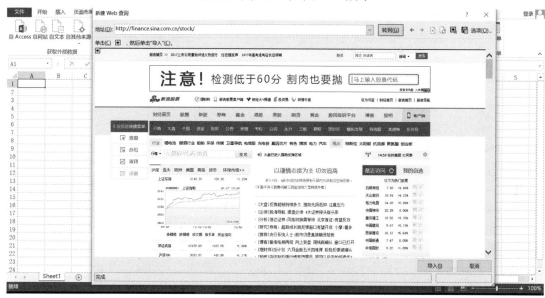

图10-6 从网站获取数据

(2) 在图 10-6 所示的对话框中会看到许多黄色背景的向右箭头,把鼠标指针放到箭头上,箭头背景色变绿色(参见上机图),出现一个框,框中的数据可以导入 Excel 表格中。

(3) 单击绿色背景箭头,会变成一个绿色背景的对号(参见上机图),选中需要导入的数据,单击"选项"按钮,弹出"Web 查询选项"对话框,在选项中可以选择是否把格式一起从网站上复制下来。如果要把网页上的链接也复制到 Excel 中,就得选择"完全 HTML 格式";"无"表示只有文字没有格式;"仅 RTF 格式"表示有格式但不包含链接,单击"确定"按钮。

(4) 单击"导入"按钮,选择数据的放置位置为"现有工作表"的"=$A$1"单元格(参考图 10-5)。

需要刷新数据时,只要选择"数据"选项卡,单击"全部刷新"按钮即可。

注意,当选择网页上的数据源时,并不是网页上的所有数据都能识别出来。有些用户需要的数据左边没有小箭头(这与网页本身的设计有关),这种情况下就不能使用这个功能了。

四、从Microsoft Query获取数据

使用 Microsoft Query，可以连接到外部数据源，从那些外部数据源选择数据，将该数据导入工作表中，以及根据需要刷新数据以使工作表数据与外部源中的数据保持同步。用户可以从多种类型的数据库中检索数据，包括 Microsoft Office Access、Microsoft SQL Server 和 Microsoft SQL Server OLAP Services，还可以从 Excel 工作簿和文本文件中检索数据。使用 Microsoft Query 更加灵活方便，可以选择要包括的表和字段，还可以为结果集排序以及执行简单的筛选。最后还可以选择将数据返回到 Excel 使用。

同样可以利用 Excel 的"获取外部数据"功能获取 Microsoft Query 数据。进入 Excel，选择"数据"选项卡，单击"获取外部数据"组中的"自其他来源"按钮(参考图 10-1)，选择"来自 Microsoft Query"。随后，按照系统提示进行操作，将要获取的数据来源中的数据导入 Excel 表中。因为进行这部分的操作需要具备一定的数据库查询和数据库接口的知识，介绍这些知识需要占用一定的篇幅，这不是本章的主要内容；而具备了这些知识的读者，在系统对话框的提示下能方便地完成操作。读者可自行选择学习。

第二节　Excel与数据可视化

数据可视化(data visualization)，是研究如何利用图形，展现数据中隐含的信息，发掘数据中所包含的规律，也就是利用人对形状、颜色、运动的感官敏感性，有效地传递信息并帮助用户从数据中发现关系、规律和趋势。它涉及计算机图形学、图像处理、计算机视觉、计算机辅助设计等多个领域，是研究数据展现、数据处理、决策分析等一系列问题的综合技术，并随着数据挖掘和大数据的兴起而进一步发展。数据可视化的工具非常多，有水晶易表[1]、Google Fusion[2]；Many Eyes[3]、NodeXL[4]等，有兴趣的读者可以到相关网站去了解。

其实，最常见的数据可视化工具就是 Excel。Excel 是数据可视化的利器之一，我们做完数据分析写报告时就是采用 Excel 绘制图表的(如表 10-1 所示)，如第一章中提到的饼图、折线图、条形图、柱形图等常用图形。当然还可以在 Excel 中绘制数据地图，让我们清晰直观地了解用户、渠道等分布信息。甚至还可以结合 Excel 控件绘制动态图，展现数据的变化与趋势。不同的关系适合用不同的图表进行表达。目前的 Excel 版本绘制的图表也较之前的版本有不少改进，

---

1. 能够把静态的 Excel 模型转变成生动的数据可视化展示。
2. Google Fusion Tables (http://www. google. com/fusiontables/Home/)是 Google 实验室在 2009 年推出的两个融合数据管理、协作以及分享的平台之一。它具有处理海量数据的强大能力，并能基于 Google 地图提供数据可视化的结果。用户可以上传自己的数据到 Google Fusion Tables，由其处理并返回给用户基于地图的数据分析结果。
3. Many Eyes(http://www-958.ibm.com/software/data/cognos/manyeyes)，是 IBM 公司在 2007 年创建的一个线上数据可视化平台，它允许用户自己创建数据可视化模型并发布，其他用户可以评论或分享。通过这个平台，用户可以相互交流对可视化模型的想法，推动数据可视化的发展。
4. NodeXL(http://nodexl.codeplex.com/)是一款交互式网络可视化和分析的工具。它能加载于 Excel(支持 Excel 2007 和 Excel 2010)，使其作为数据展示和分析的平台。它主要用于社交网络分析，能够根据数据，图形化各用户之间的网状分布。

例如自 Excel 2010 版本起,增加了迷你图、切片器等工具,这些都是非常好的可视化工具。下面就动态图、迷你图做一个简单的介绍。

表10-1 表达数据可视化建议绘制的Excel图表

要表达的数据和信息	建议采用图形					
	饼图	柱形图	条形图	折线图	气泡图	其他
成分(整体的一部分)	✓	✓	✓			✓
排序(数据间比较)		✓	✓		✓	✓
时间序列(走势、趋势)		✓		✓		✓
频率分布(数据频次)		✓	✓	✓		
相关性(数据间关系)		✓			✓	✓
多重数据比较						✓

一、动态图

在实际应用中经常需要建立大量相似的图表,如果在一个工作表中建立太多图表,会使得图表杂乱无章,这时可以建立动态图表来解决这个问题。所谓动态图表是以工作表中某个项目共有需求绘制的分析图形,当需要了解某个具体项目情况时,只需要将鼠标指针移到工作表中该具体项目的单元格上即可显示出该具体项目的图表。也就是说,图形是根据工作表中所选项目的数据不同动态进行绘制的。

建立动态图的方法有很多,但是动态图一般是建立在动态表的基础之上的,因此需要使用函数或工具构建动态表区域。以下介绍两种建立动态图的方法。

【例 10-4】某企业部分员工上半年工资表如表 10-2 所示。依据给出的数据绘制每位员工工资的动态图表。

表10-2 某企业部分员工上半年工资表

单位:元

员工工资	月份					
	1月	2月	3月	4月	5月	6月
张三丰	6000	6500	6600	7100	12 000	12 000
李思纬	6200	6300	6800	9000	9000	9000
王武长	6000	6500	6000	6000	6000	6000
文佳佳	6200	3000	3000	3000	3000	3000

(一) 使用INDIRECT函数建立动态图表

具体操作步骤如下。

(1) 设计动态图表数据区域,建立如图 10-7 左侧所示的表格。在 A8 单元格中输入公式"INDIRECT(ADDRESS(CELL("ROW"),COLUMN(A2)))",并将该公式向右填充复制,一直到 G8 单元格。其中 COLUMN 是返回参数所在的列标,CELL("ROW")是返回当前光标所在的行号，ADDRESS(行号，列标)是返回由行号和列标确定的单元格，INDIRECT 是返回参数确定的单元格内容。需要注意的是，ROW 这个函数不带参数且仅仅选中某单元格并不改变 ROW 的返回值，而需要按 F9 键后再按 Enter 键，改变活动单元格，才会改变其返回值内容。另外，当发生如本例中出现的多个函数嵌套时，往往很难发现函数中的错误，可以采取如图 10-7 右侧所示的方法，分步测试每一个函数的返回结果是否与预期一致，以发现错误。

(2) 选中图 10-7 中完成的动态表区域 A7:G8，选择"插入"选项卡，单击"折线图"按钮，选择合适的折线图类型，插入折线图。选择相应的人员，按 F9 键后再按 Enter 键，即可显示不同人员上半年工资状况的折线图，如图 10-8 所示。

图10-7 使用INDIRECT函数建立动态表数据并测试

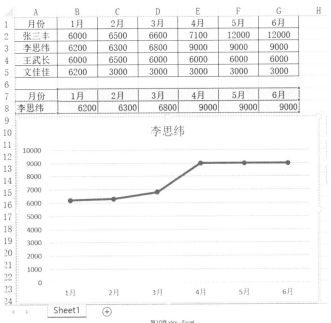

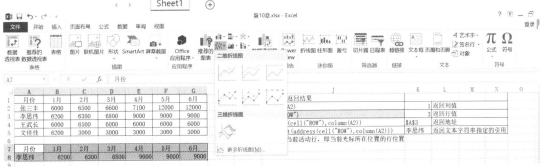

图10-8 不同员工工资的动态折线图(一)

(二)使用VLOOKUP函数建立动态图表

如果觉得上述动态图表不够直观，还可以使用其他函数来完成类似功能，如 VLOOKUP 函数。

具体操作步骤如下。

(1) 表中的数据是作图的基础，因此使用 VLOOKUP 函数制作动态图，同样也需要在一个空白区域做出一个动态表格，复制表头 A1:G1 单元格区域至 A7:G7 单元格区域。

(2) 选中 A8 单元格，在"数据"选项卡的"数据工具"组中单击"数据验证"按钮，在打开的"数据验证"对话框中设置"验证条件"为"序列"、"来源"为"=$A$2:$A$5"，如图 10-9 所示，单击"确定"按钮，设置完成后，A8 单元格右方将会出现向下箭头的下拉选项。

图10-9　设置数据验证条件与来源

(3) 在 B8 单元格中输入公式"=VLOOKUP(A8,A2:G5,2,0)"，并向右拖拽，填充至 G8 单元格，如图 10-10 所示。

(4) 选中 A7:G8 单元格区域，选择"插入"选项卡，单击"折线图"按钮，选择合适的折线图类型，插入折线图。选择相应的人员，按 F9 键后再按 Enter 键，即可显示不同人员上半年工资状况的折线图，效果如图 10-10 所示。

图10-10　不同员工工资的动态折线图(二)

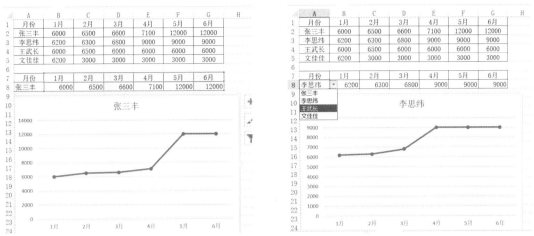

图10-10 不同员工工资的动态折线图(二)(续)

二、迷你图

一般情况下，我们用图表把所有的数据在一张图上展示出来，而迷你图可以将一张图在一个单元格中展现出来，或将多张图在一个表上的多个单元格中展现出来。

【例10-5】在表10-2数据的基础上，完成迷你图的制作。

具体操作步骤如下。

(1) 在工资表中添加一列H列，单击H3单元格，在"插入"选项卡的"迷你图"选项组中，单击"折线图"按钮。

(2) 在弹出的"创建迷你图"对话框中，数据范围选取B3:G3单元格区域，可直接拖动选择，如图10-11所示，"数据范围"文本框中就会出现刚选择的范围(也可以手动输入)。

图10-11 "创建迷你图"对话框

(3) 把鼠标放在H3单元格的右下角，出现一个实心小十字图标，这是拖动填充标记，拖动该图标一直到H6单元格，自动填充完成，结果如图10-12所示。

若想每一列进行一下比对，可以选定B7单元格，单击"插入"选项卡，在"迷你图"组中选择一个自己需要的图表类型，用刚才的方法插入即可，如图 10-12 所示。选中"迷你图"的单元格，菜单栏会显示出"设计"选项卡，可对"迷你图"的样式进行调整。

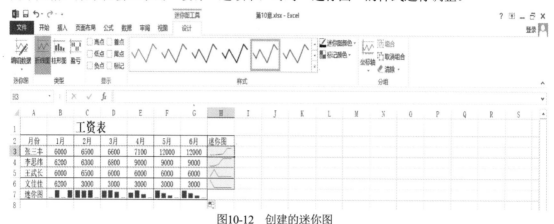

图10-12　创建的迷你图

如果要使用 Excel 制作比较复杂的数据可视化模型，可能需要编写 VBA 代码，而这一过程又会让不少人望而却步，毕竟写一大堆难以理解又容易出错的代码不如点点鼠标就能得到结果来得方便。

第三节　宏与VBA

宏是一组命令的集合，用来完成一系列可以重复执行的操作。当使用 Excel 进行数据处理时，如果需要经常在 Excel 中重复某项任务的一系列操作，可以考虑使用宏自动执行该任务。宏是由 VBA(Visual Basic for Application)程序语言编写或录制的。

Visual Basic 是在 Basic 语言的基础上发展起来的一种可视(Visual)的、通用的编程语言，是一种应用程序开发工具。所谓可视(Visual)是指一种利用图形用户界面(GUI)开发程序的方法。在可视的编程系统中已经定义了大量的对象，编程人员只需将这些对象放在一个界面上，指定对象的属性并建立用户操作(事件)、对象、方法之间的关系，就可以完成应用程序的编制。应用程序的开发过程对开发者来说是可见的。

VBA(Visual Basic for Application)具有 Visual Basic 可视编程的强大功能，同时，VBA 又针对应用领域提供有针对性的对象、属性和方法等。VBA 不能单独运行，需随应用软件提供给用户。例如，随 Microsoft Office 提供的 VBA，其中包括 Excel 的 VBA、Word 的 VBA、Access 的 VBA 等，它们既有通用功能，又各自具有特定的功能，如 Excel 的 VBA 提供了工作簿、工作表、区域等对象。VBA 也可称为面向对象的编程语言或开发工具。

在 Excel 中使用 VBA 编程主要用于以下几个方面。

(1) 用于录制和编辑宏，可以使 Excel 中常用的、固定的、重复的任务的操作步骤自动化，提高工作效率。

(2) 创建自定义的解决方案，用于编写用户自定义的 Excel 函数和过程，满足用户进行复杂的数据处理和分析等特定的数据处理需求。

(3) 用于链接到多种数据库，并进行相应数据库操作。

一、宏的录制和使用

宏的录制可以通过 Excel 提供的"录制宏"功能和编写 VBA 语句两种方式获得。通常采用的方式就是先录制宏，然后在完成录制宏的基础上利用 VBA 进行操作命令的优化调整，得到所要的自动化处理功能。为了使宏方便于使用，还可以将宏与快捷键、工具栏的按钮或菜单项建立关联，一旦按下快捷键、单击按钮或执行菜单项就可以运行宏。以下通过举例简单介绍在 Excel 中录制宏和运行宏的方法。

(一) 录制宏

【例 10-6】录制一个宏，功能为：把第三章"A 公司工资结算明细表"(工作表命名为 VBA)的表头信息复制到"工资条(宏)"新表后，在复制好的表头信息下一行加上边框线，对"工资条(宏)"表中的工资数据相关单元格进行货币格式设置。

具体操作步骤如下。

(1) 打开有"A 公司工资结算明细表"的工作簿，在"开发工具"选项卡"代码"组中单击"录制宏"按钮，弹出"录制宏"对话框，如图 10-13 所示。

(2) 根据需要填写宏名，设置快捷键、保存的工作簿、说明等信息，本例均采用默认设置(如图 10-13 所示)，宏 1 设置完成后，单击"确定"按钮。

图10-13 "录制宏"对话框

(3) 将"A 公司工资结算明细表"中的表头信息复制到新建工作表"工资条(宏)"中，如图 10-14 所示。

(4) 在复制好的"工资条(宏)"表头信息下一行加上边框线，如图 10-14 所示。

(5) 选中"工资条(宏)"表中的 H3:Q3 单元格区域并将数字格式设置为"货币"格式，保留两位小数，如图 10-15 所示。

(6) 在"开发工具"选项卡中单击"停止录制"按钮，完成一个简单宏的录制，系统自动生成录制宏的 VBA 代码。

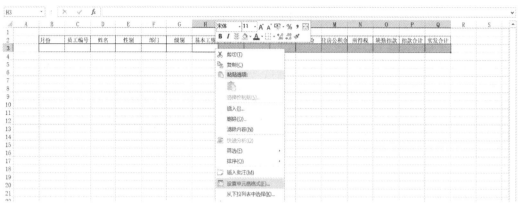

图10-14　复制工资条表头并加边框线

图10-15　单元格数字格式设置为"货币"格式

(二) 运行宏

宏录制好后，可以通过运行宏实现需要的操作。

【例10-7】新建一个名为 test.xlsx 的工作簿，在此工作簿中新建两个工作表，分别命名为 VBA 和"工资条(宏)"，在运行宏之前，工作簿和 VBA 工作表已建立，执行例10-6中生成的宏1。

具体操作步骤如下。

(1) 打开 test.xlsx 工作簿，选择"开发工具"选项卡，单击"宏"按钮，弹出"宏"对话框，如图10-16所示。

(2) 选择要执行的宏名，单击"执行"按钮，结果如图10-17所示，单击图中工资数据的单元格，可以看到单元格已设置为"货币"格式。

图10-16 打开"宏"对话框

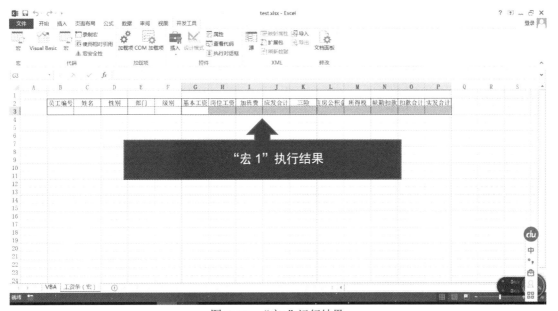

图10-17 "宏1"运行结果

以上例子简单介绍了 Excel 宏的录制和使用。当录制宏不能满足实际需求时,可以对宏做一些修改,或者自主编写满足需求的代码,这就需要对 VBA 的编程有些基本的了解。

二、VBA编程基础

(一) 使用Visual Basic编辑器

在 Excel 中使用 VBA,需要借助于 Visual Basic 编辑器(简称 VBE),VBE 是 VBA 的开发

环境,即 VBA 程序的编写、修改与运行要在 VBE 中进行。

怎样才能进入 VBE 窗口呢?进入 VBE 窗口常用的方法是:打开 Excel,在"开发工具"选项卡"代码"组中单击 Visual Basic 按钮,即可进入 VBE 窗口;或通过编辑宏的方式也可进入 VBE 窗口。

如果 Excel 中没有"开发工具"选项卡作为默认选项,可以通过以下步骤打开"开发工具"选项卡:单击"文件"→"选项" →"自定义功能区",在右边的"自定义功能区"的"主选项卡"选项中选中"开发工具"复选框即可,如图 10-18 所示。

图10-18　打开"开发工具"选项卡对话框

(二) 理解对象、属性、事件和方法

VBA 是面向对象的编程语言,理解对象、属性、方法和事件的概念,对读者使用 VBA 是很有帮助的。

对象是 VBA 处理的元素,是 Excel 中真实存在的东西,它包括工作簿、工作表、单元格、图表、按钮、窗体等。只有在确定了对象之后,才能对它进行操作。

每一个对象都有属性,属性定义了对象的特征。一个属性就对应于对象的一种设置,如名称、显示状态、颜色、大小、值等;属性也可定义对象某个方面的行为,如对象是否激活等。引用属性时,对象和属性用小圆点来分隔,如 Range("A1").Value=100。对象好比是一个人,那么属性就好比是人的身高、体重、性别、年龄等特征。

每一个对象都有方法,方法是指对象能执行的动作,如选择、移动、复制、粘贴、清除等。引用方法时,对象和方法同样用小圆点来分隔,如 Range("A1").Select。与属性相比,属性表示的是对象的某种状态或样子,是静态的,就像语文中的名词,而方法则是对对象的一个动作,就像动词。

事件是指一个对象能够识别的动作。例如，打开工作簿、激活工作表、单击按钮或窗体等，这些动作都会产生一系列的事件。当某个对象发生某一事件后，就会驱动系统去运行预先编好的、与这一事件相对应的一段 VBA 语句。

(三) 了解VBA程序的结构

VBA 程序包含一系列的过程(也称子程序)，或由一系列的子程序模块组成。例如，用户创建的宏就对应着相应的过程。过程可以分为 Sub 过程、Function 过程和 Property 过程。在财务和会计数据处理中常用 Sub 过程和 Function 过程。

Sub 过程是由 Sub 和 End Sub 语句包含的一系列 Visual Basic 语句组成，用于实现特定的功能。用户可以为 Sub 过程定义参数变量，并在调用 Sub 过程时为这些参数变量指定相应的值，但是 Sub 过程不能返回值。Sub 过程可以没有参数，在定义时必须在过程名后带一对空的圆括号。

Function 过程是由 Function 和 End Function 语句包含的一系列 Visual Basic 语句组成。用户可以为 Function 过程定义参数变量，并在调用 Function 过程时为这些参数变量指定相应的值。Function 过程和 Sub 过程很类似，不同的是 Function 过程能返回值。

下面我们通过一个例子来了解 Sub 过程(子程序模块)的结构。

【例 10-8】查看例 10-6 中录制的宏 1 所对应的 VBA 代码。

因为用户创建的宏就是一个过程，所以录制宏后可以查看这个宏的 VBA 代码。操作步骤如下。

(1) 单击"开发工具"选项卡中的"宏"按钮，打开"宏"对话框，如图 10-19 所示。

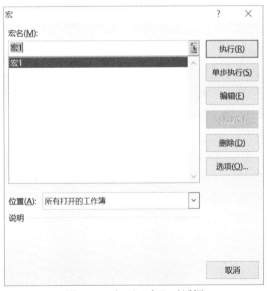

图10-19 打开"宏"对话框

(2) 选择刚录制好的"宏 1"，单击"编辑"按钮，即可看到"宏 1"的 VBA 语句，如图 10-20 所示。

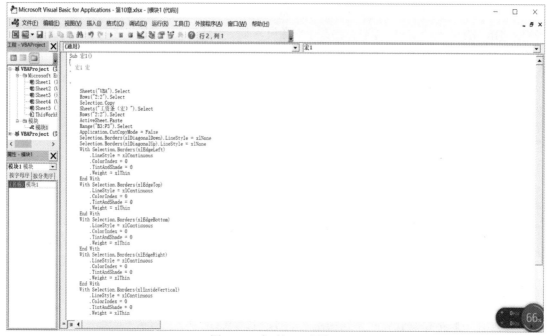

图10-20　宏1的VBA语句

这段VBA语句实现了例10-6所述功能：把工资表表头信息复制到新表后，在复制好的表头信息下一行加上边框线，对工资数据相关单元格进行货币格式设置。

观察这段VBA语句可以发现其程序结构有如下特点。

(1) 一个宏，以Sub开始，以End Sub结束，Sub过程中间夹着实现功能的VBA语句，每条VBA语句代表一个功能。

(2) 单引号后面的内容表示注释，注释不仅可以让自己快速回忆，也可以使别人很快理解你的VBA语句。注释默认显示为绿色，执行宏代码时，系统会忽略这些注释行。

(3) 对象和属性中间用小圆点分隔开，小圆点相当于中文语句中的"的"，表示从属关系，即某个属性属于某个具体的对象。

(四) VBA程序的运行与调试

VBA程序执行时就从第一句Sub开始逐句执行，直到End Sub结束。

编写的VBA语句可能会出现无法运行、运行错误等情况。例如，语句差一个符号、一个空格，都有可能无法运行出正确结果，需要不断调试、修改后才能正确运行。以下是VBA程序调试的主要技巧。

(1) 利用F8键，可分步运行VBA语句，并能快速定位无法运行或运行结果错误的VBA语句。

(2) 立即窗口：可通过Ctrl+G组合键打开，在该窗口中可显示Debug.Print语句的结果值，以及随时计算和运行代码。例如，我们需要查看参数n的值是否正确，那么直接在VBE窗口编写语句Debug.Print n，运行后即可显示n的值。

(3) 监视窗口：可以将变量以及表达式添加到监视窗口，可以实时查看变量和表达式的值。

(4) 本地窗口：在本地窗口中可以查看现有变量的值。

(5) 编辑窗口：将鼠标停在编辑窗口的变量上可显示该变量的值。

在以上各个窗口中可查看表达式、变量是否设置正确，通过运行代码，就可知道此时表达式、变量的结果分别是什么，是不是我们需要的结果。

第四节　Excel与商务智能

随着信息化时代的来临和全球经济一体化的发展，以及数据存储成本的不断下降，企业数据的总量正在以惊人的速度增长。这些数据是企业的重要资源，但目前大多数的企业并未对其做进一步的利用。统计表明，目前国内企业数据有效利用率不足 7%，许多决策是在没有充分信息支持的情况下做出的。为应对日益激烈的全球化市场竞争，企业需要提高快速反应的能力和决策的正确性。如何充分利用这些隐藏着巨大商业价值的数据资产，提炼出有价值的信息、知识，对提高企业的决策水平至关重要。正如前 GE 首席执行官 Jack Welch 所说，一个组织获取知识以及把知识快速转化为行动的能力决定其最终的竞争优势。依赖直觉制定决策使企业管理水平远远落后于投资商务智能的领先企业，商务智能已成为领先企业与传统企业产生差异的重要因素，而且商务智能开始扩展到业务运营将使这种差异更加明显。在这种背景下，商务智能(business intelligence，BI)逐渐得到了学术界和企业界的重视，它被认为是继 ERP 之后企业信息化的又一个热潮。商务智能帮助企业整合数据，并把数据转换成有用的信息，从信息中获取知识；帮助管理者实现更有效的企业管理，做出更明智的决策，获得更大的收益。管理学家西蒙曾说："管理就是决策"，而决策并不是一件简单的事情，直觉式的决策不一定可靠。因此决策需要信息和知识，越是充分的有价值的信息、知识及经验越可以降低决策风险。而商务智能把各种数据及时地转换为支持决策的信息和知识，帮助企业管理者了解顾客的需求、消费习惯，预测市场的变化趋势以及行业的整体发展方向，从而支持相关的商业和管理决策。商务智能在企业应用中经历了以下几个发展阶段：数据和应用集成、把数据转化为信息、信息转化成知识以及知识转化为行动。

一、商务智能(BI)

(一) 商务智能的概念

商务智能从产生以来就发展较快，但目前还不成熟，企业界和学术界对商务智能都存在或多或少不同的理解。

最早提出商务智能概念的是市场研究公司 Gartner 公司的分析师 Howard Dresner。1996 年，他提出的商务智能描述了一系列的概念和方法，应用基于数据的分析系统，辅助商业决策的制定。商务智能技术为企业提供了迅速收集、分析数据的技术和方法，把这些数据转化为有用的信息，提高企业决策的质量。

以下是比较有名的软件研发公司对商务智能的定义。

- Business Objects(SAP)：商务智能是一种基于大量数据的信息提炼的过程，这个过程与知识共享和知识创造密切结合，完成了从信息到知识的转变，最终为商家创造更多的利润。

- **IBM**：商务智能是一系列技术支持的简化信息收集、分析的策略集合。
- **Microsoft**：商务智能是任何尝试获取、分析企业数据，以便更清楚地了解市场和顾客，改进企业流程，更有效地参与竞争的过程。
- **IDC**：商务智能是下列软件工具的集合，包括终端用户查询和报告工具、在线分析处理工具、数据挖掘软件、数据集市、数据仓库产品和主管信息系统。
- **Oracle**：商务智能是一种商务战略，能够持续不断地对企业经营理念、组织结构和业务流程进行重组，实现以顾客为中心的自动化管理。
- **SAP**：商务智能是收集、存储、分析和访问数据以帮助企业更好决策的技术。
- **Data Warehouse Institute**：商务智能是把数据转换成知识并把知识应用到商业运营的一个过程。

从这些描述中可以看出，企业界对商务智能的定义倾向于从技术、应用的角度，更多地从商务智能的过程去描述并理解商务智能。在 2007 年的商务智能峰会上，人们对商务智能进行了新的定义，有学者认为商务智能可视为一个伞状的概念，其内容包括分析应用、基础架构、平台以及实践。这意味着人们对商务智能的认识跳出了技术的范畴，商务智能不仅仅是技术工具的集合。

总结上述观点，商务智能是融合了先进信息技术与创新管理理念的结合体；集成了企业内外的数据，进行加工并从中提取能够创造商业价值的信息；面向企业战略并服务于管理层、业务层，指导企业经营决策，提升企业竞争力；涉及企业战略、管理思想、业务整合和技术体系等层面，促进信息到知识再到利润的转变，从而实现更好的绩效。事实上，商务智能应用的核心不在其功能，而在于对业务的优化，IBM 公司更强调数据集成和数据分析基础上的业务分析和优化(business analytics and optimization，BAO)。目前，商务智能的应用已延伸到了非商业领域，政府和教育部门等也成为商务智能的应用领域。

由此可以看出，商务智能(BI)并非是 Excel 独有的概念，Excel 工具可以帮助用户完成部分 BI 功能。

(二) 商务智能系统的主要功能

商务智能系统作为一种辅助决策的工具，为决策者提供信息、知识支持，辅助决策者提高决策水平。商务智能系统的主要功能如下。

1. 数据集成

数据是决策分析的基础。在很多情况下，决策需要的数据零散分布在几个业务系统中，为了做出正确的经营决策，就需要把这些零散的数据收集起来，形成一个系统的整体。因此从多个异构数据源(包括内部的业务系统和外部的数据源)中提取源数据，再经过一定的变换后装载到数据仓库，实现数据的集成是必要的。

2. 信息呈现

信息呈现是指把收集的数据以图表的形式呈现出来，让用户了解到企业、市场的现状，这是商务智能的初步功能。例如，Business Objects(SAP)的水晶报表(crystal reports)允许从各种数据源收集数据,使报表分析人员可以随心所欲、快速便捷地设计报表;在信息呈现的方式上,除了报表、图形等形式以外,还可以用其他更为直观的方式。此外,利用在线分析处理(OLAP)软件,也可以从多个维度观察数据。

3. 运营分析

运营分析包括运营指标分析、运营业绩分析和财务分析等。运营指标分析是指对企业不同的业务流程和业务环节的指标进行分析;运营业绩分析是指对各部门的营业额、销售量等进行统计,在此基础上进行同期比较分析、应收分析、盈亏分析和各种商品的风险分析等;财务分析是指对利润、费用支出、资金占用以及其他经济指标进行分析,及时掌握企业在资金使用方面的实际情况,调整和降低企业成本。

4. 战略决策支持

战略决策支持是指根据公司各战略业务单元(strategic business unit,SBU)的经营业绩和定位,选择一种合理的投资组合战略。由于商务智能系统集成了外部数据(如外部环境和行业信息),各战略业务单元可据此制定自身的竞争战略。此外,企业还可以利用业务运营的数据,提供营销、生产、财务和人力资源等决策支持。

二、Excel工具——Power Pivot

(一) Power BI简介

由上一节可知,商务智能(BI)并非是 Excel 独有的概念,而 Excel 工具可以帮助用户完成 BI 功能。Power BI 是微软推出的商务智能平台,它包含了一系列的组件和工具(可通过相关网站进行查询),如图10-21 所示。Power BI 的核心理念就是用户不需要有强大的技术背景,只需要掌握 Excel 这样简单的工具就能快速运用商业数据分析及可视化。

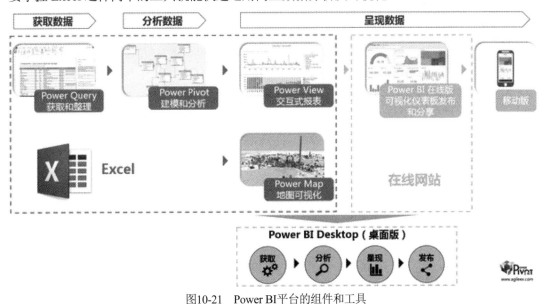

图10-21 Power BI平台的组件和工具

由图10-21可知，Power Query 是负责抓取和整理数据的，它可以抓取几乎市面上所有格式的源数据，然后再按照所需要的格式整理出来。通过 Power Query 可以快速地将多个数据源的数据合并、追加到一起，任意组合数据，以及将数据进行分组、透视等整理操作。

- Power Pivot：用来处理、存储小容量的数据(最好是百兆以下级别)，对其建立数据模型，对数据进行分析、计算。这个功能一般是数据分析员自己分析时使用。
- Power View：用来展示数据(data visualization)，是基于Power Pivot建立的数据，用来把这些数据视图化，方便展示给别人看；并且非数据人员，其他部门的员工也可以非常方便地使用和查看想要的数据，非常适合放在Share Point中使用。
- Power BI：是融合了Power Pivot和Power View的工具，可以和Hadoop数据源链接。

(二) 在Excel中增添Power Pivot

下面就以分析数据的 Power Pivot 安装为例，对 Excel 新增工具做一个简单介绍。如前所述，Power Pivot 是一种数据建模技术，用于创建数据模型、建立关系以及创建计算。可使用 Power Pivot 处理大型数据集，构建广泛的关系，以及创建复杂(或简单)的计算，这些操作全部在高性能环境中和熟悉的 Excel 内执行。在 Power Pivot 中，Excel 的行、列限制被取消，这样就能方便地操作更大型的数据。也就是说，无论是 1 万多行的数据，还是 100 万行的数据，Power Pivot 都可以轻松处理。表 10-3 是几种常用工具的比较[1]。

表10-3 微软几种常用数据处理工具的比较

工具	优点	缺点
Access 数据库	数据处理能力较强 使用 SQL 处理数据较为灵活 适合 SQL 初学者学习 SQL 语句	数据超千万条时性能会下降 使用 SQL 分析数据不如透视表灵活
Microsoft Query	适合 SQL 初学者学习 SQL 语句	数据处理性能弱于 Access 数据库
Power Pivot	可以处理大型数据集 可以用数据透视表灵活分析数据	数据处理灵活性低

1. 安装准备条件

Power Pivot 可安装在 32 位或 64 位版本的 Excel 2010 的计算机上，所以需要根据使用的计算机情况选择相应版本进行安装。

2. 安装过程

(1) 打开 Microsoft 网站[2]，如图 10-22 所示。

---

1. 常用的处理工具可通过 https://support.office.com 网站进行查询。
2. Microsoft 网站的网址为：http://www.microsoft.com/zh-cn/download/details.aspx?id=29074。

第十章　Excel 应用进阶

图10-22　打开微软网站准备安装

(2) 选择一款对应版本的 Power Pivot_for_Excel.msi 安装程序(×86(32 位)/×64(64 位)版本)。

(3) 双击已下载的 Power Pivot_for_Excel.msi 文件，以启动安装向导。

(4) 单击"下一步"按钮进入安装向导，接受许可协议，然后一直单击"下一步"按钮，直到安装完成。

安装成功后，启动 Excel 2010，可以看到 Excel 功能区出现 POWERPIVOT 选项卡，如图 10-23 所示，此时，Power Pivot 分析工具已安装成功。限于篇幅，更多的内容可参见 Office 官网。

图10-23　安装POWERPIVOT功能选卡

本章小结

本章介绍了 Excel 进一步的应用领域和发展趋势。第一节介绍了 Excel 与外部数据源发生交互的方法，主要介绍了从文本文件、Access 数据库、网站、Microsoft Query 获取数据导入 Excel 的方法；第二节介绍了数据可视化的概念，重点讲解了利用动态图、迷你图进一步美化 Excel 图表的方法；第三节介绍了宏与 VBA 的概念及其关系，介绍了宏的录制及简单应用，以及 VBA 编程的基础；第四节介绍了商务智能(BI)的概念，以及 Excel 与商务智能的发展趋势。

关键名词

数据可视化　　　　动态图　　　　宏　　　　VBA　　　　VBE　　　　BI

思考题

1. 什么是外部数据获取？Excel 获取外部数据解决了什么问题？
2. 宏与 VBA 有什么关系？VBA 的主要作用是什么？
3. Excel "数据"选项卡上的"获取外部数据"功能可以从哪些外部数据源获取数据？
4. 迷你图的优势有哪些？
5. Sub 过程和 Function 过程的主要区别是什么？
6. 商务智能的发展分为哪几个阶段？BI 的主要功能有哪些？

参考文献

[1] 欧阳电平. 电算化会计——原理、分析、应用[M]. 3 版. 武汉：武汉大学出版社，2011.
[2] 欧阳电平. 电算化会计实验教程[M]. 3 版. 武汉：武汉大学出版社，2008.
[3] 王海林，张玉祥. Excel 财务管理建模与应用[M]. 北京：电子工业出版社，2014.
[4] 李江霞. Excel 在财务管理中的应用[M]. 北京：北京邮电大学出版社，2011.
[5] 于向辉. Excel 在财会管理中的应用[M]. 2 版. 北京：中国水利水电出版社，2012.
[6] 韩良智. Excel 在财务管理中的应用[M]. 3 版. 北京：清华大学出版社，2015.
[7] 周丽媛，汪丽华，等. Excel 在财务管理中的应用[M]. 3 版. 大连：东北财经大学出版社，2014.
[8] 梁润平，宁小博. Excel 在财务管理工作中的应用[M]. 上海：立信会计出版社，2011.
[9] 孙一玲，李煦. Excel 在财务中的经典应用案例[M]. 上海：立信会计出版社，2015.
[10] 中国注册会计师协会. 注册会计师 2021 教材[M]. 北京：中国财政经济出版社，2020.
[11] 梁文涛. 税法[M]. 6 版. 北京：中国人民大学出版社，2022.
[12] 梁俊娇. 税法[M]. 9 版. 北京：中国人民大学出版社，2022.

附录

综合案例

综合案例一　投资分析

1. 综合案例的学习目标

通过本案例的学习，要求学员练习使用函数 IF()；练习设置单元格的有效数据范围；练习使用函数 NPV() 计算净现值；练习在工作表中进行方案管理；练习设置共享工作簿。

2. 案例情况介绍

某企业目前有两种投资方案：方案一为新建厂房，生产新产品；方案二为扩建厂房，生产现有产品。如果采用新建厂房(方案一)则需投资 500 万元，采用扩建厂房(方案二)则需投资 300 万元，但是新产品的市场前景不能确定，主要面临 5 种可能的市场前景，各前景的说明及预计发生概率如附表-1 所示。

附表-1　各前景的说明及预计发生概率

前景	说明	概率
前景 1	新产品畅销	25%
前景 2	一年后新产品畅销	35%
前景 3	两年后新产品畅销	20%
前景 4	三年后新产品畅销	10%
前景 5	新产品滞销	10%

如果新产品畅销，预计年净收益为 280 万元；如果新产品滞销，预计年净收益为 50 万元。如果继续生产现有产品，则每年净收益均为 50 万元。已知基本折现率为 15%，厂房使用年限为 4 年。

要求：根据上述条件选择投资方案。

3. 案例分析

对于这类看似简单的问题，在最终确定究竟使用哪种方案时，必须考虑多种因素。通常情况下，常用方法是考虑各种方案的预计净现值并加以比较。

【分析思路】

(1) 建立工作簿，将本案例有关资料输入所设立的工作簿中，便于以后计算。

(2) 先由各种前景的概率计算出各年的期望年净收益。

(3) 使用相关函数，用函数计算净现值。

(4) 比较各种方案的净现值。

步骤一：建立工作簿

新建一个名为“投资分析”的工作簿，并在其中建立“净现值模型”工作表(如附图-1 所示)。

金额单位：万元

	A	B	C	D	E	F
1						
2	基本资料					
3	基准折现率：	15%				
4	投资（万元）：					
5	产品：					
6						
7	计算表格：					
8		年净收益				概率
9		1	2	3	4	
10	前景1					25%
11	前景2					35%
12	前景3					20%
13	前景4					10%
14	前景5					10%
15	年净收益期望值					
16	净现值					

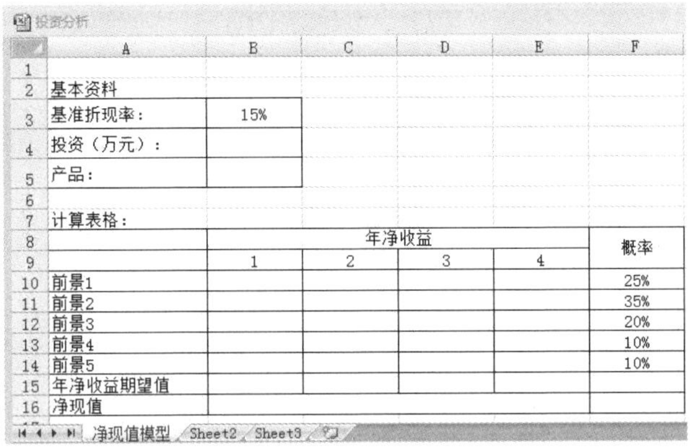

附图-1 建立净现值模型

步骤二：输入逻辑公式

在本例中，要计算两种不同方案的预计净现值，并加以比较。可在一张表格中计算两种不同方案的预计净现值，使用逻辑函数 IF()来计算各种前景下的各年净收益。

使用函数 IF()计算各年净现值的操作步骤如下。

(1) 打开“净现值模型”工作表，将 A4 单元格命名为“投资”，将 A5 单元格命名为“产品”。

(2) 单击选中 B10 单元格。

根据前景说明可知：如果企业生产的产品为新产品而且畅销，则年净收益为 280 万元；如果企业生产的产品是现有产品或新产品滞销，则年净收益为 50 万元。

(3) 在“公式”选项卡中单击“插入函数”按钮，弹出“插入函数”对话框，如附图-2 所示。

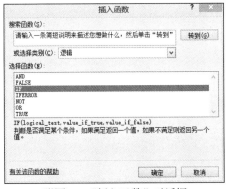

附图-2 “插入函数”对话框

(4) 在“或选择类别”下拉列表中选择“逻辑”选项，在“选择函数”列表框中单击选中IF，单击“确定”按钮，弹出IF()函数的“函数参数”对话框(如附图-3所示)。

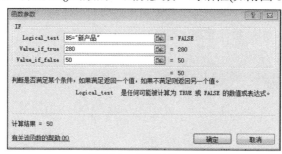

附图-3 使用函数IF()

(5) 在Logical_ test测试条件编辑框中输入“B5="新产品"”。

(6) 在Value_ if_ true真值编辑框中输入280，在Value_ if_ false假值编辑框中输入50，单击“确定”按钮。

由于“产品”单元格中还没有数值，即不为“新产品”，所以B10单元格中显示数值50，如附图-4所示。

	A	B	C	D	E	F
1						
2	基本资料					
3	基准折现率：	15%				
4	投资（万元）：					
5	产品：					
6						
7	计算表格：					
8		年净收益				概率
9		1	2	3	4	
10	前景1	50				25%
11	前景2					35%
12	前景3					20%
13	前景4					10%
14	前景5					10%
15	年净收益期望值					
16	净现值					

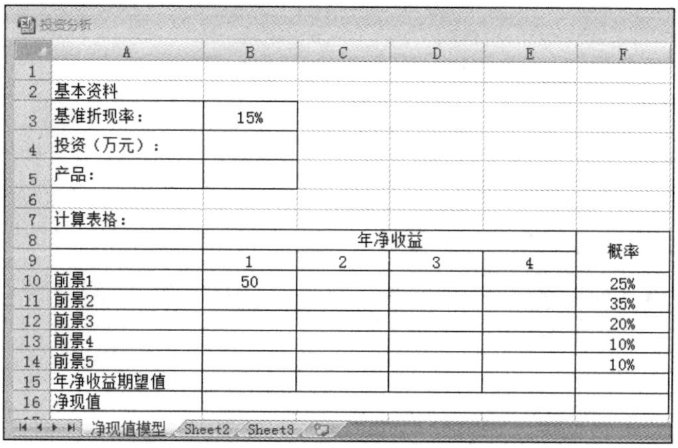

附图-4 逻辑函数计算结果

将B10单元格中的公式复制到C10:E10单元格区域。再用同样的方法在B11单元格中输入公式“=IF(AND(B9>1,$B$5="新产品"),280,50)”，并将公式复制到C11:E11单元格区域；在B12单元格中输入公式“=IF(AND(B9>2,$B$5="新产品"),280,50)”，并将公式复制到C12:E12单元格区域；在B13单元格中输入公式“=IF(AND(B9>3,B5="新产品"),280,50)”，并将公式复制到C13:E13单元格区域；在B14单元格中输入20，然后复制到C14:E14单元格区域。这样做的原因是根据已知条件中附表-1各前景的说明及发生概率而确定的。由于“产品”单元格中没有数值，所以既不为“新产品”，也不为“现有产品”，因此所有的年净收益单元格中都显示数值50。

按照生产新产品的方案在“投资”单元格和“产品”单元格中输入数据，计算表格中显示对应的年净收益数值，如附图-5所示。

	A	B	C	D	E	F
1						
2	基本资料					
3	基准折现率：	15%				
4	投资（万元）：					
5	产品：					
6						
7	计算表格：					
8		年净收益				概率
9		1	2	3	4	
10	前景1	50	50	50	50	25%
11	前景2	50	50	50	50	35%
12	前景3	50	50	50	50	20%
13	前景4	50	50	50	50	10%
14	前景5	50	50	50	50	10%
15	年净收益期望值					
16	净现值					

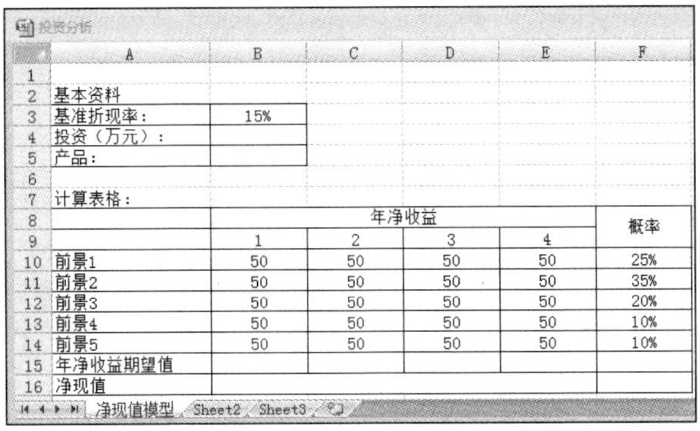

附图-5　生产新产品时的年净收益

步骤三：设置单元格的有效数据范围

在上个步骤中，用于计算年净收益的逻辑函数引用了“产品”单元格。计算结果由“产品”单元格中的数据决定。如果在向该单元格中输入数据时稍出差错(如不小心多输入了一个空格)，则将会造成年净收益的计算错误。

为了避免这种情况的发生，为该单元格设置了有效的数据范围，使该单元格的数据输入只能从下拉列表中选择。操作步骤如下。

(1) 选定“产品”单元格(B5)。

(2) 单击“数据”选项卡的“数据工具”组中的“数据有效性”按钮，弹出“数据有效性”对话框，如附图-6 所示。

(3) 在“允许”下拉列表中选择“序列”选项。

(4) 在“来源”编辑框中输入“新产品,现有产品”。

注意：

在“来源”编辑框中输入的可选单元格数据系列中，必须用英文输入法下的逗号来分隔。

(5) 选中“提供下拉箭头”复选框。

(6) 单击“出错警告”选项卡，如附图-7 所示。

(7) 选中“输入无效数据时显示出错警告”复选框。

(8) 在“样式”下拉列表中选择“信息”选项。

(9) 在“错误信息”编辑框中输入“请在下拉列表中选择选项”。

(10) 单击“确定”按钮。

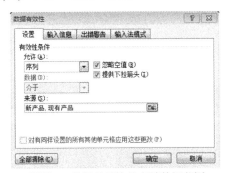

附图-6　设置单元格的有效数据范围

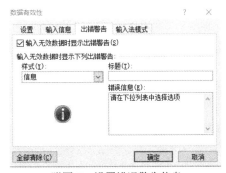

附图-7　设置错误警告信息

经过上述步骤，Excel 为“产品”单元格设置了下拉列表。当单击该单元格时，将在单元格右侧显示下拉箭头按钮，单击该按钮，将显示在“数据有效性”对话框中设置的列表选项，如附图-8 所示。

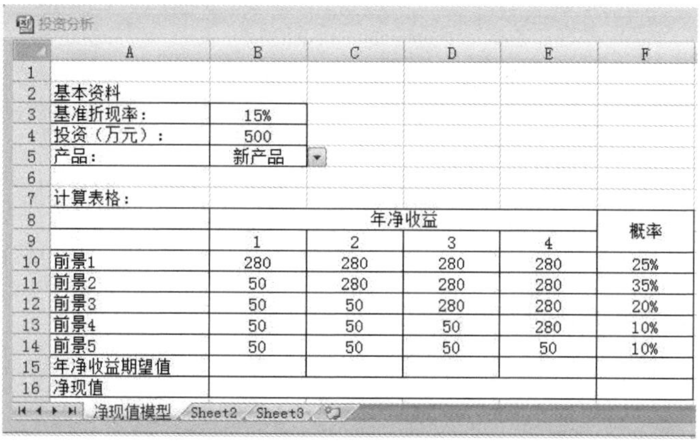

	A	B	C	D	E	F
1						
2	基本资料					
3	基准折现率：	15%				
4	投资（万元）：	500				
5	产品：	新产品				
6						
7	计算表格：					
8		年净收益				概率
9		1	2	3	4	
10	前景1	280	280	280	280	25%
11	前景2	50	280	280	280	35%
12	前景3	50	50	280	280	20%
13	前景4	50	50	50	280	10%
14	前景5	50	50	50	50	10%
15	年净收益期望值					
16	净现值					

附图-8　为单元格设置下拉列表

如果在单元格中输入了错误的数据，例如在“新”字与“产”字之间多输入了一个空格，完成输入时，Excel 将显示出错信息提示对话框，如附图-9 所示。

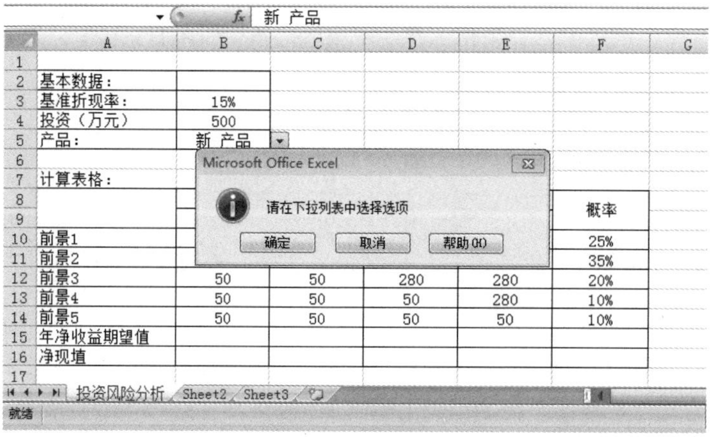

	A	B	C	D	E	F	G
1							
2	基本数据：						
3	基准折现率：	15%					
4	投资（万元）	500					
5	产品：	新 产品					
6							
7	计算表格：						
8						概率	
9							
10	前景1					25%	
11	前景2					35%	
12	前景3	50	50	280	280	20%	
13	前景4	50	50	50	280	10%	
14	前景5	50	50	50	50	10%	
15	年净收益期望值						
16	净现值						
17							

附图-9　显示出错信息

步骤四：计算净现值

下面计算投资的净现值。所谓净现值是指未来各期支出(负值)和收入(正值)的当前值的总和。它是用来比较方案优劣的重要指标。

1) 计算年净收益期望值

在用函数 NPV()计算净现值时，需要用到各期的净收益值。在计算净现值之前首先计算年净收益期望值。

(1) 在 B15 单元格中输入第一年期望净现值的计算公式“=B10*$F10+B11*$F11+B12*$F12+B13*$F13+B14*$F14”或使用函数公式“=SUMPRODUCT(B10:B14,$F10: $F14)”。

(2) 选中该单元格，用鼠标拖拉填充柄，将公式复制到 C15:E15 单元格区域。计算表格中显示各期的年净收益期望值，如附图-10 所示。

B15 =B10*$F10+B11*$F11+B12*$F12+B13*$F13+B14*$F14

	A	B	C	D	E	F
1						
2	基本数据：					
3	基准折现率：	15%				
4	投资（万元）	500				
5	产品：	新产品				
6						
7	计算表格：					
8		年净收益				概率
9		1	2	3	4	
10	前景1	280	280	280	280	25%
11	前景2	50	280	280	280	35%
12	前景3	50	50	280	280	20%
13	前景4	50	50	50	280	10%
14	前景5	50	50	50	50	10%
15	年净收益期望值	107.5	188	234	257	
16	净现值					
17						

投资风险分析 Sheet2 Sheet3

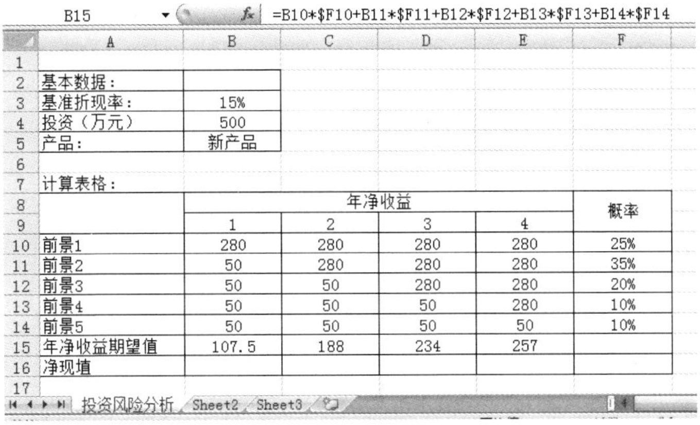

附图-10 计算年净收益期望值

2) 使用函数 NPV()计算净现值

下面使用函数 NPV()计算净现值，操作步骤如下。

(1) 单击 B16 单元格。

提示：

在对单元格进行合并及居中操作后，合并单元格的引用采用合并区域左上角的单元格的引用。

(2) 在“公式”选项卡中单击“插入函数”按钮。

(3) 在打开的“插入函数”对话框的“或选择类别”下拉列表中选择“财务”选项，在“选择函数”列表框中选择 NPV。

(4) 单击“确定”按钮，弹出 NPV()函数的“函数参数”对话框，如附图-11 所示。

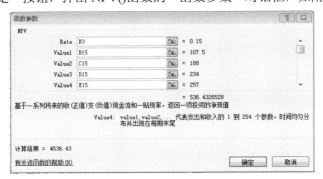

附图-11 设置 NPV()函数的参数

(5) 在 Rate 编辑框中输入“基准折现率”单元格的引用。

(6) 在各 Value 编辑框中输入各期年净收益期望值的单元格引用。

(7) 单击“确定”按钮。

(8) 由于函数 NPV()没有考虑初始投资的现金流，所以应在原来的基础上减去初始投资额。在编辑框中原公式的后面加上“-投资”，公式为“=NPV(B3,B15,C15,D15,E15)-B4”。

经过上述步骤，计算表格中显示出净现值的计算结果(如附图-12 所示)。

附图-12　计算净现值

步骤五：多方案求解

在附图-12 的计算表格中，只显示出一种方案的计算结果。在基本数据表格中，输入另一种方案的数据，可得出另一方案的净现值。对于这种多方案的问题，使用"方案管理器"可以更好地管理数据和信息，还可创建方案总结报告和方案数据透视表，便于对各方案进行分析比较。

提示：

"方案管理器"工具需要在"其他命令"选项中添加才能显示。

1) 创建方案

创建方案的步骤如下。

(1) 选择"工具"菜单中的"方案"命令，弹出"方案管理器"对话框，如附图-13 所示。
(2) 单击"添加"按钮，弹出"编辑方案"对话框，如附图-14 所示。

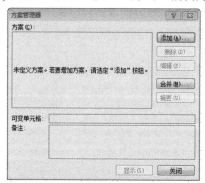 

附图-13　"方案管理器"对话框　　　附图-14　"编辑方案"对话框

(3) 在"方案名"编辑框中输入方案名称为"扩建厂"。
(4) 在"可变单元格"编辑框中输入"$A$4, $A$5"。

提示：

"编辑方案"对话框的"保护"组中的复选框用于设置对方案的保护。选中"防止更改"复选框，可禁止对方案的更改；选中"隐藏"复选框，可隐藏方案。在这里设置了对方案的保护后，还应对工作表进行保护，方法是：将鼠标指向"工具"菜单中的"保护"选项，然后选择子菜单中的"保护工作表"命令。在编辑或删除方案之前，必须取消选中"防止更改"复选框。

(5) 单击"确定"按钮，弹出"方案变量值"对话框。

(6) 在"方案变量值"对话框中，输入投资额为 300，产品为"现有产品"，如附图-15 所示。

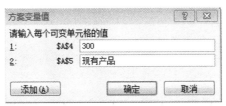

附图-15 "方案变量值"对话框

(7) 单击"添加"按钮，重复步骤(3)~(6)，创建名为"新建厂"的方案，投资额为 500，产品为"新产品"。

(8) 单击"确定"按钮，在"方案管理器"对话框中显示已有的方案，如附图-16 所示。

附图-16 在"方案管理器"对话框中显示已有的方案

此时在"方案"列表框中选中一种方案，单击"删除"按钮，可将其删除；单击"编辑"按钮，打开"编辑方案"对话框，在该对话框中可对其进行编辑。

(9) 单击"关闭"按钮。

经过上述步骤，完成方案的创建。

2) 显示方案

目前，计算表格中显示的是"新建厂"方案的数据，下面在表格中显示"扩建厂"方案的计算结果。操作步骤如下。

(1) 选择"工具"菜单中的"方案"命令。

(2) 在"方案管理器"对话框中选中"方案"列表框中的"扩建厂"选项。

(3) 单击"显示"按钮。

(4) 再单击"关闭"按钮。

在计算表格中显示出对"扩建厂"方案的计算结果，如附图-17 所示。

由于扩建厂方案的净现值为-157.25 万元，所以不应采用"扩建厂"方案。

	A	B	C	D	E	F
1						
2	基本资料					
3	基准折现率：	15%				
4	投资（万元）：	300				
5	产品：	现有产品				
6						
7	计算表格：					
8		年净收益				概率
9		1	2	3	4	
10	前景1	50	50	50	50	25%
11	前景2	50	50	50	50	35%
12	前景3	50	50	50	50	20%
13	前景4	50	50	50	50	10%
14	前景5	50	50	50	50	10%
15	年净收益期望值	50	50	50	50	
16	净现值			¥-157.25		

附图-17　"扩建厂"方案的计算结果

步骤六：共享工作簿

投资决策的确定绝不是简单地比较各方案的预计净现值就可以决定的，毕竟净现值只是需要考虑的一个重要的方面，而且计算得出的结果只是预测结果。投资决策的确定，还需要考虑其他方面的各种因素。

在企业管理中进行科学的决策，应避免一人说了算。众人讨论的结果会更加科学、可靠。电脑网络使得人们不必坐在一起，就可以进行讨论。在用联网的电脑进行决策讨论时，应共享所有的决策参考数据。将这个辅助投资风险分析的工作簿设置为共享工作簿，可使多人同时参阅该工作簿或对该工作簿进行操作，如在工作簿中添加批注。

1) 共享工作簿简介

通过建立共享工作簿，可以与其他人同时审阅和编辑同一份工作簿，还可以查看各种所做的改动。

当多人一起在共享工作簿上工作时，Excel 会保持信息不断被更新。在一个共享工作簿中，各个用户可以输入数据，插入行和列，添加和更改公式，还可以更改格式。每个用户能够独立地筛选工作表来显示自己感兴趣的数据行。Excel 可以为每一位用户保留各自的视面，其中包含用户的各种筛选设置。

每位用户都可通过单击"保存"按钮来按自己所做的更改更新共享工作簿，还可得到所有其他用户保存的更改内容。Excel 能够自动按指定的时间间隔对改动进行更新。在保存一个共享工作簿时，可以用自己所做的改动替换他人做出的相冲突的改动，也可以审查每一种改动来决定是否接受。

通过保存冲突日志，可以保留被接受改动的记录，并可以查看一个记录着详细改动情况的日志工作表，其中包含用户间互相冲突的改动内容。保留冲突日志还使用户能够合并共享工作簿的各种副本。

在共享工作簿时，既可以给每个人相同的权限，也可以通过保护共享工作簿来限制权限。

2) 设置共享工作簿

下面将这个辅助投资风险分析的工作簿设置为共享工作簿，操作步骤如下。

(1) 选择"工具"菜单中的"共享工作簿"命令，弹出"共享工作簿"对话框，如附图-18所示。

附图-18 "共享工作簿"对话框

(2) 选择"编辑"选项卡，选中"允许多用户同时编辑，同时允许工作簿合并"复选框。

(3) 单击"确定"按钮，保存工作簿。

(4) 在"文件"菜单中选择"另存为"命令，然后将共享工作簿保存在其他用户可以访问到的一个网络资源上。

注意：

如果要将共享工作簿复制到一个网络资源上，应确保该工作簿与其他工作簿或文档的任何链接都保持完整。可以使用"编辑"菜单中的"链接"命令对链接定义进行修正。这一步骤同时也启用了冲突日志，使用它可以查看对共享工作簿的更改信息，以及在有冲突时修改的取舍情况。

3) 撤销工作簿的共享状态

如果不再需要其他人对共享工作簿进行更改，可以将自己设为打开并操作该工作簿的唯一用户。撤销工作簿共享状态的操作如下。

(1) 选择"工具"菜单中的"共享工作簿"命令，然后在打开的"共享工作簿"对话框中单击"编辑"选项卡。

(2) 确认自己是在"正在使用本工作簿的用户"列表框中的唯一用户，如果还有其他用户，他们都将丢失未保存的工作内容。

(3) 取消选中"允许多用户同时编辑，同时允许工作簿合并"复选框，然后单击"确定"按钮。

(4) 当提示到对其他用户的影响时，单击"是"按钮即可。

注意：

一旦撤销了工作簿的共享状态，将中断所有其他用户与共享工作簿的联系，关闭冲突日志并清除已存储的冲突日记，此后就不能再查看冲突日志或是将共享工作簿的此备份与其他备份合并。为了确保其他用户不会丢失工作进度，应在撤销工作簿共享之前确认所有其他用户都已得到通知，这样，他们就能事先保存并关闭共享工作簿。

4) 保护共享工作簿

能够访问和保存有共享工作簿的网络资源的所有用户，都可以访问共享工作簿。如果希望控制对共享工作簿的某些访问，可以通过保护共享工作簿和冲突日志来实现。

与一般工作簿一样，也可以为共享工作簿指定一个打开时输入的密码且方法相同。防止他人对工作簿进行更改的操作步骤如下。

(1) 为设置共享工作簿的改动密码，先撤销对工作簿的共享。

(2) 隐藏不希望其他用户看到的某些行和列，取消允许其他人进行更改的指定区域的锁定。

(3) 在"工具"菜单中将鼠标指向"保护"子菜单，然后选择"保护并共享工作簿"命令，弹出"保护共享工作簿"对话框，如附图-19所示。

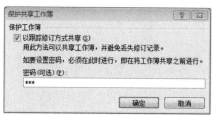

附图-19　"保护共享工作簿"对话框

(4) 选中"以跟踪修订方式共享"复选框。

(5) 设置其他用户在关闭冲突日志或撤销工作簿共享状态时必须输入的密码，在"密码"文本框中输入密码，单击"确定"按钮。

(6) 在"确认密码"对话框中再输入一遍密码，单击"确定"按钮。

(7) 在出现提示对话框时，单击"确定"按钮保存工作簿，这样可以共享此工作簿并且启用冲突日志。

注意：

为工作簿提供共享保护以后，其他用户就不能撤销工作簿共享状态或者关闭冲突日志。

在一个已经共享的工作簿中，可以启用对共享和冲突日志的保护，但是不能为这种保护指定密码。如果需指定密码，必须首先撤销工作簿的共享状态。

4. 案例小结

在本案例中，重点涉及了以下几个方面的问题：①逻辑公式的建立；②设置单元格的有效数据范围；③财务函数NPV()的使用；④多方案求解问题以及工作簿的共享。

其中，函数IF()用于执行真假值判断，根据逻辑测试的真假值，返回不同的结果。可以使用函数IF()对数值和公式进行条件检测。

通过对单元格有效数据范围的设置，可以防止由于数据输入错误造成的计算错误。本例中，为单元格设置了有效数据的下拉列表。

对于多方案的问题，使用"方案管理器"可以更好地管理数据和信息；还可创建方案总结报告和方案数据透视表，便于对各方案进行分析比较。

通过建立共享工作簿，可以与其他人同时审阅和编辑同一份工作簿，还可以查看各自所做的改动。

5. 疑难解答

问题1：有效数据有哪些类型？

答："数据有效性"对话框中显示的选项根据"允许"和"数据"下拉列表中设置的不同而不同。

可选的有效数据类型如下。

(1) 任何值，对输入数据不做任何限制。如果希望不检查输入的正确性而只显示输入信息可使用此设置。

(2) 自定义，这种设置允许输入公式、使用表达式或引用其他单元格中的计算值来判定输入数值的正确性。公式必须以"="开始且得出的必须是 true 或 false。

(3) 日期，制定输入的数值必须为日期。在"数据"下拉列表中单击选定一个操作符，接着填充下面的编辑框，如"起始日期""终止日期"，可指定输入日期的范围。

(4) 小数，指定输入的数值必须为数字或小数。在"数据"下拉列表中单击选定一个操作符，接着选定填充下面的编辑框，如"最小值""最大值"，可指定输入小数的范围。

(5) 序列，为有效数据指定序列。在"来源"编辑框中输入工作簿中包含有效数据的区域的引用或名称，或者以英文状态下的逗号为间隔符直接输入有效数据(如销售部、生产部、技术部、公关部)。选中"提供下拉箭头"复选框，将在用户单击单元格时显示下拉箭头，让用户在有效数据序列中进行选择。

(6) 文本长度，指定有效数据的字符数。在"数据"下拉列表中单击选定一个操作符，接着填充下面的编辑框，如"最小值""最大值"，可指定输入数据字符数的范围。

(7) 时间，指定数据的数值必须为时间。在"数据"下拉列表中单击选定一个操作符，接着填充下面的编辑框，如"起始时间""终止时间"，可指定输入时间的范围。

(8) 整数，指定输入的数值必须为整数。在"数据"下拉列表中单击选定一个操作符，接着填充下面的编辑框，如"最小值""最大值"，可指定输入整数的范围。

问题2：为何"数据"选项卡中的"数据有效性"命令不能使用？

答：由于下列原因，"数据有效性"命令将不能使用。

(1) 正在输入数据。当设置了有效数据范围或信息的单元格中正在进行编辑时，"数据有效性"命令将不能使用。

(2) 工作表内容可能处于保护状态。如果要取消保护，则选择"工具"菜单中的"保护"子菜单，再选择"撤销工作表保护"命令。

(3) 工作簿可能是共享工作簿，尽管仍可以继续输入数据并且输入信息和错误信息也照常显示，但是在工作簿被共享时，"数据有效性"命令不能使用。

问题3：使用共享工作簿有哪些限制？

答：使用共享工作簿时，Excel 的某些功能无效，如果需要使用这些功能，应该将工作簿在共享之前设置或撤销工作簿的共享状态。

在共享工作簿中，不能完成下列操作。

(1) 删除工作表。

(2) 合并单元格。

(3) 查看合并单元格的单元格。

(4) 定义或使用条件格式。

(5) 在工作簿共享之前查看条件格式的使用。
(6) 设置或更改数据有效性的限制和消息。
(7) 在工作簿共享之前查看所设置的限制和消息的效果。
(8) 成块插入或删除单元格。
(9) 插入或删除整个行和列。
(10) 插入或更改图表、图片、对象或超级链接。
(11) 使用绘图工具。
(12) 设置密码来保护单独的工作表或整个工作簿。
(13) 更改或删除密码。
(14) 保存、查看或更改方案。
(15) 创建组或分级显示数据。
(16) 插入自动分类汇总。
(17) 创建模拟运算表。
(18) 创建数据透视表或更改已存在的数据透视表布局。
(19) 写入、更改、查看、记录或分配宏。

可以将共享工作簿中所录制的宏保存到另一个未共享的工作簿中。在共享工作簿中,还可以使用工作簿共享之前创建的宏,但在这种情况下,如果所使用的宏中包含某个此时无效的操作,宏将在运行到此无效操作时停止运行。

问题4:如何为工作簿保存冲突日志?

答:如果为工作簿保存冲突日志,Excel会同时开启工作簿共享。保存冲突日志的操作步骤如下。

(1) 选择"工具"菜单中的"共享工作簿"命令。
(2) 在打开的"共享工作簿"对话框中单击"编辑"选项卡。
(3) 选中"允许多用户同时编辑,同时允许工作簿合并"复选框。
(4) 单击"高级"选项卡,如附图-20所示。
(5) 在"修订"组中选中"保存修订记录"单选按钮,接着在"天"微调编辑框中输入希望保留冲突日志的天数。
(6) 单击"确定"按钮。当弹出的对话框提示保存工作簿时,再次单击"确定"按钮。

问题5:如何查看共享工作簿中有关互相冲突更改的信息?

答:在创建共享工作簿以后,冲突日志就被启用,可以查看以前有关相互冲突更改的信息。如果关闭冲突日志,Excel将不再保留有关相互冲突更改的信息。查看冲突日志的操作步骤如下。

(1) 选择"工具"菜单中的"修订"子菜单,然后选择"突出显示修订"命令。弹出"突出显示修订"对话框,如附图-21所示。
(2) 选中"时间"复选框,然后选择"时间"下拉列表中的"全部"选项。
(3) 确认"修订人"和"位置"复选框已被取消选中。
(4) 选中"在新工作表上显示修订"复选框,然后单击"确定"按钮。

Excel在工作簿中插入"冲突日志"工作表,可在其中查看工作表的更改记录。

被保留的相互冲突的更改在"操作类型"列中显示为"成功",用于在冲突日志工作表中说明被舍弃更改的数据行,将在"操作失败"列中显示行号。

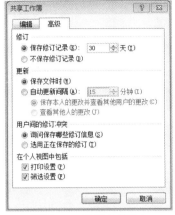

附图-20 保存冲突日志

附图-21 "突出显示修订"对话框

综合案例二 全面预算

1. 综合案例的学习目标

全面预算表达的主要是资金、收入、成本、费用和利润之间的关系,其中利润是企业主要的奋斗目标。为了实现这一目标,各级部门就必须根据具体的财务目标安排各自的经营活动,使企业总体目标得到保障。利用 Excel 进行财务预算编制,建立预算管理制度,有助于企业有效地调整和控制生产经营活动,促使企业实现经营目标。

通过本案例的学习,要求学员掌握日常预算、专门预算和财务预算的编制方法。

2. 案例情况介绍

武汉华建公司 2021 年销量表如附表-2 所示。

附表-2 武汉华建公司2021年度销量表

时间	销售量(件)
第一季度销售量	2800
第二季度销售量	3900
第三季度销售量	4700
第四季度销售量	3400
销售单价(元)	130

(1) 每季度的销售额在当季度收到货款的占 80%,其余部分在下季度收取。该公司各季度的期末存货按一季度销售量的 10%计算,年末存货预计为 220 件。各季度的期末存料量是预计下一季度生产需要量的 20%。预算期末存料量为 900 千克。预算期末材料单价为 10 元,每季度的购料款于当季付款的占 60%,其余在下季度支付。

(2) 预计预算期制造费用。制造费用按标准总工时分配,如附图-22 所示。

(3) 预计财务费用各项开支数额,如附图-23 所示。

项目	金额（元）
职工工资	78000
生活福利	6500
修理费	23000
设备折旧	10500
办公用品	18000
水电费	15000
物料消耗	89000
劳动保护	6500
租赁费	30000
差旅费	19000
保险费	23000
其他	13500
合计	332000

附图-22 预算期制造费用开支

项目	金额
利息支出	6500
利息收入	3820
汇总损失	8700
汇总收益	6500
手续费	12100
其他	23100

附图-23 预计财务费用各项开支

预计销售费用各项开支数额及计算比例如下：工资第一、三季度分别为 1200 元，第二、四季度分别为 1300 元；第二、三季度广告费开支分别为 800 元、1200 元；业务费、运输费、保险费为预计销售费的 1‰。根据资料预算，该公司计划预算期第一季度以分期付款方式购入一套设备，价值 76 800 元。第一季度付款 33 000 元，第二季度付款 15 300 元，第三季度付款 12 000 元，余款第四季度支付。按税后利润的 20%计提盈余公积和公益金，按税后利润的 30%分给投资单位利润。该公司按年末应收账款余额的 3‰计提坏账准备。

(4) 预计预算期管理费用项目开支，如附图-24 所示。

项目	金额
职工工资	65000
生活福利	4800
设备折旧	6500
办公用品	34000
差旅费	23000
保险费	5300
物料消耗	6500
低值易耗品摊销	3120
无形资产摊销	7420
递延资产摊销	6500
坏账损失	1200
业务招待费	7500
工会经费	8560
职工教育经费	6250
税金	600
车船税	120
印花税	80
其他	1350
合计	187800

附图-24 预算期管理费用项目开支

(5) 公司定额成本资料，如附图-25 所示。

单位产品材料消耗定额（千克）	1.8
单位产品定时定额（工时）	6
单位工时的工资率（元）	6

附图-25 公司定额成本资料

(6) 期初资产负债简表，如附图-26 所示。

其中，存货=材料数量×材料单价+产成品数量×产成品价格，这里的 4 个数分别为 820、12、320、80。

编制单位：武汉华建公司　　　　　　2021年12月31日　　　　　　单位：元

资产	年初数	年末数	负债和所有者权益	年初数	年末数
流动资产			流动负债		
货币资金	48000		交易性金融负债		
交易性金融资产			应付账款		43200
应收账款	32500		预收款项		
预付款项			其他应付款		
存货（材料820x12+产成品320x80）			流动负债合计		
其他流动资产			非流动负债		
流动资产合计			长期借款		
非流动资产			非流动负债合计		
长期股权投资			负债合计		
…			所有者权益		
固定资产			实收资本		
无形资产			资本公积		
…			盈余公积		
…			未分配利润		
非流动资产合计			所有者权益合计		
资产总计			负债和所有者权益总计		

附图-26　资产负债简表

(7) 预计各季度销售税金、投资收益、营业外收入和支出等，如附图-27 所示。

季度	金额（元）		
第一季度	12040		
第二季度	15460		
第三季度	16260		
第四季度	12510		
预计预算期投资收益和营业外收入支出（元）			
季度	投资收益	营业外收入	营业外支出
第一季度			6500
第二季度			2200
第三季度			300
第四季度	20000	41560	17680

附图-27　各季度销售税金、投资收益、营业外收入和支出

3. 案例分析

要编制全面预算，先要在打开的空工作簿中将有关原始资料放在相应的工作表中，这里就用“工作表 1”“工作表 2”……来存放这些原始数据，为了能够快速查到每个工作表中的数据，应该为各工作表设置相应表名，如附图-28 所示。

	A	B	C	D	E	F	G
1							
2	季度	金额（元）					
3	第一季度	12040					
4	第二季度	15460					
5	第三季度	16260					
6	第四季度	12510					
7							
8							
9	预计预算期投资收益和营业外收入支出（元）						
10	季度	投资收益	营业外收入	营业外支出			
11	第一季度			6500			
12	第二季度			2200			
13	第三季度			300			
14	第四季度	20000	41560	17680			

公司定额成本资料　2021年资产负债表　各季度销售税金　全年分季度的销售预算　生产预算

附图-28　原始资料表

原始资料中还有一些数据在上述工作表中没有体现，这是为了避免此类的工作表过多。在实际工作中应该将所有数据都存在工作表中，以避免数据丢失。

利用这些原始资料，我们就可以进行现金预算了。下面的这些工作表，就是引用这些原始数据，进行计算和预测得出的。现金支出各项目的预算主要来自生产预算、采购预算、直接工资预算、制造费用预算等。

(1) 销售预算表的编制，如附图-29 所示。

	A	B	C	D	E	F
1						
2	摘要	第一季度	第二季度	第三季度	第四季度	全年
3	预计销售量（件）	2800	3900	4700	3400	14800
4	销售单价（元）	130	130	130	130	130
5	预计销售金额（元）	364000	507000	611000	442000	1924000
6	期初应收账款（元）	32500				32500
7	一季度销售收入（元）	291200	72800			364000
8	二季度销售收入（元）		405600	101400		507000
9	三季度销售收入（元）			488800	122200	611000
10	四季度销售收入（元）				353600	353600
11	现金合计（元）	323700	478400	590200	475800	1868100

附图-29　全年分季度销售预算表

本表中的第 3、4 行数据引用自"武汉华建公司 2021 年度销量表"，其余数据为计算所得。

以 B 栏公式为例，B3、B4 单元格数据取自"武汉华建公司 2021 年度销量表"；B5=B3*B4，B6 单元格数据取自"资产负债简表"；B7=B5*0.8，是根据"武汉华建公司 2021 年度销量表"的说明部分——"每季度的销售额在当季度收到货款的占 80%，其余部分在下季度收取"计算的；C 列的公式与 B 列的大体相同，只是 C7=B5-B7 较特殊，是反映收到上季度欠款的预算数。

下面我们来介绍一下工作表中的公式情况，操作方法如下：选择"公式"选项卡，在"公式审核"组中单击"显示公式"按钮。

这时就可以看到所有单元格中，凡是有公式的地方都显示成公式的形式，如附图-30 所示。

	A	B	C	D	E	F
1						
2	摘要	第一季度	第二季度	第三季度	第四季度	全年
3	预计销售量（件）	='2021年度销售表'!B2	='2021年度销售表'!B3	='2021年度销售表'!B4	='2021年度销售表'!B5	=SUM(B3:E3)
4	销售单价（元）	='2021年度销售表'!B6	='2021年度销售表'!B6	='2021年度销售表'!B6	='2021年度销售表'!B6	='2021年度销售表'!B6
5	预计销售金额（元）	=B3*B4	=C3*C4	=D3*D4	=E3*E4	=F3*F4
6	期初应收账款（元）	='2021年资产负债表'!B6				=SUM(B6:E6)
7	一季度销售收入（元）	=B5*0.8	=B5-B7			=SUM(B7:E7)
8	二季度销售收入（元）		=C5*0.8	=C5-C8		=SUM(B8:E8)
9	三季度销售收入（元）			=D5*0.8	=D5-D9	=SUM(B9:E9)
10	四季度销售收入（元）				=E5*0.8	=SUM(B10:E10)
11	现金合计	=SUM(B6:B10)	=SUM(C7:C10)	=SUM(D8:D10)	=SUM(E9:E10)	=SUM(B11:E11)

附图-30　全年分季度的销售预算公式

这样我们就可以一目了然地看到每个单元格中数据的来源和算法了。

(2) 生产预算表的编制，如附图-31 所示。

摘要	第一季度	第二季度	第三季度	第四季度	全年
预计销售量（件）	2800	3900	4700	3400	14800
加：预计期末存货量	390	470	340	320	320
预计需要量合计	3190	4370	5040	3720	16320
减：期初存货量	280	390	470	340	1480
预计产量	2910	3980	4570	3380	14840
直接材料消耗：					
单位产品材料消耗定额（千克）	5238	7164	8226	6084	26712
直接人工消耗：					
单位产品材料消耗定额（千克）	17460	23880	27420	20280	89040

附图-31　生产预算表

预计产量的计算公式为

$$预计产量=预计销售量+预计期末存货量-期初存货量$$

在该工作表中：

预计销售量取自"销售预算表"。

预计期末存货量的计算公式：

$$预计期末存货量=下一季度销售量×10\%$$

第四季度的存货量由预计预算期制造费用中给出，如附图-22所示。

第一季度期初存货数量根据上年度资产负债表得到，如附图-26所示。

直接材料消耗和直接人工消耗的计算公式：

$$直接材料消耗=预计生产量×单位产品材料消耗定额$$
$$直接人工消耗=预计生产量×单位产品工时定额$$

通过生产预算表中各部分内容所涉及公式的分析和解释，我们可以看到，编制生产预算表本身并不复杂，只是编制过程中不仅需要大量的原始数据，还需要掌握很多财务预算的相关知识。

材料采购现金支出预算表，如附图-32所示。

摘要	第一季度	第二季度	第三季度	第四季度	全年
预计销售量（件）	5238	7164	8226	6084	26712
加：预计期末存料量	1432.8	1645.2	1216.8	800	800
预计需要量合计	6670.8	8809.2	9442.8	6884	31806.8
减：期初存料量	1100	1432.8	1645.2	1216.8	5394.8
预计材料采购量（千克）	5570.8	7376.4	7797.6	5667.2	26412
预计计划单价（元）	10	10	10	10	10
预计购料金额（元）	55708	73764	77976	56672	264120
期初应付账款（元）	43200				43200
一季度购料款（元）	27854	27854			55708
二季度购料款（元）		36882	36882		73764
三季度购料款（元）			38988	38988	77976
四季度购料款（元）				28336	28336
现金支出合计	71054	64736	75870	67324	278984

附图-32　材料采购现金支出预算

材料采购现金支出预算表中的相关公式，如附图-33所示。

	A	B	C	D	E	F
1						
2	摘要	第一季度	第二季度	第三季度	第四季度	全年
3	预计销售量（件）	=生产预算!B9	=生产预算!C9	=生产预算!D9	=生产预算!E9	=SUM(B3:E3)
4	加：预计期末存料量	=C3*0.2	=D3*0.2	=E3*0.2	800	800
5	预计需要量合计	=SUM(B3:B4)	=SUM(C3:C4)	=SUM(D3:D4)	=SUM(E3:E4)	=SUM(B5:E5)
6	减：期初存料量	1100	=B4	=C4	=D4	=SUM(B6:E6)
7	预计材料采购量（千克）	=B5-B6	=C5-C6	=D5-D6	=E5-E6	=SUM(B7:E7)
8	预计计划单价（元）	10	10	10	10	10
9	预计购料金额（元）	=B7*B8	=C7*C8	=D7*D8	=E7*E8	=SUM(B9:E9)
10	期初应付账款（元）	='2021年资产负债表'!F5				=SUM(B10:E10)
11	一季度购料款（元）	=B9*0.5	=B9-B11			=SUM(B11:E11)
12	二季度购料款（元）		=C9*0.5	=C9-C12		=SUM(C12:E12)
13	三季度购料款（元）			=D9*0.5	=D9-D13	=SUM(D13:E13)
14	四季度购料款（元）				=E9*0.5	=SUM(B14:E14)
15	现金支出合计	=SUM(B10:B14)	=SUM(C10:C14)	=SUM(D10:D14)	=SUM(E10:E14)	=SUM(B15:E15)

附图-33　材料采购现金支出预算公式

(3) 直接工资预算表的编制，如附图-34 所示。

摘要	第一季度	第二季度	第三季度	第四季度	全年
预计生产需要工时总数（工时）	17460	23880	27420	20280	89040
单位工时的工资率（元）	6	6	6	6	6
预计直接工资支出总额（元）	104760	143280	164520	121680	534240

附图-34　直接工资预算

直接工资预算表中的相关公式，如附图-35 所示。

	A	B	C	D	E	F
1						
2	摘要	第一季度	第二季度	第三季度	第四季度	全年
3	预计生产需要工时总数（工时）	=生产预算!B11	=生产预算!C11	=生产预算!D11	=生产预算!E11	=SUM(B3:E3)
4	单位工时的工资率（元）	=公司定额成本资料!B3	=公司定额成本资料!B4	=公司定额成本资料!B4	=公司定额成本资料!B4	=公司定额成本资料!B4
5	预计直接工资支出总额（元）	=B3*B4	=C3*C4	=D3*D4	=E3*E4	=SUM(B5:E5)

附图-35　直接工资预算公式

(4) 制造费用表的编制，如附图-36 所示。

项目	金额（元）	费用分配率（元/小时）
职工工资	78000	
生活福利	6500	
修理费	23000	
设备折旧	10500	
办公用品	18000	
水电费	15000	
物料消耗	89000	
劳动保护	6500	
租赁费	30000	
差旅费	19000	
保险费	23000	
其他	13500	
合计	332000	
减：折旧	10500	
制造费用全年现金支出	321500	
制造费用每季度现金支出	80375	3.73

附图-36　制造费用预算

制造费用表中的相关公式，如附图-37 所示。

	A	B	C
1			
2	项目	金额（元）	费用分配率（元/小时）
3	职工工资	=预计预算期制造费用开支!B2	
4	生活福利	=预计预算期制造费用开支!B3	
5	修理费	=预计预算期制造费用开支!B4	
6	设备折旧	=预计预算期制造费用开支!B5	
7	办公用品	=预计预算期制造费用开支!B6	
8	水电费	=预计预算期制造费用开支!B7	
9	物料消耗	=预计预算期制造费用开支!B8	
10	劳动保护	=预计预算期制造费用开支!B9	
11	租赁费	=预计预算期制造费用开支!B10	
12	差旅费	=预计预算期制造费用开支!B11	
13	保险费	=预计预算期制造费用开支!B12	
14	其他	=预计预算期制造费用开支!B13	
15	合计	=预计预算期制造费用开支!B14	
16	减：折旧	=B6	
17	制造费用全年现金支出	=B15-B16	
18	制造费用每季度现金支出	=B17/4	=B15/直接工资预算!F3

附图-37　制造费用预算公式

(5) 管理费用表的编制，如附图-38 所示。

项目	金额（元）
管理费用合计	187800
减：折旧	6500
低值易耗品摊销	3120
无形资产摊销	7420
递延资产摊销	6500
管理费用全年	164260
管理费用每季	41065

附图-38　管理费用预算

管理费用表中的相关公式，如附图-39 所示。

	A	B	C
1			
2	项目	金额（元）	
3	管理费用合计	=预计管理费用各项开支表!B20	
4	减：折旧	=预计管理费用各项开支表!B4	
5	低值易耗品摊销	=预计管理费用各项开支表!B9	
6	无形资产摊销	=预计管理费用各项开支表!B10	
7	递延资产摊销	=预计管理费用各项开支表!B11	
8	管理费用全年现金支出总额	=B3-SUM(B4:B7)	
9	管理费用每季现金支出总额	=B8/4	
10			

附图-39　管理费用计算公式

(6) 财务费用表的编制，如附图-40 所示。财务费用表的相关公式，如附图-41 所示。

项目	金额（元）
利息支出	6500
减：利息收入	-3820
汇总损失	8700
减：汇总收入	-6500
工时费	3500
手续费	12100
其它	23100
合计	43580

附图-40　财务费用预算

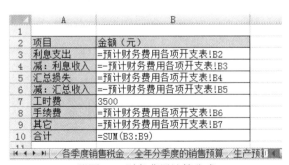

附图-41　财务费用计算公式

(7) 销售费用预算表的编制，如附图-42 所示。

单位：元

摘要	第一季度	第二季度	第三季度	第四季度	全年
工资	23000	26000	25000	27000	101000
福利费	2760	3120	3000	3240	12120
业务费	364	507	611	442	1924
广告费		1500	2300		3800
包装费	364	507	611	442	1924
运输费	364	507	611	442	1924
保管费	364	507	611	442	1924
合计	27216	32648	32744	32008	124616

附图-42　销售费用预算

销售费用预算表的相关公式，如附图-43 所示。

	A	B	C	D	E	F
1						
2	摘要	第一季度	第二季度	第三季度	第四季度	全年
3	工资	23000	26000	25000	27000	=SUM(B3:E3)
4	福利费	=B3*0.12	=C3*0.12	=D3*0.12	=E3*0.12	=F3*0.12
5	业务费	=全年分季度的销售预算!B5*0.001	=全年分季度的销售预算!C5*0.001	=全年分季度的销售预算!D5*0.001	=全年分季度的销售预算!E5*0.001	=全年分季度的销售预算!F5*0.001
6	广告费		1500	2300		=SUM(B6:E6)
7	包装费	=B5	=C5	=D5	=E5	=F5
8	运输费	=B5	=C5	=D5	=E5	=F5
9	保管费	=B7	=C7	=D7	=E7	=F7
10	合计	=SUM(B3:B9)	=SUM(C3:C9)	=SUM(D3:D9)	=SUM(E3:E9)	=SUM(F3:F9)
11						

附图-43　销售费用预算的计算公式

(8) 现金收支预算表的编制，如附图-44 所示。

单位：元

摘要	第一季度	第二季度	第三季度	第四季度	全年
期初现金金额	48000	36125.02	79896.04	57397.06	221418.12
加现金收入					
收回应收账款及销货现金收入	323700	478400	590200	475800	1868100
其它现金收入					
可供使用现金合计	371700	514525.02	670096.04	533197.06	2089518.12
减现金支出					
采购直接材料	71054	64736	75870	67324	278984
支付直接工资	104760	143280	164520	121680	534240
支付制造费用	80375	80375	80375	80375	321500
支付管理费用	41065	41065	41065	41065	164260
支付财务费用	43580	43580	43580	43580	174320
支付销售费用	27216	32648	32744	32008	124616
支付销售税金	12040	15460	16260	12510	56270
支付所得税	15984.98	15984.98	15984.98	15984.98	63939.92
购置固定资产	33000	15300	12000	26400	86700
分给其他单位的利润				12787.984	12787.984
其他现金支出	6500	2200	300	17680	26680
现金支出合计	435574.98	454628.98	482698.98	471394.964	1844297.904
现金多余（或不足）	-63874.98	59896.04	187397.06	61802.096	245220.216
资金的筹集运用					
向银行借款	100000	20000			120000
归还借款			-100000		-100000
短期证券投资			-30000	-10000	-40000
出售短期证券投资				20000	20000
运用资金合计				2400	2400
筹集运用资金合计	36125.02	79896.04	57397.06	74202.096	247620.216

附图-44　现金收支预算表的编制

现金收支预算表的相关公式,如附图-45 所示。

	A	B	C	D	E	F
1						
2	摘要	第一季度	第二季度	第三季度	第四季度	全年
3	期初现金金额	='2021年资产负债表'!B4	=B28	=C28	=D28	=SUM(B3:E3)
4	加现金收入					
5	收回应收账款及销货现金收入	=全年分季度的销售预算!B11	=全年分季度的销售预算!C11	=全年分季度的销售预算!D11	=全年分季度的销售预算!E11	=全年分季度的销售预算!F11
6	其它现金收入					
7	可供使用现金合计	=SUM(B3:B6)	=SUM(C3:C6)	=SUM(D3:D6)	=SUM(E3:E5)	=SUM(F3:F6)
8	减现金支出					
9	采购直接材料	=材料采购现金支出!B15	=材料采购现金支出!C15	=材料采购现金支出!D15	=材料采购现金支出!E15	=材料采购现金支出!F15
10	支付直接工资	=直接工资预算!B5	=直接工资预算!C5	=直接工资预算!D5	=直接工资预算!E5	=直接工资预算!F5
11	支付制造费用	=制造费用!B18	=制造费用!C18	=制造费用!D18	=制造费用!E18	=SUM(B11:E11)
12	支付管理费用	=管理费用!B9	=管理费用!B9	=管理费用!B9	=管理费用!B9	=SUM(B12:E12)
13	支付财务费用	=财务费用!B10	=财务费用!B10	=财务费用!B10	=财务费用!B10	=SUM(B13:E13)
14	支付销售费用	=销售费用!B10	=销售费用!C10	=销售费用!D10	=销售费用!E10	=SUM(B14:E14)
15	支付销售税金	=各季度销售税金!B3	=各季度销售税金!B4	=各季度销售税金!B5	=各季度销售税金!B6	=SUM(B15:E15)
16	支付所得税	15984.98	15984.98	15984.98	15984.98	=SUM(B16:E16)
17	购置固定资产	33000	15300	12000	26400	=SUM(B17:E17)
18	分给其他单位的利润				=B$16/0.25*0.2	=SUM(B18:E18)
19	其他现金支出	=各季度销售税金!D11	=各季度销售税金!D12	=各季度销售税金!D13	=各季度销售税金!D14	=SUM(B19:E19)
20	现金支出合计	=SUM(B9:B19)	=SUM(C9:C19)	=SUM(D9:D19)	=SUM(E9:E19)	=SUM(B20:E20)
21	现金多余(或不足)	=B7-B20	=C7-C20	=D7-D20	=E7-E20	=F7-F20
22	资金的筹划运用					
23	向银行借款	100000	20000			=SUM(B23:E23)
24	归还借款			-100000		=SUM(D24:E24)
25	短期证券投资			-30000	-10000	=SUM(D25:E25)
26	出售短期证券投资				20000	=SUM(E26)
27	运用资金合计				2400	=SUM(E27)
28	筹集运用资金合计	=B7-B20+B23	=C7-C20+SUM(C22:C26)	=D7-D20+SUM(D23:D26)	=E7-E20+SUM(E23:E27)	=F7-F20+SUM(F23:F27)

附图-45 现金收支预算表的计算公式

现金收支预算表是财务部门在各业务部门编制完成的分预算的基础上编制出来的,在本表的编制过程中几乎用到了上面所有表的数据和内容。

根据"其他现金支出"及以上的各项数据可计算得到"现金支出合计",并可以对"现金多余(或不足)"做出调整。

在第 23 行到 28 行中,我们对数据做了如下调整。

第一季度结束时,"购置固定资产"支出 33 000 元,此时公司"现金多余(或不足)"为 -63 874.98 元,故"向银行借款"为 100 000 元。

第二季度时,"向银行借款"为 20 000 元。

第三季度时,有了较大盈余,就一并归还了银行的第一笔借款,并将一部分资金用于证券投资,提高资金的利用效率。

第四季度时,"出售短期证券投资"获利 2400 元,同时又进行"短期证券投资"10 000 元。

当然,我们可以根据这些资料和实际的资金运筹能力,优化上面的数据表。比如,借贷可以更多些,购买固定资产的时间可以向后推迟等。

4. 举一反三

由本案例可以看出,使用 Excel 编制预算的思路和手工编制预算的思路基本相同。借助 Excel,可以使计算得到简化。由于所有数据是动态链接在一起的,所以只要原始数据有变化,下面的预算也会做出相应的变化,这就极大地方便了数据的调试,同时也给各部门以更大的灵活性。当然,数据的调试只是小范围内的,也就是说一些原始参数只能有小的调整,不能随意输入一些不切实际的数据,这一点作为财务工作者应该心里有数。

如果数据表更完善,还可以利用"单变量求解"进行逆向运算,比如要使利润达到某一特定数值,在其他数据不变的情况下,产量应是多少才能使企业达到利润目标?通过这个例子,希望能掌握利用 Excel 进行财务预算的思路并结合本单位的实际情况,制作出更合理、更实用的财务预算表。